HEYNE
BUSINESS

MARSHALL SYLVER

Elan, Erfolg & Energie

Programmieren Sie Ihr Bewußtsein auf Sieg!

Aus dem Amerikanischen
von BEA REITER

Deutsche Erstausgabe

Wilhelm Heyne Verlag
München

HEYNE BUSINESS
22/1034

Titel der amerikanischen Originalausgabe:
PASSION, PROFIT & POWER
Erschienen bei Simon & Schuster, New York

Umwelthinweis:
Dieses Buch wurde auf chlor- und säurefreiem
Papier gedruckt.

Redaktion: Oliver Neumann, Redaktionsbüro Dr. Andreas Gößling

Copyright © 1995 by Marshall Sylver
Copyright © der deutschen Ausgabe 1996
by Wilhelm Heyne Verlag GmbH & Co. KG, München
Printed in Germany 1997
Umschlaggestaltung: Atelier Adolf Bachmann, Reischach
Herstellung: M. Spinola
Satz: Schaber Satz- und Datentechnik, Wels
Druck und Verarbeitung: Presse-Druck, Augsburg

ISBN 3-453-12284-4

DANKSAGUNG

Bei einem Projekt wie diesem ist es schwierig, all jenen zu danken, denen Dank gebührt.

Zunächst einmal möchte ich meinem Lektor Dominick Anfuso dafür danken, daß er gegen jede Vernunft an den Erfolg dieses Buches geglaubt und bis spät abends und am Wochenende gearbeitet hat, damit es termingerecht fertig wurde. Ich bin sicher, daß dies das erste von vielen gemeinsamen Projekten ist, und freue mich darauf, meinen Teil für Giancarlos Ausbildung am College beizutragen.

Dann möchte ich mich bei allen Seminarteilnehmern und den Menschen bedanken, die mit Hilfe meiner Audio- und Videokassetten ihre Lebensqualität verbessern konnten. Denn sie sind der Grund dafür, daß ich dieses Buch geschrieben habe. Ihre Reaktionen und Fragen ermuntern mich weiterzumachen.

Ich danke Fern Lee dafür, daß sie an meine Übungen geglaubt und mir dabei geholfen hat, durch meine Fernsehsendung einen großen Personenkreis zu erreichen.

Chris Petiprin danke ich dafür, daß er in einer Zeit an mich geglaubt hat, in der dies niemand sonst getan hat. Bist du nicht auch froh darüber? Du hast jetzt den Erfolg, den du voll und ganz verdienst.

Dank an Rich Carll »McGyver«, der alles und jedes reparieren kann. Du hast den Computer zum Weitermachen überredet, als er bereits den Geist aufgegeben hatte.

Ein großes Dankeschön an meine Mitarbeiter bei Sylver Enterprises – dafür, daß sie es mit mir aushalten und mir Rückendeckung geben. Ihr seid das beste Team, das man sich nur wünschen kann. Dieses Buch haben wir gemeinsam geschrieben.

Ich danke meinen Geschwistern dafür, daß sie mir in meiner Kindheit gezeigt haben, wie verschieden Menschen sein können und wie unterschiedlich jeder von uns das Leben erlebt. Jeder einzelne von euch ist ein Musterbeispiel dafür, wie eine Familie sein sollte. Ich liebe euch alle.

Ich danke meiner Mutter Virginia, deren Erziehung die Grundlage für alles bildet, an das ich glaube. Mit deiner Liebe, Geduld und Hilfe hast du nicht nur das Leben deiner zehn Kinder geformt, sondern auch das deiner 16 Enkel und der Menschen, die uns kennengelernt haben. Du bist ein Geschenk des Himmels, und ich verspreche, daß ich bis in alle Ewigkeit für dich sorgen werde.

Meinem Bruder Michel, der mir insbesondere in den letzten acht Jahren rechte Hand und Freund war, werde ich für immer dankbar sein. Tausend Dank dafür, daß du in meinen ersten Zaubershows diesen scheußlichen Trainingsanzug getragen hast – ich wollte deine Loyalität testen. Ich bin stolz auf das, was du inzwischen erreicht hast, und freue mich darüber, daß ich dieses Abenteuer mit dir teilen kann. Ich hoffe, du genießt das Leben als Millionär genauso wie ich!

Ein Danke an Cheryl Maxfield, meine beste Freundin, für deine Liebe, deine Unterstützung und dein Vertrauen in mich. Du bist eine Göttin und das Beste, was mir in meinem Leben je begegnet ist. Die Kraft, mit der du mein und unser aller Leben bereicherst, ist ein Beweis für die Vollkommenheit des Lebens. Ich wünsche dir, daß du das zurückbekommst, was du uns allen so freigebig schenkst.

Und schließlich möchte ich der göttlichen Macht in meinem Leben für all die Gaben und Wohltaten danken, mit denen ich beschenkt worden bin. Ich wünsche mir, daß ich auch in Zukunft all jenen eine Hilfe sein kann, denen ich auf diesem Planet und anderswo begegne ...

Für meine Familie:
meine Mutter Virginia, meine Geschwister Diana,
Tim, Eileen, Robin, Fawn,
Fred, Stacey, Marc, Mike und meine
Nichten und Neffen.

INHALT

ERFOLG

ENERGIE

EIN PERSÖNLICHER BRIEF VON MARSHALL SYLVER

Lieber Freund,

vor langer Zeit kämpften sich einmal zwei Männer auf demselben Weg durch einen tiefen, tiefen Wald. Der eine hatte keine Ahnung, wo der Weg hinführte, er hoffte nur, daß er irgendwo dort endete, wo er hinwollte. Der andere wußte, daß der Weg zu einem Schloß mit sagenhaftem Reichtum, glücklichen Beziehungen und unglaublicher seelischer und körperlicher Gesundheit führte.

Beide stießen auf ihrer Reise auf viele Hindernisse und Herausforderungen. Echte und eingebildete Dämonen begegneten ihnen. Obwohl beide auf demselben Weg gingen, endete er für sie unterschiedlich. Der Mann, der nicht wußte, wohin der Weg führte, verlor mit der Zeit den Mut und fragte sich viele Male, ob er denn noch auf dem richtigen Weg sei. Und weil er so viele Zweifel hatte, führte er seine Kämpfe ohne Begeisterung und Leidenschaft. Jeder Rückschlag schien schwerer zu wiegen, jede Herausforderung führte dazu, daß er immer mehr den Glauben an sich und an das, was möglich war, verlor.

Der andere hatte einen Freund, der den Weg bereits gegangen war und jetzt im Schloß lebte. Dieser Freund hatte ihm gesagt, daß es trotz der vielen Herausforderungen die Mühe wert sei, diesen Weg zu gehen, weil die Belohnung am Ende unermeßlich groß sei. Der Freund gab ihm auch Ratschläge für den Weg und verriet ihm, wie er mit den Herausforderungen fertig wurde. Als er im Schloß angekommen war, zeigte ihm sein Freund, was er tun mußte, damit er dort bis in alle Ewigkeit glücklich und zufrieden leben konnte.

Der erste Mann gab schließlich auf und verließ den Weg. Er bekam Angst vor dem, was vor ihm liegen könnte. Er baute sich eine kleine Hütte, um sich damit so gut es ging vor den wilden Tieren im Wald zu schützen. Nach einiger Zeit begann er zu glauben, daß es sein Schicksal sei, im Wald zu bleiben, und bald schon hatte er jeglichen Ehrgeiz verloren und kümmerte sich nur noch darum zu überleben. Er fragte sich immer, was geschehen wäre, wenn er nur noch ein kleines Stück auf dem Weg weitergegangen wäre. Er fragte sich, ob er gefunden hätte, was er gesucht hatte.

Der zweite Mann stellte sich mutig den Herausforderungen, die sich ihm boten. Mit jedem Sieg wurde er stärker. Jeder Schritt auf dem Weg ließ ihn jubeln, weil er wußte, daß er sich damit dem Schloß einen Schritt näherte. Und dann kam der Tag, an dem die Herausforderungen für ihn leicht zu überwinden waren und er wußte, daß er es schaffen würde. Er erreichte das Schloß, heiratete die Prinzessin und bekam das ganze Gold. Und wenn er nicht gestorben ist, lebt er dort noch heute.

Wünschen Sie sich nicht auch manchmal einen Freund, der Ihnen sagen kann, was am Ende des Weges liegt? Würde es Ihnen nicht viel mehr Spaß machen, wenn Sie wüßten, wie Sie die Hindernisse überwinden können, die sich Ihnen in den Weg stellen – egal, wie groß diese sind? Das muß kein Wunschtraum bleiben. Da ich genauso wie Sie war und bin, möchte ich Ihnen helfen, noch mehr zu bekommen. Als ich meine Reise auf diesem Weg begann, wußte ich noch nicht, daß es wirklich ein Schloß gab. Mit viel Mühe mußte ich lernen, was ich tun konnte, wenn die echten und eingebildeten Dämonen über mich herfielen. Da ich den Weg bereits gegangen bin und noch weiß, was ich dabei gelernt habe, werde ich Ihnen jetzt helfen und dafür sorgen, daß Ihre Reise auf diesem Weg einfacher wird und Sie dabei mehr Spaß haben.

Obwohl ich weiß, daß der Weg zu einem besseren Ort führt, kann ich Sie nicht dorthin tragen – ich kann Ihnen nur Ratschläge geben. Den ersten Schritt müssen Sie machen. Es ist möglich, alles zu erreichen, was man sich wünscht. Den ersten Schritt machen Sie genau in diesem Moment, und zwar da-

durch, daß Sie diese Worte lesen. Ich freue mich, daß ich die Erfahrungen und Werkzeuge, die Ihren Weg finanziell lohnender, zufriedenstellender, energiereicher machen und seelisch bereichern werden, mit Ihnen teilen darf. Die ersten Schritte sind fast immer die schwersten. Aber mit jedem Sieg wird es Ihnen leichterfallen, den Weg weiterzugehen. Ich bin sicher, daß dieses Buch einen anhaltend positiven Einfluß auf Ihr Leben haben wird. Wie eine Rakete, deren Abschußwinkel minimal geändert wird, werden Sie jetzt ein völlig anderes Ziel erreichen.

Da Gedanken Berge versetzen können, werden Sie sich auch dann darauf programmieren, Erfolg auf Ihrem Weg zu haben, wenn Sie dieses Buch nur zum Vergnügen lesen. Die Sprachmuster und Formulierungen in diesem Buch werden einen anhaltenden Einfluß auf Sie haben – selbst wenn Sie dieses Buch nur lesen. Ich danke Ihnen dafür, daß ich der Mann sein durfte, der Ihnen dabei geholfen hat, all das zu bekommen, was Sie verdient haben.

Mit freundlichen, kraftvollen Grüßen

15

EINLEITUNG

*»Wir werden aber alle verwandelt
werden; und dasselbe plötzlich, in
einem Augenblick.«*

1. Korinther 15,51/52

Stellen Sie sich vor, daß Sie in der Lage sind, sich Ihren größten Ängsten zu stellen und diese zu überwinden. Stellen Sie sich vor, daß Sie in der Lage sind, all Ihre Schwächen zu überwinden, an neu gefundene Kräfte und Fähigkeiten zu glauben und mit Hilfe dieser Kenntnisse das Leben zu schaffen, das Sie sich schon immer erträumt haben. Stellen Sie sich vor, daß Sie in der Lage sind, Bewußtsein und Gedanken, Körper, Physiologie und emotionale Intensität der Superreichen zu kopieren und damit Wohlstand in Ihrem Leben zu schaffen. Die Umprogrammierung des Unterbewußtseins wird es Ihnen ermöglichen, sich voll und ganz auf das zu konzentrieren, was Sie sich vom Leben wünschen. Sie werden diese Technik nicht nur lernen – sie wird Ihnen in Fleisch und Blut übergehen.

Ich bin der Meinung, daß fast alle Herausforderungen für den Menschen aus einem von drei Bereichen stammen. Ich nenne sie ELAN, ERFOLG und ENERGIE.* Dieses Buch ist in drei Abschnitte gegliedert, die ihnen entsprechen.

Im Abschnitt ELAN werden Sie Techniken lernen, mit denen Sie die Qualität ihrer zwischenmenschlichen Beziehungen im beruflichen wie im privaten Bereich verbessern können. Sie lernen, wie Sie eine magnetische Anziehungs-

---

* Im Original *Passion*, *Profit* und *Power*. – *Anm. d. Übers.*

kraft auf andere ausüben und sie in Ihr Leben »ziehen« können. Dann werden Sie feststellen, daß das, was Sie sich in Ihrem Leben wünschen, immer einfacher und problemloser zu erreichen ist. Die Beziehungen zu Ihren Mitmenschen werden glücklicher und erfüllender sein.

Im Abschnitt ERFOLG werden Sie das lernen, was die Superreichen können: wie man zu Reichtum gelangt und materiellen Wohlstand maximiert. Sie werden Methoden kennenlernen, die aus Ihnen einen »Geldmagneten« machen, und mehr Geld verdienen, als Sie jemals für möglich gehalten hätten. Geld und die universellen Gesetze, von denen es regiert wird, sind Prinzipien, die auch andere Bereiche Ihres Lebens beeinflussen.

Im Abschnitt ENERGIE schließlich werden Sie lernen, wie Sie Ihre persönliche Macht maximieren, um ans Ziel Ihrer Wünsche zu gelangen. Sie erfahren, wie Sie körperlich leistungsfähiger und glücklicher werden und sich selbst – diesem wundervollen, einflußreichen menschlichen Wesen – noch mehr Anerkennung entgegenbringen!

Bei der Lektüre dieses Buches werden Sie lernen, wie Sie sich entspannen und Ihr Leben zielgerichtet führen. Sie werden eine ruhige, starke Ausstrahlung entwickeln und lernen, daß Macht dazu da ist, benutzt zu werden.

Ich habe dieses Buch darüber hinaus in mehrere leicht zu lesende Kapitel aufgeteilt, die Ihnen Anregungen geben und Sie durch das wundervolle Abenteuer Leben führen sollen. Es entstand aus der Intention heraus, Ihnen die Antworten auf jene Fragen zu geben, die die meisten Menschen davon abhalten, jeden Moment Ihres Lebens zu genießen. Im Grunde genommen ist es ein Handbuch für das Leben, mit dem Sie sofort mehr aus den Fähigkeiten herausholen können, die Ihnen das Leben geschenkt hat, und mit dem Sie die Fähigkeiten entwickeln können, die Sie sich wünschen. Dieses Buch wird eine Bereicherung für Ihr privates und berufliches Leben sein.

Elan, Erfolg & Energie ist einzigartig, weil Sie damit wirkungsvolle Strategien zur Lebensverbesserung und die Technik zur Umprogrammierung des Unterbewußtseins lernen.

Diese Umprogrammierung ist ein einfacher Prozeß. Er »erzieht« Sie nicht nur, sondern führt auf der Ebene Ihres Unterbewußtseins im wahrsten Sinne des Wortes eine Umprogrammierung durch, indem er Ihnen den unwiderstehlichen Drang einpflanzt, Ihre neuen Fähigkeiten zu nutzen, sie im Alltag einzusetzen, ein Leben zu schaffen, das gekennzeichnet ist von erfüllten Beziehungen, Wohlstand und persönlichem Wohlbefinden. Ein Element der Umprogrammierung des Unterbewußtseins ist der Zustand äußerster mentaler, körperlicher und psychologischer Entspannung. In diesem entspannten Zustand sind Sie am empfänglichsten für Suggestion. Am Ende dieses Buches werde ich Ihnen genaue Hinweise geben, wie Sie Ihre eigenen Audiokassetten für die Umprogrammierung Ihres Unterbewußtseins aufnehmen können, um auf diese Weise Ihre neuen Fähigkeiten und Gewohnheiten noch zu verstärken.

Ihre Grenzen – sowohl körperliche als auch seelische – sind von dem Programm vorgegeben, das Sie und Ihre Umwelt Ihrem Unterbewußtsein vermitteln. Wenn Sie die Sache in die Hand nehmen und entscheiden, was Sie beeinflussen kann und was nicht, gewinnen Sie Ihre Macht zurück und werden anfangen, Ihr wahres Potential anzuzapfen.

In diesem Buch werden Sie Ihre momentanen grundlegenden Einstellungen untersuchen und herausfinden, was in Ihrem Leben funktioniert und was nicht. Sie werden lernen, wie Sie für sich selbst neue Einstellungen entwickeln. Durch meine Methode zur Umprogrammierung des Unterbewußtseins werden Sie in der Lage sein, Ihr Unterbewußtsein auf diese neuen Einstellungen umzupolen, um die von Ihnen gewünschten Resultate im Leben sofort zu erreichen.

Die Umprogrammierung des Unterbewußtseins ist der schnellste Weg, um Ihr Unterbewußtsein direkt zu erreichen und Ihre Denkweise zu verändern. Wenn Sie Ihr Denken ändern, werden Sie auch Ihr Verhalten ändern. Das dauert gar nicht lange. Sie müssen nicht wochenlang warten, um Ihr Leben in die Hand zu nehmen. Eine solche Veränderung benötigt nur einen Augenblick. In einem einzigen Moment werden Sie entscheiden, daß Sie so nicht mehr weitermachen wollen und mehr von Ihrem Leben erwarten.

Wünschen Sie sich nicht auch, daß Sie sich suggerieren könnten, automatisch das zu tun, was Sie am meisten wollen? Automatisch ins Fitneßcenter zu gehen, mit dem Rauchen aufzuhören, abzunehmen, die Angst vor etwas zu überwinden? Tausenden von Menschen ist es mit einer Umprogrammierung ihres Unterbewußtseins gelungen, aus einem reinen Überlebenskampf ein Leben voller Abenteuer zu machen. Die dynamischen Werkzeuge und Techniken in diesem Buch beruhen auf neuesten Erkenntnissen der Bewußtseinsforschung, sind der Gipfel langjähriger Untersuchungen der Psyche. Wäre es nicht sensationell, genau zu wissen, was Sie tun müssen, um das zu bekommen, was Sie haben wollen, und dann auch noch den brennenden Wunsch zu verspüren, sofort damit zu beginnen? Genau das kann Ihnen dieses Buch zeigen.

Ihr Leben soll kein Kampf sein, sondern ein Abenteuer. Fangen Sie jetzt damit an, dieses Abenteuer zu leben!

Kapitel 1

DIE WAHL DER WIRKLICHKEIT

»Wer hat denn gesagt, daß jeder Wunsch, den wir uns beim Anblick einer Sternschnuppe wünschen, auch gehört wird und in Erfüllung geht? Das hat sich jemand ausgedacht, dann hat jemand daran geglaubt, und jetzt haben wir den Salat.«

Aus dem Lied »Rainbow
Connection« von PAUL WILLIAMS,
das durch KERMIT DEN FROSCH
bekannt geworden ist

»Alles beginnt in Gedanken. Die Wirklichkeit ist eigentlich nur unsere Interpretation.«

MARSHALL SYLVER

»Nach einer wahren Geschichte«

AKT EINS, SZENE EINS: Wir schreiben das Jahr 1967. Der Vorhang öffnet sich, wir sehen eine arme Familie im ländlichen Michigan. In dem alten, heruntergekommenen Farmhaus gibt es kein fließendes Wasser, kein Telefon und keinen Strom. Die Mutter und ihre zehn Kinder im Alter von zwei bis 22 Jahren sitzen um den Abendbrottisch. Es fällt auf, daß der Vater nicht anwesend ist. Im Schein der Kerzen sehen wir, daß nur ein kärgliches Mahl auf dem Tisch steht. Eine Apfelpastete aus den Früchten des einzigen Baumes im Garten scheint alles zu sein, was die Familie an diesem Abend zu essen hat.

Schnitt: Großaufnahme der Gesichter am Tisch. Die älteren Kinder scheinen traurig und niedergeschlagen zu sein. Drei der Kinder sind viel zu jung, um die Situation zu verstehen oder andere Gefühle als Hunger zu zeigen. Eine Großaufnahme des Gesichts der Mutter zeigt, daß sie nicht schluchzt, aber trotz ihres gefaßten Auftretens laufen ihr Tränen über die Wangen. Eine letzte Großaufnahme von einem der jüngeren Söhne, der die Szene in sich aufnimmt, als wäre er ein außenstehender Beobachter. Einer der Söhne will sich von der Pastete nehmen, wird aber sofort von der Mutter zurechtgewiesen.

Mutter: »Tim, du kannst dir jetzt noch nichts nehmen, wir haben das Tischgebet noch nicht gesprochen. Vater im Himmel, wir danken Dir für die Gaben, die Du uns geschenkt hast. Selbst wenn wir jetzt nichts mehr zu essen im Haus haben, wissen wir doch, daß Du für uns sorgen wirst. Wir sind sicher, daß diese Prüfung unsere Familie nur noch stärker machen wird. Wir bitten Dich um deinen Schutz und Deine Führung. Amen.«

Schnitt: Die Kinder balgen sich um das wenige Essen auf dem Tisch. Die Mutter wacht darüber, daß alles gerecht geteilt wird und jeder – mit Ausnahme von ihr selbst – etwas zu essen bekommt. Als deutlich wird, daß nicht genug da ist, hören wir bei einer Großaufnahme des Gesichts der Mutter, wie sie leise etwas murmelt.

Mutter: »Gütiger Vater, ich weiß, daß Du für uns sorgen wirst.«

Schnitt: Plötzlich klopft es an die Tür. Wer kann das zu dieser späten Stunde noch sein? Das Haus ist schließlich keine Touristenattraktion. Der älteste Sohn steht auf und öffnet. Wir sehen einen Nachbarn, auf dem Arm lauter Lebensmittel. Hinter ihm steht noch ein Nachbar, und dann noch einer und noch einer und noch einer, und schließlich sind 20 Tüten voller Lebensmittel abgegeben worden. Die Nachbarn, die von der Zwangslage der Familie wissen, haben Lebensmittel in Hülle und Fülle gebracht.

NACHBAR: »Wir dachten, ihr könntet ein bißchen Hilfe gebrauchen, daher haben wir euch ein paar Kleinigkeiten gebracht.«

SCHNITT: Die Mutter mit Tränen der Freude in den Augen. Die Kinder lachen, tanzen und balgen sich um Brotlaibe und andere Lebensmittel.

MUTTER: »Gott segne euch! Vielen Dank! O Herr, ich danke Dir!«

SCHNITT: Einer der jüngeren Söhne hebt den Kopf und nimmt die Szene in sich auf, als wäre er ein außenstehender Beobachter.

27 Jahre später

AKT ZWEI, SZENE EINS: ein Zusammenschnitt von Szenen, die wie ein Bericht aus einer Hochglanzzeitschrift aussehen, alle mit derselben Hauptperson. Ein Mann, der dem Jungen am Tisch sehr ähnlich sieht, jenem Jungen, der alles mitangesehen hat, als wäre er ein außenstehender Beobachter. Wir sehen, wie er auf dem Dach eines Hauses am Meer in einem Swimmingpool sitzt. Wir sehen, wie er aus einem Rolls Royce aussteigt, eine atemberaubend schöne Schauspielerin neben sich. Wir sehen, wie er Tausenden von Menschen zeigt, wie sie ihr Leben in die Hand nehmen können, und wie er bei ausverkauften Veranstaltungen tosenden Beifall von seinem begeisterten Publikum erhält. Einzelne Szenen zeigen ihn, wie er Profisportler, Geschäftsleute, Studenten, Familien und viele andere Menschen in Techniken zur Umprogrammierung unterweist. Wir sehen ihn als Gastgeber in einer landesweit ausgestrahlten Fernsehsendung und in einer Live-Show mit Tänzern, Multimedia-Vorführungen, Zaubertricks und vielem mehr. Die meiste Zeit über sehen wir ihn glücklich und gesund. Ein Selfmade-Millionär mit einer engen Beziehung zu seiner Familie und seinen Freunden und einer tief empfundenen Liebe und großem Respekt für seine Welt.

Was Sie gerade gelesen haben, ist wahr. Alles. Ich würde es auch nicht glauben, wenn ich nicht selbst die Hauptrolle dabei spielen würde. Das hier abgedruckte Drehbuch ist nämlich mein Leben. In diesem Buch werde ich Ihnen zeigen, wie ich meine Rolle umgeschrieben und daraus einen Part gemacht habe, der viel mehr Spaß bringt. Außerdem werde ich Ihnen zeigen, daß Sie das gleiche tun können. Ich möchte, daß Sie genausoviel Spaß in Ihrem Leben haben wie ich in meinem. Ich habe es geschafft – und Sie schaffen es auch.

Erst viele Jahre später habe ich erkannt, welch großen Einfluß jener Tag auf der Farm in Almont, Michigan, auf mich hatte. An diesem Tag habe ich zwei Dinge gelernt: Die Macht konzentrierter Gedanken und die Macht des Glaubens.

Dieses Buch ist konfessionslos. Es richtet sich an jeden, der mehr aus seinem Leben machen will, egal, welche religiöse, intellektuelle oder politische Anschauung er hat. Es ist die Summe vieler Jahre des »Herumprobierens«, die geprägt waren von schwerem Kummer und vielen Fehlern. Es ist das Ergebnis der aufmerksamen Beobachtung einer verwirrenden und oftmals unversöhnlichen Welt und der Erkenntnis, daß es einen Weg gibt, um zu gewinnen – man muß nur wissen, wie das Spiel gespielt wird.

Nachdem ich fast alle großen Religionen und fast alle Prozesse und Techniken zur Lebensgestaltung untersucht habe, bin ich darauf gestoßen, daß sie alle etwas gemein haben – *Gedanken*. Unser Glaube wird von unseren Gedanken bestimmt. Unsere Lebenserfahrung wird von unseren Gedanken interpretiert. Gedanken sind dafür verantwortlich, daß wir manches sehen und anderes wiederum ignorieren, und unser Körper reagiert so, wie unsere Gedanken das haben wollen.

In meinem ersten Zuhause, dem alten Farmhaus, gab es keinen Strom. Wir hatten nur einen Ölofen, neben dem wir Kinder uns im Winter zusammengekuschelt haben, um uns zu wärmen. In der Nacht legten wir uns im Wohnzimmer auf den Boden und schliefen neben dem Ofen. Der Ofen wurde immer sehr heiß, und wenn man nicht aufpaßte, konnte man sich daran verbrennen.

Eines Nachts war mir so kalt, daß ich aus Versehen mit dem Arm gegen den heißen Ofen kam, als ich versuchte, mich so nah wie möglich an ihn heranzukuscheln. Ich mußte ins Krankenhaus, aber meine Mutter sagte zu mir, daß alles wieder in Ordnung kommen werde. Ich solle, sagte sie, jeden Tag mit dem Finger über die verbrannte Stelle streichen und fest daran glauben, daß sie heilen werde. Und während ich mit dem Finger darüberstrich, solle ich der Brandwunde befehlen, schnell wieder zu heilen. Wenn ich das täte und an die heilenden Kräfte glaubte, werde die verbrannte Stelle heilen und meine Haut wieder makellos sein. Sie hatte recht. Die Brandwunde dritten Grades, die von meinem Ellbogen bis zu meinem Handgelenk reichte, ist heute nur noch eine kleine Narbe von der Größe eines Vierteldollars. Sie ist meine ganz persönliche Erinnerung an Wunder.

Ich werde selten krank. Ich bin der Meinung, daß wir nur krank werden, wenn wir physisch, psychisch oder emotional aus dem Gleichgewicht geraten sind. Das kann uns sehr krank machen. Krank oder gelangweilt oder erschöpft zu sein gehört zu den Reaktionen, die man **Ausweichverhalten** nennt. Auf diese Weise versucht unser Gehirn, eine Ablenkung zu schaffen, damit wir uns nicht mit dem beschäftigen müssen, was in unserem Leben vorgeht. Es gibt noch mehr raffinierte Beispiele für Ausweichverhalten, wie etwa auf die

Toilette gehen, vergeßlich sein, etwas nicht hören oder – im Extremfall – sterben. Ich bin sicher, Sie denken jetzt: Ja, das stimmt. Überlegen Sie einmal: Ist es Ihnen schon einmal passiert, daß Sie sich sehr stark auf etwas konzentriert haben und Ihnen dann plötzlich auffiel, daß Sie schon seit Stunden nicht mehr auf der Toilette waren? Haben Sie schon einmal von jemandem gehört, dessen Lebenspartner starb und der sich einige Monate später aufgab und ebenfalls starb? Alles fängt in den Gedanken an. Einer meiner Freunde hat kürzlich eine Erkältung in seinem Körper verursacht. Als ich ihn sah, fragte ich ihn, wie es ihm gehe. Er sagte, daß er eine Pause von seiner Arbeit brauche. (Da er diese Pause nur dann einlegte, wenn er krank war, machte er sich selbst krank.) Außerdem erzählte er, daß er mit einigen Freunden gesprochen habe und diese ihm gesagt hätten, er solle sich darauf einstellen, die nächsten vier Wochen krank zu sein. Ich entgegnete, wenn ihm jemand sage, er solle sich darauf einstellen, die nächste Woche krank zu sein, werde er schneller wieder gesund.

Wie oft haben Sie schon jemanden sagen hören: »Ich glaube, ich habe mir eine Erkältung eingefangen«? Denken Sie einmal über diesen Satz nach. Sie signalisieren Ihrem Körper, daß Sie eine Erkältung bekommen. Und sobald Sie es glauben, werden Sie tatsächlich krank. Ich kenne eine Familie, die jedes Jahr sagte: »Wir werden immer im März krank.« Und tatsächlich – immer im März wurden alle krank.

Nach dem Erlebnis mit meiner Brandwunde wurde mir klar, wie wichtig der Glaube beim Heilungsprozeß ist. Jedesmal, wenn ich merke, daß eine Erkältung im Anmarsch ist und ich an Krankheit zu denken beginne, unterdrücke ich diesen Gedanken, kehre ihn sofort um und konzentriere mich auf Gesundheit. Wenn Sie von Ihrem Körper erwarten, daß er sich selbst heilt, dann wird er das auch tun.

Lassen Sie uns noch einen Schritt weitergehen. Ist Ihnen folgendes schon einmal passiert? Sie gehen allein spazieren. Körperlich fühlen Sie sich großartig, aber emotional geht es

Ihnen sehr schlecht, weil Ihnen etwas in Ihrem Leben schwer zu schaffen macht. Plötzlich drehen Sie sich um, oder Sie bücken sich, um etwas aufzuheben, und dabei zerren Sie sich einen Muskel. Sie regen sich auf, sagen, daß Ihnen so etwas gerade noch gefehlt hat, und doch verarbeitet Ihr Bewußtsein bereits die Tatsache, daß es passiert ist, Ihre Schmerzen werden immer stärker, und Sie sind einem noch größeren emotionalen Streß ausgesetzt. Sie haben sich den Muskel gezerrt, weil Ihr Körper Ihren emotionalen Schmerz gespürt und deshalb sofort einen eigenen Schmerz entwickelt hat. Diese Art von Schmerz ist ein weiteres Beispiel für Ausweichverhalten. Da Ihr Bewußtsein emotional angespannt war, hat es eine Anspannung in Ihrem Körper verursacht, und weil Ihr Körper angespannt war, hat er zugelassen, daß Ihre Muskeln verletzt werden konnten.

Wenn Sie das nächste Mal zu einem Chiropraktiker gehen oder sich massieren lassen und dabei an einer besonders schmerzhaften Stelle behandelt werden, sollten Sie sich im Geist entspannen und darauf achten, ob mit dem Schmerz, der entfernt wird, Bilder oder Gedanken hochkommen. Ich selbst habe diese Methode schon so oft angewandt, daß ich in der Regel feststellen kann, welche emotionale oder geistige Verbindung vorhanden ist. Probieren Sie es aus, und warten Sie ab, was passiert.

Glaube kann nur dann wirken, wenn das Bewußtsein darauf vorbereitet ist, ihn zu akzeptieren. Glaube erfordert ein starkes und bedingungsloses Vertrauen in etwas, für das es kaum oder gar keine Beweise gibt. Wie stellen wir das an? Zunächst einmal, indem wir ehrlich zu uns selbst sind und unsere Verpflichtungen anderen gegenüber erfüllen. Wir haben unser Wort gegeben. Jedesmal, wenn wir eine Vereinbarung nicht erfüllen, verlieren wir ein Stück unserer Glaubwürdigkeit. Statistiken besagen, daß wir die letzte Generation sind, der es wirtschaftlich gesehen besser gehen wird als unseren Eltern. Das ist eine beunruhigende Feststellung, besonders für unsere Kinder. Wie sollen sie den Glauben an sich selbst lernen? Nicht die Welt wird ihr Lehrer sein. Diese Aufgabe müssen wir selbst übernehmen. Für Ihre Kinder ist es das Beste, wenn Sie ihnen mit gutem Beispiel vorangehen und ihnen dabei helfen, einen starken Glauben an sich selbst zu entwickeln, damit sie den Herausforderungen im Leben begegnen können. (Und dann sollten Sie ihnen noch raten, nicht an Statistiken zu glauben.)

Wir können unseren Glauben durch Worte verlieren. Sprich es aus, dann wird es sein. Wie oft sind Ihre Ängste schon wahr geworden? Sie befürchten, daß etwas passiert, und dann geschieht es tatsächlich. Eine solche Einstellung lernen wir in unserer Kindheit. Wir haben sie entweder unseren Eltern abgeschaut oder selbst übernommen und dann als richtig akzeptiert. Kinder, denen jeden Tag gesagt wird, sie seien dumm, langsam und ungeschickt, lernen die Verarbeitung von Informationen ganz anders als Kinder, denen man sagt, sie seien Genies und würden später einmal reich und glücklich werden. Das gleiche gilt für Erwachsene. Wenn Sie von einer bestimmten Einstellung oder einem Programm eingeschränkt werden, dann ist es ganz leicht aufzugeben und zu sagen: »Ich kann nichts dafür. Ich war eben schon immer dumm.« Bis Sie entscheiden, an was Sie glauben wollen, werden Sie die gleichen Fehler immer und immer wieder machen. Wie viele Ihrer Bekannten haben schon zu Ihnen gesagt: »Ich kann einfach nicht glauben, daß mir das schon wieder passiert ist. Inzwischen sollte ich es doch wirklich besser wissen«? Mit einer solchen Denkweise wird Ihren Bekannten in der Tat immer wieder das gleiche passieren – bis sie das *sollte* aus dem Satz streichen und fest daran glauben, daß es ihnen *nie wieder* passieren wird. *Sollte* impliziert etwas, von dem wir glauben, daß es positiv für uns wäre. **Sollte ist das, was nicht wirklich ist, aber wir müssen uns mit der Wirklichkeit herumschlagen**. Was geschehen sollte, ist nicht unbedingt das, was geschehen wäre und vielleicht auch nicht das, was am besten für uns gewesen wäre.

Eine andere wichtige Übung für mich besteht darin, in regelmäßigen Abständen das zu analysieren, woran ich glaube. Wenn ich feststelle, daß ich ständig auf eine Weise reagiere, die mir schadet, entspanne ich mich und gehe zurück zu der Zeit, in der ich zum erstenmal so reagiert habe. Wenn ich mich erinnern kann, warum ich damals so reagiert habe, kann ich sofort die entsprechenden Schritte ergreifen und meine Denkweise umprogrammieren.

Ich möchte Ihnen ein einfaches Beispiel dafür geben, wie ich eines Tages eine dieser Einstellungen bei mir bemerkt habe. Jeden Morgen stelle ich mich unter die Dusche und mache dabei folgendes: Erst sage ich mir, daß das Wasser den Schmutz und die Probleme des vergangenen Tages von mir abwäscht, so daß ich jetzt von neuem beginnen kann. Dann singe ich unter der Dusche. Ich singe nicht, weil ich glücklich bin – ich bin glücklich, weil ich singe. Eines Tages, während ich unter der Dusche sang, fiel mir plötzlich ein, daß ich nie bade. Ich weiß, daß es keinen Gedanken gibt, der reiner Zufall ist. Selbst kreative Gedanken entstehen aufgrund einer Stimulation von außen. Ich schloß die Augen und dachte an früher, um herauszufinden, ob es einen Grund gab, warum ich nie badete. Meine Reise endete bei der Farm, in der wir gewohnt hatten. Wir hatten kein fließendes Wasser und mußten es von einem freundlichen Farmer holen, der ein Stück die Straße hinunter wohnte. Ich kann mich noch gut daran erinnern, wie ich und meine Geschwister große, mit Wasser gefüllte Milchkannen für uns zehn Kinder nach Hause schleppten. Dieses Wasser wurde für alles verwendet, einschließlich Baden. Wir badeten immer dem Alter nach. Das älteste Kind stieg zuerst in die Wanne, dann das nächste und so weiter. Ich war als siebter an der Reihe! Mir fiel plötzlich ein, wie sehr ich es gehaßt hatte, mich in dieses schmutzige Wasser gleiten zu lassen. Ich erinnerte mich daran, daß ich von meiner Mutter oder meinen Schwestern festgehalten wurde, während sie versuchten, mich abzuschrubben. Jetzt wußte ich, warum ich mich immer nur unter die Dusche stellte. Nachdem ich es mit einem romantischen Bad in sauberem Wasser versucht hatte, wurde mir klar, daß meine alte Programmierung genau das war – eine *alte Programmierung*. Sobald ich das erkannt hatte, verstand ich, warum ich ein Bad in der Wanne nie gemocht hatte. Indem ich dieses unbewußte, programmierte Gefühl durchbrach, konnte ich meine Einstellung so umprogrammieren, daß ich ein Bad jetzt genieße.

Zeigen Sie eine emotionale Reaktion, die Sie lieber nicht hätten? Ich habe Ihnen erzählt, wie meine Einstellung zu Wannenbädern entstanden ist. Der Prozeß ist immer derselbe, für jede Herausforderung im Leben. Wenn Sie sich Ihrer alten Einstellungen bewußt werden und aus diesen eine positive Erfahrung machen, schaffen Sie neue Einstellungen. Je mehr ich Bescheid weiß und je mehr ich handle, desto eher ändern sich meine Einstellungen zum Positiven hin.

ÜBUNG: Nehmen Sie sich jetzt die Zeit, über etwas nachzudenken, auf das Sie emotional reagieren, und zwar auf eine Art, die über das normale Maß hinausgeht. Vielleicht werden Sie wütend, wenn Sie die Fahrweise eines anderen nicht akzeptieren können. Oder Sie reagieren frustriert und empfindlich, wenn jemand zu spät nach Hause kommt. Vielleicht haben Sie Angst davor, einem anderen zu nah zu sein. Nehmen Sie sich die Zeit, und schließen Sie die Augen. Entspannen Sie sich, und denken Sie an jene Jahre zurück, als Sie noch ein Kind waren. Da fast alle Programmierungen vor dem neunten Lebensjahr erfolgen, ist es sehr wahrscheinlich, daß das sensibilisierende Ereignis noch weiter zurückliegt. Sobald Sie die Situation vor sich sehen, aufgrund derer Sie diese Einstellung entwickelt haben, sagen Sie folgende Worte: »Es gibt keinen Grund für mich, immer noch wie ein Kind zu reagieren, jetzt bin ich sicher.« Lächeln Sie, öffnen Sie die Augen, und allein dadurch, daß Sie lächeln, stellen Sie bereits eine Verbindung her zwischen dem physischen

Vorgang des Lächelns und der emotionalen Empfindung, sich sicher zu fühlen. Wenn Sie das nächste Mal unsicher sind und dann anfangen zu lächeln, werden Sie Ihrem Bewußtsein wieder dieses Gefühl der Sicherheit vermitteln. (Dies bildet die Grundlage für einen Prozeß, der »Auslöser« genannt und weiter hinten in diesem Buch ausführlicher erklärt wird.)

Eine meiner lebhaftesten Erinnerungen stammt aus der Zeit, als sich meine Mutter dazu entschloß, all unsere Habseligkeiten in ein Auto und einen kleinen Anhänger zu packen und nach Kalifornien zu ziehen. Um ehrlich zu sein – wir zogen weg, weil wir es uns nicht mehr leisten konnten zu bleiben.

Meine Mutter nahm ihre letzten Gehaltsschecks und kaufte einen kleinen alten Wohnwagen, der schon ziemlich heruntergekommen war. Ich dachte damals, das wäre ein Fehler, aber meine Mutter ging Herausforderungen immer direkt an. Wenn sie einmal einen Entschluß gefaßt hatte, führte sie ihn auch aus. Ihre Entscheidungen waren nicht zu ändern. Dieses Mal also wollte sie nach Kalifornien.

Auf dem Weg dorthin habe ich viel gelernt. Meine erste Lektion bekam ich, als ich einen Blick auf den Rücksitz warf, wo meine beiden jüngeren Brüder und meine kleine Schwester aufeinanderlagen und schliefen. In diesem Augenblick hatten wir die erste von insgesamt 15 Reifenpannen, und ich lernte etwas, was mein Leben entscheidend verändern sollte.

Mutter brachte den Wagen am Straßenrand zum Stehen. Keiner von uns war verletzt. Ich bot an, Hilfe zu holen, da ich das älteste Kind war, das nach Kalifornien mitkam. Ich hatte Angst. Wir waren weit weg von zu Hause, und ich wußte, daß einer der Starke sein mußte. Ich überlegte, wie meine Mutter das alles wohl schaffte. Als ich zu einer Lichtung im Wald kam, traf ich einen Farmer. Da die Reifenfelge geborsten war und sich um die Achse gewickelt hatte, brauchte ich etwas, womit ich durch das Metall schneiden konnte. Alles kam wieder in Ordnung, der Farmer entpuppte sich als Geschenk des Himmels. Meine Mutter war so dankbar, daß sie ihm die letzten unserer selbstgebackenen Kekse gab. Ich sagte zu mir: »Sie hätte ihm doch nicht gleich alle geben müssen!«

Teilen. Meine Mutter erklärte mir, daß das Leben ein Geben und Nehmen sei. Der Farmer war so freundlich, uns zu helfen, daher mußten wir ihm jetzt etwas geben, damit das Schicksal auch in Zukunft für uns sorgte.

Plötzlich wußte ich, was sie meinte. Sie hatte recht. Wir besaßen nicht viel, und doch wußte meine Mutter das wenige, das wir besaßen, zu schätzen und war immer dankbar dafür. In diesem Augenblick verstand ich, was der Ausdruck »die Reichen werden noch reicher« bedeutete. Ich dachte über all das nach, nachdem ich wieder in den Wagen gestiegen war. Ich muß sagen, daß ich sehr stolz darauf war, die erste Krise als Oberhaupt der Familie gemeistert zu haben.

Gegen Ende unserer Reise, als wir auch mit unserem Geld fast am Ende waren, sahen wir einen Wagen, der am Straßenrand stand. Die Motorhaube war geöffnet. Meine Mutter hielt sofort an. Ich konnte es einfach nicht glauben. Wie sollten *wir* anderen helfen können? Ein Mann, seine Frau und ihre vier Kinder waren liegengeblieben. Sie hatten kein Benzin mehr. Meine Mutter bot an, den Mann zur nächsten Tankstelle zu fahren, wo es Benzin gab. Wir koppelten den Wohnwagen ab. Die Kinder spielten miteinander, als wir losfuhren, um Benzin zu holen.

Als wir die Tankstelle erreicht hatten, bemerkte meine Mutter, daß der Mann Benzin für nur 75 Cents in seinen großen Kanister füllte. Als sie ihn nach dem Grund dafür fragte, wurde er verlegen und sagte, daß dies sein letztes Geld sei. Meine Mutter griff in die Tasche und zog ein paar Scheine heraus, so daß der Kanister gefüllt werden konnte. Als der Mann sie ansah, standen Tränen in seinen Augen.

Wir brachten ihn zu seinem Wagen zurück, und bevor wir wegfuhren, zog meine Mutter noch ein paar Scheine hervor und sagte zu mir, daß ich sie dem Mann geben solle. Ich wußte, daß wir kaum noch Geld übrig hatten, aber meine Mutter sah mich mit einem Blick an, der keine Widerrede zuließ. Ihre bedingungslose Überzeugung, daß Gott und das Schicksal für uns sorgen würden, und das Gefühl, anderen in Not helfen zu müssen, haben damals einen tiefen Eindruck auf mich gemacht, der mein ganzes Leben lang anhalten sollte. Meine Mutter hat mir beigebracht, wie man sich seiner Angst stellt und sie in Glauben und Vertrauen verwandelt. Die Kraft, die ich darin fand, hat mein Leben entscheidend verändert.

Sie hat mir beigebracht zu handeln, ohne dabei zu jammern. Sie hat mir beigebracht, mich dem, was vor mir liegt, zu stellen und das Beste daraus zu machen. Und außerdem hat sie uns allen beigebracht, selbst für unser Leben verantwortlich zu sein. Sie hat zugelassen, daß wir Fehler machten, und war immer für uns da, wenn wir ihre Unterstützung brauchten. Sie liebte und liebt uns vorbehaltlos und bedingungslos. Alle ihre Kinder wissen, daß sie nichts Besonderes tun müssen, um ihrer Liebe sicher zu sein.

Ich weiß, daß es für sie oft Zeiten gegeben hat, in denen es nicht leicht war, uns diese Liebe so bedingungslos zu geben, aber bis heute hat sich nichts daran geändert. Was meinen Vater anbelangt, so hat sie mir beigebracht, daß es möglich ist, jemanden zu lieben, auch wenn einem nicht gefällt, was er tut. Ihr Glaube und ihr Grundsatz, diesen Glauben nie zu verlieren, sind das Fundament dessen, was ich heute anderen vermittle.

Daß ich meine Ängste und Sorgen in Glauben verwandeln kann, war ein wichtiger Aspekt in meinem Leben. Ich erinnere mich an einen Klienten, der so in seinen Ängsten gefangen war, daß ich meine Zweifel hatte, ob ich ihm überhaupt helfen konnte. Er hatte viele gute Gründe dafür, so deprimiert zu sein. Er hatte erfahren, daß er an Krebs litt, seine Frau hatte ihn wegen eines jüngeren Mannes verlassen, und er hatte seinen Arbeitsplatz verloren – all das innerhalb von sechs Monaten. Er war ausgebrannt und glaubte, daß er jegliche Kontrolle über sein Leben verloren hatte. Aus einem überaus positiv eingestellten Menschen in einer hervorragenden Position war ein pessimistischer, verbitterter Mann geworden. Nachdem ich mir sein Leid wochenlang angehört hatte, beschloß ich aus einer plötzlichen Eingebung heraus, für eine andere Umgebung zu sorgen, und wir gingen dazu über, uns bei Spaziergängen miteinander zu unterhalten. In der Regel höre ich auf meinen Instinkt, denn in den meisten Fällen trifft er die richtige Entscheidung, selbst wenn ich mir nicht sicher bin, warum. Ich war fest davon überzeugt, daß uns das Schicksal die richtige Antwort schon geben würde.

Mein Instinkt hatte mir den richtigen Weg gewiesen. Während eines Spaziergangs im Park fielen meinem Klienten plötzlich Menschen auf, die weniger Glück gehabt hatten als er, aber dennoch jammerte er weiter über sein hartes, einsames Leben. Als wir wieder einmal spazierengingen, begegneten wir einem verkrüppelten Kind, das um Geld bettelte. Mein Klient sah den hilflosen kleinen Jungen an und erlebte plötzlich einen magischen Moment. Er war in seiner eigenen Situation gefangen, doch dieser kleine Junge ließ ihn für einen Moment sein eigenes Unglück vergessen.

> *»Ich war traurig, weil ich keine Schuhe hatte, bis ich einem Mann begegnete, der keine Füße hatte.«*
>
> Altes Sprichwort

Mein Klient hatte Mitleid mit dem Jungen. Er griff in die Tasche und schenkte ihm 20 Dollar. Sein Leben nahm die gleiche entscheidende Wendung wie damals das meine, als Mutter und ich dem Mann halfen, dem das Benzin ausgegangen war. Sehen Sie die Gemeinsamkeiten? In diesem Moment entdeckte er, daß es viele andere Menschen gab, denen es noch schlechter als ihm ging. Plötzlich hörte er auf, sich nur noch mit seinen Problemen zu beschäftigen, und begann, sein Leben zu leben, indem er sich auf andere konzentrierte. Ihm wurde klar, daß er nur an sich selbst gedacht hatte. Er war so in seiner eigenen Situation gefangen und so in sich selbst versunken gewesen, daß er blind war für seine eigenen Lösungen. Doch als er anfing, Lösungen für sein Leben zu schaffen, entdeckte er eine neue Realität für sich und ein besseres Leben. Heute sagt er, daß er sich kaum noch vorstellen kann, wie schlecht es ihm damals ging. Außerdem hat er gelernt, daß wir im Dienst für andere unsere wichtigsten Lektionen lernen.

Kapitel 2

DIE UMPROGRAMMIERUNG DES UNTERBEWUSSTSEINS UND DIE ROLLE DES BEWUSSTSEINS

Wie weit kann unser Bewußtsein gehen, um unser Leben zu verbessern? Wenn ich anderen Menschen dabei helfe, ihr Leben zu verbessern, besteht meine größte Herausforderung darin, sie dazu zu bringen, den berühmten ersten Schritt in die richtige Richtung zu machen. Sie haben vielleicht harte Zeiten hinter sich und sind der Meinung, daß das Leben es nicht gut mit ihnen meint. Vielleicht haben sie nie daran geglaubt, daß sie alles haben können, was sie wollen. Dann ist es um so schwerer, diesen ersten Schritt zu tun.

Alles beginnt in den Gedanken. Wenn Ihre Gedanken die eines Gewinners sind, werden Sie wissen, wie man gewinnt. Wenn Sie diese Gedanken laut genug werden lassen, sind Sie motiviert genug, um entsprechend zu handeln. Wenn Sie die geistigen, physischen und emotionalen Gewohnheiten von Menschen identifizieren, die das geschafft haben, was Sie noch vor sich haben, und diese kopieren, können Sie erfüllte Beziehungen, ungeheuren Reichtum und den totalen Erfolg haben.

Wenn es wirklich so einfach ist, was hat Sie dann bis jetzt davon abgehalten, Ihr Leben so zu gestalten, wie Sie es wollen? Wenn Sie das, was Sie wollen, jetzt noch nicht haben, oder wenn Sie noch mehr wollen, erfordert das ein neues Verhalten. Damit sich etwas ändert, müssen *Sie* es ändern, denn nichts in Ihrem Leben wird sich von allein ändern. Sie müssen auf eine neue Art und Weise handeln, die Ihnen manchmal etwas unheimlich vorkommen wird.

Niemand hat Macht, es sei denn, Sie gestehen ihm Macht zu.

Kennen Sie die Geschichte von dem Mann, der flußaufwärts in einem Ruderboot unterwegs war? Während er mit aller Kraft den Fluß hinaufruderte und gegen die Strömung ankämpfte, kam ihm ein anderer Mann flußabwärts entgegen, stieß mit ihm zusammen und drängte ihn ans Ufer ab. Unser Mann beschimpfte den, der flußabwärts gekommen war. »Warum passen Sie denn nicht auf, wohin Sie fahren!« schrie er. Verärgert machte er sich wieder daran, den Fluß hinaufzurudern, aber da kam ihm wieder ein Mann entgegen, stieß mit ihm zusammen und brachte ihn vom Kurs ab. Wieder fluchte er. »Idiot! Können Sie denn nicht sehen, wie schwer es für mich ist, den Fluß hinaufzurudern?« Er fing wieder an zu rudern, und wieder stieß er mit einem Boot zusammen, das den Fluß herunterkam. Als der Mann den Insassen des anderen Bootes beschimpfen wollte, fiel ihm auf, daß es leer war. Er sagte nichts, denn schließlich wird niemand seine Zeit damit verschwenden, sich über ein leeres Boot aufzuregen. Er brachte sein Boot wieder auf Kurs und setzte die Fahrt fort.

Was wäre geschehen, wenn alle Boote leer gewesen wären? Was wäre geschehen, wenn er einfach so getan hätte, als wären die anderen Boote leer? Wenn er, statt wütend zu werden, sein Boot einfach wieder auf Kurs gebracht hätte und auf sein Ziel zugerudert wäre? Wie reagieren Sie – werden Sie wütend, oder bringen Sie Ihr Boot wieder auf Kurs und finden sich mit allem ab? Auf welche Weise werden Sie wohl schneller an Ihr Ziel gelangen und die geringste Menge an Energie verbrauchen?

Niemand kann Sie glücklich oder traurig oder aufgeregt oder wütend machen, wenn Sie ihm nicht diese Macht über

Ihr Leben zugestehen. Entscheiden Sie sich jetzt dafür, diese Macht nur den Dingen, Situationen und Menschen zu geben, die Sie dabei unterstützen, das zu bekommen, was Sie haben wollen.

Es ist Ihnen vielleicht gar nicht bewußt, aber Ihr Unterbewußtsein wird jeden Tag programmiert. Die Medien und andere Formen der Werbung programmieren Bewußtsein und Gedanken schon seit Jahren. Die Werbung gibt Millionen Dollar aus, um Methoden zur Manipulation der Konsumenten entwickeln zu lassen und dadurch noch mehr Gewinn zu machen. Die meisten Menschen bemerken gar nicht, daß sie auf Suggestionen reagieren, die ihnen tagtäglich von anderen aufgedrängt werden. Die Menschen, mit denen Sie in Kontakt kommen, die Medien und die Art, wie Sie die Situationen und Ereignisse in Ihrem Leben darstellen oder interpretieren – all das hat Einfluß auf die Programme, mit denen Sie arbeiten. Vielleicht verwenden auch Sie manchmal unbewußt Suggestionen gegenüber Ihren Bekannten, um sie dazu zu bringen, Ihnen das zu geben, was Sie haben wollen. Wenn Sie Kinder haben, verhalten Sie sich vielleicht ähnlich.

Lassen Sie mich ein Beispiel dafür anführen, wie ein nutzloses Programm Ihr Leben beeinflussen kann. Vielen Menschen fällt es schwer, morgens aufzustehen. Wenn Sie zu dieser Personengruppe gehören, suggerieren Sie sich, daß Aufstehen schwierig sei. Dabei ist es doch gar nicht schwierig, sich aufzurichten, die Beine über die Bettkante zu schwingen und aufzustehen. Um das Ganze schwierig zu *machen*, müssen Sie sich gedanklich dazu überreden, daß Aufstehen ein überaus mühsamer Prozeß sei, sonst würden Sie sich ja nicht selbst davon abhalten. Wie viele von uns schalten den Wecker aus, damit sie noch ein wenig schlafen können?

Wenn Sie dann davon überzeugt sind, daß Aufstehen schwierig ist, oder daß es schwierig ist, mit dem Rauchen aufzuhören oder abzunehmen oder was auch immer, haben Sie auf eine Programmierung Ihres Unterbewußtseins reagiert, allerdings auf eine völlig nutzlose Art. Ihr ganzes Leben lang hat man Ihnen beigebracht, Suggestionen von außen zu akzeptieren, ohne sie zu hinterfragen. Das geht uns allen so. Wenn Sie Ihrem Bewußtsein beibringen können, daß es schwierig ist, morgens aufzustehen, wenn Sie Ihr Bewußtsein so trainieren können, daß Sie Namen wieder vergessen, nachdem Sie sie gehört haben, wenn Sie Ihr Bewußtsein so programmieren können, daß Sie eine Zigarette brauchen – dann können Sie auch das Gegenteil. Sie können Ihr Bewußtsein so trainieren, daß in Ihrem Körper Energie freigesetzt wird. Sie können Ihr Bewußtsein auf Kurzzeit- und Langzeitgedächtnis programmieren. Sie können Ihr Unterbewußtsein dazu trainieren, daß Sie ins Fitneßstudio gehen oder mit dem Rauchen aufhören *wollen*. Sie können Ihr Bewußtsein dazu trainieren, alles zu tun, was Sie tun wollen.

Um diesen Prozeß zu verstehen, müssen Sie sich darüber im klaren sein, daß Sie Informationen auf zwei verschiedene Arten verarbeiten. Sie haben ein Bewußtsein und ein Unterbewußtsein. Ihr Bewußtsein ist der kritische Faktor. Dieses Buch lesen Sie mit Ihrem Bewußtsein, das entscheidet, ob meine Informationen für Sie geeignet sind oder nicht. Ihr Bewußtsein entscheidet, was richtig oder falsch, was gut oder schlecht ist. Sobald der kritische Faktor entschieden hat, wie die Information zu interpretieren ist, kann diese in das Unterbewußtsein übergehen.

Ihr Unterbewußtsein andererseits ist lediglich eine Art Computer. Es hinterfragt nicht. Es kann sich keine Meinung bilden. Wenn Sie lernen, Ihr Bewußtsein zu ignorieren und Suggestionen zu akzeptieren, ohne sie zu hinterfragen, sind Änderungen ganz einfach.

Wenn Sie schon mit einem Computer gearbeitet haben, wissen Sie, daß dieser Befehle wörtlich nimmt. Wenn Sie die Taste »Entfernen« drücken, löscht der Computer. Wenn Sie auf die Taste »Speichern« drücken, speichert er. Selbst wenn Sie einen Befehl eingeben, den Sie eigentlich gar nicht ausführen wollen, fragt der Computer nicht nach – er führt den Befehl oder das Programm aus. Ihr Bewußtsein hat lediglich die Aufgabe zu entscheiden, was Sie glauben und akzeptieren und was nicht. Wie das Unterbewußtsein arbeitet, wird vom Programmierer festgelegt.

Außerdem ist es wichtig, daß Sie lernen, wie Sie Ihr Bewußtsein umgehen oder ignorieren und nur jene Gedanken, Einstellungen und Programme gelten lassen können, die Ihnen nützlich sind. Die meisten Menschen glauben, daß sie keinen Einfluß auf das haben, was sie denken. Doch selbst wenn es sich unglaublich anhört: Sie sind der- oder diejenige, der/die entscheidet, was Sie denken. Wenn nicht Sie, wer sonst? Sie können jederzeit entscheiden, was Sie glauben wollen und wie Sie sich davon beeinflussen lassen. Lassen Sie uns jetzt einmal untersuchen, wie das Bewußtsein arbeitet.

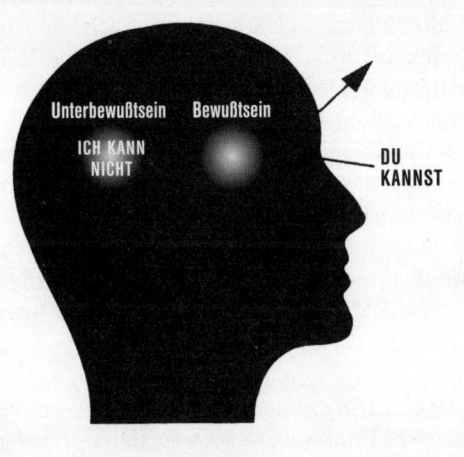

Wenn Sie Ihre *Grenzen* nicht bewußt *neu festlegen* – anders ausgedrückt, Ihr Unterbewußtsein umprogrammieren –, sind Sie in den Gewohnheiten und Einschränkungen der Vergangenheit gefangen. Selbst wenn Ihnen bewußt ist, daß es einen anderen oder besseren Weg gibt, etwas zu tun, können Sie diese Möglichkeit nicht ergreifen, wenn sie nicht mit dem Programm Ihres Unterbewußtseins übereinstimmt.

> **Zusammenhang zwischen Erfahrung – Gedanken –
> Einstellung – Gewohnheit – Leben: Eine *Erfahrung*
> bringt einen *Gedanken* hervor. Wenn dieser verstärkt
> (durch eine Bestätigung ähnlicher Art) oder wieder-
> holt wird, entsteht daraus eine *Einstellung*/ein *Pro-
> gramm*. Unsere Einstellungen (Programme) schaffen
> *Gewohnheiten*, die Gewohnheiten wiederum bilden
> unser *Leben*.**

Jeder Ihrer Gedanken erzeugt eine psychosomatische oder
physiologische Reaktion. Es ist nicht möglich, etwas zu denken, ohne daß Ihr Körper physisch darauf reagiert. Wenn Sie
an etwas denken und dann so handeln, als wäre dieser Gedanke schon zur Wirklichkeit geworden, wird das, was Sie für
die Wirklichkeit halten, letzten Endes tatsächlich zu Ihrer
Wirklichkeit. Sie müssen Ihre Gedanken ändern, um Ihr
Leben zu ändern. Ihre Lebensqualität wird durch den Eindruck bestimmt, den Sie von Ihrem Leben haben, und nicht
durch das, was Ihnen tatsächlich widerfährt. Jeder Gedanke,
den Sie in Ihrem Unterbewußtsein verankert haben, wird
sich auf sehr reale und anschauliche Weise auswirken.

**Es ist nicht möglich, etwas zu denken, ohne daß dieser
Gedanke Ihre reale Welt auf irgendeine Weise beeinflußt.**

Machen Sie jetzt einmal folgenden Versuch, in dessen Ver-
lauf Sie Ihr Bewußtsein öffnen und sich in Gedanken das gewünschte Ergebnis vorstellen: Nehmen Sie ein Stück Schnur
oder Bindfaden mit einer Länge von etwa 30 bis 40 Zentime-
tern. Binden Sie die Schnur oder den Bindfaden an ein Gewicht (dafür können Sie einen Ring, einen Schlüsselbund
oder etwas ähnliches verwenden).
Legen Sie eine Hand unter Ihr provisorisches Pendel und

halten Sie dieses etwa drei Zentimeter darüber. Sehen Sie genau auf das Gewicht am Ende des Pendels. Stellen Sie sich vor Ihrem geistigen Auge vor, wie das Pendel zu schwingen beginnt. Stellen Sie sich die Bewegung vor – vor und zurück, vor und zurück. Folgen Sie mit Ihren Augen dem Weg, den das Pendel nehmen soll. Je stärker Sie sich auf dieses Bild konzentrieren, je mehr Sie Ihre Vorstellungskraft einsetzen, desto mehr wird sich das Pendel bewegen. Wenn Sie sich konzentrieren, wird das Pendel tatsächlich zu schwingen beginnen. Und je stärker Sie sich konzentrieren, desto stärker wird das Pendel vor- und zurückschwingen.

Bitte unterbrechen Sie die Lektüre jetzt, und führen Sie diesen Versuch durch. Dabei geht es auch darum, daß Sie lernen, sich zu konzentrieren. Ihr Bewußtsein muß sich voll und ganz darauf konzentrieren, das Pendel in Bewegung zu setzen. Wenn das Pendel vor- und zurückschwingt, konzentrieren Sie sich darauf, es kreisen zu lassen. Sehen Sie wieder auf das Gewicht, und stellen Sie sich vor, wie es sich im Kreis bewegt. Konzentrieren Sie sich. Folgen Sie mit den Augen dem Weg, den das Gewicht zurücklegen soll. Stellen Sie sich vor, wie der Kreis immer größer und größer wird. Je stärker Sie sich konzentrieren, desto mehr wird sich das Pendel bewegen. Stoppen Sie jetzt mit der Hand die Bewegung des Pendels. Warum hat sich das Pendel bewegt?

Das, was man erwartet, wird man in der Regel auch sehen. Was man glaubt, wird zur Wirklichkeit. Wenn Sie glauben, daß sich das Pendel bewegen wird, sich auf die Bewegung konzentrieren und sich vorstellen, in welche Richtung es schwingen wird, lösen Sie damit eine kaum merkliche Bewegung in Ihrem Arm aus. Eine solche Bewegung nennt man *psychosomatische Bewegung*. Das Pendel bewegt sich psychosomatisch.

Die Bezeichnung *psychomatisch* setzt sich aus *psycho* (»Geist«) und *soma* (»Körper«) zusammen. Ihr Bewußtsein befiehlt Ihrem Körper, sich kaum merklich zu bewegen. Es wird Ihrem Arm befehlen, sich gerade so weit zu bewegen, daß das Pendel in Bewegung gesetzt wird. Ihr Bewußtsein tut immer das, was ihm von den dominierenden Gedanken vorgegeben wird, und solange Sie fest daran glauben, daß sich das Pendel bewegen wird, wird es das auch tun. Versuchen Sie es noch einmal, wenn Sie dieses Kapitel zu Ende gelesen haben. Bringen Sie das Pendel wieder zum Schwingen, und finden Sie heraus, wie gut Sie sich konzentrieren können.

Diese Technik kann Ihnen dabei helfen, Ihr Bewußtsein zu lenken und sich voll und ganz auf etwas Bestimmtes zu konzentrieren. Diese Art der Konzentration ist notwendig, um zu lernen, wie man seinen Körper völlig entspannt. Entspannung ist die erste Technik, die Sie bei meinem System zur Umprogrammierung des Unterbewußtseins lernen. Zweimal am Tag befinden Sie sich in einem ähnlichen, für Suggestion höchst empfänglichen Zustand – das erste Mal, wenn Sie aufwachen, das zweite Mal, wenn Sie schlafen gehen. Kurz bevor Sie einschlafen und gleich nachdem Sie aufwachen, sind Körper und Geist völlig entspannt. In diesem entspannten Zustand sind Sie am empfänglichsten für Suggestionen.

Trance oder die Umprogrammierung des Unterbewußtseins ist die völlige Akzeptanz von Vorstellungen oder Konzepten auf der Ebene des Unterbewußtseins.

Wenn Sie Informationen von außen (anderen Menschen, den Medien usw.) erhalten und diese als die Wirklichkeit akzeptieren, ist das eine Programmierung. Wenn Sie sich in Gedanken etwas vorsagen, ist das Selbstprogrammierung.

Sie werden tagtäglich programmiert. Ihr Gehirn verarbeitet Tausende von Daten sowohl bewußt als auch unbewußt. Sie sollten sich darüber im klaren sein, daß jede Information, die Sie über Ihre Sinnesorgane (Augen, Ohren usw.) erhalten, ein potentielles Programm ist. In dem Moment, in dem Sie die Information glauben und als Wirklichkeit akzeptieren, haben Sie sie programmiert. Wenn jemand zu Ihnen sagt: »Ist dir eigentlich schon einmal aufgefallen, daß du

Namen sofort wieder vergißt, nachdem du sie gehört hast?«, und Sie zustimmen, haben Sie die Software für den Computer in Ihrem Unterbewußtsein programmiert und ihm befohlen, daß er Namen sofort vergessen soll, nachdem Sie diese gehört haben.

Programme für das Unterbewußtsein sind Informationen, die als Wirklichkeit akzeptiert werden, ohne hinterfragt zu werden. Dies trifft besonders auf Sätze zu, in denen das Wort »Ich« oder »Ich bin« vorkommt, die wir selbst zu uns sagen, oder auf Sätze mit »Du/Sie« oder »Du bist/Sie sind«, die andere zu uns sagen und die wir als Wirklichkeit akzeptieren. In diesem Buch werden Sie lernen, wie Sie Ihre Einstellungen ändern und entscheiden, was Sie an sich umprogrammieren wollen. Egal, um welche nutzlose Gewohnheit es dabei geht: Sie werden lernen, wie Sie diesen Gedanken umprogrammieren und die Gewohnheit so ändern, daß sie Ihnen nützt. Dieses Buch wird Ihnen die einzelnen Elemente zur Umprogrammierung Ihres Unterbewußtseins beibringen.

Kapitel 3

SO LERNEN SIE DIE REGELN, DIE FÜR DAS BEWUSSTSEIN GELTEN

Wenn Sie mehr Erfolg in Ihrem Leben anstreben, müssen Sie wissen, wie Ihr Bewußtsein arbeitet und wie Sie es dazu bringen, ständig so zu arbeiten, wie Sie das wollen. Ich weiß, daß Sie wahrscheinlich schon andere Bücher gelesen, Kassetten gehört oder Seminare besucht haben, die Ihnen versprachen, Sie zum Millionär oder phantastischen Liebhaber zu machen, Ihr Leben wieder ins Gleichgewicht zu bringen, Sie zu erleuchten oder etwas anderes zu vollbringen, das Sie sich sehr wünschen. Obwohl viele davon vermutlich Ideen und Konzepte enthielten, die Ihnen hätten helfen können, haben Sie Ihnen vermutlich nichts genützt. Ich weiß, daß Sie begriffen haben, wie man mit dem Rauchen aufhört – man steckt sich diese Dinger einfach nicht mehr in den Mund. Ich weiß, daß Sie begriffen haben, wie man abnimmt – weniger essen und mehr bewegen. Ich weiß, daß Sie begriffen haben, wie man reich wird – andere motivieren usw. Sie wissen, wie es geht. Bis jetzt haben Sie allerdings nicht geschafft, konsequent so zu handeln, daß Sie das bekommen, was Sie wollen. Bis jetzt.

Stellen Sie sich vor, Sie wollen von Punkt A nach Punkt B. Stellen Sie sich außerdem vor, daß die Straße lang und gerade ist und daß Sie zu Fuß gehen könnten. Sie haben schon gesehen, wie andere für diese Strecke ein Auto benutzt haben, aber Sie selbst sind noch nie Auto gefahren. Sie wissen, daß das Auto ein überaus praktisches Hilfsmittel ist, mit dem Sie Ihr Ziel schneller erreichen könnten, daher versuchen Sie, sich das Autofahren selbst beizubringen. Sie steigen in den Wagen. Als erstes treten Sie auf die verschiedenen Pedale, bewegen das Lenkrad hin und her, probieren alle Knöpfe aus usw. Da Sie absolut nichts über das Autofahren wissen, werden Sie nach einiger Zeit entweder frustriert sein, oder der Zufall wird Ihnen zu Hilfe kommen. Wenn Sie frustriert sind, brauchen Sie doppelt so lange, um zu Punkt B zu gelangen, weil Sie jetzt bereits viel Zeit mit dem Versuch, den Wagen in Bewegung zu setzen, vergeudet haben. Vielleicht sind Sie sogar wütend und gelangen zu der Ansicht, daß das Ganze trotz allem, was Sie bis jetzt von Autos gesehen haben, etwas mit Zauberei zu tun haben muß und Autos nicht so funktionieren, wie es den Anschein hat.

Es kann jedoch auch sein, daß Sie herumprobieren und dabei zufällig den Schlüssel umdrehen. Vielleicht würgen Sie erst einmal den Motor ab, wenn Sie versuchen, den Gang einzulegen. Aber schließlich finden Sie heraus, welche Funktion das Lenkrad hat, was man mit dem Gaspedal und dem Schaltknüppel macht, und weshalb das Auto Bremsen hat.

Da Sie nun wissen, wie ein Auto funktioniert, sind Ihre Reisen ab jetzt viel angenehmer und nicht mehr so anstrengend. Weil Sie Auto fahren gelernt haben, können Sie überallhin reisen, was Sie sich früher gar nicht vorstellen konnten. Sie sehen und unternehmen jetzt viel mehr als die Menschen, die nicht Auto fahren können. Für Sie ist es jetzt viel einfacher, die Straße hinunterzufahren und schneller an Ihr Ziel zu gelangen.

Die meisten lernen das Autofahren von anderen – von Menschen, die diesen Prozeß bereits beherrschen und wissen, wie ein Auto funktioniert. Ihr Bewußtsein ist das Auto. Der Ort, zu dem Sie wollen, die Gewohnheit oder das Verhalten, die oder das Sie sich aneignen wollen, das Ergebnis, das Sie erzielen möchten – das ist die Straße. Es reicht nicht, daß Sie wissen, welche Straße Sie nehmen wollen – Sie müssen lernen, wie man Auto fährt. Das gleiche gilt für das Leben. Wenn Sie zehn Pfund abnehmen wollen und sich weiterhin sehr fettreich ernähren, brauchen Sie länger, um Ihr Ziel zu erreichen. Obwohl Sie sich die gewünschten Gewohnheiten durch reine Willenskraft aneignen könnten, wären Sie vermutlich viel zu erschöpft, um Ihr Ziel genießen zu können, nachdem Sie dort angekommen sind.

Wenn Ihnen klar ist, wie Ihr Bewußtsein arbeitet, wird es für Sie kein Problem sein, Ihr Verhalten schnell und konsequent zu ändern und das zu bekommen, was Sie haben wollen. Sie werden staunen, wie schnell Sie die gewünschten Resultate erzielen. Da Sie Ihre Gewohnheiten im Handumdrehen ändern können, brauchen Sie dazu nicht einmal langsamer zu fahren. Ähnlich wie in der Fahrschule habe ich einige Regeln für das Bewußtsein entwickelt. Wenn Sie diese Regeln verstanden haben, werden Sie das leistungsfähige Werkzeug, das Ihr Bewußtsein darstellt, voll und ganz nutzen können.

Regeln für das Bewußtsein

Regel Nr. 1: Was man erwartet, geschieht meistens auch.

Das, womit Sie sich am meisten beschäftigen, geschieht meistens auch. Ist Ihnen nicht auch schon aufgefallen, daß Sie vor einem geplanten Autokauf plötzlich überall nur noch das Modell gesehen haben, das Sie sich kaufen wollten? Ihr Bewußtsein geht in die Richtung, die ihm von seinen dominierenden Gedanken vorgegeben wird. So werden Sie das, was Sie erwarten, häufig auch sehen. Ihnen fällt das auf, an das Sie gerade denken. Wenn ich Sie bitten würde, die Enten an einem See zu zählen, würden Sie die Gänse dort vermutlich übersehen.

Regel Nr. 2: Einbildung ist stärker als Wissen.

Dieser Satz stammt leider nicht von mir, sondern von Albert Einstein. Er wollte damit sagen, daß jemand die Realität ignoriert, wenn er ganz fest an etwas glaubt. Für diese Person ist der Glaube die Wirklichkeit. Sie wird sich in der

»angenommenen Realität« so verhalten, als wäre diese wirklich. Wenn eine Frau glaubt, daß ihr Mann sie betrügt, wird sie sich ihm gegenüber so verhalten, als würde er dies tatsächlich tun, und ihn vermutlich zum Seitensprung treiben. Einige Menschen leben so, als wäre das, was sie sich einbilden, bereits geschehen. Es könnte genausogut schon geschehen sein, denn ihr Leben führen sie ja schon entsprechend.

Regel Nr. 3: Jeder Gedanke und jedes Gefühl verursacht eine körperliche Reaktion.
Haben Sie schon einmal Angst gehabt und gespürt, wie es Ihnen eiskalt den Rücken hinuntergelaufen ist? Ich bin sicher, daß Sie jemanden kennen – vielleicht ging es Ihnen ja selbst schon so –, der sich so viel Streß im Leben geschaffen hat, daß er ein Magengeschwür bekommen hat. Wenn Sie wütend sind, kann das Ihre Nebennieren stimulieren und Ihre Pupillen verengen oder Gänsehaut verursachen. Ähnliches passiert, wenn Sie von jemandem umarmt werden, den Sie mögen. Dann kommt es unter Umständen vor, daß Ihnen innerlich warm wird und Endorphine in den Körper ausgeschüttet werden, die Krankheiten heilen können.

Regel Nr. 4: Eine ins Unterbewußtsein programmierte Einstellung bleibt dort, bis sie durch ein anderes Konzept ersetzt wird.
Ich habe Ihnen bereits gesagt, daß Ihr Unterbewußtsein wie ein Computer arbeitet – ohne jede Bewertung. Im Gegensatz zu einem Computer besteht es jedoch aus organischem Material, und daher hält die Beschriftung auf der »Festplatte« viel länger. Wenn Ihr Unterbewußtsein über einen längeren Zeitraum hinweg ein bestimmtes Programm ablaufen läßt, wird es dieses Programm besser speichern können. Für jemanden, der ständig eine gebückte Haltung einnimmt, ist es schwierig, gerade zu stehen. Dasselbe gilt für die Konzepte im Unterbewußtsein – je länger sie dort sind, desto schwieri-

ger ist es für das kritische Bewußtsein, sie zu ersetzen. Wenn Sie einen Muskel plötzlich auf eine andere Art einsetzen, kann es vorkommen, daß er sich erst einmal widersetzt, bis er sich an die neue Bewegung gewöhnt hat. Das bedeutet nicht, daß es völlig unmöglich ist, es bedeutet lediglich, daß Sie sich darüber im klaren sein müssen, mit was Sie es hier zu tun haben.

Wir haben psychische und physische Gewohnheiten. Um eine physische Gewohnheit auszuführen, müssen Sie zuerst die psychische Gewohnheit entwickeln. Anders ausgedrückt, bevor wir handeln können, müssen wir denken. Einige Menschen glauben, daß sie sich mit Zigaretten beruhigen können. Das ist völlig falsch. Da Nikotin ein Aufputschmittel ist, kann es das Nervensystem gar nicht beruhigen. Aber da die meisten von uns Rauchen mit angenehmen Situationen wie tanzen, sich mit anderen unterhalten oder essen verbinden, sind Zigaretten zu einer posthypnotischen Suggestion geworden oder dienen als Auslöser für das Bewußtsein, der positive psychosomatische Reaktionen im Körper verursacht. Der Körper setzt sich über die Wirkung des Nikotins hinweg und sorgt dafür, daß sich das Nervensystem entspannt.

Regel Nr. 5: Je weniger man sich bewußt anstrengen muß, desto stärker reagiert das Unterbewußtsein.
Wenn Sie sich zu etwas zwingen, das für den Menschen, für den Sie sich halten, unnatürlich ist, ist es schwierig, die neue Gewohnheit beizubehalten. Reine Willenskraft kann Berge versetzen. Sie sind bestimmt auch schon einmal nachts wachgelegen und haben an nichts anderes als an Schlaf gedacht, bis Ihnen schließlich klar wurde, daß Einschlafen völlig unmöglich geworden war. Je stärker Sie sich auf Schlaf konzentrierten, desto schwieriger wurde es, endlich einzuschlafen. Je intensiver Sie an Schlaf dachten, desto ruheloser haben Sie sich in Ihrem Bett herumgewälzt. Wenn Sie Schwierigkeiten mit dem Einschlafen haben, versuchen Sie einmal folgendes:

Denken Sie an etwas Bestimmtes, zum Beispiel daran, was für großartige Dinge Sie von Ihrem Leben erwarten. Ich verspreche Ihnen, daß Sie im Handumdrehen einschlafen, wenn Sie sich auf das Positive konzentrieren, das Sie erreichen wollen.

Wenn Sie jemals versucht haben, abzunehmen oder mit dem Rauchen aufzuhören, ist Ihnen bestimmt klargeworden, daß alles viel schwieriger ist, wenn Sie sich dazu zwingen müssen. Um die bewußte Anstrengung zu verringern, müssen Sie Ihr Unterbewußtsein so programmieren, daß es glaubt, das neue Verhalten oder die neue Einstellung sei etwas ganz Natürliches. Anders ausgedrückt: Ein Programm über das, was Sie *sind*, wird besser funktionieren als ein Programm über das, was Sie *tun*. Beispiele: »Ich bin Nichtraucher« im Gegensatz zu »Ich rauche nicht«. »Ich bin ein Multimillionär, dessen Geld nur noch nicht auf dem Bankkonto liegt« im Gegensatz zu »Ich schaffe es, reich zu werden«.

Regel Nr. 6: Jedes neue Programm erleichtert die Akzeptanz von nachfolgenden Programmen.
Aus kleinen Siegen werden große Siege. Aus kleinen Verpflichtungen werden große Verpflichtungen. Ein Gegenstand, der sich bewegt, bleibt in der Regel in Bewegung, sei es nun ein fahrendes Auto, ein Gefühl, eine Gewohnheit oder eine Einstellung. Erfolg zieht noch mehr Erfolg an. Wenn Sie daran glauben, daß Sie das neue Programm ausführen können, bewirkt dies, daß alle nachfolgenden Programme viel leichter ausgeführt werden. Wenn Sie daran glauben, daß eine Änderung Ihrer Gewohnheiten ganz einfach ist, haben Sie sie bereits geändert. Wenn Sie mit der Programmierung des Unterbewußtseins beginnen, um neue Gewohnheiten und ein neues Verhalten zu schaffen, werden Sie feststellen, daß es praktisch eine Angelegenheit von wenigen Sekunden ist, diese neuen Einstellungen zu schaffen und zu verwurzeln. Wenn Sie Ihr Bewußtsein programmie-

ren, ist jeder noch so kleine Fortschritt ein Schritt in die richtige Richtung. Fragen Sie sich jetzt: »Was ist positiv, leistungsfähig und produktiv und bringt mich dort hin, wo ich hin will?« Fangen Sie jetzt damit an.

Regel Nr. 7: Ihr Körper entwickelt das, was Ihr Bewußtsein glaubt.

Da jede einzelne Ihrer Körperfunktionen von Ihrem Gedankenprozeß kontrolliert wird, kann eine emotionale Einstellung tatsächlich eine organische Veränderung hervorrufen. Je stärker Sie sich auf etwas konzentrieren, desto wahrscheinlicher ist es, daß es auch in Ihrem Körper zum Vorschein kommen wird und Sie sich nicht mehr »wohl in Ihrer Haut« fühlen. Psychische Probleme können körperlich krank machen. Ich hatte einmal einen Klienten, der ständig darüber redete, daß ihm seine Familie und seine Arbeit »im Nacken« säßen. Fünf Jahre später wurde festgestellt, daß er einen Krebstumor im Nacken hatte. Sehen Sie jetzt, was Ihr Bewußtsein alles kann?

Regel Nr. 8: Ihr Bewußtsein sucht nach Bestätigung für frühere Einstellungen.

Da sich Ihr Bewußtsein in die Richtung bewegt, die ihm von seinen dominierenden Gedanken vorgegeben wird, kann es nur auf das reagieren, worüber Sie nachdenken, und es reagiert am schnellsten und bereitwilligsten auf Suggestionen, die früheren Suggestionen oder Einstellungen ähnlich sind. Das, was wir suchen, werden wir am Ende auch finden. Wenn Sie in einem Menschen oder in einer Situation nur das Schlechte sehen wollen, reagieren Sie verstärkt auf Anzeichen dieser Art. Wenn Sie das Schlechte suchen, werden Sie es auch finden. Und wenn Sie das Schlechte gefunden haben, wird dadurch ihre bereits vorhandene Gedankenstruktur verstärkt, und Sie gehen weiter in diese Richtung, in der Sie nur Negatives für die entsprechende Person oder Situation empfinden.

Das gleiche gilt auch umgekehrt. Wenn Sie nach dem suchen, was in Ihrem Leben funktioniert, wird das plötzlich immer mehr. Wenn Sie von anderen nur das Beste erwarten und das sehen, was Ihre Mitmenschen richtig machen, werden Sie kaum mehr bemerken, daß sie auch Dinge tun, die Sie gar nicht wollen – und am Ende hat jeder gewonnen.

Kapitel 4

EINE VOLLKOMMENE WELT

»Legen Sie fest, wo Sie hinwollen,
dann wird Ihnen ganz von selbst
klar, wie Sie dort hinkommen.«

MARSHALL SYLVER

Gedanken sind gegenständlich. Sie können Form annehmen. Sie können Menschen dazu motivieren, Berge zu versetzen. Sie können Menschen mehr gefangenhalten als Ketten oder Gefängnisse. Sie können uns dazu motivieren, Wunder zu vollbringen. Die Zeitungen sind voll von Geschichten über Dämonen, die von Gedanken erschaffen wurden. Gedanken sind gegenständlich. Gedanken sind frei. Sie wurden nicht mit Fragen und Problemen geboren. *Sie* haben sie geschaffen. Als ich noch ein Kind war und wir kein fließendes Wasser und nicht viel zu essen hatten, wußte ich nicht, daß alles auch ganz anders sein konnte. Ein Fisch weiß nicht, daß er im Wasser schwimmt. An dem Abend, an dem wir Apfelpastete gegessen haben, weil sonst nichts anderes mehr im Haus zu finden war, habe ich mich gefreut. Schließlich gibt es nicht jeden Tag den Nachtisch als Hauptgang. Ich wußte nicht, daß es alles war, was wir noch zu essen hatten.

Viele Menschen leben in ständiger Angst, weil sie gar nichts anderes kennen. Sie sind in ihrer Kindheit so programmiert worden. Als Kind hatten viele von uns Angst vor der Dunkelheit, Angst davor, verletzt zu werden, Angst vor dem Unbekannten, vor Atomkrieg, Verbrechen, Krankheit und ganz besonders vor Gott. Wenn Sie in einer Welt der Angst leben, werden Sie vom Licht geblendet. Sie haben nicht den Mut oder das Verlangen, die Leidenschaft für das Leben zu suchen, die Sie verdienen. Die Gesellschaft tut ihr Bestes, um Sie so zu programmieren, daß Sie an Ihrer Angst festhalten. Man kann sich selbst als völlig hilflos im Leben sehen. Es fällt sogar leichter zu glauben, daß man gar keinen Versuch zu unternehmen braucht, weil man sowieso nicht das bekommt, was man haben will. Sie sagen sich vielleicht sogar: »Selbst wenn mein Leben in Ordnung wäre, würde das doch keinen Unterschied machen. Vielleicht schlägt morgen das Schicksal zu und löscht mich und die ganze Welt einfach aus. Es hat doch alles keinen Zweck.« Ich weiß, daß man das Leben so sehen kann, aber nützt Ihnen das etwas? Sie können Ihre Gedanken kontrollieren, und diese Fähigkeit müssen Sie nutzen.

Programmierung ist zum Teil das Wissen darüber, daß das Bewußtsein erst dann zu interpretieren beginnt, wenn bereits eine Basis für einen Vergleich vorhanden ist. Genau wie ein Computer kann das Bewußtsein nur die Software ablaufen lassen, die dort installiert wurde. Ist keine Software vorhanden, kann die entsprechende Datei nicht geöffnet werden. Da die meisten Ihrer grundlegenden Programmierungen vor dem neunten Lebensjahr erfolgen, heißt das, daß Sie sehr wahrscheinlich von anderen programmiert worden sind. Ihre ersten Programmierer waren Ihre Eltern, Ihre Geschwister oder eine andere Person, die für Sie eine Autoritätsfigur war. Jeder, dem Sie geglaubt haben, hat Einstellungen in Ihnen hervorgerufen, die Sie bis jetzt als richtig angesehen haben. In vielen Büchern steht, daß man »das Kind in sich selbst heilen muß«. Ich will Ihnen jetzt etwas sagen. Falls Sie nicht gerade schwanger sind, gibt es kein Kind in Ihnen. In Ihnen sind die Programme, die in Ihrem Kindesalter geschaffen wurden. Da es unmöglich ist, die Zeit zurückzudrehen, müssen Sie sich fragen: »Wie kann ich das, was mir als Kind widerfahren ist, jetzt zu meinem Vorteil nutzen?« In jener kalten Winternacht, als wir nichts mehr zu essen hatten und ich die Tränen meiner Mutter sah, habe ich mir geschworen, alles zu tun, um sie nie wieder weinen sehen zu müssen. Das ist einer der Gründe, warum ich reich geworden bin – damit sie nie wieder in Not gerät.

Selbst wenn Sie die Fehler in Ihrem Leben nie ausmerzen könnten – was spricht dagegen, daß Sie all das erreichen, was Sie wollen?

Vor Jahren hat mich einmal einer meiner Freunde angerufen und mir erzählt, daß er in finanziellen Schwierigkeiten sei. Er fragte mich, ob ich ihm Geld leihen könne. Ich leihe prinzipiell niemandem Geld, dem ich es nicht auch gleich schenken würde. Und zwar deshalb, weil ich nicht gern einen Freund wegen Geld verliere. Weil ich ihm helfen wollte, gab ich ihm das Geld und sagte in Gedanken zu mir: Wenn ich es nicht mehr zurückbekomme, akzeptiere ich das, und wenn doch, dann freue ich mich darüber. Einige Monate später rief dieser Freund wieder an und jammerte mir wieder etwas vor. Da wurde mir klar, daß es weder *meinem* Wunsch, der Menschheit zu helfen, noch *seinem* Wunsch nach finanzieller Unabhängigkeit entspräche, wenn ich ihm Geld lieh (oder besser: schenkte). Mein Freund hatte die Einstellung, daß ihm alle aus seinen Schwierigkeiten heraushelfen würden. Wenn ich ihm Geld lieh, war das keine Hilfe für ihn. Es behinderte seinen Lernprozeß. Ich beschloß, ihm kein Geld zu leihen, und als mein Freund wütend wurde, erklärte ich ihm, wie ich die Situation sah. So konnte ich ihn dazu bringen, sich seinem Problem zu stellen. Weiter hinten in diesem Buch werde ich Ihnen Wege zum Erfolg zeigen. Sie werden lernen, daß Projektion eine der effektivsten Methoden ist, um festzustellen, ob Sie sich selbst und andere durch die Programme und Einstellungen, die Sie für richtig halten, unterstützen oder behindern.

Programmierung ist auch das Wissen darüber, daß das Bewußtsein dazu neigt, sich mit angenehmen Dingen zu beschäftigen und vor Schmerz zurückzuschrecken. In diesem Buch werde ich Ihnen Strategien vermitteln, mit denen Sie nicht nur das, was Sie wollen, bekommen. Ich werde Sie auch dazu bringen, es als sehr schmerzhaft zu empfinden, wenn Sie das, was Sie wollen, *nicht* bekommen. Das ist dann in etwa so, als würde ich Salz in Ihre Wunden streuen. Man ist bereit, sich zu ändern, wenn man an seinem persönlichen Tiefpunkt angelangt ist. Die meisten Menschen sind erst dann bereit, etwas zu unternehmen, wenn es den Anschein hat, als könnte es nicht mehr schlimmer kommen. Ich habe herausgefunden, daß es für mich persönlich sehr effektiv sein kann, »mich fertigzumachen« oder die Talfahrt noch etwas zu beschleunigen. Das bedeutet nicht, daß Sie sich vollstopfen sollen, wenn Sie zuviel essen, oder daß Sie Ihre Ehe zerstören sollen, wenn Sie ein Workaholic sind. (Obwohl Sie sich dann vermutlich darum kümmern würden.) Sie lassen lediglich Ihre Gedanken schweifen und stellen sich vor, wo Ihre momentane Verhaltensweise Sie hinbringen würde. Und dann entscheiden Sie, ob Sie dort hinwollen.

Ich möchte Ihnen jetzt etwas sehr Persönliches erzählen, über das ich in der Öffentlichkeit noch nie gesprochen habe. Ich bin nicht stolz darauf, aber ich glaube, daß ich Ihnen so zeigen kann, wie ernst es mir damit ist, Ihnen beizubringen, wie Sie Ihr Leben in den Griff bekommen. Als meine Familie von Michigan nach Kalifornien zog, war ich 14 Jahre alt und gerade in der neunten Klasse. Der Umzug war ein richtiger Kulturschock für mich, und in meinem ersten Jahr in Kalifornien dachte ich nur daran, so schnell wie möglich wieder nach Michigan zurückzukehren. Aus dem beliebtesten Jungen der Schule war plötzlich ein Volltrottel geworden. Ich hatte mich nicht verändert, und doch hatte ich keine Ahnung, wie ich mit dem Leben in Südkalifornien zurechtkommen sollte, ohne zu viele Kompromisse zu schließen. Die Sachen, die ich trug, waren nicht die richtigen, mein Haarschnitt war zu altmodisch, und ich glaube, die anderen in der Schule sahen in mir einfach nur einen Hinterwäldler.

Ich wollte dazugehören, und so gab ich dem Druck meiner Mitschüler nach und fing an, Drogen zu nehmen. Damals hatten es Jugendliche nicht gerade leicht, und ich weiß von meinen 16 Nichten und Neffen, daß es heute sogar noch schlimmer geworden ist. Ich wünschte mir so sehr, von meinen Mitschülern in der neuen Schule akzeptiert zu werden, daß ich mit Hilfe von Drogen versuchte, mich in ihre Gemeinschaft einzufügen. Der Wunsch dazuzugehören, hat mich ein Leben führen lassen, das mir nichts gebracht hat und niemandem sonst etwas bringen würde. Obwohl ich wußte, daß dieses Leben schlecht für mich war, hielt ich mich damals – wie die meisten jungen Menschen – für unbesiegbar. Ich nahm regelmäßig Drogen. Dann kam der Punkt, an dem ich aufhören wollte, aber nicht wußte, wie. Egal, ob es nun um Zigaretten, zuviel Essen, Alkohol, zuviel Arbeit oder Drogen geht – wenn es Ihnen nichts nützt, schadet es Ihnen.

Eines Tages war ich schon sehr früh wach und sah mir den Sonnenaufgang an. Das geschah, kurz bevor ich den Entschluß faßte, die Hilfe für andere zu meinem Beruf zu machen. Ich hatte mich seit sechs Jahren mit Hypnose und der Programmierung des Unterbewußtseins beschäftigt. Also sagte ich mir, wenn die Programmierung des Unterbewußtseins wirklich funktioniert, dann war es an der Zeit, diese Technik anzuwenden. Ich wußte: Wenn ich meine Gewohnheit ändern konnte, würde ich es jedem beibringen können.

Ich schloß die Augen und entspannte mich. Dann ließ ich meine Gedanken zurückwandern und rief mir alle Momente ins Gedächtnis zurück, in denen mich Drogen davon abgehalten hatten, das zu erreichen, was ich erreichen wollte. Ich konzentrierte mich darauf, mir alle Einzelheiten so lebhaft wie möglich vorzustellen, besonders jene, die schmerzhaft für mich waren. Ich wollte mich daran erinnern. Als nächstes stellte ich mir die Zukunft vor und malte mir aus, wie mein Leben in einem Jahr, in fünf Jahren, in zehn Jahren aussehen würde, wenn ich dieses Verhalten beibehielt. Mir fiel auf, daß meine Haut und mein Körper vorzeitig gealtert waren. Ich sah mich selbst, wie ich versuchte, meinen Kindern zu sagen, daß sie nicht den gleichen Fehler wie ihr Vater machen sollten. Ich sah, wie sie älter wurden und Drogen nahmen und wie auch ihre Kinder Drogen nahmen. Mir fiel auf, daß es mir finanziell sehr schlecht ging, daß die Menschen, mit denen ich zu tun hatte, ebensolche Versager waren wie ich, weil sie einfach nicht die Energie hatten, etwas zu leisten. Ich malte mir alles so schlimm und schmerzhaft für mich aus wie nur möglich und ließ die Gefühle über mich hereinbrechen. Ich saß am Strand und fing an zu weinen. Es war mir egal, ob mich jemand sah – schließlich ging es um mich!

Als ich wußte, daß sich der Schmerz für mich nicht mehr steigern ließ, sprang ich auf und sagte: »Es ist ganz einfach, mich zu ändern!« Ich fragte mich, welchen Moment ich mir aussuchen würde, um mich zu ändern. Die Antwort war ein schallendes JETZT! Dann schnippte ich mit den Fingern beider Hände, um einen Auslöser für mein Bewußtsein zu schaffen. Ein Signal für mein Gehirn, mit dem Änderungsprozeß zu beginnen. Laut sagte ich: »Jetzt bin ich frei!« Ich öffnete die Augen und sah mir die Welt als der neue Mensch an, der ich nun war. Dann stand ich auf und lächelte und spürte mich selbst in meinem Körper, der jetzt viel gesünder war. Ich stand da wie jemand, dessen Leben gerade eine entscheidende Wendung genommen hatte. Nach einer Weile setzte ich mich wieder hin und holte tief Luft. Diesmal lächelte ich vor Freude wie jemand, der gerade etwas Großartiges geleistet hatte. Ich schloß die Augen und entspannte mich wieder.

Dann stellte ich mir eine Zukunft ohne Drogen vor. Mir fiel auf, daß ich mehr Energie hatte, daß ich kreativer war und sehr viel mehr von dem erledigen konnte, was mir wichtig war. Ich sah, daß eine gewaltige Summe auf meinem Bankkonto lag, weil ich Geld gespart hatte und jeden Tag leistungsfähiger wurde. Meine Freunde waren aktive, gesunde, motivierte Menschen, für die das Leben Anregung genug bedeutete. Zum erstenmal seit meiner Kindheit spürte ich wieder jenes Gefühl des Staunens und der Ausgelassenheit, das mich mit Endorphinen überschwemmte und meine Psyche und meinen Körper viel stärker anregte, als es Drogen je vermocht hätten. Wieder setzte ich den Auslöser für mein Bewußtsein ein. Ich schnippte gleichzeitig mit den Fingern beider Hände und sagte: »Ja, es war ganz einfach, mich zu ändern.«

In den nächsten Wochen machte ich viele neue Erfahrungen. Erstens wurde mir klar, daß ich, nachdem ich mein Leben geändert hatte, mit vielen meiner Freunde nichts mehr gemein hatte. Zweitens fand ich heraus, daß einem niemand mehr Drogen verkauft, wenn man zu seinem Lieferanten sagt, man zeige ihn an, wenn er einem noch einmal etwas verkauft. (Damit reißt man sozusagen sämtliche Brücken hinter sich ab!) Da ich mich nun nicht mehr selbst betäubte, stellte ich fest, daß ich viel Zeit hatte, um mich auf die Dinge zu konzentrieren, die mir wichtig waren. Ich hatte mich hypnotisiert und glaubte, daß Drogen eine Möglichkeit wären, um mich zu entspannen. (Denken Sie daran, daß Ihr Bewußtsein alles glaubt, was Sie ihm antrainieren – Hypnose.) Ich wußte damals ja nicht, daß mich gerade die Drogen körperlich, finanziell und emotional auslaugten und daher zum größten Teil für meinen Streß verantwortlich waren. Als ich mich vor über einem Jahrzehnt davon befreite, wurde mir klar, daß mit dieser Technik jede Gewohnheit oder Einstellung geändert oder geschaffen werden konnte.

Ich nenne diese Technik ESP. Ausgeschrieben bedeutet das *Ebenezer-Scrooge-Prozeß*. Kennen Sie die *Weihnachtserzählungen* von Charles Dickens? Dann erinnern Sie sich bestimmt noch daran, daß der Geist der künftigen Weihnacht Scrooge gezeigt hat, wie sein Leben in der Zukunft aussehen wird, und ihn so dazu brachte, sich zu ändern. Ich mache das gleiche. Ich habe diese Technik ESP genannt, weil Sie sich dabei die Zukunft vorstellen sollen. Sich die eigene Zukunft vorzustellen ist verhältnismäßig einfach, wenn man seine Vergangenheit kennt. Denken Sie daran: Ein Gegenstand, der sich bewegt, bleibt in der Regel auch in Bewegung, egal, ob es sich dabei um einen Tennisball, eine Beziehung oder ein Leben handelt.

So setzen Sie ESP ein:

1. Definieren Sie die Gewohnheit oder Einstellung, die Sie ändern wollen. Definieren Sie das, was Sie anstreben, nicht das, was Sie vermeiden wollen (»Ich esse nur, wenn ich wirklich hungrig bin«, anstelle von »Ich esse nicht, wenn ich mich langweile«.)

2. Stellen Sie eine Liste zusammen, und schreiben Sie auf, wie oft die alte Gewohnheit oder Einstellung Sie davon abgehalten hat, das zu bekommen, was Sie haben wollten, und es Ihnen unmöglich gemacht hat, Ihr Leben in vollen Zügen zu genießen. (Dann fällt es Ihnen später, wenn Sie sich entspannt haben, leichter, sich diese Momente ins Gedächtnis zurückzurufen.)

3. Schreiben Sie die Bereiche Ihres Lebens auf, die von einer Änderung der Gewohnheit oder Einstellung profitieren würden. (Beispiele: »Wenn ich abnehme, spare ich eine Menge Geld, gewinne neue Freunde oder kann bestehende Freundschaften vertiefen, steigere meine Selbstachtung, habe mehr Energie für Arbeit und Freizeit, lebe länger.«)

4. Sagen Sie laut: »Es wird ganz einfach sein, mich zu ändern.« Dadurch schaffen Sie in Ihrem Bewußtsein eine positive Erwartungshaltung und erstellen ein Programm, an das sich Ihr Unterbewußtsein halten kann. Entspannen Sie sich. Dazu schließen Sie die Augen und konzentrieren sich der Reihe nach auf jeden einzelnen Teil Ihres Körpers. Beginnen Sie bei den Füßen, und arbeiten Sie sich dann langsam nach oben. Je entspannter Sie sind, desto mehr Erfolg werden Sie haben.

5. Spüren Sie den Schmerz, indem Sie Momente Ihres Lebens an sich vorbeiziehen lassen, in denen die alte Einstellung oder das alte Verhalten Sie von etwas Positivem abgehalten haben. Stellen Sie sich diese Augenblicke ganz genau vor. Lassen Sie sich von Ihrem Schmerz niederdrücken, und halten Sie Ihre Gefühle nicht zurück. Es soll Ihnen schlecht gehen.

6. Lassen Sie Ihre Gedanken in die Zukunft wandern, und stellen Sie sich vor, wie Ihr Leben in fünf, zehn, 20 Jahren aussehen wird, wenn Sie so weitermachen wie bisher. Halten Sie auch jetzt Ihre Gefühle nicht zurück. Erleben Sie den Schmerz. Stellen Sie sich Ihr Leben in düsteren Farben vor, seien Sie traurig oder wütend, machen Sie es so schlimm, wie es nur geht.

7. Wenn Sie es fast nicht mehr ertragen können, stehen Sie auf und sagen laut: »Es ist ganz einfach, mich zu ändern!« Dieser Satz ist sozusagen das Hauptprogramm, denn sobald Ihr Unterbewußtsein dieses Programm akzeptiert hat, werden alle anderen Programme viel leichter akzeptiert. Und jetzt setzen Sie den Auslöser für Ihr Bewußtsein ein. Ich schnippe mit den Fingern beider Hände. Sie können auch in die Hände klatschen, sich am Ohr ziehen oder ein anderes Signal festlegen, auf das Sie reagieren, sobald Sie es auslösen. Öffnen Sie die Augen, und verhalten Sie sich so, als hätten Sie sich bereits verändert. Lächeln Sie, und seien Sie stolz auf Ihr neues Selbst.

8. Holen Sie tief Luft, und schließen Sie die Augen wieder. Entspannen Sie sich, und lassen Sie Ihre Gedanken in die Zukunft Ihres neuen Lebens wandern. Stellen Sie sich vor, wie ungeheuer positiv sich diese eine Veränderung auf die einzelnen Bereiche Ihres Lebens ausgewirkt hat. Genießen Sie diese angenehmen Gefühle. Lachen Sie laut, während Sie sich all das vor Ihrem geistigen Auge vorstel-

len, strahlen Sie über das ganze Gesicht, und spüren Sie die Leidenschaft, die Sie jetzt für das Leben empfinden. Wenn Sie sich durch und durch wohl fühlen, setzen Sie mehrmals den Auslöser für Ihr Bewußtsein ein.

9. Öffnen Sie die Augen, und lächeln Sie. Sagen Sie laut: »Es war ganz einfach, mich zu ändern!« Mit der Vergangenheitsform teilen Sie Ihrem Unterbewußtsein mit, daß Sie diese Veränderung bereits akzeptiert haben.

Als ich auf mein Leben zurückblickte, wurde mir klar, daß ein Teil von mir immer ängstlich und niederschlagen war, obwohl ich nach den Maßstäben der meisten Menschen ein erfülltes Leben führte. Ich war einer der bestbezahlten jungen Zauberer der USA, viele Menschen kannten mich aus dem Radio, ich besaß meine eigene Firma, und doch hatte ich immer noch Angst, daß ich es nie zu etwas bringen würde. Da ich soviel erreichen wollte, befürchtete ich, zwar einige, aber nie alle meiner Träume erfüllen zu können, so daß ich mich wie ein Versager fühlen würde. Solange ich eine Entschuldigung dafür hatte, warum ich nicht alles erreichte, konnte mir niemand einen Vorwurf daraus machen, wenn mir manchmal etwas nicht gelang. Jener Tag am Strand hat mich in vielerlei Hinsicht verändert.

Unter anderem wurde mir allmählich klar, daß Menschen, die es nicht schaffen, das zu bekommen, was sie wollen, es entweder gar nicht richtig wollen oder Angst davor haben, es wirklich zu bekommen. Lassen Sie mich Ihnen ein Beispiel nennen. Stellen Sie sich vor, jemand kommt zu mir und sagt: »Ich will mit dem Rauchen aufhören.« Ich sage: »Hören Sie auf, sich Zigaretten in den Mund zu stecken und sie anzuzünden.« Er entgegnet: »He, so einfach ist das nicht.« Ich sage: »Aber sicher. Es ist viel anstrengender, sich eine Zigarette in den Mund zu stecken, als dies nicht zu tun.« Wenn jemand wirklich mit dem Rauchen aufhören will, hört er einfach damit auf. Er hat kein Interesse mehr am Rauchen. Es ist ganz einfach, sich dazu zu bringen, etwas zu tun oder etwas zu lassen. Es ist nur schwierig, sich dazu zu bringen, etwas langfristig zu tun, es sei denn, man ist bereits der Mensch geworden, der man sein will. Anders ausgedrückt, wenn Sie Ihr Bewußtsein so programmieren würden, daß es glaubt, Sie hätten mit dem Rauchen aufgehört, könnten Sie jederzeit wieder damit anfangen. Wenn Sie mit etwas aufhören, heißt das nicht, daß Sie nie wieder damit anfangen können. Wenn Sie andererseits Ihr Bewußtsein darauf programmieren, daß Sie Nichtraucher geworden sind, haben Sie damit sich selbst und nicht den Vorgang des Rauchens an sich geändert. Bei der ersten Programmierung ändern Sie die Gewohnheit, bei der zweiten sich. Sie haben die Ursache beseitigt, statt die Wirkung zu verdecken. Sie sind ein Produkt Ihrer Gewohnheiten.

Ein Mann saß in seinem Haus, als ihm auffiel, daß das Dach undicht war. Er stellte einen Topf unter die undichte Stelle, als er plötzlich ein zweites Loch im Dach bemerkte. Er holte noch einen Topf, aber dann sah er, daß es zwei weitere undichte Stellen gab. Bald rannte er wie wild im Haus umher und versuchte, das Wasser aufzufangen, damit es den Teppich nicht ruinierte. Wenn er einen Blick aus dem Fenster geworfen hätte, wäre ihm aufgefallen, daß es nicht regnete. Sein Rasensprenger war umgekippt und besprühte das Dach des Hauses mit Wasser. Er hätte einfach nur den Rasensprenger auszuschalten brauchen, statt zu versuchen, das Wasser aufzufangen. Jede Ihrer Handlungen wird bewußt oder unbewußt durch einen Gedanken hervorgerufen. Der Gedanke ist die Ursache, die Handlung ist die Wirkung. Selbst wenn Sie etwas denken, wird dies dadurch verursacht, daß Sie zuerst etwas anderes gedacht haben. Sie wollen Ihr Leben ändern? Dann ändern Sie den Gedanken oder das Programm.

Wenn Sie Ihre Gewohnheiten ändern, ändern Sie damit auch sich selbst. Besser noch: Wenn Sie den Menschen ändern, der Sie zu sein glauben, ändern Sie automatisch Ihre Gewohnheiten.

Da für Sie das Wirklichkeit ist, was Sie glauben, schließen Sie jetzt bitte die Augen und sagen laut: »Mein Bewußtsein ist offen für neue Ideen und Konzepte.« Tun Sie es, jetzt... Sie sehen, daß lernen allein nicht ausreicht. Wissen ist keine Macht. **Macht ist die Fähigkeit, entsprechend dem Wissen zu handeln.** Sprechen Sie den Satz dreimal aus: »Mein Bewußtsein ist offen für neue Ideen und Konzepte.«

Ich möchte Sie außerdem bitten, sich selbst gegenüber ehrlich zu sein und sich einige Fragen zur Gewissensprüfung zu stellen. Was hat Sie bis jetzt davon abgehalten, Ihr Leben nach Ihren Vorstellungen zu gestalten?

Wenn jemand etwas Bestimmtes im Leben haben will und es dann nicht bekommt, gibt es dafür nur zwei Gründe. Erstens, er hat keine Ahnung, was zu tun ist. Zweitens, er weiß es zwar, schafft es aber nicht, konsequent das erforderliche Verhalten zu zeigen bzw. ist nicht zu diesem Verhalten fähig. Mit den Informationen aus diesem Buch und der Programmierung des Unterbewußtseins wird Ihnen beides gelingen. Sie werden sich die Strategien und charakteristischen Merkmale der Menschen aneignen, die großen Erfolg in ihrem Leben haben, und das geistige, körperliche und emotionale Gleichgewicht finden, das für eine gesunde Existenz erforderlich ist. Am Ende jedes Teiles dieses Buches sind Wörter und Sätze aufgeführt, die Sie auf der Ebene Ihres Unterbewußtseins dazu anregen werden, alte, programmierte Gewohnheiten aufzugeben und ein aktiveres Leben zu führen. Die Anleitungen zur Programmierung des Unterbewußtseins können Sie auf Audiokassette aufnehmen und dann abspielen, um noch bessere Ergebnisse zu erzielen. Sie erfahren in diesem Buch außerdem, wie Sie eigene Programme entwickeln, die speziell auf Ihre Vorstellungen und Pläne ausgerichtet sind.

Unsere Einstellungen werden schon früh in unserem Leben festgelegt. Sie orientieren sich daran, wie wir Situationen in unserem Leben von Kindesbeinen an interpretieren. Ihre Einstellungen können Sie zu einem Helden oder einem Gauner machen. Ich glaube nicht, daß unsere Einstellungen von unserer Umwelt bestimmt werden. Sie hängen vielmehr davon ab, wie wir unser Leben sehen und Situationen interpretieren. Wenn sie allein von unserer Umwelt abhängen würden, wären Kinder einander viel ähnlicher. Aber im wirklichen Leben kann es durchaus vorkommen, daß ein Familienmitglied ein glückliches und erfülltes Leben führt, während ein anderes frustriert und unzufrieden ist. Erfahrungen können es ebenfalls nicht sein. Viele Menschen machen ähnliche Erfahrungen, und doch nehmen sie das, was geschehen ist, unterschiedlich wahr. Es hängt alles davon ab, wie sie sich von den Verhältnissen und ihrer Umwelt haben programmieren lassen. Was sie als Wirklichkeit anerkennen *wollten* und was sie abgelehnt haben.

Wenn Sie Ihre Vergangenheit analysieren, werden Sie feststellen, daß Einstellungen oft unbegründet, nutzlos und falsch sind. Wenn jemand ständig zu Ihnen sagt, Sie seien dumm, und Sie diese Einstellung übernehmen, werden Sie Ihr ganzes Leben lang glauben, Sie wären dumm. Sie haben diese Einstellung als Wirklichkeit akzeptiert. Eine solche Einstellung wird Ihr Denkvermögen und die Fähigkeit, Informationen zu verarbeiten, beeinflussen.

Was für den einen Menschen die Wirklichkeit ist, kann für einen anderen etwas ganz anderes bedeuten. Als Teenager habe ich neben der Schule stundenweise ehrenamtlich im sozialen Bereich gearbeitet. Ich kümmerte mich um zwei ältere Schwestern, die zusammen ein Haus bewohnten. Sie waren beide verwitwet, wohlhabend und ihr ganzes Leben lang zusammen gewesen. Und doch hatten sie eine völlig unterschiedliche Auffassung vom Leben.

Die eine der beiden Damen – zwei Jahre älter als ihre Schwester – erlebte ihren zweiten Frühling. Sie fuhr Rad, war Mitglied in einem Bridge-Club, engagierte sich in der Kirche und sozialen Einrichtungen. Sie reiste gern und wollte soviel wie möglich unternehmen. Sie hatte gar nicht genug Zeit, all das zu tun, was sie tun wollte. Ihre jüngere Schwester jammerte ständig, daß die ältere nie zu Hause sei. Wenn sie endlich einsehen würde, was gut für sie sei, würde sie langsamer treten. Diese jüngere Schwester war das genaue Gegenteil. Sie verließ das Haus nur selten, ging wie eine alte Frau und benahm sich auch so. Für sie näherte sich das Leben seinem Ende. Sie war müde und wartete nur noch darauf zu sterben. Sie besaß so gut wie keine positiven Einstellungen. Warum konnte sich ihre Schwester so am Leben erfreuen und sie nicht? Ich glaube, schuld daran waren die unterschiedlichen Einstellungen, die jede für sich in ihrer Jugend übernommen hatte.

Es liegt ganz allein an Ihnen, ob Sie in Ihrem Leben glücklich werden. Dazu müssen Sie die entsprechenden Einstellungen besitzen, ein spirituelles Verständnis von Gott haben und darauf vertrauen, daß die Welt es gut mit Ihnen meint. Dann wird es Ihnen gelingen.

Für mich persönlich hat sich herausgestellt, daß das Gegenteil von Glaube Angst ist. Haben Sie Vertrauen zu sich. Lernen Sie, an sich selbst zu glauben. Entdecken Sie, was Sie am Leben begeistert. Finden Sie heraus, was Sie lieben. Stellen Sie fest, was es Ihnen möglich macht, morgens aufzuwachen und den Tag positiv zu beginnen. »**Dir selbst sei treu.**« Mit dem Glauben an sich selbst schaffen Sie Einstellungen, die sich auf ihr privates, berufliches und spirituelles Leben auswirken. Auf diese Weise bekommen Sie die Leidenschaft für das Leben, die in allen Bereichen zum Erfolg führt.

Seien Sie wie die Schwester, die sich ein Leben voller Abenteuer anstelle eines Lebens voller Mühsal geschaffen hat. Meine bewährten Methoden, Techniken und Kenntnisse werden Ihnen dabei helfen, all Ihre Wünsche zu erreichen.

Jetzt ist es an der Zeit, Ihre Einstellungen zu analysieren. Von welchen Ihrer alten Einstellungen werden Sie in Ihrem Leben behindert? Von welchen Gewohnheiten wurden Sie Ihr ganzes Leben lang behindert?

ÜBUNG: Ergänzen Sie die Lücken.

Regel Nr. 1: Was man erwartet,

_____.

Regel Nr. 2: Einbildung ist stärker als

_____.

Regel Nr. 3: Jeder Gedanke und jedes Gefühl verursacht

eine _____.

Regel Nr. 4: Eine Einstellung bleibt, bis sie durch

_____ ersetzt wird.

Regel Nr. 5: Je weniger man sich bewußt anstrengen

muß, desto _____ reagiert

_____.

Regel Nr. 6: Jedes neue Programm

_____

nachfolgende Programme.

Regel Nr. 7: Ihr Körper entwickelt das,

was _____.

Regel Nr. 8: Ihr Bewußtsein sucht nach

_____

für frühere Einstellungen.

Kapitel 5

SO NEHMEN SIE IHR SCHICKSAL SELBST IN DIE HAND

>*Wo waren Sie an dem Tag, an dem Sie geboren wurden?*«

MARSHALL SYLVER

Als ich mich vor Jahren dazu entschloß, die Hilfe für andere zu meinem Beruf zu machen, entschloß ich mich auch dazu, mein Leben trotz meines bisherigen Erfolges genau so zu gestalten, wie ich das wollte. Elvis Presley war für mich immer ein Held gewesen. Ich halte ihn für einen der besten Entertainer, die die Welt je gesehen hat. Er war ein männliches Aschenputtel, der sich vom armen Schlucker zum reichen Mann hochgearbeitet hatte, indem er das tat, was ihm Spaß machte. Als er geboren wurde, wußte er da schon, daß er einmal Elvis sein würde? Fragen Sie sich, in welchem Moment Menschen wie Elvis klar wird, wer sie eigentlich sind. Wird ihre Existenz nicht von diesem Zeitpunkt an von dieser Erkenntnis beeinflußt?

David Copperfield ist für mich einer der phänomenalsten Zauberer aller Zeiten. Wußte er, daß er ein Megastar werden würde, oder ist es einfach passiert? Ich glaube, daß er vor langer Zeit einmal den Punkt erreichte, an dem er keine Zweifel mehr daran hatte, wer er war. Vor vielen Jahren bin ich eines Morgens aufgewacht, weil ich mit Adrenalin vollgepumpt war. Mir wurde plötzlich klar, daß ich der beste Hypnotiseur aller Zeiten war. Mein kritisches Bewußtsein ging dazwischen. »Das ist reine Selbstüberschätzung«, sagte es zu mir. Ich erwiderte: »He, irgend jemand muß ja schließlich der beste Hypnotiseur aller Zeiten sein. Warum nicht ich?« Wenn ich wirklich der beste Hypnotiseur aller Zeiten war, wenn das mein Schicksal war – fragte ich mich –, würde ich dann etwas anders machen als jetzt? Mir fiel einiges ein. In diesem Moment wußte ich, daß ich niemals zu meinem alten Ich zurückkehren konnte, solange ich daran dachte, wer ich wirklich war. Ich wurde ganz aufgeregt. Plötzlich erkannte ich, daß ich ein außergewöhnliches Leben führen konnte. Keines, das von Durchschnittlichkeit gekennzeichnet war, was Liebe, Leidenschaft, Reichtum und Erfüllung anging. Ich konnte ein Leben totaler Freude und Hilfe für andere führen. Jahrelang hatte ich mir Ziele gesetzt, die für mich zwar realistisch waren, jedoch nicht sonderlich aufregend. Ich fragte mich, ob ich mir von einer höheren Warte aus nicht viel ehrgeizigere Ziele setzen würde. Ich stellte mir vor, daß es ungeheuer spannend sein mußte, einen Blick in die Zukunft des besten Hypnotiseurs aller Zeiten zu werfen und zu sehen, welche aufregenden Dinge vor mir lagen. Wie hart würden Sie arbeiten, wenn Sie wüßten, was geschehen würde? Wie motiviert wären Sie, wenn Sie genau wüßten, daß Sie mit einem dreiwöchigen, täglichen Trainingsprogramm den Körper schaffen könnten, von dem Sie schon immer geträumt haben? Wenn Sie wüßten, daß Sie tatsächlich alles bekommen, was Sie sich je gewünscht haben, würde sofort jeglicher Streß von Ihnen abfallen. Sie würden Ihr Leben mit Sicherheit zielgerichteter führen und erkennen, daß all diese Kleinigkeiten eigentlich gar nicht wichtig sind. Ich werde Ihnen jetzt ein Geheimnis verraten. Aber sagen Sie es nicht gleich jedem, der Ihnen über den Weg läuft. *Es wird sich alles ideal entwickeln.* Selbst wenn Sie manchmal denken, daß Sie alles falsch machen, **geschieht doch alles aus einem bestimmten Grund und bringt Sie einen Schritt weiter.**

Es wird sich nicht nur alles blendend entwickeln, Sie werden auch in der Lage sein, einiges einfach »wegzudenken«.

Da die Wirklichkeit durch Bestätigung geschaffen wird und Bestätigung durch die Dinge, mit denen Sie sich beschäftigen, behindert es Sie, wenn Sie glauben, daß sich Ihr Leben nicht ideal entwickelt, und dann können Sie diesen Moment nicht mehr genießen. Durch das, was Sie heute denken und tun, wird festgelegt, wie der nächste Tag aussehen wird. Wenn Sie heute bereits festgelegt haben, wie der morgige Tag aussehen wird, haben Sie am Heute viel mehr Spaß.

Als ich mich dazu entschlossen hatte, eine landesweite Fernsehsendung zu entwickeln, war dies für mich mit vielen Herausforderungen verbunden. Am Anfang sagte jeder, daß niemand Interesse an meinem Produkt haben werde. Schließlich fand ich jemanden, der die Sendung kaufen wollte – aber er wollte gleich alles haben: den größten Teil des Gewinns, mich für fünf Jahre und auch noch die Kontrolle über alle kreativen Aspekte. Das wollte ich wiederum nicht. Mir blieb nichts anderes übrig, als die Sendung selbst zu produzieren.

Daraus ergaben sich eine ganze Reihe neuer Herausforderungen für mich, da ich jetzt auch finanziell für mein Projekt verantwortlich war. Der Erfolg der Show hing ganz allein von mir ab. In der Zeit, als ich sie entwickelte und produzierte, gingen mir oft Gedanken durch den Kopf wie: »Vielleicht hatten sie doch recht. Vielleicht hat keiner Interesse an dem, was du anzubieten hast. Vielleicht ist es reine Verschwendung, Zeit, Mühe und Geld in dieses Projekt zu stecken.« Jedesmal, wenn diese Angst in mir hochzukommen drohte, schloß ich die Augen und dachte daran, wie es sein würde, wenn sich die Show als Riesenhit herausstellen würde. Außerdem beschloß ich, den Prozeß genauso zu genießen wie das Ergebnis. Dann konzentrierte ich mich noch darauf, daß die Show erfolgreich sein würde. Ich bin froh, daß ich das getan habe. Meine Sendung wurde zu einer der erfolgreichsten des Jahres 1994. Sie hat Hunderttausenden von Menschen geholfen und erzielt immer noch sehr gute Einschaltquoten.

Alles, was mir in meinem Leben je passiert ist, ist ein Teil des Prozesses, das zu werden, was ich heute bin. Armut, mein Interesse an der Zauberei, meine Tätigkeit als Diskjockey, selbst die Herausforderungen, die sich mir entgegenstellten, haben mich zu dem Menschen gemacht, der ich heute bin. Ich liebe mein Leben und danke Gott jeden Tag dafür, daß er mich so reich beschenkt hat. Ich weiß, daß die schwierigsten Zeiten für mich leichter geworden sind, weil ich mich auf den Weg konzentriert habe, den ich gehen wollte.

Und jetzt werden Sie die wichtigste Übung Ihres Leben machen. Sie wird mehr Einfluß auf die zukünftige Gestaltung Ihres Lebens haben als alles andere. Wenn Sie nur eine einzige der vielen hilfreichen Übungen in diesem Buch machen wollen, *dann nehmen Sie diese!* Ich habe sie »erweitertes Denken« genannt.

Als ich gerade Anfang 20 war, suchte ich wieder einmal in meiner Couch nach Spaghettigeld. Damals kostete eine Packung Spaghetti mit Käse von Kraft 15 Cents. Ich versuchte nicht, so viel Geld zusammenzubekommen, um mir Butter oder Milch zu kaufen, ich wollte nur gerade so viel, daß ich mir eine Packung Spaghetti mit Käse leisten konnte. Plötzlich unterbrach ich die Suche nach dem Spaghettigeld, setzte mich hin und sagte: »Jetzt reicht es! Das kann doch nicht alles sein. Es macht keinen Spaß. Ich hasse es. Wenn andere Leute es schaffen, das zu bekommen, was sie wollen, wie schaffe ich es dann, das zu bekommen, was ich will?« Mir wurde klar, daß mein Leben an einem Punkt angelangt war, an dem ich meine Träume aufgegeben hatte. Also machte ich die Übung, die Sie auch gleich machen werden.

Vor acht Jahren stellte ich mir folgendes vor: Ich wache morgens auf, während die Sonne hinter den Bergen aufgeht und ihre Strahlen in mein Schlafzimmer schickt. Dann ziehe ich meinen Trainingsanzug an und gehe nach draußen zu meinem Privatsee, um den ich fünf Runden laufe, jede davon anderthalb Kilometer lang. Ich halte meinen Körper in Bewegung und lasse ihn dadurch noch gesünder werden. Ich gehe zurück ins Haus, wo ich mich unter meine Biodusche stelle, die mich von allen Seiten einnebelt. Nachdem ich geduscht habe, ziehe ich den Zweireiher an, den mir das Dienstmädchen zusammen mit einer schönen Seidenkrawatte und einem maßgeschneiderten Hemd mit meinem Monogramm darauf herausgelegt hat. Während ich mein Spiegelbild betrachte, klopfe ich mir auf die Schulter und sage: »Du siehst verdammt gut aus«, weil ich weiß, daß nur Dummköpfe Bescheidenheit für eine Tugend halten.

Ich gehe nach unten, wo mein Koch bereits den Frühstückstisch für mich gedeckt hat: frisches Obst, Tee, Muffins für einen gesunden Start in meinen erfolgreichen Tag. Als ich einen Blick auf die Terrasse werfe, sehe ich mein Vogelhaus, in dem gerade die Vögel erwachen. Die Kakadus, die Aras, die tropischen Vögel, sie alle wünschen mir einen guten Morgen. In diesem Moment klopft es an der Tür. Es ist mein Chauffeur. Er sagt: »Guten Morgen, Mr. Sylver, Ihre Limousine steht bereit.« Ich steige in meinen Wagen und fahre zu meinem Büro.

Während der Wagen vor dem Bürogebäude hält, sehe ich auf dem schwarzen Onyx des mehrstöckigen Gebäudes das Wort SYLVER in riesigen Chrombuchstaben. Als ich an dem Portier vorbeigehe, sagt dieser: »Guten Morgen, Mr. Sylver. Schön, Sie zu sehen.« Ich steige in den Lift und fahre hinauf zur Penthouse-Suite. Der Lift öffnet sich, ich blicke auf den Empfangsbereich meines Büros. Der Boden unter meinen Füßen besteht aus italienischem Marmor. In die Wände sind Salzwasseraquarien eingelassen. Als ich an meiner Rezeptionistin vorbeigehe, sagt diese: »Guten Morgen, Mr. Sylver. Die Mitarbeiter des Pentagons sind schon im Konferenzraum und warten auf Sie.« Ich erwidere: »Lassen Sie sie warten. Die Regierung hat mich auch immer warten lassen.« Meine Rezeptionistin sagt noch: »Marshall, es ist einfach großartig, ein Teil Ihres Teams zu sein.« Dann gehe ich in mein Büro und kümmere mich um einige Kleinigkeiten. Anschließend trete ich in den Konferenzraum, wo mich eine Besprechung mit den Mitarbeitern des Pentagons erwartet.

Für meine Präsentation steht mir ein Konferenzraum zur Verfügung, der mit Videogeräten, visuellen Hilfsmitteln und einer speziellen Elektronik ausgerüstet ist, so daß meine Präsentation großen Eindruck macht. Danach schließe ich mit den Vertretern des Pentagons einen Vertrag ab, der die Errichtung von Zentren zur Streßreduzierung auf Militärstützpunkten in der ganzen Welt vorsieht, womit dem Krieg praktisch ein Ende gesetzt werden kann. Ich gehe zurück in mein Büro und erledige einige Telefonanrufe, als mich meine Assistentin anruft. »Marshall«, sagt sie, »die Leute vom Fernsehen sind da, sie wollen Sie für ihre Sendung interviewen.« Ich gebe ein Interview, daß landesweit im Fernsehen ausgestrahlt werden wird. Etwas später erinnert mich meine Assistentin daran, daß wir die erste Rede für heute vorbereiten müssen. Ich bereite mich auf meine Präsentation vor und fahre dann in meiner Limousine zu dem Hotel, in dem ich vor 1000 Mitarbeitern von IBM sprechen werde. Ich halte eine einstündige, inhaltsreiche Rede, in der ich meine Zuhörer motiviere, sie dazu bringe, noch mehr zu verkaufen. Am Ende meiner Präsentation bekomme ich Standing ovations.

Ich steige wieder in meine Limousine und fahre zurück zu meinem Büro. Unter den vielen Nachrichten auf meinem Schreibtisch ist auch eine meiner Freundin, die angerufen hat. »Liebling, ich würde mich gerne zum Mittagessen mit dir treffen«, läßt sie mir ausrichten. Ich rufe zurück und sage: »Ich sehe dich auf dem Dach.« Zur Mittagszeit treffen wir uns auf dem Dach des Gebäudes, steigen in meinen Hubschrauber und fliegen zu einem Berg. Auf dem Gipfel des Berges breitet der Pilot eine Decke aus und stellt Fisch, Hühnchen, Obst und Gemüse für unser Picknick darauf. Während wir essen, fliegt der Pilot davon und läßt uns eine Weile allein, damit wir unser Dessert genießen können. Danach kommt er zurück und bringt uns wieder zu dem Bürogebäude, wo er uns auf dem Dach aussteigen läßt. Zum Abschied küsse ich meine Freundin und sage, daß wir uns später noch sehen.

Ich gehe wieder in mein Büro, wo mir meine Assistentin erklärt, daß es Zeit für die nächste Besprechung sei. Meine nächste Präsentation halte ich vor Mitarbeitern des Unternehmens Kodak. Es handelt sich um eine Multimedia-Präsentation, mit Tänzern und Videofilmen, die die Menschen nicht nur inspiriert, sondern ihnen auch die Fähigkeiten vermittelt, die sie auf dem Weg zum Erfolg brauchen. Wieder erhalte ich Beifallsstürme für meine phantastische Präsentation. Mein Chauffeur bringt mich zu meinem Büro zurück, wo ich einiges erledige. Dann fährt er mich nach Hause.

Zu Hause ziehe ich mich um und gehe in meine Sporthalle, wo ich mein Trainingsprogramm absolviere, das meinen Körper fit und vital hält. Nach dem Training dusche ich und esse auf der Terrasse zu Abend, von wo aus ich zusehe, wie die Sonne hinter den Bergen versinkt. Dann steige ich in meinen Sportwagen und fahre zu einem Hotel in der Nähe.

Während ich auf das Hotel zufahre, sehe ich über dem Eingang eine Leuchtreklame: SUPERMACHT. MIT DEM BESTEN HYPNOTISEUR ALLER ZEITEN – MARSHALL SYLVER (das bin ich!). Ich betrete das Hotel und gehe zu meiner Garderobe. Der Direktor des Hotels steckt den Kopf zur Tür herein und sagt, »Marshall, die beiden Shows heute abend sind schon wieder ausverkauft. Wir zahlen Ihnen nicht genug!« Ich stimme ihm zu und betrete die Bühne, um in der ersten Show des Abends aufzutreten, einer Rock-and-Roll-Hypnose-Show mit Feuerwerk, Lasern, Videofilmen und Tänzern. Ich bitte 60 Zuschauer aus dem Publikum zu mir auf die Bühne, die ich alle gleichzeitig hypnotisiere. Ich suggeriere ihnen, daß sie wie Madonna singen, sich wie ein Tänzer der Chippendales bewegen, in ein früheres Leben reisen und auf Glassplittern laufen sollen und bringe sie so auf humorvolle und unterhaltsame Art dazu, ihr Potential zu erweitern.

Nach der Show kehre ich in meine Garderobe zurück, wo ein Blumenstrauß mit einer Karte auf mich wartet. Ich nehme die Karte in die Hand und lese: »Wir sind vom TV-Sender HBO und würden gerne Ihr Leben verfilmen.« Auch mein zweiter Auftritt an diesem Abend erhält Beifallsstürme. Wieder ist die Show lustig und kann die Zuschauer sowohl unterhalten als auch dazu beitragen, daß sie ihr ganzes Potential ausschöpfen. Müde, aber zufrieden gehe ich zu meiner Garderobe zurück. Auf dem Tisch in meiner Garderobe liegt wieder eine Karte. Ich nehme die Karte, von der der Duft eines vertrauten Parfums ausgeht, in die Hand, klappe sie auf und lese: »Liebling, ich bin heute früh nach Hause gegangen. Der Wein ist kaltgestellt, die Bettlaken angewärmt.« Ich steige in meinen Sportwagen und fahre nach Hause (ganz schnell!). An der Tür werde ich von einer wunderschönen Frau begrüßt, die mich liebt und mir zur Seite steht. Bevor wir eng umschlungen einschlafen, werfe ich einen Blick auf das Fußende des Bettes und sehe einen Kamin, in dem ein helles Feuer brennt.

Ich blicke nach oben, wo ich die Sterne glitzern sehe, weil sich die Decke meines Schlafzimmers zur Seite schieben läßt. Und während ich dort hinaufsehe, frage ich mich: Wo ist der Junge geblieben, der in seiner Couch nach Spaghettigeld gesucht hat, vor so langer Zeit? Und ich frage mich, welche Entscheidungen er wohl getroffen hat, was er gemacht hat, und wo ihn sein Weg hingeführt hat. Ich hoffe, daß er herausgefunden hat, welches Ziel für ihn richtig war, denn ohne ein Ziel konnte er nicht weit kommen.

Als ich mich vor einigen Jahren hinsetzte und meinen idealen Arbeitstag beschrieb, mußte ich zuerst das erweiterte Denken ausführen, denn – um es mit den Worten des Schriftstellers Zig Ziglar auszudrücken – ich war »ganz schlecht drauf«. Sie können nur dann wachsen und sich ein Ziel setzen, wenn Sie ihre Träume, Wünsche und Pläne so aufregend wie nur möglich machen.

Wie sah mein idealer Arbeitstag damals aus? Damals hatte ich ein Auto, das ständig kaputt war. Ich stand kurz davor, aus meiner Wohnung geworfen zu werden, weil ich die Miete nicht zahlen konnte. Dabei war ich der Verwalter und mußte nur 100 Dollar im Monat berappen. Außerdem hatte ich fast nichts zu essen im Haus und keine Freunde, die es wert waren, so genannt zu werden. Die einzigen, die sich noch mit mir unterhalten wollten, waren die Leute, denen ich Geld schuldete. Das klingt unglaublich, finden Sie nicht auch? Was Sie gerade gelesen haben, habe ich vor acht Jahren geschrieben.

Acht Jahre später hatte ich meine eigene Show auf der Hauptbühne des Riviera in Las Vegas und im Caesar's in Lake Tahoe. Ich hatte das Glück, vor 1000 Mitarbeitern von IBM sprechen und mit Unternehmen wie Kodak und Ford zusammenarbeiten zu dürfen. Darüber hinaus haben wir landesweit für viele Menschen Programme entwickelt, die ihnen dabei geholfen haben, das zu erreichen, was sie sich für ihre persönlichen Beziehungen, ihre finanzielle Situation und ihr körperliches und geistiges Wohlbefinden ersehnt haben. Als ich vor zwei Jahren das Bürogebäude für mein Unternehmen entwarf, ließ ich die Fußböden mit Marmor belegen und Aquarien in die Wände einbauen.

Mein Haus steht in Las Vegas. Auch wenn sich das Dach im Schlafzimmer nicht zurückfahren läßt, habe ich immerhin einen Whirlpool darauf, so daß ich jeden Abend den Sonnenuntergang beobachten und mich entspannen kann. Ich fahre genau das Auto, von dem ich schon immer geträumt habe, und meine persönlichen Beziehungen sind noch nie besser gewesen. Alles, was ich damals geschrieben habe, ist entweder schon geschehen oder geschieht gerade. Ihr Weg beginnt jetzt. Sie brauchen ihn nur niederzuschreiben, um den ersten Schritt darauf zu gehen.

Lassen Sie Ihre Phantasie spielen, träumen Sie vom Unmöglichen. Wenn Sie jetzt festlegen, was Sie von Ihrem Leben erwarten, dann sollten Sie daran denken, daß es keine bessere Gelegenheit dazu gibt als hier und jetzt. Erstellen Sie jetzt Ihren eigenen Plan für das erweiterte Denken.

> *»Ein Verstand, der sich weiterentwickelt hat,*
> *kann nie wieder so klein wie vorher werden.«*
>
> RALPH WALDO EMERSON

ÜBUNG: Nehmen Sie ein Blatt Papier, und schreiben Sie oben an den Rand in Großbuchstaben ERWEITERTES DENKEN. Darunter schreiben Sie etwas kleiner die Worte »Menschen, Orte, Dinge, Belohnungen, Erfahrungen«. Dann notieren Sie mindestens fünf Minuten lang alles, was Sie jemals gewollt haben. Das wird eher wie eine Einkaufsliste und nicht wie eine Geschichte aussehen. Sie müssen sich lediglich fünf Minuten auf das Blatt Papier konzentrieren. Starren Sie die ganze Zeit über darauf. Wenn Sie an die Decke sehen oder einen Blick zur Wand werfen, lenkt Sie das ab. Starren Sie das Blatt an, schreiben Sie mindestens fünf Minuten lang, amüsieren Sie sich gut – und tun Sie es jetzt!

2. Teil der Übung: Nehmen Sie noch zwei Blätter Papier. Auf das eine schreiben Sie oben IDEALER ARBEITS-TAG, auf das andere IDEALER FREIZEITTAG. Da Sie jetzt schon Ihren Plan für das erweiterte Denken gemacht haben, hat sich Ihr Bewußtsein bereits dafür geöffnet, daß Sie Ihr Leben genau so gestalten, wie Sie das wollen. Beschreiben Sie jetzt Ihren idealen Arbeitstag bzw. Freizeittag, als ob diese bereits Wirklichkeit wären. Dabei werden sich eher Geschichten als Einkaufslisten ergeben. Beschreiben Sie beide Tage so, daß sie aufregend, lustig und anschaulich sind, damit Ihre Phantasie beginnen kann, sich mit der Erfüllung Ihrer Pläne zu beschäftigen. Wenn Sie Ihre Idealtage genau so gestalten, wie Sie sie haben wollen, kann das Schicksal den Rest erledigen.

ELAN

Kapitel 6

So werden Sie niemals einsam sein

> *»Wenn Sie lernen, allein glücklich*
> *zu sein, finden Sie immer einen*
> *Weg, um glücklich zu sein.«*
>
> Marshall Sylver

Denken Sie einen Moment lang über diesen Satz nach. Er ist entscheidend für Ihre grundlegenden Einstellungen. Sie werden nie die Anerkennung eines anderen menschlichen Wesens brauchen, wenn Sie völlig damit zufrieden sind, allein zu sein. Wenn Sie lernen, das Alleinsein zu genießen, wenn Sie es nicht nur tolerieren, sondern es wirklich genießen, allein zu sein, dann können Sie niemals einsam sein. Egal, wie Ihre Situation zur Zeit aussieht, Sie können sich letzten Endes immer dafür entscheiden, allein zu sein. Sie können jederzeit Ihre Familie verlassen, Ihre Arbeit aufgeben, Ihren Freunden aus dem Weg gehen und allein sein. Ich will Ihnen keineswegs vorschlagen, das zu tun. Aber die Gewißheit, daß es Ihnen freisteht, nimmt jeglichen selbstauferlegten Druck von Ihnen. Wenn Sie wissen, daß Sie etwas jederzeit haben können, verschwindet das brennende Verlangen danach von selbst. Wenn Sie lernen, das Alleinsein zu genießen, geschieht etwas Merkwürdiges – die Menschen werden spüren, daß Sie keinen Druck mehr ausüben und nicht mehr um jeden Preis mit ihnen zusammensein wollen. Plötzlich wollen *sie* öfter mit Ihnen zusammensein. Da Sie sie nicht brauchen, können Sie sie nur wollen. Wollen ist brauchen ohne projizierte Schuldgefühle.

Am besten lernen Sie, das Alleinsein zu genießen, indem Sie eine andere Wortwahl verwenden, wenn Sie mit sich selbst und anderen über das Alleinsein sprechen. Was hört sich für Sie besser an: »Schätze, daß ich heute wohl allein sein werde«, oder »Ich werde den Tag mit mir selbst verbringen«? Sagen Sie, daß Sie den Tag mit Ihrem besten Freund verbringen wollen, und wenn Ihr Gesprächspartner fragt, wer das denn sei, antworten Sie freudestrahlend: »Ich!«

> *»Der Mensch ist sich selbst der beste Freund, der Freude hat an seinem Alleinsein, während ein tugendloser Mensch sich selbst der schlimmste Feind ist und die Einsamkeit fürchtet.«*
>
> ARISTOTELES

Gehen wir noch einen Schritt weiter: Tun wir einmal so, als würden Sie genausoviel Energie für die Zeit aufwenden, in der Sie allein sind, wie Sie für die Zeit mit anderen einplanen. Putzen Sie das Haus nur, wenn Sie wissen, daß jemand vorbeikommt, den Sie beeindrucken wollen? Decken Sie den Tisch nur mit dem guten Porzellan, wenn Sie jemanden zum Essen eingeladen haben, der es verdient? Wer würde es wohl mehr verdienen als die Person, die gerade dieses Buch liest? Haben Sie sich jemals besonders viel Mühe mit Ihrer Kleidung gegeben, weil Sie jemanden beeindrucken wollten? Können Sie sich noch an das Gefühl erinnern, das Sie beim Anblick Ihres Spiegelbildes empfunden haben? Es war bestimmt ein phantastisches Gefühl, sich im Spiegel anzusehen und zu sagen: »Ich sehe toll aus!« Ich garantiere Ihnen, daß Sie sich ganz anders verhalten, wenn Sie der Ansicht sind, gut auszusehen, als wenn Sie nur schnell etwas übergeworfen haben, um damit durch den Tag zu kommen.

Am schnellsten beginnen Sie damit, die Zeit zu genießen, die Sie mit Ihrem »besten Freund« verbringen, wenn Sie sofort anders über die »Alleinzeiten« reden und diese richtiggehend feiern.

Was immer Sie auch tun, tun Sie es so, als wäre es das letzte Mal. Ich schreibe diese Zeilen auf der Terrasse meines Hauses, an einem wunderschönen Nachmittag. Der Golfplatz ist gleich nebenan, und am Teich quaken die Enten. Neben mir steht ein Glas mit frischgepreßtem Saft, aus dem Haus dringen Jazzklänge. Ich hätte auch in meinem Büro schreiben können, und es hat mich schon etwas Energie gekostet, den Tisch aufzustellen und die Stühle und den Computer nach draußen zu bringen. Trotzdem wurde ich durch meine Umgebung inspiriert, sobald ich mich hingesetzt hatte. Selbst wenn niemand diese Worte lesen wird, verlebe ich einen perfekten Tag! Wenn ich lerne, mir die gleiche Zuneigung und ebensoviel Respekt entgegenzubringen wie einem meiner besten Freunde, und mich selbst verwöhnen kann, wird es zunehmend einfacher, ja sogar angenehmer, Zeit mit mir selbst zu verbringen.

Wie können wir unseren Umgang mit anderen verbessern, indem wir mit uns allein sind? Um es vereinfacht auszudrücken: Wenn ich für mich allein so koche, als wollte ich einen König bewirten, profitieren meine Gäste von meinen verbesserten Kochkünsten. Wenn ich mich grundsätzlich auch dann tadellos anziehe, wenn ich allein bin, werden mich auch Überraschungsgäste immer perfekt gekleidet zu Gesicht bekommen. Wenn ich mich selbst immer mit Liebe und Respekt behandle, werde ich andere besser mit Liebe und Respekt behandeln können. Haben Sie schon einmal jemanden kennengelernt, der immer zuerst geben und dann nehmen wollte? Sind Sie auch solch ein Mensch? Können Sie sich vorstellen, wie wundervoll es wäre, wenn Sie sich selbst wie einen König auf Staatsbesuch behandeln und Ihre Freunde und Familie sogar noch besser?

Sie verstehen jetzt sicher, daß die Art, wie Sie über das Alleinsein denken, eine direkte Reflexion Ihrer Selbstachtung ist. Wenn Sie sich in Ihrer eigenen Gesellschaft nicht richtig wohl fühlen, wie können Sie dann erwarten, daß andere sich mit Ihnen wohl fühlen? Wenn Sie das Alleinsein mit sich selbst nur gerade noch aushalten (zumindest auf einer unbewußten Ebene), projizieren Sie diesen Eindruck auf Ihre Mitmenschen, die dann genauso reagieren und Ihre Gegenwart gerade noch tolerieren. Wenn Sie sich selbst die Liebe und den Respekt entgegenbringen, die Sie verdienen, dann wird es für Sie ganz leicht sein, sich anderen gegenüber genauso zu verhalten. Wenn Sie die Anspannung in sich verlieren, wird Sie das außerdem ruhiger, liebenswerter und attraktiver werden lassen.

Planen Sie noch heute, mit Ihrem »besten Freund« einige Zeit zu verbringen, und machen Sie diese Zeit so schön wie möglich. Kochen Sie etwas Besonderes für sich, ziehen Sie sich hübsch an, selbst wenn Sie wissen, daß niemand Sie sehen wird, schreiben Sie sich einen kleinen Liebesbrief oder rufen Sie sich an und hinterlassen Sie eine Nachricht auf Ihrem Anrufbeantworter, damit Sie von einer tollen Begrüßung erwartet werden, wenn Sie nach Hause kommen. Wenn das für Sie verrückt klingt – um so besser! Vielleicht müssen Sie ein wenig verrückt sein, um die wundervolle Zeit zu genießen, die Sie, wann immer Sie wollen, mit Ihrem besten Freund verbringen können – Ihnen.

Eine weitere gute Übung, mit der Sie lernen können, sich selbst zu lieben, besteht darin, daß Sie sich selbst einen Tag lang all Ihre Wünsche erfüllen. Denken Sie einen Tag lang nur an sich. Helfen Sie anderen, und wenn die sich bei Ihnen bedanken, sagen Sie, daß Sie es gern getan haben, aber eigentlich nur deshalb, weil es Ihnen etwas gebracht hat. Man wird Sie vielleicht etwas erstaunt ansehen, aber es kann genausogut sein, daß Ihre Mitmenschen sich später dazu entschließen, auch einmal egoistisch zu sein und sich daran zu freuen, wenn sie anderen helfen. Diese Übung soll Ihnen unter anderem folgendes verständlich machen: Je mehr Sie sich an dem freuen, was in Ihrem Leben geschieht, desto mehr profitieren alle davon. Lernen Sie, sich selbst zu lieben, dann werden Sie beim Rest der Welt sehr viel mehr Anerkennung finden.

Einigen Menschen fällt es schwer, sich selbst zu lieben, weil sie glauben, daß es an ihnen nur wenig Liebenswertes gibt. Selbst erfolgreiche Menschen begegnen in ihrem Leben zuweilen Herausforderungen. Ich habe mit Tausenden von Menschen Einzeltherapien durchgeführt. Obwohl es mir Spaß macht, Menschen in einem solch intimen Rahmen zu helfen, beschäftige ich mich inzwischen mit so vielen Projekten, daß ich meine Zeit am besten nutzen kann, wenn ich mit so vielen Menschen wie nur möglich gleichzeitig arbeite oder mit solchen, die einen erheblichen Einfluß auf eine große Anzahl von Menschen haben. Deshalb zahlen meine Klienten Hunderte von Dollar für eine einzige Sitzung mit mir und sind in der Regel Filmstars, Profisportler oder einflußreiche Menschen im politischen oder sozialen Bereich. Ich glaube, wenn ich diesen Menschen bei ihrer persönlichen Entwicklung helfe, werden sie dies weitergeben. Für die breite Öffentlichkeit habe ich einen Telefonservice eingerichtet, der in Einzelfällen Ratschläge erteilt. Die Anrufer können mit einem meiner Erfolgstrainer reden, der ihr Problem analysieren und ihnen weiterhelfen wird. Wenn Sie an weiteren Informationen über diesen Service interessiert sind, rufen Sie einfach mein Büro an (Adresse und Telefonnummer werden am Ende dieses Buches genannt).

> *»Egal, wer Sie sind, die Anzahl der Menschen,*
> *die zu Ihrer Beerdigung kommen, wird zum*
> *größten Teil vom Wetter abhängen.«*

WILL ROGERS

Vor einigen Jahren habe ich mit einer bekannten Persönlichkeit gearbeitet, die mir anvertraut hat, sie wolle Selbstmord begehen. Der Mann sagte, daß er sich angesichts seiner vielen Agenten, Manager, Rechtsanwälte und Buchhalter völlig hilflos vorkomme. Er hatte alles satt, und niemand bemerkte, wie schlecht es ihm ging. Er hatte schon mehrmals die Telefonseelsorge angerufen und beschlossen, daß es jetzt an der

Zeit war, den letzten Schritt zu tun. Ich sagte, daß ich ihn ver-
stünde, und daß Selbstmord eine der Möglichkeiten sei, mit
denen wir uns vormachen könnten, daß wir die Kontrolle
über unser Leben hätten. Darüber hinaus sei dies eine jener
Entscheidungen, an denen uns niemand hindern könne. Das
Problem bestehe darin, daß wir *keinerlei* Kontrolle mehr
über unser Leben haben, wenn wir diesen Weg gingen. Ich
bat meinen Klienten, die Augen zu schließen, in die Zukunft
zu blicken und sich seine Beerdigung vorzustellen. Ich sagte,
er solle darauf achten, wer zu seiner Beerdigung komme und
was die Menschen, die dort waren, zu sagen hätten. Er solle
sich die Gefühle der Trauergäste vorstellen. Dann solle er
sich vorstellen, wie eine von ihm ausgewählte Person auf-
stehe und zu der Trauergemeinde über das spreche, was er in
seinem Leben erreicht habe.

Als mein Klient wieder bei vollem Bewußtsein war, hatte
er eine Menge zu sagen. Ihm wurde klar, daß er vielen Menschen am Herzen lag. Außerdem begriff er, daß es trotz seiner Erfolge noch viele Dinge gab, die er tun wollte. Er erkannte, daß ihm jenes Gleichgewicht im Leben gefehlt hatte,
das zum Beispiel durch Familie und Freizeit geschaffen wird.
Er sagte, er wisse jetzt, daß ihn seine Familie nicht von der
Arbeit abhalte, im Gegenteil, sie gebe ihm neue Energie und
lasse ihn noch erfolgreicher sein.

Ich habe diese Übung selbst gemacht und dabei ähnlich
reagiert. Mir fiel einiges auf. Zum einen, daß sehr viele Leute
auf meine Beerdigung gekommen waren (zum Glück schien
die Sonne!). Zum anderen, daß ich manchmal so in den Herausforderungen gefangen war, die sich mir jeden Tag stellten,
daß ich gar nicht bemerkte, wie ich tatsächlich etwas erreichte. Und daß es viele Dinge gab, die ich noch tun wollte,
und ich mich beeilen mußte, falls ich früher als erwartet
starb. Außerdem, daß es viele, viele Menschen gab, die mich
liebten und mir zur Seite standen. Machen Sie diese Übung
jetzt ebenfalls, damit Ihnen bewußt wird, wer Sie sind und
wohin Sie gehen. Wenn Sie sie auslassen, sollten Sie sich fol-

gende Frage stellen: »Was wird in meinem Nachruf stehen? Werde ich ein Leben geführt haben, das von Engagement und Erfolg gekennzeichnet war?« Wenn Sie nicht den Eindruck haben, daß Sie auf Ihren Nachruf stolz wären, wenn man ihn in nächster Zeit veröffentlichen würde, leben Sie den heutigen Tag so, als wäre er Ihr letzter. Fangen Sie etwas an, von dem man noch reden wird, wenn Sie schon lange nicht mehr da sind. Handeln Sie jetzt. Dieser Tag kommt vielleicht eher, als Sie denken.

> »Der Tod ist etwas so Wunderbares, daß man
> ihn sich bis zum Schluß aufheben sollte.«
>
> Der Komiker DAVID BRENNER

Noch ein Wort zu den Fehlern, die man im Leben begeht. Wenn man sich zu viele Gedanken über den Tod macht, ist man bereits tot. Wenn man sich zu viele Gedanken über das Unvermeidliche macht, beschleunigt man das Ganze nur. Mein Vater ist in diesem Jahr gestorben. Er war starrsinnig und hatte so seine Eigenheiten. Unser Verhältnis konnte man zeitlebens bestenfalls gespannt nennen. Er rief mich nicht gern an. Wenn es überhaupt Kontakt zwischen uns gab, dann hatte ich den Anstoß dazu gegeben. Ich hatte ihn seit 16 Jahren nicht mehr gesehen, weil er nach Michigan gezogen war, in eine kleine Stadt namens Ontonagon. Aus irgendeinem Grund war ich der Meinung, daß es sehr lange dauern würde, um zu ihm zu kommen, weil ich glaubte, er sei unglaublich weit »draußen auf dem Land«. Als er starb, machte ich mich zum erstenmal auf den Weg nach Ontonagon, um bei seiner Beerdigung dabei zu sein. Ich brauchte sieben Stunden mit dem Flugzeug, dann noch einmal drei Stunden mit dem Auto. Als ich die Stadt erreichte, schossen mir zwei Gedanken durch den Kopf. Erstens war ich wütend auf mich selbst, weil ich so egoistisch gewesen war, daß ich nie richtig darüber nachgedacht hatte, wie lange ich wirklich brauchen würde, um zu ihm kommen. Jetzt, da ich ihn nie wiedersehen würde, schienen zehn Stunden eine Kleinigkeit zu sein. Zweitens, daß es im Leben darauf ankommt, den richtigen Zeitpunkt zu wählen. Jetzt war ich endlich einmal in der Stadt, in der mein Vater gewohnt hatte – aber ich kam zwei Tage zu spät. Daraus habe ich etwas sehr Wichtiges gelernt. Jetzt kann ich unwichtige Dinge ignorieren, und ich habe es mir zur Gewohnheit gemacht, mich mehr und eher um die Menschen zu kümmern, die mir etwas bedeuten.

Ich habe viele Tränen der Trauer über den Tod meines Vaters vergossen und viele Tränen der Freude über das, was er mich gelehrt hat. Das Leben ist für die Lebenden da. Da Sie dieses Buch lesen, muß ich annehmen, daß Sie körperlich am Leben sind. Greifen Sie jetzt zum Telefon und rufen Sie jemanden an, den Sie schon eine Weile haben anrufen wollen. Legen Sie den Streit bei oder lassen Sie Ihren Gesprächspartner einfach wissen, daß Sie an ihn gedacht haben. Wichtig dabei ist, daß Sie es *jetzt* tun. Glauben Sie mir, es tut sehr weh, wenn man zwei Tage zu spät dran ist.

ÜBUNG: Gibt es jemanden in Ihrem Leben, mit dem Sie Streit haben? Egal, wie wütend Sie sind, egal, wer recht hatte – gibt es jemanden, mit dem Sie wieder Kontakt aufnehmen müssen, bevor es zu spät ist? Schließen Sie einen Moment lang die Augen, und gehen Sie in Gedanken durch, welche Menschen Ihnen etwas bedeuten. Das könnte ein Familienmitglied sein, ein alter Freund, mit dem Sie sich zerstritten haben, oder einfach jemand, mit dem Sie schon eine Weile nicht mehr gesprochen haben. Nehmen Sie sich die Zeit, die Verbindung zu ihm wiederaufzunehmen.

Kapitel 7

SO WERDEN SIE UNWIDERSTEHLICH

»Sie müssen zu dem Menschen werden,
von dem Sie sich angezogen fühlen.«

MARSHALL SYLVER

Im Leben und ganz besonders dann, wenn es um unsere Beziehungen zu anderen geht, bekommen wir das zurück, was wir ausstrahlen. Im Abschnitt über Erfolg werde ich Ihnen einige Techniken und Strategien beibringen, mit denen Sie überzeugender und einflußreicher werden. Sie werden unter anderem lernen, daß es zum größten Teil von Ihrer Ausstrahlung abhängt, ob Sie von anderen bekommen, was Sie wollen – egal, ob Aufmerksamkeit, Zuneigung oder einen bestimmten Gegenstand. Wenn Sie jemandem eine Frage stellen oder eine Bitte an ihn richten, die ganz einfach abzulehnen ist, wird vermutlich genau das passieren. Das gleiche gilt für eine Beziehung. Wenn Sie laut und aggressiv sind, werden sich das vermutlich nur die Menschen gefallen lassen, die genauso laut und aggressiv sind, denn ihnen fällt nicht auf, wie Sie sich benehmen.

Ein Mann wanderte eine Straße entlang, die von einer Stadt zu einer anderen führte. Er begegnete einem alten Farmer, der auf einem Zaun saß. »Was für Menschen wohnen in der Stadt da vorn?« fragte er.

»Was für Menschen wohnen in der Stadt, aus der du kommst?« entgegnete der Farmer.

»Wo ich herkomme, sind die Menschen Lügner und Betrüger – deshalb bin ich weggegangen!« antwortete der junge Mann.

»In der Stadt da vorn sind die Menschen genauso«, sagte der Farmer.

Später kam ein weiterer junger Mann die Straße entlang, der ebenfalls dem alten Farmer begegnete und diesem dieselbe Frage stellte: »Was für Menschen wohnen in der Stadt da vorn?«

»Was für Menschen wohnen in der Stadt, aus der du kommst?« entgegnete der Farmer.

»Wo ich herkomme, sind die Menschen freundlich und nett und würden dir ihr letztes Hemd geben«, antwortete der junge Mann lächelnd.

»In der Stadt da vorn sind die Menschen genauso«, sagte der Farmer.

Das Wesen des Karma ist gar nicht so schwer zu verstehen. Wenn Sie positive Energie in Ihre Umgebung ausstrahlen, ziehen Sie positiv eingestellte Menschen an. Je mehr Sie dazu beitragen, Ihre eigene Situation zu verbessern, desto mehr tragen Sie dazu bei, die Situation auf der ganzen Welt zu verbessern, und desto zufriedener werden Sie. Dieses Konzept der Reflexion – man bekommt das zurück, was man aussendet – hat auch etwas mit Wahrnehmung zu tun. Wenn wir nach bestimmten Prinzipien handeln, beginnen wir zu glauben, daß alle anderen genauso handeln. Menschen, die ihren Partner betrügen, sind der Ansicht, daß alle anderen ihren Partner ebenfalls betrügen. Menschen, die ehrlich und vertrauenswürdig sind, glauben in der Regel, daß andere genauso sind. Da uns das auffällt, worauf wir uns konzentrieren, halten wir das für die Wirklichkeit, woran wir glauben, und bemerken nicht einmal, daß es *nicht* die Wirklichkeit ist. Karma ist der Glaube daran, daß jeder so sei wie wir selbst. Wenn wir »Gutes« tun, werden wir die Ereignisse in unserem Leben daher zunehmend als »gut« beurteilen. Wenn wir »Schlechtes« tun, werden wir die Ereignisse in unserem Leben zunehmend als »schlecht« beurteilen.

Uns fällt das auf, worüber wir nachdenken. Wenn Sie sich darauf konzentrieren, gesund zu leben, werden Ihnen die Menschen auffallen, die etwas für sich tun. Wenn Sie sich darauf konzentrieren, beruflich vorwärtszukommen, werden Ihnen die Menschen auffallen, die an ihrer Karriere arbeiten. Das gilt auch für Ihr Privatleben. Wenn Sie nach Menschen suchen, zu denen Sie eine Beziehung aufbauen wollen, sollten Sie sich selbst treu bleiben. Geben Sie sich so, wie Sie sind. Da Sie jetzt Ihre momentanen Einstellungen analysieren und ändern und sich nicht mehr zu einem Menschen machen wollen, der Sie nicht sind, können Sie so sein, wie Sie sind. Sie brauchen nichts zu tun, um geliebt zu werden. Sie wissen, wer Sie sind – also verhalten Sie sich auch so. Es ist der einzige Weg, um die wahre Liebe zu finden.

Wenn Sie das tun, was Sie wirklich gern tun, und Ihr Leben nach Ihren eigenen Vorstellungen gestalten, ist es einfacher, eine Beziehung zu schaffen, die das unterstützt, was Sie wollen. Wenn Sie zielstrebig Ihren Weg gehen, wird Ihnen irgendwann jemand auffallen, der einen ähnlichen Weg geht. Statt nach Liebe zu suchen, sollten Sie sie einfach auf sich zukommen lassen, indem Sie das Beste in sich nach außen kehren. Wenn Sie darauf vorbereitet sind und wissen, was Sie von einem Partner erwarten, werden Sie sehr schnell herausfinden, ob er der Richtige ist.

Beziehungen sind der Spiegel unseres Ichs. Sie reflektieren unser Inneres nach außen. Das, was uns an uns selbst gefällt oder mißfällt, sehen wir dann in unseren Partnern. Uns fällt das auf, worauf wir uns konzentrieren. Wenn Sie sich in dem spiegeln, was Sie suchen, ist es unbedingt notwendig, daß Sie zu dem Menschen werden, der Sie sein wollen. Wenn Ihnen die Art von Menschen, auf die Sie anziehend wirken, nicht gefällt, sollten Sie herausfinden, was Sie an diesen Menschen stört, und feststellen, ob es etwas ist, das Ihnen auch an sich selbst mißfällt. Wenn wir wirklich ein Spiegelbild unseres Ichs vor uns sehen, können Sie herausfinden, was Ihnen nicht gefällt, und erkennen, wie es mit Ihrem wahren Ich zusammenhängt. Wenn Ihnen eine Eigenschaft an sich nicht gefällt, können Sie diese sofort ändern und wirken dann auf die Menschen anziehend, mit denen Sie sich in Ihrem Leben umgeben wollen.

Werden Sie zu dem Menschen, auf den Sie anziehend wirken wollen. Sie wollen sich zwar treu bleiben, aber gleichzeitig müssen Sie sich darüber bewußt sein, daß Sie den Partner Ihrer Träume vermutlich eher auf gemeinsamem Terrain finden werden. Wenn Sie auf einen sportlichen, gesunden, karrierebewußten Menschen anziehend wirken wollen, müssen Sie damit anfangen, selbst zu einem sportlichen, gesunden, karrierebewußten Menschen zu werden.

Lassen Sie Ihre Wünsche nach außen dringen und vertrauen Sie darauf, daß Sie irgendwann im Fitneßstudio, im Reformhaus oder im Geschäft für Motivationskassetten einen potentiellen Partner kennenlernen, der sich mit den gleichen Dingen beschäftigt wie Sie. Werden Sie zu dem Menschen, auf den Sie anziehend wirken wollen.

In allen Bereichen unseres Lebens bekommen wir das zurück, was wir ausstrahlen. Im späten 19. Jahrhundert fuhr ein Mitglied des englischen Parlaments nach Schottland, um dort eine Rede zu halten. Auf dem Weg blieb seine Kutsche im Schlamm stecken. Ein schottischer Bauernjunge kam ihm zu Hilfe und zog die Kutsche mit seinen Pferden aus dem Schlamm. Der Junge hatte soviel Respekt vor dem Mann, daß er keine Belohnung annehmen wollte. Der Staatsmann fragte ihn: »Was willst du denn einmal werden, wenn du groß bist?«

»Ich will Arzt werden«, erwiderte der Junge.

Der Mann sagte: »Dann werde ich dir dabei helfen.«

Er hielt sein Wort und sorgte dafür, daß der schottische Junge Arzt werden konnte. Mehr als 50 Jahre später lag auf einem anderen Kontinent ein anderer Staatsmann im Sterben, weil er eine Lungenentzündung hatte – Winston Churchill. Er hatte schon alle Hoffnung aufgegeben, als man ihm schließlich ein Wundermittel namens Penizillin verabreichte. Das Medikament war von Alexander Fleming entdeckt worden. Fleming war der schottische Junge, und der Mann, der dem Jungen die Ausbildung ermöglicht hatte, Randolph Churchill, Winstons Vater.

Liebe zu finden, erfordert Ausdauer. Sie verdienen diese Liebe, und zwar als der Mensch, der Sie sind. Wenn es für Sie in Ihrem Leben sehr wichtig ist, den einen oder die eine zu finden, müssen Sie einen Maßnahmenplan entwickeln, so wie Sie das auch für andere Bereiche Ihres Lebens tun würden. Und dann sollten Sie den Weg zu Ihrem Ziel genauso genießen wie die Ankunft. Mit anderen Worten:

Kosten Sie das Wollen genauso aus wie das Haben.

Meine Mutter sagte immer: »Wenn man nichts verschwendet, kann einem nichts fehlen.« Ich habe aus diesem Sprichwort eine Formel für das Kennenlernen eines anderen Menschen gemacht und sie die »30-Minuten-Formel« genannt. Wenn ich zum erstenmal mit jemandem ausgehe, sorge ich dafür, daß die Verabredung nach 30 Minuten zu Ende ist. Ich bin der Meinung, daß dies beiden Parteien gegenüber fair ist. Warum sollen beide ihre Zeit verschwenden, wenn sie sich in der Gegenwart des anderen nicht wohl fühlen? Verabreden Sie sich mit Ihrem potentiellen Partner nicht für längere Zeit, sondern laden Sie ihn zu einem Kaffee oder Tee oder einer kurzen Unterhaltung ein. Wenn ich sage, daß ich nur 30 Minuten Zeit habe, gibt uns das eine elegante Möglichkeit, unsere Verabredung kurz zu halten, wenn einer das will.

Wenn Sie sich mit jemandem verabredet haben und nach einiger Zeit herausfinden, daß er eigentlich nicht der Mensch ist, mit dem Sie Ihre Zeit verbringen wollen, bleibt Ihnen nach 30 Minuten die Entschuldigung, daß Sie jetzt wieder arbeiten müssen. Wenn Sie jedoch feststellen, daß Sie Ihren Gesprächspartner wirklich mögen und er die Art von

Mensch ist, mit dem Sie mehr Zeit verbringen möchten, können Sie ja vorschlagen, daß Sie Ihre Pläne ändern und noch ein wenig bleiben, wenn der andere dies will. Dadurch geben Sie Ihrem Gesprächspartner die Möglichkeit, nein zu sagen, wenn er sich nicht sicher ist.

Wenn ich nach einem Partner suche, mit dem ich meine Zeit verbringen möchte, oder eine feste Beziehung anstrebe, habe ich außerdem konkrete Vorstellungen davon, was ich von diesem Menschen erwarte. Ich weiß genau, welche seelischen, emotionalen, körperlichen und geistigen Eigenschaften er haben soll. Ich weiß soviel über das, was ich von einem Partner erwarte, daß ich in 30 Minuten herausfinden kann, ob er meinen Vorstellungen entspricht. Ich glaube, daß einige Menschen nicht gern über das reden, was sie von jemandem erwarten, weil sie froh sind, überhaupt eine Verabredung zu haben. Aber ich weiß auch, daß es ein Pluspunkt ist, wenn man über bestimmte Erwartungen spricht, weil es einem den Anschein gibt, nicht auf diese Verabredung angewiesen zu sein. Es vermittelt den Eindruck, daß man die Freiheit und Zuversicht hat, genau das zu bekommen, was man will.

Wenn es für Sie sehr wichtig ist, den idealen Freund oder die ideale Freundin zu finden, müssen Sie genau wissen, was Sie von diesem Menschen erwarten. Denken Sie darüber nach, und stellen Sie fest, welche körperlichen, geistigen, emotionalen und seelischen Eigenschaften Sie erwarten. Wenn Sie diese Eigenschaften kennen, ist es ganz einfach, innerhalb kurzer Zeit während einer anregenden Unterhaltung herauszufinden, ob Ihr Gegenüber diese Eigenschaften besitzt. Wenn Sie genau wissen, was Sie wollen, werden Sie es sehr viel mehr zu schätzen wissen, wenn Sie es gefunden haben. Wenn Sie wachsen, wachsen auch Ihre Wünsche. Wenn Ihre Selbstliebe und Selbstachtung wachsen, werden Sie auch der Meinung sein, mehr zu verdienen. Fangen Sie jetzt damit an, zu wachsen und Ihre Attraktivität zu steigern. Teilen Sie der Welt mit, daß Sie nach einem Menschen suchen, den Sie glücklich machen und dem Sie die Chance geben wollen, das ganze Leben mit Ihnen zu verbringen. Wenn der richtige Zeitpunkt gekommen ist, wird die Welt schon dafür sorgen, daß Sie diesem Menschen begegnen. Vertrauen Sie darauf, und geben Sie sich nicht zufrieden, wenn Ihre Erwartungen nicht erfüllt werden. Sie müssen wissen, was Sie wollen. Wenn Sie sich nicht mit dem Zweitbesten zufriedengeben, können Sie alles bekommen. Sie können die ideale Beziehung finden.

Vor einigen Jahren, als ich gerade einmal keine Freundin hatte und frustriert darüber war, wie sich meine Beziehungen entwickelten, gelangte ich zu dem Entschluß, daß ich die Art von Partnerschaft, die ich anstrebte, am besten verwirklichen könnte, wenn ich erstens genaue Vorstellungen darüber hatte und zweitens so vielen potentiellen Kandidatinnen wie möglich mitteilte, was ich wollte. Ich sagte zu mir: »Wie finde ich jemanden in San Diego, der meinen Vorstellungen entspricht? Ich hab's! Eine Anzeige!« Zuerst dachte ich, daß mir das peinlich wäre, aber dann wollte ich doch lieber peinlich berührt als allein sein. Und dann kam mir folgendes in den Sinn: Wenn manche Menschen mit Kleinanzeigen zufriedenstellende Ergebnisse erreichten, dann wäre es doch bestimmt nicht schlecht, wenn ich gleich eine ganze Seite für meine Anzeige nähme. Denken Sie daran, manchmal muß man zu ungewöhnlichen Mitteln greifen, um das zu bekommen, was man will! Auf den nächsten Seiten ist die Anzeige abgedruckt, die ich damals entworfen habe und mit der ich genau die Art von Frau beschrieb, die ich wollte. Ja, ich habe die Anzeige geschrieben, um sie in die Zeitung zu setzen, und es steht alles darin, was ich von einer Frau erwartete. Außerdem habe ich die Anzeige nach marketingtechnischen Gesichtspunkten geschrieben – schließlich wollte ich ja etwas damit erreichen.

Großzügiger, positiv eingestellter Geschäftsmann sucht attraktive, abenteuerlustige, intelligente Frau

Ziel: *Das Paradies!*

Sind Sie die ganz besondere junge Dame, die der Bars und der Single-Szene überdrüssig ist und jetzt nach dem Abenteuer sucht, zusammen mit einem Mann, dem es nicht gleichgültig ist, was Sie wollen?

Dann lesen Sie weiter!

Mein Name ist Mr. E. Und zwar deshalb, weil ich mich vorläufig Mr. E für Sie nennen werde. Ich bin ein sehr bekannter Mensch, und da ich gleich zwei Berufe habe, weiß ich, daß mich viele auf dem Foto erkennen werden. Es macht mir nichts aus, wenn Sie mich auch erkennen, ich möchte mich nur vorläufig noch ein wenig in geheimnisvolles Dunkel hüllen, falls nicht. Ich suche nach einer ganz besonderen jungen Dame, die bereit ist, alles zu bekommen, was sie will, und die weiß, daß sie Frau genug ist, um es verdient zu haben. Sind Sie diese Frau? Vielleicht, vielleicht auch nicht. Zunächst einmal geht es darum, wer ich bin, daher möchte ich Ihnen jetzt meine Seele in all ihrer Verwundbarkeit offenbaren. Ich weiß, daß die richtige Frau meine Ehrlichkeit zu schätzen weiß. Ich weiß auch, daß sich meine Vorstellungen von einem idealen Leben durchaus von den Ihren unterscheiden können.
  Ich schreibe diese Anzeige nicht, weil ich muß. Ich schreibe sie, weil ich weiß, daß die Dame, nach der ich suche, der Lügen, Enttäuschungen und Sch… inzwischen genauso überdrüssig ist wie ich. Ich habe keine Probleme damit, Frauen kennenzulernen und sie um ein Rendezvous zu bitten. Eigentlich ist es viel einfacher, eine Frau um ein Rendezvous zu bitten, als hier in aller Öffentlichkeit vor wer weiß wie vielen Menschen, die diese Anzeige auch lesen, mein

Herz zu sezieren. Aber ich bin es einfach leid, mich mit einer Frau zu verabreden, die ich bei unserem ersten Rendezvous für ein ganz wundervolles Wesen gehalten habe, nur um dann beim zweitenmal festzustellen, daß sie drogenabhängig, alkoholkrank und magersüchtig ist und sich nicht zwischen mir und ihrem Ex-Freund entscheiden kann, der bei der Mafia ist und sie wiederhaben will. Glauben Sie nicht, das wäre zu weit hergeholt. Ich weiß, daß wir alle schon einmal solche Horrorverabredungen durchlitten haben. Ich schreibe diese Anzeige, weil ich von Anfang an ehrlich sein und der Richtigen die Chance geben will, die richtige Entscheidung zu treffen.

Was gibt es über mich zu sagen? Ich dachte schon, Sie würden nie fragen. Ich bin 28 Jahre alt, 1,82 Meter groß und wiege 80 Kilo. Ich halte mich selbst eigentlich nicht für besonders schön, obwohl einige meiner Freunde sagen, daß ich gut aussehe – nun, ich glaube ihnen gern. Diese Anzeige enthält auch ein Foto, daher können Sie selbst urteilen. Ich bin der festen Überzeugung, daß mein Körper etwas sehr Kostbares ist, und tue mein Bestes, damit es ihm gut geht. Also fast kein rotes Fleisch, wenig Milchprodukte und viel Sport. In meiner Freizeit gehe ich gern ins Theater und ins Kino. Essen gehen gehört zu meinen Lieblingsbeschäftigungen.

Und dann mag ich noch: Skifahren, Sushi (lecker), Urlaub in der Sonne, am Strand entlanglaufen, Kamine, Whirlpools und Kerzen, Tanzen, alte Flipper, Risiken eingehen (Fallschirmspringen, Paragliding, Safaris in Afrika etc.), erotische Kunst, massieren und massiert werden, unverschämt reich sein, Champagner, lange Gespräche, Blumen und engagierte Menschen.

Ich weiß, das ist ganz schön viel. Einer meiner Nachteile ist, daß ich recht anstrengend sein kann. Ich will alles, und zwar jetzt. Ich bin nicht der Meinung, daß man auf irgend etwas warten sollte, und einige Menschen sind der Ansicht, daß mein Tempo einfach zu schnell ist. Ich stelle sehr hohe Ansprüche an eine Beziehung und bin inzwischen sehr viel glücklicher damit, die Dinge so zu nehmen, wie sie nun mal sind. Ich kann sehr ungeduldig werden, wenn ich es mit Menschen zu tun habe, die sich nicht entscheiden können, und bin bekannt dafür, daß ich schnell das Interesse an etwas verliere, wenn es nicht so aussieht, als würde etwas dabei herauskommen. Ich hatte längere Beziehungen mit drei absoluten Traumfrauen. Jede von ihnen hat mein Leben bereichert, wofür ich ihr bis in alle Ewigkeit dankbar sein werde. Ich habe einige sexuelle Abenteuer hinter mir (da war ich allerdings noch jünger) und bin mit einigen der schönsten Frauen zusammengewesen, die diese Welt je gesehen hat. Die Frauen, mit denen ich eine längere Beziehung hatte, werden sicher bestätigen, daß ich immer zu ihnen gehalten habe, wenn sie mich brauchten. Solange jemand nach dem Guten strebt, werde ich immer für sie oder ihn dasein.

Außerdem bin ich ein Arbeitstier und ein Freizeitfanatiker. Ich bekenne mich schuldig, als Lebensmotto »Wer viel arbeitet, darf auch viel feiern!« gewählt zu haben. Ich will jeden Tag so leben, als wäre es mein letzter. Ich bin Entertainer und leite eine Firma, die Motivations- und Überzeugungsseminare durchführt. Meine Show ist eine abwechslungsreiche, aufwendig produzierte Vorführung mit Feuerwerk, Rock and Roll und vielen Lachern. Mein Seminar veranstalte ich für große Unternehmen, darunter IBM, Kodak, Kentucky Fried Chicken und viele andere. In der Regel bin ich mindestens zwei oder drei Tage pro Woche auf Reisen, Sie hätten daher viel Zeit für sich selbst oder Ihre Freunde.

Ich treibe gern Sport und finde eine Art masochistisches Vergnügen daran, jeden Tag fünf bis acht Kilometer zu joggen oder ein, zwei Stunden im Fitneßstudio Gewichte zu stemmen. Ich würde mich freuen, wenn Sie mir sagen, daß dies auch für Sie wichtig ist.

Ich habe sehr konkrete Vorstellungen von meiner Traumfrau, obwohl ich offen bin für alle möglichen Alternativen. Es gibt jedoch einige ganz konkrete Dinge, die ich *nicht* will.

Und das mag Mr. E nicht:

1. Promiskuität. Im Zeitalter der gesundheitlichen Risiken sollten Sie wissen, daß ich keines bin. Ich suche nach einer jungen Dame, deren Lebensstil besagte Risiken nicht enthält. Wenn Sie mehr als 200 Profisportler mit Vornamen anreden, aber keine Sportreporterin sind, bin ich nicht interessiert. Damit will ich sagen: Wenn Sie häufig den Sexpartner wechseln oder gewechselt haben, sollten wir besser nur Freunde sein.

2. Drogen oder eine andere Sucht. Keine Drogen. Gar keine. Nicht einmal Zigaretten oder gelegentlich Gras. Wenn Sie Gras ausschließlich dazu verwenden, um an einem schönen Tag Golf darauf zu spielen, könnte aus unserer Beziehung Liebe werden. Wenn Sie Champagner mögen, werden wir uns sicher großartig amüsieren. Ich gehe gern tanzen, und manchmal trinke ich auch ein Glas zuviel, wenn ich mich gut amüsiere. Aber es soll keine Gewohnheit sein, sondern ganz allein meine Entscheidung.

3. Schatten aus der Vergangenheit. Ich liebe Seminare zur Persönlichkeitsentwicklung und führe solche Seminare durch. Ich unterstütze meine Partnerin dabei, sich persönlich weiterzuentwickeln. Aber wenn Sie immer noch wütend auf Ihre Eltern sind oder glauben, daß Ihr letzter Freund Ihr Leben für immer verpfuscht hat – auf Wiedersehen! Wenn Sie wie ich etwas über das Leben lernen wollen, um dann zu leben, glaube ich, daß Sie genau der Mensch sind, nach dem ich suche. Ich spiele gern. Fahrrad fahren, Drachen steigen lassen und Kommunikation können wundervolle Erfahrungen sein.

4. Prüde Menschen. Wenn Sie glauben, daß Vorspiel eine anderthalbstündige Bettelei sein sollte, rufen Sie bitte nicht an. Wenn Sie glauben, oraler Sex besteht darin, daß man über Geschlechtsverkehr redet, melden Sie sich bitte nicht. Wenn Sie glauben, daß Sex ein Mittel zur Unterdrückung ist, werden Sie nie erfahren, was Liebe alles vermag. Sex hat mit Liebe zu tun. Ich verspreche Ihnen, daß ich Ihnen nie eine

Umarmung, einen Kuß oder eine Liebkosung verweigern werde, wenn Ihnen danach ist. Nicht einmal Ihr Teddybär lechzt so nach Streicheleinheiten wie ich.

5. Gewisse sexuelle Vorlieben. Wenn Sie und Ihr Collie mehr als nur enge Freunde sind, oder wenn Sie Ihr tragbares Trapez mit zu mir bringen wollen – nein, danke. Ich bin ein leidenschaftlicher Mensch und offen für alles Neue, solange ich es mit Liebe und Respekt vereinbaren kann. Wie ich bereits sagte, bin ich einigermaßen normal (einigermaßen) und absolut monogam.

6. Angst vor emotionalem oder materiellem Reichtum. Lachen Sie nicht! Einige Menschen streuen sich selbst Sand ins Getriebe, wenn es anfängt, richtig gut zu laufen. Die meisten tun dies nicht mit Absicht, aber es ist nun einmal so, daß wir eine Herausforderung vor Augen haben müssen, wenn unser Leben aufregend sein soll. Wenn eine solche Herausforderung für Sie darin besteht, etwas in Ordnung zu bringen, was schiefgelaufen ist, statt nach dem zu greifen, was bereits in Ordnung ist – werden wir uns vermutlich sehr oft, sehr heftig und sehr lange streiten. Ich stürze mich in jeden Kampf, wenn es dafür eine Belohnung gibt. Sie müssen das Spiel des Lebens mit Begeisterung spielen können und ständig mehr wollen, sonst werden Sie wahnsinnig mit mir!

7. Besitzansprüche. Ich will niemanden besitzen, und ich will auch nicht, daß mich jemand besitzt. Ich will eine monogame Beziehung, die zu immer mehr Verantwortung füreinander führen könnte. Ich habe nicht vor, sofort zu heiraten. Irgendwann schon – aber nicht heute.

Das also will ich nicht. Und ich werde es auch nicht tolerieren, wenn ich es später einmal an Ihnen bemerken sollte. Jetzt kommt der Teil, der wirklich schwierig ist – das, was ich will. Wenn Sie immer noch vor dieser Anzeige sitzen, haben wir eine Chance, uns nach vielen Jahren der Liebe gegenseitig den Staub aus den Falten zu wischen. Es macht mich jetzt wirklich nervös, wenn ich sagen soll, was ich will, weil ich dabei das Risiko eingehe, aus mir einen gefühllosen Macho zu machen, der glaubt, er könne sich eine Frau backen. Nun, vielleicht bin ich einer, und vielleicht glaube ich das. Wenn Sie das, was ich will, wütend macht, sind Sie garantiert nicht die Frau, an der ich interessiert bin. Ich weiß, daß eine höhere Macht schon dafür sorgen wird, daß meine Göttin diese Anzeige liest, daher werde ich Ihnen jetzt Sie selbst beschreiben. Wenn ich hier nicht wenigstens ein paar Vorgaben mache, werden vielleicht einige Frauen auf diese Anzeige antworten, die überhaupt nicht zu mir passen, also sollten wir jetzt besser mit dieser Diskussion aufhören. Wie die meisten anderen habe ich Schwierigkeiten, genau das zu verlangen, was ich haben will.

Sie sind zwischen 21 und 31 Jahre alt. Sie sind gesund, schlank und gutaussehend. Das heißt, daß Ihre Ernährung in etwa mit der meinen übereinstimmt, die ich oben beschrieben habe, und daß man das auch Ihrer Figur ansieht. Wenn Sie im Badeanzug vor mir stehen, stockt mir der Atem. Mir gefallen sportliche Frauen mit einem festen Po und schlanken Beinen. Es ist mir nicht so wichtig, wie groß der Brustumfang ist, ich lege mehr Wert auf das, was sich darunter verbirgt. Ich weiß es zu schätzen, wenn eine Frau sich pflegt. Ihre Haut, Ihre Zähne und Ihr Haar sind gesund und sauber. Ich kann Ihnen das gleiche über mich versprechen. Ein sauberer Körper, der angenehm riecht, hat für mich etwas Erotisches.

Sie sind intelligent. Sie lernen gern und stellen sich Fragen wie: »Müssen Fische manchmal weinen?« und »Wie würde ich einem Blinden die Farbe Blau beschreiben?« Sie trainieren Ihren Verstand genauso gern wie Ihren Körper.

Sie haben eine positive Einstellung zum Leben. Sie suchen nach dem Guten und finden es auch. Sie glauben an etwas. Das heißt für mich, daß ein Teil von Ihnen weiß, Sie sind nicht allein. Sie sind selbstbewußt und haben sich bereits »gefunden«. Anders ausgedrückt: KEINE DEPRESSIVEN!

Sie mögen dasselbe wie ich. So macht es einfach mehr Spaß. (Ist der Kerl ein Genie oder was!?)

Das wär's. Wenn Sie ein hübsches Gesicht, Verstand und Rückgrat besitzen, sind Sie für mich das große Los. Wenn Sie jetzt immer noch interessiert sind, möchten Sie vielleicht auch wissen, was Sie von einer Beziehung mit mir erwarten können.

Romantik ist bei mir großgeschrieben. Ich liebe Frauen, und ganz besonders meine Frau. Wo immer sie auch sein mag. Ich bin der Meinung, daß das Leben etwas sehr Wertvolles ist. Es erwarten Sie viele Reisen mit mir. Im letzten Jahr haben mich meine privaten Reisen unter anderem nach London, auf die Bahamas, nach Orlando, Lake Tahoe und Kansas City geführt, außerdem gab es noch viele lange Wochenenden in Las Vegas, San Francisco, Murrieta Hot Springs und La Costa. Mit Ihnen wird es nicht anders sein.

Ich kaufe gern Geschenke für die Dame meines Herzens und bin der Meinung, daß Frauen einfach dafür geschaffen sind, Schmuck und schöne Kleider zu tragen. Lesen Sie das jetzt ganz genau – ich bin kein Trottel. Ich kann sehr wohl feststellen, ob mich jemand für einen Goldesel hält oder es ehrlich meint. Ich werde Ihnen dabei helfen, all die wundervollen Dinge zu erleben, die das Leben zu bieten hat, wenn Sie es wirklich ehrlich meinen. Wenn alles gut zwischen uns läuft, könnte ich mir durchaus vorstellen, Ihren Lebensstil zu verbessern und dafür zu sorgen, daß Sie sich Ihren Lebensunterhalt nicht mehr selbst verdienen müssen.

Ich habe viel Sinn für Romantik. Sie können sicher sein, daß Sie von mir mehr und öfter Blumen bekommen als je zuvor in Ihrem Leben. Außerdem würde ich mich freuen, wenn ich Sie mit einer Ganzkörpermassage und einem Schaumbad verwöhnen könnte. Wenn Sie ganz besonders nett sind, rasiere ich Ihnen vielleicht sogar die Beine!

Hört sich das für Sie gut an? Ich hoffe. Ich habe es ehrlich gemeint, als ich diese Anzeige geschrieben habe, und jedes Wort darin ist wahr. Selbst wenn ich versucht habe, sie ein wenig unterhaltsam zu formulieren, sollten Sie wissen, daß ich es ehrlich meine.

Ich weiß, daß es vielleicht ein wenig peinlich ist, auf eine Bekanntschaftsanzeige zu antworten. Sie sollten wissen, daß ich mir merkwürdig vorgekommen bin, als ich sie geschrieben habe. Geben Sie sich einen Stoß, und hinterlassen Sie mir eine Nachricht auf meinem Anrufbeantworter. Entschuldigen Sie bitte, daß ich meinen Anrufbeantworter eingeschaltet lasse, aber mir ist nichts anderes eingefallen, um mich vor mitternächtlichen Anrufen zu schützen. Ich würde mich auch über ein aktuelles Ganzkörperfoto und einen Brief von Ihnen freuen, in dem Sie mir ein wenig von sich erzählen und mir mitteilen, wie ich Sie erreichen kann.

Wer weiß, vielleicht passen wir zueinander, vielleicht auch nicht. Aber eines weiß ich ganz sicher – egal, was passiert, es wird jede Menge Spaß machen. Und vielleicht bin ich ja wirklich Ihr Traummann, und Sie sind meine Traumfrau. Das wäre doch toll, oder?

Schreiben Sie einfach an:
Mr. E
270 Del Mar Heights Rd. # 277
Del Mar, CA 92014
USA

Oder rufen Sie mich an: 001-619-599-3323

Bevor ich diese Anzeige aufgab, führte ich ein Gespräch mit der Anzeigensachbearbeiterin der Zeitung. Sie war jung, sah gut aus und war – wie ich bald herausfand – nicht verheiratet. Während sie die Formulare für meine Anzeige ausfüllte, las sie die Anzeige. Ich saß neben ihr, während sie las, und kam mir ein wenig dumm vor. Als sie alles gelesen hatte, sagte sie: »Ich weiß, daß ich das eigentlich nicht tun darf, aber ich kann nicht anders. Ich glaube, Sie können sich das Geld für die Anzeige sparen. Ich würde mich gern für diese Position bewerben!«

Wenn mir das keine Lehre war, einfach das zu verlangen, was ich wollte! Ich dachte mir, daß ich nichts zu verlieren hatte. Wenn sie und ich nicht zueinander paßten, konnte ich die Anzeige immer noch zu einem späteren Zeitpunkt in die Zeitung setzen! Unsere Beziehung dauerte nicht sehr lange, aber durch diese Erfahrung wurde mir klar, wie wichtig es für mich war, genau zu wissen, was ich wollte, und es auch ohne Bedenken zu verlangen. Lassen Sie so viele Menschen wie möglich wissen, was Sie suchen.

AUFGABE: Schreiben Sie Ihre eigene »Liebesanzeige«. Sie soll lustig sein und der Wirklichkeit entsprechen. Formulieren Sie den Text so, als würden Sie die Anzeige wirklich in die Zeitung setzen. Sie können meine als Beispiel verwenden. Wenn Sie zur Zeit nach einer Beziehung suchen, ist diese Übung unbedingt erforderlich. Wenn Sie mit Ihrer momentanen Beziehung unzufrieden sind und nicht genau wissen, ob es dafür einen bestimmten Grund gibt, werden Sie mit dieser Übung feststellen können, was mit Ihrer Beziehung nicht stimmt.

Postscriptum: Ich habe zur Zeit eine wundervolle Beziehung zu einer wahren Göttin, die eine Bereicherung für mein ganzes Leben ist. Während ich dieses Kapitel schrieb, wollte sie meine Liebesanzeige lesen. Als sie damit fertig war, kam sie zu mir herüber, umarmte mich und gab mir einen leidenschaftlichen, feuchten Kuß. Dann grinste sie und sagte: »Die Beschreibung in deiner Anzeige trifft voll und ganz auf mich zu!« Ja, Liebling, das stimmt!

Wenn Sie noch ledig sind, sollten Sie nicht vergessen, diesen Zustand genauso zu genießen wie den Zustand, den Sie anstreben. Einige meiner verheirateten Freunde wären lieber ledig, während einige meiner ledigen Freunde lieber verheiratet wären. Beides kann eine sehr schöne Erfahrung sein, wenn Sie jeden Moment davon genießen. Beides kann die reinste Hölle sein, wenn Sie ständig jemand anderes sein wollen. Genießen Sie es, ledig zu sein, während Sie nach dem idealen Partner suchen. Sie können nur dann glücklich verheiratet sein, wenn Sie vorher glücklich ledig waren. Kommen Sie bloß nicht aus der Übung. Wenn Sie Sport treiben oder Schach spielen, müssen Sie üben, um gut darin zu sein. Bei einer Beziehung ist das nicht anders. Sie müssen in Form bleiben, um jederzeit kommunizieren und eine Beziehung bilden zu können.

Wenn Sie also auf eine Party gehen, sich umsehen und den einen oder die eine nicht entdecken – amüsieren Sie sich trotzdem, und kommunizieren Sie mit anderen. Sie können es Aufwärmen, Üben oder sonstwie nennen, völlig egal – tun Sie es einfach.

Ein Mädchen, mit dem ich mich ein paarmal verabredet hatte, sagte mir einmal, sie sei nur deshalb mit mir ausgegangen, weil ich so nett zu ihrer nicht sonderlich attraktiven Freundin gewesen sei. Sie habe sich gedacht, wenn ich nett zu ihrer Freundin war, dann würde ich auch zu ihr nett sein. Üben Sie sich darin, alle Menschen liebevoll zu behandeln, dann sind Sie soweit, wenn es darauf ankommt.

Kapitel 8

SIEBEN STRATEGIEN FÜR EINE LEIDENSCHAFTLICHE BEZIEHUNG

Wie unterscheiden sich erfüllte, leidenschaftliche Beziehungen von solchen, die gerade mal so funktionieren? Es gibt einige ganz bestimmte, grundlegende Elemente, die dazu beitragen, daß Ihre Beziehungen wachsen und gedeihen können. Selbst wenn Sie gerade Single sind, sollten Sie sich jetzt damit beschäftigen, um ein Meisterwerk der Liebe zu schaffen. Im folgenden sind die Elemente aufgeführt, die in jeder wirklich leidenschaftlichen Beziehung vorhanden sind.

1. Verlieben Sie sich zuerst in sich selbst

In einer Beziehung sind zwei Hälften kein Ganzes, sie sind zwei Hälften.

Selbst wenn Sie noch an sich arbeiten, können Sie den Menschen lieben, der Sie sind. Wenn Sie sich nicht selbst lieben, ist es schwierig, jemanden zu respektieren, der große Stücke auf Sie hält. Wissen Sie noch, was Groucho Marx einmal gesagt hat? »Ich weigere mich, einem Club beizutreten, der mich als Mitglied akzeptieren würde.« Was bringt Menschen dazu, so wenig Selbstachtung für sich zu empfinden? Zusätzlich zu den Programmen unseres Unterbewußtseins wurde den meisten von uns als Kind beigebracht, immer zuerst an andere zu denken. Obwohl dies bei Kindern durchaus angebracht sein kann, ist es für Erwachsene völlig falsch. Wenn

Sie sich zuerst auf andere konzentrieren, bevor Sie an sich und Ihr Wohlbefinden denken, sind Sie nicht in der Lage, anderen all das zu geben, was Sie geben könnten. Eine Beziehung ist wie eine Waage. Sie erreicht das Gleichgewicht, weil eine Seite die andere ausgleicht. Sowohl in Ihrem Berufsleben als auch in Ihrer Freizeit kommunizieren Sie mit anderen Menschen, weil diese ein Verlangen oder ein Bedürfnis in Ihnen und Sie ein Verlangen oder ein Bedürfnis in den anderen erfüllen. Vielleicht haben zwei Menschen das Bedürfnis, mit jemandem zu sprechen. Vielleicht ist es das beiderseitige Verlangen nach einem Partner. Vielleicht braucht der eine gerade Zuspruch, und der andere macht seinen Mitmenschen gern Mut. Vielleicht haben beide in ihrer beruflichen Karriere denselben Punkt erreicht. Vielleicht sind beide sportlich. In einer eher unnatürlichen Beziehung will einer der beiden vielleicht beherrscht werden und der andere beherrschen. Egal, durch welche Umstände ein Paar zusammengebracht wird, sie gleichen ihre Bedürfnisse aus.

Wenn eine Beziehung geistig, körperlich oder emotional aus dem Gleichgewicht gerät, ist die Harmonie gestört. Wenn sich einer der beiden in diesen Bereichen weiterentwickelt, muß er eine Entscheidung treffen. Man kann sich entweder so weiterentwickeln, daß man die Waage auch weiterhin im Gleichgewicht hält, oder indem man die eigene Waagschale nach unten drückt. Nehmen wir als Beispiel ein schwergewichtiges Paar, das eine Beziehung zueinander hat. Wenn der eine Partner anfängt abzunehmen, muß der andere eine Entscheidung treffen. Da er jetzt vielleicht befürchtet, den nun viel gesünderen Partner zu verlieren, muß er sich entscheiden, ob er ebenfalls abnehmen oder den Diät haltenden Partner dazu verleiten will, noch ein Stück Torte zu essen. Manche Partner sabotieren sich gegenseitig, nur um sicherzugehen, daß sie zusammenbleiben. Vielleicht ist der berufliche Erfolg eines der Elemente für das Gleichgewicht. Vielleicht gelingt es einem der Partner, beruflich weiterzukommen, dem anderen jedoch nicht. Beide müssen darauf vertrauen, daß sie sich weiterentwickeln, sonst wird einer der Partner unsicher, und dann kommt es oft soweit, daß er oder sie den Erfolg des anderen sabotiert. Dadurch soll das Gleichgewicht garantiert werden, mit der die Beziehung am Leben gehalten wird. In nicht funktionierenden Beziehungen geschieht es häufig, daß der Erfolg des Partners sabotiert wird, da dies eine der Methoden ist, um Kontrolle auszuüben. Dahinter steckt die Überlegung: »Solange du nicht zu erfolgreich bist, wirst du nicht besser sein als ich.« Jemand, der in einer funktionierenden Beziehung lebt, sieht in seinem Partner eine Inspiration und betrachtet es als Herausforderung, sich zusammen mit ihm weiterzuentwickeln.

Eine Beziehung ist wie ein Buch – man kann etwas daraus lernen.

Einige Bücher sind recht dünn, und man liest sie schnell mal durch, um sich abzulenken und zu unterhalten. Andere werden nur wegen ihres Inhalts gelesen und weil man daraus etwas für das Leben lernt. Wieder andere liest man sehr langsam und hofft, daß sie nie zu Ende gehen. Das Sonderbare an Büchern ist, daß der Schluß eines Buches immer derselbe ist, egal, wie oft man das Buch liest. Manchmal fällt einem etwas auf, das man beim erstenmal völlig übersehen hat, wie bei einer Beziehung, die zu Ende geht und dann wieder von Neuem beginnt. Wenn man ein Buch liest, wird man etwas daraus lernen, womit man dann noch mehr Freude am nächsten Buch haben kann. Das gleiche gilt für eine Beziehung.

Viele meiner Freunde machen die gleichen Fehler immer und immer wieder. Geht es Ihnen genauso? Da wir in bezug auf Beziehungen einige Lektionen lernen müssen, fühlen wir uns unweigerlich von dem Menschentyp angezogen, der uns diese Lektion erteilen kann. Wenn wir uns selbst verstehen, können wir unsere Bedürfnisse zu Ansprüchen machen und auch für andere Menschen anziehend wirken, mit denen dann eine erfülltere Beziehung möglich ist. Ich weiß, daß Sie in Ihrer letzten Beziehung einiges gelernt haben, was Ihnen dabei helfen wird, Ihre nächste besser zu verstehen. Andernfalls wird sie sich nicht sehr von Ihrer letzten unterscheiden.

Nachdem Sie das Buch zu Ende gelesen haben, müssen Sie es mit Respekt aus der Hand legen, abstauben, die Ecken wieder glätten, damit es auch für den nächsten Leser noch reizvoll ist. Wenn Ihre Beziehung gerade zu Ende geht, sollten Sie nach Möglichkeit die dabei gemachten Erfahrungen in Erinnerung behalten, statt sich darüber zu ärgern, daß sie vorbei ist.

Wie ich bereits erläutert habe, ist es oft so, daß jemand immer auf den gleichen Typ Mensch anziehend wirkt, damit er etwas Bestimmtes lernen kann. Manchmal geschieht noch etwas anderes. Einige meiner Freunde haben mich gefragt: »Warum wirke ich immer nur für den gleichen Menschentyp so anziehend?« Ich antworte dann: »Wieso bist du so sicher, daß dein Partner schon so war, als du ihn kennengelernt hast? Vielleicht hast du ihn ja darauf trainiert, so zu sein.« In einem meiner fortgeschrittenen Intensivseminare unterrichte ich eine Technik, die ich *Training Cycle** genannt habe. Dabei handelt es sich um eine Methode, mit der man Menschen beibringt, wie man von ihnen behandelt werden möchte. Viele Menschen sind fälschlicherweise der Meinung, daß es ein Garant für eine großartige Beziehung sei, wenn sie ihrem Partner immer alles geben, was er will. Sie denken, wenn sie ihm das Leben schön machen, würde er nicht so dumm sein, das alles aufzugeben. Ihr innerer Kampfschrei lautet: »Du wirst nie wieder jemanden finden, der dich besser behandelt als ich!« Vielleicht haben sie damit ja recht. Das Problem ist, daß es sehr schwierig ist, jemanden zu respektieren, den man mit Füßen treten kann. Fußabstreifer sind dazu da, daß man sich an ihnen die Füße abstreift. Eine bessere Strategie besteht darin, den Training Cycle zu erlernen. Die Technik funktioniert bei allen Beziehungen, egal, ob es sich

---

* Training Cycle ist ein Trademark (™).

um ein Liebespaar, Eltern und Kind oder Arbeitgeber und Arbeitnehmer handelt. Ich weiß, der Gedanke, daß man Menschen so einfach trainieren kann wie Tiere, wird einigen Lesern nicht besonders gefallen, aber so ist es nun mal. Ob Sie es glauben oder nicht, es geschieht.

Vor einigen Jahren, als ich mich gerade selbständig gemacht hatte, kaufte ich Papageien, die von ihren Besitzern in der Zeitung angeboten wurden, weil sie die Tiere nicht mehr haben wollten. In der Regel handelte es sich dabei um Vögel, die zu wild oder ungezogen waren oder aus einem anderen Grund aus dem Haus mußten. Ich meine, wer würde schon einen guterzogenen Vogel verkaufen? Diese Vögel kaufte ich billig ein, zähmte sie, brachte ihnen ein paar Tricks bei, wie zum Beispiel Rollschuhlaufen oder Basketball spielen, und verkaufte sie dann mit Gewinn weiter. Zwei von ihnen – sie heißen Magic und Passion – habe ich immer noch. Sie leben schon seit vielen Jahren bei mir. Durch das Abrichten von Papageien habe ich tiefe Einblicke in die Art und Weise gewonnen, wie sich Menschen gegenseitig beibringen, miteinander umzugehen. Außerdem habe ich festgestellt, daß diese Methode immer funktioniert, egal, ob der »Auszubildende« damit einverstanden ist oder nicht. Ich weiß, Sie denken jetzt vielleicht, daß sich das sehr nach Manipulation anhört, wenn man jemanden dazu trainiert, ein bestimmtes Verhalten zu zeigen. Tatsache ist, daß Sie Ihre Mitmenschen *ohnehin* trainieren, zufällig oder mit Absicht. Also können Sie auch gleich selbst bestimmen, wie Sie behandelt werden wollen. Lassen Sie mich diese Methode zuerst am Beispiel eines Papageis erklären. Anschließend werde ich Ihnen zeigen, wie es bei Menschen funktioniert.

Und so sieht die grundlegende Strategie für den Training Cycle aus:

1. Legen Sie fest, wie die neue Gewohnheit oder das neue Verhalten aussehen soll.
2. Belohnen Sie das Verhalten oder einen Teil dieses Verhaltens zunächst jedesmal, wenn es gezeigt wird.

3. Legen Sie ein Signal oder einen Auslöser fest (ähnlich wie die Pawlowsche Glocke), das bzw. den Sie einsetzen können, wenn Sie das erwünschte Verhalten bemerken, damit Sie später das Verhalten auslösen können.
4. Bestehen Sie jedesmal auf einer stärkeren Reaktion.
5. Belohnen Sie das gewünschte Verhalten manchmal mit einer Extrabelohnung (Jackpot), manchmal überhaupt nicht.
6. Belohnen Sie NIEMALS unerwünschtes Verhalten.

Nehmen wir einmal an, ich will meinem Kakadu beibringen, Basketball zu spielen. Ein Tier wird ein Spiel solange spielen, wie es glaubt, gewinnen zu können. Es ist wichtig, daß Sie schon vor Beginn des Training Cycle festgelegt haben, wie das vollständige Verhalten aussehen soll. Wenn ich einem Vogel ein neues Verhalten beibringe, wird er vermutlich keine Ahnung haben, was ich wirklich von ihm will. (Haben Sie manchmal das Gefühl, daß es in Beziehungen genauso ist?) Ich muß den Vogel also dazu bringen, etwas zu tun, was eine Tendenz zu dem erwünschten Verhalten erkennen läßt, und es dann belohnen. Anders ausgedrückt, warten Sie ab, bis der Vogel etwas »richtig« macht. Wenn Sie ein Tier ausschimpfen, weil es etwas »falsch« gemacht hat, kann es nicht erkennen, welches Verhalten Sie von ihm erwarten.

Wenn das Tier Basketball spielen lernen soll, könnte das richtige Verhalten schon darin bestehen, daß es den Ball berührt. Ich mache es immer so, daß ich ein Samenkorn (die Belohnung) über den Ball halte, damit sich der Vogel darüberbeugen muß, um das zu bekommen, was er haben will. Dabei wird er natürlich den Ball berühren. In diesem Moment gebe ich dem Vogel das Samenkorn, nach dem er den Hals ausgestreckt hat, und dann noch eines dazu. Dies wiederhole ich ein paarmal. Dann ziehe ich meine Hand mit dem Samen ein Stück zurück und halte sie still. Weil der Vogel jetzt keine Ahnung hat, was er tun muß, um das Samenkorn zu bekommen, wird er alles mögliche versuchen, und irgendwann wird er mit dem Schnabel den Ball berühren. Dabei handelt es sich um ein natürliches Verhalten. Im Grunde genommen geht es darum abzuwarten, bis der Vogel etwas richtig macht. Und dann muß er sofort gelobt werden und gleich ein paar Samenkörner (Jackpot) bekommen.

Jetzt fange ich damit an, ihm einen direkten Hinweis oder Befehl anzutrainieren. Ich lege den Ball vor den Vogel und sage »Basketball«. Der Vogel wird den Hals nach vorn recken und den Ball mit seinem Schnabel berühren. Jetzt wird es schwierig. Sie müssen warten, bis der Vogel den Ball nicht nur berührt, sondern so frustriert ist, daß er ihn in den Schnabel nimmt. In diesem Moment geben Sie ihm einen Jackpot aus Samenkörnern. Nachdem er gelernt hat, daß er den Ball aufheben muß, um ein Samenkorn zu bekommen, geben Sie ihm kein Samenkorn mehr, wenn er den Ball nur berührt. Der nächste Schritt besteht darin, ihm beizubringen, daß er den Ball aufheben und durch einen kleinen Reifen fallen lassen soll. Dazu halte ich den Reifen so, daß er fast auf dem Tisch liegt, und lege den Ball genau davor. Wenn der Vogel den Ball in den Schnabel nimmt, lenke ich diesen so, daß er schließlich durch den Reifen fällt. Jedesmal, wenn ich dem Vogel seine Belohnung gebe, bewege ich den Ball etwas weiter von dem Reifen weg und halte den Reifen etwas höher. Außerdem sage ich jedesmal deutlich, was ich von dem Vogel erwarte, und belohne das Verhalten nur, wenn er die Bewegung vollständig ausführt. So kann er dazu dressiert werden, den Ball aufzuheben, damit zum anderen Ende des Tisches zu laufen und ihn durch den Reifen fallen zu lassen. Der Vogel hat keine Ahnung von Basketball – er weiß nur, was er tun muß, um seine Belohnung zu bekommen.

Ist ihm bewußt, daß er zum Basketballspielen manipuliert wurde? Natürlich nicht. Er bekommt das Samenkorn, alles andere ist ihm egal. Ist es falsch, jemandem etwas zu geben, wenn man dafür das bekommt, was man haben will? Natürlich nicht. Außerdem ist es doch egal. Jeder profitiert davon. Sie sollten sich einer unbestreitbaren Tatsache bewußt sein –

jede Interaktion ist in irgendeiner Form eine Verhandlung. Selbst wenn man etwas ohne jede Bedingung tut, erwartet man, daß man etwas zurückbekommt, auch wenn es nur dieses großartige Gefühl ist, das man dabei empfindet.

Lassen Sie mich noch einige wichtige Anmerkungen zum Training eines Tieres bzw. eines Menschen machen, egal, ob es sich dabei um Ihren Vogel, Ihren Hund, Ihren Mann, Ihre Freundin, Ihr Kind oder Ihren Schüler handelt. (Wenn jetzt angesichts der Vorstellung, daß Sie absichtlich oder zufällig einen anderen Menschen »trainieren«, bei Ihnen der Eindruck entsteht, ich würde eine menschliche Reaktion mit der von Tieren vergleichen – genau das tue ich. Entweder, Sie sehen das ein, oder Sie werden selbst zum Trainingsobjekt.) Manchmal müssen Sie die Belohnung weglassen, selbst wenn das Verhalten genau so war, wie Sie es haben wollten. Wenn Sie die Belohnung jedesmal geben, wird das Trainingsobjekt sich nicht mehr so sehr bemühen und nur das Minimum tun, um die Belohnung zu bekommen. Wenn es weiß, daß von ihm nicht nur das entsprechende Verhalten erwartet wird, sondern auch, daß es seine Sache gut macht, wird es genau das tun. Außerdem ist es wichtig, daß Ihr Trainingsobjekt in unregelmäßigen Abständen den Jackpot als Belohnung erhält, damit es sich immer mehr Mühe gibt, weil es hofft, daß es dieses Mal den Jackpot bekommt. Dieses Verhalten hat sehr viel Ähnlichkeit mit dem von Spielern in Las Vegas. Sie werfen eine Münze in einen Spielautomaten, der dann ziemlich oft ein paar Münzen wieder ausspuckt. Sie spielen weiter, weil sie wissen, daß ein großer Gewinn möglich ist. Manchmal wird es Phasen geben, in denen Ihr Trainingsobjekt überhaupt keine Reaktion zu zeigen scheint. Manchmal müssen Sie einen Schritt rückwärts gehen, um Fortschritte zu machen, oder eine Belohnung finden, die für das Objekt attraktiver ist.

Wie wird der Training Cycle nun bei Menschen angewandt? Genauso. Meine jetzige Freundin war früher einmal mit einem Mann zusammen, der furchtbar eifersüchtig war.

Sie sieht nicht nur phantastisch aus (auf einer Skala von 1 bis 10 ist sie 10^2), sondern ist außerdem sehr intelligent und hat einen wundervollen Charakter. Wenn sie und ihr damaliger Freund ausgingen, wurde er immer wütend, wenn sie einen Kellner oder einen anderen Mann auch nur anlächelte. Dann versuchte sie, die Wogen wieder zu glätten, indem sie aufhörte, den Kellner anzulächeln und sich voll und ganz ihrem Freund widmete. Man muß kein Genie sein, um zu erkennen, daß sie ihn in Wirklichkeit dazu trainierte, *eifersüchtig* zu sein. Eifersucht wurde für ihn schließlich zu einer überaus effektiven Methode zu bekommen, was er wollte. Immer wenn er eifersüchtig wurde, hörte sie auf, ihre Aufmerksamkeit anderen zu schenken, und konzentrierte sich ausschließlich auf ihn. Was für einen Grund hatte er noch, sich anders zu verhalten? Dann fing sie an, ebenso zu reagieren wie er, obwohl sie vorher nie eifersüchtig gewesen war.

Dies führte zu einem massiven Problem in unserer Beziehung, da ich durch meine Arbeit mit vielen schönen Frauen in Kontakt komme. Als meine Freundin und ich uns kennenlernten, hatte sie damit große Schwierigkeiten. Bei meiner Arbeit tolerierte sie es noch, aber bei einer Party oder einem anderen gesellschaftlichen Ereignis reagierte sie immer sehr kühl, wenn sie fand, ich würde einer anderen Frau zuviel Aufmerksamkeit widmen. Hätte ich die andere Frau jedesmal stehen gelassen, wenn sie wütend wurde, hätte sie zwar ihren Willen bekommen, aber es hätte unserer Beziehung geschadet, weil ich darüber ganz und gar nicht glücklich gewesen wäre. Und mit der Zeit hätte ich es ihr übelgenommen, statt richtig zu reagieren und ihre Selbstachtung und ihr Vertrauen zu stärken.

Das Großartige am Training Cycle besteht darin, daß beide Seiten davon profitieren. Statt also die Spannungen zu verstärken, trainierte ich meine Freundin dazu, eine andere Reaktion zu zeigen, wenn ich meine Aufmerksamkeit anderen Frauen widmete, indem ich einfach nicht reagierte, wenn sie wütend wurde. Als ich mich einmal mit einer anderen Frau unterhielt, kam sie zu uns herüber, um »ihr Revier zu markieren«, und gab mir einen Kuß auf den Hals. Ich unterbrach das Gespräch mit der anderen Frau kurz und sagte: »Du bist die schönste, zärtlichste, erotischste, intelligenteste Frau, die ich je getroffen habe.« Sie umarmte mich noch einmal und hielt sich an meinem Arm fest, während ich meine Unterhaltung mit der anderen Frau fortsetzte. Das wiederholte sich mehrmals. Sie sah, wie ich mich mit einer anderen Frau unterhielt, und wenn sie dann wütend wurde oder mir die kalte Schulter zeigte, ignorierte ich sie einfach. Wenn sie mit einer liebevollen Geste zu mir herüberkam, gab ich sie ihr zehnfach zurück und widmete ihr die Aufmerksamkeit, nach der sie verlangte. Es dauerte nicht lange, und sie reagierte jedesmal, wenn sie eifersüchtig wurde, mit einer zärtlichen Geste, statt wütend oder beleidigt zu sein.

Sie hatte mir gesagt, daß sie es oft nicht einmal bemerke, wenn sie wütend oder beleidigt sei, weil sie eben emotional reagiere. Da den meisten Menschen nicht bewußt ist, was sie tun, wenn sie auf etwas reagieren, entwickelten wir eine Methode, um eine liebevolle Atmosphäre beizubehalten. Eines Abends, nachdem wir von einer Party zurückgekommen waren, sagte sie zu mir, sie sei eifersüchtig gewesen, weil ich mich so lange mit einer bekannten Filmschauspielerin unterhalten hatte. Ich erwiderte, daß ich bemerkte hätte, wie sie mir die kalte Schulter gezeigt und eine ziemlich scharfe Bemerkung an die Schauspielerin gerichtet habe. Dann fügte ich schnell hinzu, daß ich mich wirklich gefreut hätte, als sie mitten im Satz abgebrochen und sich entschuldigt habe. Sie sagte, sie habe bemerkt, daß sie wieder wie früher eifersüchtig geworden sei, es aber nicht rechtzeitig erkannt. Da ich immer sage, ein Fisch weiß nicht, daß er im Wasser schwimmt, fragte ich sie, ob sie nicht ein geheimes Zeichen vereinbaren wolle, mit dem wir uns ohne Worte sagen könnten, daß einer von uns beiden ein ungutes Gefühl habe. Sie war einverstanden. Wenn wir jetzt ausgehen, geben wir uns immer dieses Zeichen, wenn ich bemerke, daß sie eifersüchtig wird oder sie mehr Aufmerksamkeit von mir haben möchte. Wenn ich das Signal gebe, hält sie einen Moment inne und überlegt, was sie gerade tut, und dann entscheidet sie, ob sie so weitermachen möchte oder nicht. Wenn ich sehe, daß sie mir das Signal gibt und daher mehr Aufmerksamkeit von mir möchte, entscheide ich, ob ich ihre Bitte erfülle oder in dieser Nacht auf der Couch schlafen will. Damit haben wir ein wirksames Signal oder einen »Befehl« für das Verhalten geschaffen.

Den oben beschriebenen Training Cycle können Sie auf Ihre Kinder, Ihre Arbeitskollegen und Ihre Freunde anwenden. Aber es ist wichtig, daß Sie sich über eines im klaren sind – da Sie kein Recht darauf haben, auf eine bestimmte Weise behandelt zu werden, müssen Sie sich dieses Recht selbst schaffen. Je eher Sie sich der Tatsache bewußt werden, daß Sie von anderen so behandelt werden, wie Sie sie trainiert haben oder wie sie früher trainiert worden sind, desto eher werden Sie die Möglichkeit haben, ihr Verhalten zu ändern, und desto glücklicher werden Sie sein.

MORDSPIEL

Anmerkung für Romantiker: Das Beispiel oben stammt von mir. Ich unterhalte mich nicht nur mit der Frau, zu der ich gerade eine Beziehung habe, sondern auch mit anderen Frauen. Und ich ziehe es vor, mit jemandem zusammenzusein, der sich darüber im klaren ist. Obwohl ich allen Frauen (und auch Männern) Zuneigung und Respekt entgegenbringe, habe ich doch etwas gelernt, das mein Leben sehr bereichert hat. Ich nenne es »Mordspiel«. Eifersucht ist eindeutig ein Zeichen von Unsicherheit. Wir müssen natürlich an unserem Selbstbild arbeiten, aber dennoch ist mir aufgefallen, daß einige Menschen in Beziehungen stecken, in denen sich die Partner mit Absicht eifersüchtig machen. Dies ist nicht nur gefährlich, sondern auch unnötig. Die meisten werden nicht eifersüchtig, weil sie bemerken, daß ihr Partner seine Aufmerksamkeit einem anderen schenkt, sondern weil sie befürchten, daß ihrem Partner die andere Person besser gefällt. Das Mordspiel dient dazu, Parameter zu setzen. Stellen Sie sich vor, Sie befinden sich zusammen mit Ihrem Partner und einigen anderen Menschen in einem Raum. Plötzlich stürmt ein Terrorist herein und sagt, daß er allen Anwesenden den Hals durchschneiden wird, mit Ausnahme von Ihnen und einer zweiten Person, und daß Sie diese Person auswählen müssen, sonst werden alle getötet. Wen würden Sie auswählen? Ziemlich unangenehme Frage, nicht wahr? Sie müssen nicht unbedingt eine Liebesbeziehung zu den Menschen haben, die sich außer Ihnen noch in diesem Raum befinden. Es könnten Familienmitglieder sein, Ihre Freunde oder Ihre Arbeitskollegen. Manche Menschen werden von dem Zwang, wissen zu müssen, wer oder was an erster Stelle steht, zur Eifersucht getrieben. Oft genügt es schon, ihnen zu sagen, daß sie an erster Stelle stehen, um der Situation die Spannung zu nehmen. Denken Sie nach. Weiß der wichtigste Menschen in Ihrem Leben, das er an erster Stelle steht? Wenn nicht, sollten Sie es ihm sagen. Am besten sofort.

Die hervorstechendste Eigenschaft von Menschen, die in erfolgreichen Beziehungen leben, ist die Tatsache, daß sie keine Beziehungen brauchen. Sie *wollen* Beziehungen. Sie wollen keine Beziehung aufbauen, um sich zu einem vollwertigen Menschen zu machen, sondern um mehr in ihrem Leben zu erreichen. Sagen Sie laut: **»Ich brauche keine Beziehung. Ich bin schon jetzt ein vollwertiger Mensch.«** Denken Sie daran – wenn Sie sich selbst lieben, sind Sie eine größere Bereicherung für einen anderen Menschen. Wenn Sie sich selbst lieben, werden Sie sich darüber freuen, wenn Sie allein sind.

Sie können eine leidenschaftliche Beziehung schaffen. Dabei kommt es nicht darauf an, wie lange Sie schon mit Ihrem Partner zusammen sind. Und nur einer von beiden muß den Funken entzünden. Wenn Sie eine Beziehung haben, sollten Sie eines nicht vergessen:

Sie brauchen nichts zu reparieren, um mehr zu erreichen.

Sie brauchen nichts zu reparieren, wenn Sie in Ihren Beziehungen mehr erreichen wollen, egal, wie Ihre Beziehung zur Zeit aussieht. Es ist besser, eine Beziehung zu haben, als über eine Beziehung zu reden. Wenn Sie sehr viel Zeit damit verbringen, darüber zu reden, was daran nicht in Ordnung ist, bleibt Ihnen nicht viel Zeit, um das zu genießen, was funktioniert. In einer Beziehung streben Sie entweder nach mehr oder nach weniger. Und dabei kommen Sie dem Menschen, mit dem Sie diese Beziehung führen, entweder näher, oder Sie entfernen sich von ihm.

Wenn ich feststellen will, ob meine Beziehung in Ordnung ist oder nicht, frage ich mich: **»Bekomme ich wegen dieser Beziehung mehr im Leben oder weniger?«** Vor einigen Jahren hatte ich einmal eine Beziehung, aus der ich sehr viel gelernt habe. Es gab mehr Schmerz als Freude. Da ich der Meinung bin, daß man aus Schmerz mehr lernen kann als aus Freude, war dies vermutlich die lehrreichste Beziehung, die ich jemals hatte. Wir verbrachten mehr als 80 Prozent unserer Zeit damit, darüber zu sprechen, wie wir unsere Beziehung führen sollten, statt es einfach zu tun.

Als sich diese Beziehung dem Ende näherte, lernte ich etwas sehr Wichtiges, was ich heute noch mit meiner jetzigen Freundin praktiziere: **Wenn Sie als erster bemerken, daß mit der Beziehung etwas nicht stimmt, liegt es an Ihnen, den er-**

sten Schritt zu tun, um sie wieder in Ordnung zu bringen.
Wenn Sie feststellen, daß in Ihrer Beziehung etwas nicht
stimmt, müssen Sie davon ausgehen, daß Sie der erste sind,
der es bemerkt hat.

Eines Tages saßen meine jetzige Freundin und ich in meinem Wagen. Ich sagte etwas zu ihr, mit dem es mir oft gelingt, die Spannung aus Meinungsverschiedenheiten in meinen Beziehungen zu nehmen:

Wollen wir uns wieder vertragen?

In einer funktionierenden Beziehung ist es eigentlich fast unmöglich, diese Frage mit nein zu beantworten, denn dann
läge es an dem, der nein sagt, den nächsten Schritt zu tun. Ich
habe diese Frage schon oft gestellt, aber nur ein einziges Mal
hat jemand mit nein geantwortet. Selbst dann war ich irgendwie erleichtert. Ich wußte, daß ich alles getan hatte, was ich
konnte. Die Frau antwortete damals: »Ich will mich erst dann
wieder mit dir vertragen, wenn du aufhörst, mich so zu behandeln.« Ich fand jedoch, daß ich sie richtig behandelte. Da
sie anderer Meinung war, dachte ich, daß wir nicht darüber
zu diskutieren brauchten – ich wollte mich einfach wieder mit
ihr vertragen, also sozusagen »zur Liebe zurückkehren«. Ich
sagte: »Bitte verzeih mir, wenn ich deine Gefühle verletzt
habe. Ich weiß, daß du dich noch nicht wieder mit mir vertragen willst, aber hättest du etwas dagegen, wenn ich meine
Hand auf dein Knie lege?« Was soll man sagen, wenn jemand
so ehrlich ist und einen tun läßt, was man will, und einen
immer noch liebt? Sie schüttelte zögernd den Kopf. »Nein,
ich habe nichts dagegen.« Da es mir Spaß machte, fragte ich:
»Hättest du etwas dagegen, wenn ich dir über das Haar streiche, selbst wenn es für mich angenehm ist?« Sie sah mich mit
einem Blick an, der wohl bedeutete, »Was für ein Idiot!«,
aber dann erwiderte sie: »Nein, es ist mir egal, ob du mich
berührst.«

Einen Moment später strich ich ihr über das Haar, und sie

sagte: »Weißt du, manchmal ist es ziemlich schwierig, böse auf dich zu sein, ganz besonders dann, wenn du so zärtlich bist und soviel Spaß hast.« Ich stellte fest, daß es mir wirklich Spaß machte und ich ein gutes Gefühl hatte, weil ich wußte, daß ich zärtlich zu ihr war und den ersten Schritt getan hatte, damit wir uns wieder vertrugen.

Menschen, die in großartigen Beziehungen leben, sehen in ihrem Partner das, was er in diesem Moment ist. Sie verlieben sich nie in dessen *Potential*.

Verlieben Sie sich nie in das Potential eines Menschen.

Vielleicht fühlen Sie sich ja von dem Potential eines Menschen angezogen, aber Sie sollten sich darüber im klaren sein, wer dieser Mensch heute ist, und sich dann in ihn verlieben. Wenn Sie in jemanden verliebt sind, der immer nur darüber redet, daß er sich irgendwann einmal ändern wird, oder wenn Sie den Menschen lieben, der Ihr Partner früher einmal war, lieben Sie jemanden, den es nicht gibt. Wenn Sie darauf warten, daß sich Ihr Partner ändert, und er sich nie ändert, führt dies bei Ihnen nur zu Frustration und Unmut.

> *»Man kann sich keinen Namen mit dem machen, was man noch erreichen will.«*
>
> HENRY FORD

Obwohl Henry Ford dies als Geschäftsmann gesagt hat, gilt das gleiche auch für private Beziehungen. Sie müssen sich in den Menschen verlieben, der im Jetzt existiert, weil das Jetzt alles ist, was Sie haben. Wenn eine Frau zu mir sagt, daß sie mich immer lieben wird, weiß ich, sie meint damit, daß sie mich immer lieben wird – heute. Man kann nie wissen, wie jemand morgen empfinden wird. Und ich weiß es auch nicht.

In funktionierenden Beziehungen gibt es keine Forderungen. Es gibt nur Wünsche. Sie müssen bereit sein, all Ihre Erwartungen aufzugeben, da Erwartungen nur dazu führen, daß Sie enttäuscht werden. Sie müssen bereit sein, die Beziehung so zu nehmen, wie sie ist, und lernen, mit dem fertig zu werden, was sich daraus entwickelt. Erleben Sie alle Ihre Beziehungen so, wie sie sind, nicht so, wie sie sein sollten. Wie sie sein sollten ist nicht die Wirklichkeit. Sie müssen mit dem fertig werden, was wirklich ist.

Wenn Ihnen das schwerfällt, sollten Sie sich folgende Fragen beantworten: Haben Sie den Eindruck, daß Ihre Bedürfnisse die meiste Zeit über nicht erfüllt werden? Sind Sie der Meinung, daß Sie häufiger als andere Menschen ungerecht behandelt werden? Wenn Sie eine der beiden Fragen mit ja beantwortet haben, sollten Sie dies zum Anlaß nehmen, Ihr Bedürfnis nach einer Beziehung aufzugeben, und damit anfangen, sich statt dessen eine Beziehung zu wünschen. Mit dieser neuen Denkweise wird sich Ihre gesamte Einstellung in bezug auf eine Beziehung, Ehe oder Partnerschaft ändern.

Erst wenn Sie lernen, sich in Ihrer eigenen Gesellschaft wohl zu fühlen, werden Sie wirklich fähig sein, den einen oder die eine in Ihrem Leben zu lieben und eine ausgeglichene Beziehung zu führen.

2. Ich sagte: »Verstehst du mich?« Kommunikation

Worte haben keine Bedeutung, Menschen schon.

Einer der ersten wichtigen Schritte hin zu einer funktionierenden und leidenschaftlichen Beziehung ist die Kunst der Kommunikation. Menschen, die diese Kunst beherrschen, achten auf beide Seiten der Kommunikation – auf das, was gesendet, und auf das, was empfangen wird. Sie vergewissern sich, daß ihr Gesprächspartner versteht, was sie ihm mitteilen wollen, und geben ihm eine Rückmeldung, damit sie sicher sein können, richtig verstanden zu haben. Kommunikation besteht zu einem Teil aus Sprechen und zu zwei Teilen aus Zuhören. Deshalb haben Sie auch einen Mund und zwei Ohren.

Die Kunst des Zuhörens besteht darin, einem Menschen mit echtem Interesse zuzuhören, ohne ihn zu unterbrechen, und ohne das, was er sagt, zu vereinnahmen.

Außerdem sollten Sie sich über eines im klaren sein: Egal, was Ihr Gesprächspartner sagt – es ist seine Meinung. Sie muß nicht unbedingt mit der Wirklichkeit übereinstimmen. Um ein guter Zuhörer zu sein, müssen Sie das, was jemand über Sie sagt, nicht unbedingt glauben. Sie sind nicht der Mensch, für den andere Sie halten – Sie sind der Mensch, für den Sie selbst sich halten. Wenn Sie sich Ihrer selbst sicher sind, wird Ihnen das, was andere Menschen über Sie denken, nicht so wichtig sein wie das, was Sie selbst über sich denken.

Ist Ihnen schon einmal aufgefallen, daß man jemandem am schnellsten das Gefühl vermitteln kann, geliebt zu werden, wenn man ihm Aufmerksamkeit schenkt? Wenn Sie mit jemandem sprechen, müssen Sie sich voll und ganz darauf konzentrieren, was er Ihnen mitteilt. Wenn Sie aus irgendeinem Grund abgelenkt sind, sollten Sie Ihrem Partner oder Ihrem Freund das sagen und einen anderen Zeitpunkt für das Gespräch vereinbaren. Seien Sie ehrlich, und sagen Sie Ihrem Partner, daß Sie ihm jetzt nicht Ihre ganze Aufmerksamkeit widmen können. Ihnen ist es doch bestimmt auch lieber, wenn jemand zu Ihnen sagt, er könne sich jetzt nicht konzentrieren, statt so zu tun, als höre er Ihnen zu, obwohl er mit seinen Gedanken ganz woanders ist.

Vor einigen Jahren hatte ich einmal mit einer Frau eine Beziehung, in der erhebliche Schwierigkeiten auftraten. Während eines Seminars, das ich in Mexiko veranstaltete, kam es dann zu einer Krise. In einer der Pausen beschloß sie, daß sie jetzt mit mir über ihre Probleme reden mußte. Sie redete eine Weile, dann sagte ich etwas. Als sie weiterreden wollte, wurde ich langsam unruhig, weil ich unter Zeitdruck geriet – ich mußte ja mit dem Seminar weitermachen. Sie fragte mich, warum ich immer wieder auf meine Armbanduhr sähe, während sie spreche, aber nie, während ich redete. Ich antwortete, daß ich nicht gleichzeitig reden und auf meine Armbanduhr sehen könne. Sie: »Wie kannst du mir zuhören und gleichzeitig auf deine Armbanduhr sehen?« In diesem Moment wurde mir klar, daß ich weder mir noch meinem Gesprächspartner einen Gefallen damit tue, wenn ich vorgebe, ihm zuzuhören, in Wirklichkeit aber mit meinen Gedanken ganz woanders bin. Ich vergeude meine und seine Zeit, da ich mich wahrscheinlich sowieso nicht daran erinnern werde, über was wir gesprochen haben. Heute sage ich daher ganz ehrlich: »Ich konzentriere mich gerade auf etwas ganz anderes. Es sieht nicht so aus, als würden wir jetzt etwas erreichen. Können wir das nicht auf sich beruhen lassen oder einen Zeitpunkt vereinbaren, zu dem wir unser Gespräch fortsetzen?« Es ist erstaunlich, wie effektiv solch eine ehrliche und eindeutige Kommunikation ist.

>*Warum nach dem Warum fragen?*«

Bud-Dry-Werbung

Eine einfache Strategie bei effektiver Kommunikation besteht darin, »Was-Fragen« statt »Warum-Fragen« zu stellen. Wenn Sie nach dem Warum fragen, bekommen Sie eine subjektive Meinung. »Warum ist es passiert?« ist eine andere Frage als »Was verursachte das?« Noch effektiver wäre es, die Frage so zu formulieren: »Was können wir tun, um sicherzustellen, daß es nie wieder passiert?« Und eine noch effektivere Frage: »Was können wir jetzt tun, um das zu bekommen, was wir wollen?« Puh! Ein kleiner Bandwurmsatz.

Probieren Sie diese einfache Übung aus: Jedesmal, wenn Sie sich selbst oder jemand anderem eine Warum-Frage stellen wollen, überlegen Sie sich die entsprechende Was-Frage und stellen diese.

Fragen Sie immer nach einem Verhalten, durch das Sie bekommen, was Sie oder Sie beide wollen. Sie müssen nicht wissen, warum etwas passiert ist, um herauszufinden, was Sie tun müssen, um das zu bekommen, was Sie wollen. Ich habe schon viele Meinungsverschiedenheiten beendet, indem ich ganz einfach sagte:

»Was willst du?«

Ihr Leben wird dadurch viel einfacher. Jetzt können Sie entscheiden, ob Sie den anderen das geben, was sie wollen, einen Kompromiß schließen, sie dazu anregen, etwas anderes zu wollen (ich sagte anregen, nicht bedrängen), oder einfach kapitulieren und akzeptieren, daß Sie keine Einigung erzielen können.

Oft wird eine ehrliche Kommunikation dadurch verhindert, daß sich jemand Sorgen darüber macht, ob er akzeptiert wird oder nicht. Wenn Sie sich Gedanken darüber machen, was andere Menschen von Ihnen halten, wie können Sie dann das mitteilen, was Sie wirklich empfinden? Statt Energie damit zu verschwenden, möglichst gut aussehen zu wollen, sollten Sie lieber die Kunst der Kommunikation erlernen. Dann werden Sie und die Menschen, mit denen Sie kommunizieren, einfacher und eher das bekommen, was sie wollen.

3. Ehrlichkeit

»Und die Wahrheit wird euch frei machen.«

JOHANNES 8,32

Warum machen Sie sich die Mühe, Ihre Lippen zu bewegen, wenn Sie doch nur lügen, und warum machen Sie sich die Mühe, jemandem zuzuhören, von dem Sie glauben, daß er lügt?

Die nächste, wichtige Strategie für eine leidenschaftliche Beziehung ist Ehrlichkeit. Viel zu oft teilen wir unsere geheimsten Gedanken niemandem mit, weil wir glauben, daß andere uns nicht mögen und nichts mehr mit uns zu tun haben wollen, wenn sie feststellen, wer wir wirklich sind. Die einzige Möglichkeit, wirklich geliebt zu werden, besteht aber darin, *man selbst* zu sein. Wenn Sie jemanden anlügen, wird er sich in diese Lüge verlieben und nicht in Sie. Was ist eine Lüge? Jede Aussage oder Handlung, die nicht der Wahrheit entspricht. Eine andere Art der Lüge ist es, Informationen zurückzuhalten, die zur Sache gehören. Die meisten Menschen verteidigen sich mit dem Satz: »Du hast mich schließlich nie danach gefragt«, wenn sie bei einer solchen Lüge erwischt werden.

Sie müssen ehrlich sein und glauben, daß der andere auch ehrlich zu Ihnen ist. Wenn Sie befürchten, daß jemand Sie nicht lieben wird, wenn er weiß, wie Ihr wahres Ich aussieht – was würde passieren, wenn Sie anfingen, an sich zu arbeiten, statt zu lügen? Hätten Sie nicht viel mehr Freude an Ihrem Leben, wenn Sie mit jemandem zusammen wären, der Sie unterstützt, statt verbergen zu müssen, wer Sie wirklich sind, und gleichzeitig noch an sich zu arbeiten?

In einem Lied von Pink Floyd heißt es: »Die Menschen, die du anlügst, müssen dir vertrauen.« Stimmt genau. Die Menschen, denen Sie die Wahrheit sagen, müssen Ihnen nicht vertrauen. Dann ist es eigentlich egal, nicht wahr? Wenn Sie die Wahrheit sagen, wissen Sie, daß Sie alles tun, was Sie können. Andererseits habe ich die Erfahrung gemacht, daß Menschen, die sich am meisten darüber aufregen, wenn andere lügen, in der Regel selbst lügen. Es liegt eine ungeheure Befriedigung darin, die Wahrheit zu sagen und die Wahrheit zu erfahren. Wenn Sie die Wahrheit sagen, haben Sie soviel gegeben, wie Sie geben können, daher gelangen Sie zu der ruhigen Gewißheit, alles in Ihrer Macht Stehende getan zu haben. Wenn Sie wissen, daß der andere Ihnen die Wahrheit sagt, können Sie sich ein Urteil bilden, das auf den Tatsachen beruht, und müssen nicht raten: »Meint er das wirklich so?«, oder »Sagt er das jetzt nur, um mich nicht zu verletzen?«, oder »Sagt er das, damit wir nicht anfangen zu streiten?«

»Sie brauchen mich nicht anzulügen, ich kenne Sie ja kaum.«

Außerdem ist mir aufgefallen, daß Menschen nur selten jemanden anlügen, den sie nicht kennen. Wenn einem der andere nicht so wichtig ist, macht man sich weniger Gedanken darüber, wie er reagieren wird. Ist es Ihnen nicht auch schon einmal so gegangen, daß es am Anfang einer neuen Beziehung wesentlicher einfacher für Sie war, die Wahrheit zu sagen, weil Sie zu diesem Zeitpunkt noch nicht viel zu verlieren hatten? Hatten Sie damals nicht das Gefühl, daß es nicht notwendig war, eine Lüge nach der anderen zu erzählen, weil es gar keine Basis aus Lügen gab? In meinen ehrlichsten Beziehungen (solchen, in denen beide Seiten die Wahrheit sagten) habe ich ein höheres Maß an Telepathie festgestellt. Da es keine Tarnung oder Täuschung gibt, ist es viel einfacher zu wissen, was der andere denkt. Wenn eine Beziehung offen und stabil ist, ist es für Sie ganz einfach zu wissen, was der oder die andere denkt, weil Sie dann das wahre Ich des Partners kennen. Nur wenn sich Lügen zwischen Sie und Ihren Partner stellen, wissen Sie nicht mehr so eindeutig, was der andere will, weil Sie dann manchmal die Wahrheit kennen und manchmal wissen, daß er lügt. Wenn Ihnen Ihr Partner immer die Wahrheit sagt, wird es für Sie einfacher zu wissen, was er denkt. Am Anfang einer Beziehung kommt es oft vor, daß einer der Partner weiß, was der andere gerade denkt. Überlegen Sie mal. Sie haben jemanden kennengelernt und sind ein paarmal mit ihm ausgegangen. Wenn nichts daraus wird, werden Sie es verschmerzen können. Also sind Sie ehrlich zu ihm, und er ist ehrlich zu Ihnen. Aber bald schon entsteht das Problem, daß Sie die Beziehung unbedingt weiterführen wollen, und dann wird die erste kleine Notlüge erzählt. Es war Ihnen vielleicht unangenehm, aber Sie mußten es tun, um seine oder ihre Gefühle nicht zu verletzen, stimmt's? Dann wird noch eine kleine Notlüge erzählt, und bald wird die Ausnahme zur Regel. Wenn Sie eine Beziehung haben, in der es viele kleine Notlügen gibt, dann wird es bald auch große Lügen geben.

Das Erstaunliche bei diesem Konzept der Ehrlichkeit in einer Beziehung ist folgendes: Wenn Sie offen und ehrlich sind und von jemandem anderem das gleiche erwarten, werden Sie in ihm oft genau die Eigenschaften schaffen, die Sie so bewundern. Ein mit mir befreundetes Ehepaar hatte Beziehungsprobleme. Der Mann hatte einen Affäre, die Frau wollte es nicht glauben. Da ich beide kannte – und auch die Frau, mit der er die Affäre hatte –, wußte ich, daß es stimmte. Ich lege kein Urteil darüber ab, wie andere ihr Leben leben, ich biete lediglich meinen Rat an, wenn man mich darum bittet.

Eines Tages bat mich die Frau um Rat. Sie liebte ihren Mann sehr und wollte ihre Beziehung retten. Ich wußte, daß viele ihrer Freunde ihr gesagt hatten, daß ihr Mann gegen die Vereinbarungen ihrer Beziehung verstoße und eine Affäre habe, daher war mir klar, daß es ihr nicht viel helfen würde, wenn sie das gleiche noch einmal von mir hören würde. Sie erklärte, daß sie ihrem Mann vertrauen wolle. Ich erwiderte, das solle sie ruhig tun. Außerdem wollte sie ihn enger an sich binden. Ich riet ihr, an sich zu arbeiten, statt zu versuchen, ihn an sich zu fesseln. Auf diese Weise habe sie mehr Chancen, eine bessere Beziehung zu beginnen, wenn sich die Probleme nicht lösen ließen. Sie tat beides. Sie fing an, ihn genauso liebevoll und zärtlich zu behandeln wie zu der Zeit, als sie noch keine Ahnung von seinem Seitensprung hatte. Ihren Freunden sagte sie, sie wolle von ihnen nur Gutes über ihn hören. Sie fand Mittel und Wege, ihm aufrichtige Komplimente wegen seiner Ehrlichkeit und Wahrheitsliebe ihr gegenüber zu machen. Statt wütend zu werden, verhielt sie sich liebevoll und zärtlich. Wenn sie ihn fragte, wo er gewesen sei, und er sie anlog, lächelte sie nur und verhielt sich liebevoll und zärtlich. Außerdem begann sie, sich mehr um sich selbst zu kümmern. Wenn er nicht zu Hause war, wartete sie nicht mit Leidensmiene auf ihn, sondern ging allein oder mit ihren Freundinnen aus und amüsierte sich. Sie sorgte dafür, daß sie die Zeit genoß und besser nutzte, in der sie allein war. Sie ging regelmäßig ins Fitneßstudio und nahm die fünf Kilo ab, die sie schon die ganze Zeit über hatte abnehmen wollen. Sie fing an, sich wieder aufreizender zu kleiden wie zu der Zeit, als sie und ihr Mann sich kennengelernt hatten.

Und dann geschah einiges. Zum einen entwickelte ihr Mann ein schlechtes Gewissen, weil sie ihm gegenüber so liebevoll war, obwohl ihm doch jemand gesagt hatte, sie wisse alles. Jedesmal, wenn sie ihm seine Lügen abzunehmen schien, ging es ihm schlechter und wurde sein schlechtes Gewissen größer. Da sie sich jetzt mehr um ihr Aussehen kümmerte, wurde sie auch wieder attraktiver für ihn. Seine hübsche junge Geliebte schien plötzlich gar nicht mehr so hübsch zu sein. Dann wurde er zunehmend nervöser, weil seine Frau jetzt besser aussah und sich aufreizender kleidete und er dachte, sie träfe sich mit einem anderen Mann. (Vergessen Sie nicht: Lügner glauben, daß alle anderen genausoviel lügen wie sie!) Plötzlich hatte sie wieder die Zügel in der Hand, und er machte ihr den Hof. Als ich wieder einmal mit ihr sprach, sagte sie mir, daß er eines Tages zusammengebrochen sei und ihr seine Affäre gebeichtet habe. Sie erzählte mir, daß sie es ihm so leicht gemacht hatte, ehrlich zu sein, daß er ehrlich sein konnte. Ihm sagte sie, daß sie es die ganze Zeit über gewußt habe und ihm nicht böse sei. Sein Seitensprung gehöre für sie der Vergangenheit an, aber wenn es noch einmal vorkomme, werde sie ihn sofort verlassen. Sie fielen einander weinend in die Arme, und soviel ich weiß, haben sie bis jetzt keine Probleme mehr gehabt.

Lernen Sie zu vertrauen, und seien Sie vertrauenswürdig. Fühlen wir uns unsicher, dann fangen wir an, die Integrität anderer anzuzweifeln. Wenn Sie jemanden so behandeln, als wäre er unehrlich, werden Sie ihn letzten Endes trainieren, unehrlich zu werden. Wie oft sind Sie schon nach Hause gekommen, nur um von Ihrem Partner verhört zu werden, der wissen will, wo Sie waren? »Warum hast du nicht angerufen?« »Wie konntest du mich nur so behandeln?« Sie sind vielleicht nach Hause gekommen, um Ihrem Partner wundervolle Neuigkeiten mitzuteilen, und jetzt schlägt Ihnen plötzlich seine oder ihre Unsicherheit entgegen. So etwas verdirbt Ihnen alles. Ein solches Verhalten wird die Beziehung schneller zerstören als alles andere. Wenn jemand aufhört, seinem Partner zu vertrauen, wird sich sein Bewußtsein alles mögliche ausdenken, das die Beziehung rapide verschlechtern wird, bis sie schließlich am Ende ist. **Wenn Sie Ihrem Partner etwas vorwerfen, wird er früher oder später zu dem Schluß kommen, daß er das Verbrechen, für das er jetzt schon bestraft wird, auch genausogut begehen kann.**

Wenn Sie lügen, warum machen Sie sich dann die Mühe, die Lippen zu bewegen? Sie werden doch nur etwas sagen, das absolut keinen Wert hat. Wenn Sie lügen und Ihren Partner glauben machen, Sie wären jemand, der nicht lügt, werden Sie ihm nie die Gelegenheit geben, den Menschen zu lieben, der Sie wirklich sind.

Andererseits wird Ihnen der andere dann die Wahrheit sagen, wenn er glaubt, Sie wollen sie wirklich hören. Wenn Sie wütend werden, sobald Sie etwas hören, daß für Sie nicht angenehm ist – glauben Sie wirklich, daß Ihren Partner dies dazu veranlassen könnte, Ihnen die Wahrheit zu sagen? Menschen sagen dann die Wahrheit, wenn sie der Meinung sind, daß ihnen das am meisten Spaß bringt. Eine Möglichkeit, um einen Menschen dazu zu bewegen, die Wahrheit zu sagen, besteht darin, ihm zu vertrauen. Sagen Sie ihm, daß Sie ihm vertrauen. Machen Sie ihm ein Kompliment darüber, wie ehrlich er ist. Sagen Sie ihm, wie wichtig Ihnen das ist. Er wird Ihnen die Wahrheit erzählen wollen, weil er weiß, daß Sie die Wahrheit hören wollen. Wenn Sie davon ausgehen, daß Ihnen jemand die Wahrheit sagt, wird er das aller Wahrscheinlichkeit nach auch tun. Egal, wie unangenehm die

Wahrheit ist, wenn Sie jemandem einen Weg zeigen, den er gehen kann, wird er Ihnen so gut wie immer die Wahrheit sagen.

Haben Sie schon einmal gelogen? Wenn Sie jetzt etwas anderes sagen als ja, lügen Sie.

Es gibt eigentlich nur drei Arten von Menschen. Menschen, die lügen und sagen, sie lügen nie, Menschen, die lügen und es zugeben, und Menschen, die eigentlich zu der ersten Gruppe gehören.

Merken Sie sich eines: Wenn jemand Sie anlügt, sollten Sie ihm das schnell verzeihen, dann wird er Ihnen nämlich eher die Wahrheit sagen. Und seien Sie immer ehrlich zu sich selbst. Geben Sie anderen die Chance, den Menschen zu lieben, der Sie wirklich sind, und nicht die Fassade, die Sie vor sich hertragen. Lügen untergräbt all Ihre wirklich guten Eigenschaften, da die Menschen Sie eines Tages sogar dann anzweifeln werden, wenn Sie die Wahrheit sagen.

Vor vielen Jahren habe ich einmal ein ausgezeichnetes Buch mit dem Titel *Der Pfad des friedvollen Kriegers* gelesen, dessen Verfasser Dan Millman ist. Wenn Sie dieses Buch noch nicht kennen, müssen Sie es unbedingt lesen. Es ist einer der Klassiker für Persönlichkeitsentwicklung und hat mich so beeindruckt, daß ich zu dem Schluß kam, diesen großartigen Lehrer kennenlernen zu müssen. Einem Menschen gegenüberzustehen, der mein Leben schon allein durch das gedruckte Wort so verändert hatte, würde mich gewiß noch mehr beeinflussen. Ungefähr zu der Zeit, als ich Dans Seminar besuchte, machte ich, emotional gesehen, eine sehr schwere Zeit durch. Mir war damals nicht klar, wie unattraktiv ich mich für andere machte, weil ich mir soviel Mühe gab. Ich sandte das Signal »Mit diesem Kerl stimmt irgend etwas nicht, und deshalb muß er allen sagen, wie toll er ist!« aus. Es war so ähnlich wie mit dem Zauberer, der zu seinem Publikum sagt: »Sie sehen hier eine ganz gewöhnliche, leere Papiertüte.« Das Publikum wird sich natürlich sofort fragen: »Was ist an der Tüte nicht normal, und was hat er darin versteckt?« Ich werde nie vergessen, welchen zarten Hinweis Dan mir gegeben hat, als er mich fragte: »Marshall, was würde passieren, wenn morgen Gott bei dir anrufen und dir sagen würde, du sollst dir heute freinehmen?« So zart wie ein Ziegelstein! Aber er hatte recht. Da ich von meinem Leben nicht gerade beeindruckt war, war es schwierig, meiner Umwelt das Gegenteil zu vermitteln.

Kleine Anekdote: Ohne Ehrlichkeit holt einen das Karma sonderbarerweise immer ein. Kennen Sie die Geschichte von dem Zigarrenraucher, der sich einige hundert teurer Zigarren kaufte und sie gegen Feuer versicherte? Nachdem er sie alle geraucht hatte, meldete er der Versicherung einen Schaden und gab an, die Zigarren seien durch Feuer vernichtet worden.

Die Versicherung weigerte sich zu zahlen, daher zog der Mann vor Gericht. Der Richter urteilte zu seinen Gunsten und stellte fest, daß die Zigarren tatsächlich gegen Feuer versichert gewesen und durch Feuer vernichtet worden seien. Die Versicherung beglich den Schaden. Doch als der Mann das Geld annahm, ließ sie ihn wegen Brandstiftung verhaften.

---

4. Vereinbarungen

Beziehungen gibt es nicht. Man muß sie erst schaffen.

Gibt es Beziehungen wirklich? Eine Beziehung können Sie nicht auf den Tisch legen. Sie hat kein Gewicht und beansprucht auch keinen Platz. Da wir alle wissen, daß sich die Form einer Beziehung im Handumdrehen ändern kann, woher wissen wir dann, ob sie in der anderen Form je existiert hat? Ist es möglich, daß Sie glauben, Sie hätten eine Beziehung mit jemandem, der nicht glaubt, daß er eine Beziehung mit Ihnen hat? Wenn ja – wer hat dann recht?

Nach der Definition im Wörterbuch bedeutet Beziehung in erster Linie eine »Verbindung« oder eine »Art des Zusammenhangs«. Wenn Menschen davon sprechen, daß ihre Beziehungen gut oder schlecht sind, was meinen sie dann damit? Sie meinen, daß die Verbindung zu einem anderen Menschen gute oder schlechte Empfindungen in ihnen auslöst. Anders ausgedrückt, in einer guten Beziehung haben sie sich selbst gern, wenn sie mit dieser anderen Person zusammen sind. **Wenn Sie aus anderen das herausholen, was diese an sich selbst gut finden, werden sie glauben, daß Ihre Beziehung funktioniert. Wenn die anderen das Beste aus Ihnen herausholen, werden *Sie* glauben, daß die Beziehung funktioniert.** Und dann entwickelt sich eine Art natürlicher Bindung. Sie wollen mit ihnen zusammensein, weil Sie sich in ihrer Gesellschaft wohler fühlen. Es ist natürlich viel angenehmer, wenn man weiß, was man tun muß, um akzeptiert, geliebt und geschätzt zu werden, und nicht erst raten muß. Wie die Beziehung zu einem anderen Menschen abläuft, wird von explizit und implizit getroffenen Vereinbarungen bestimmt. Eine funktionierende Beziehung basiert immer auf eindeutig definierten Vereinbarungen. Wenn eindeutig definierte Vereinbarungen vorliegen, wird es für beide Seiten einfacher und natürlicher, miteinander umzugehen. Da beide Parteien wissen, was von ihnen erwartet wird, wissen auch beide, ob ihr Verhalten mit den Bedingungen der Vereinbarung übereinstimmt. Darüber hinaus werden beide eine genauere Vorstellung davon haben, welche Art von Reaktion ein bestimmtes Verhalten hervorrufen wird. Wenn Sie die Basis für das Verhalten in einer Beziehung kennen, können Sie entscheiden, ob Sie dieses Verhalten zeigen oder nicht.

Können zwei Menschen eine Beziehung zueinander haben,

von der einer der beiden glaubt, sie sei wundervoll, während der andere sie für grauenhaft hält? Selbstverständlich. Macht dies aus der Beziehung eine gute oder eine schlechte Beziehung? Das kommt darauf an. Da jeder eine eigene Beziehung hat – selbst zu den Menschen, von denen wir glauben, daß wir mit ihnen eine gemeinsame Beziehung führen –, kann meiner Meinung nach nur der einzelne entscheiden, ob diese Beziehung gut oder schlecht ist. In beiden Fällen ist sie entweder eine lehrreiche oder eine von Liebe gekennzeichnete Zeit.

Beziehungen werden auf Vereinbarungen darüber aufgebaut, wie Sie mit anderen umgehen. Solange die Vereinbarungen eingehalten werden, wird die Beziehung harmonisch sein. Wenn eine Vereinbarung gebrochen wird, muß das wiedergutgemacht werden, sonst tritt letzten Endes eine massive Störung auf, und die Beziehung wird sich plötzlich abkühlen. Stellen Sie sich die Vereinbarungen in einer Beziehung wie einen schriftlichen Vertrag vor, der genauso bindend ist wie ein juristisches Dokument, das von Ihnen unterschrieben wurde. Einige Paare schreiben ihre Vereinbarungen sogar auf, um ihnen mehr Gewicht zu geben. Obwohl nicht immer notwendig, kann dies nach einer längeren Phase der Fehlkommunikation durchaus effektiv sein.

Manche Menschen sind der Ansicht, daß Beziehungen einfach so dahinplätschern sollten. Sie glauben, daß mit der Beziehung etwas nicht stimmt, wenn man darüber reden muß, was man will. Am Anfang einer Beziehung übt das Geheimnisvolle, die Unkenntnis darüber, was der andere will, noch einen gewissen Reiz aus. Obwohl dies für kurze Zeit durchaus Spaß machen kann, ist es langfristig gesehen einfacher, wenn man weiß, was man tun muß, um Erfolg zu haben. Stellen Sie sich vor, jemand soll für Sie ein Meisterwerk malen, aber Sie sagen ihm nicht, wie es aussehen soll. Also malt er das, was er unter einem Meisterwerk versteht, aber dann ist das Gemälde vielleicht nicht einmal annähernd so, wie Sie es wollten.

Vor nicht allzu langer Zeit kam einmal ein Ehepaar zu mir, um sich von mir beraten zu lassen. Sie stritten sich über alles und jedes – sogar darüber, wer den Müll hinausbringen sollte. Sie liebten sich, aber trotzdem verging nicht ein Tag, an dem sie sich nicht ausführlich über etwas gestritten hätten. Nach mehreren Ehejahren waren keine Vereinbarungen mehr zwischen ihnen übrig geblieben. Sie wollten noch einen letzten Versuch mit mir zusammen machen, bevor sie sich scheiden ließen. Eigentlich wollten sie sich gar nicht trennen, aber sie glaubten, es wäre die einzige Möglichkeit, um wieder ein glückliches Leben führen zu können.

Ich bat sie, alles aufzuschreiben, was sie an ihrem Partner liebten. Ich war nicht überrascht, als beide mit einer langen Liste voller bewundernswerter Eigenschaften zurückkamen, die sie an dem anderen liebten. Dann bat ich sie, eine Liste mit den Dingen zusammenzustellen, die jeder von ihnen von einer perfekten Beziehung erwartete. Obwohl sich einige der Punkte auf der Liste völlig voneinander unterschieden, stimmten doch viele genau überein. Allein dadurch, daß sie sich die Zeit nahmen festzulegen, was für jeden von ihnen wichtig war, wurde ihnen allmählich klar, daß es eine Basis für ihre Beziehung gab. Bei den für sie wichtigen Punkten, die sich auf ihren Listen unterschieden, konnten sie sich darauf einigen, Kompromisse zu schließen oder Absprachen zu treffen. Sie wollte eine Vereinbarung, damit er ihr dabei half, das Haus in Ordnung zu halten. Er bot an, für eine Hausangestellte zu zahlen, die einmal in der Woche das ganze Haus putzte. Er wollte mehr Zeit mit seinen Freunden verbringen. Sie war damit einverstanden, wenn ein Abend pro Woche nur ihnen beiden gehörte. Dieses Paar konnte seine Probleme lösen. Bei anderen, einschließlich mir, sieht es manchmal nicht ganz so rosig aus. Ich hatte früher einmal eine Beziehung, in der mir meine Partnerin die Vereinbarungen, die ich wollte, nicht zugestehen konnte – egal, was sie dafür bekam. Da mir diese Dinge sehr wichtig waren, wußte ich, daß ich keine andere Möglichkeit hatte, als die Beziehung zu beenden und eine Frau zu finden, die mit meinen Wünschen besser zurechtkam – und mit mir.

Man kann nur dem Unrecht zufügen, der Rechte hat.

Wenn Sie Rechte haben, ist das die beste Garantie dafür, daß jemand dagegen verstößt. In einer Beziehung haben Sie keine Rechte. Wenn Sie sich von der Vorstellung verabschieden, daß Sie Rechte haben, ist das der schnellste Weg, um der Wirklichkeit zu begegnen, und nicht dem, was Sie für Ihre Rechte halten. Sätze wie »Ich habe ein Recht darauf, so behandelt zu werden!«, oder »Ich habe ein Recht darauf zu wissen, wo du gewesen bist!«, werden zur Konfrontation führen. Sie können von Ihrem Partner nicht erwarten, daß er auf eine bestimmte Art reagiert, es sei denn, Sie haben eine Vereinbarung mit ihm getroffen. Sobald Sie mit jemandem eine Vereinbarung getroffen haben, auf eine bestimmte Weise zu reagieren, wird die Entscheidung, ob Sie diese Vereinbarung einhalten oder dagegen verstoßen, bestimmen, ob die Beziehung funktioniert oder nicht – und nicht die Rechte, auf die Sie Ihrer Ansicht nach ein Recht haben. Wenn Sie Erwartungen haben, wird dies nur zu einem heftigen Schlagabtausch führen. Sie können nur verlieren, wenn Sie die Einstellung haben, »He, ich hatte erwartet, daß das jemand erledigt«, oder »Liebe ist eben so«, oder »Ich weiß, daß es so sein muß, wenn zwei Menschen sich lieben!«, oder »Du mußt mich respektieren!« Sie müssen sich mit der Wirklichkeit auseinandersetzen. Sie müssen sich mit dem auseinandersetzen, was jetzt in diesem Moment in Ihrer Beziehung vor sich geht.

Statt sich darüber aufzuregen, daß Ihr Partner nicht so reagiert hat, wie Sie es für richtig gehalten hätten, sollten Sie eine effektivere Strategie verfolgen und fragen: »Können wir das in Zukunft nicht durch eine Vereinbarung regeln?« Wenn dieses Thema dann noch einmal angeschnitten wird, können Sie fragen: »Haben wir dafür eine Vereinbarung?« Wenn Sie dann feststellen, daß dafür keine Vereinbarung getroffen wurde (merke: eine eindeutig kommunizierte Vereinbarung), sollten Sie die Situation eher als Möglichkeit sehen, ihrem Partner noch näher zu kommen, als ihm etwas vorzuwerfen.

Vor einigen Jahren, als meine Freundin und ich uns gerade erst kennengelernt hatten, gingen wir einmal mit ihrer Schwester und ihrer Zimmergenossin zum Tanzen in einen Club. Drei hinreißend schöne Frauen und ich. Nachdem ich den Eintritt für uns alle gezahlt hatte, traten wir ein. Ich hatte den Eindruck, als würden sich 200 Männeraugen wie gebannt auf die Frauen an meiner Seite und ganz besonders auf meine Freundin richten. Wir gingen weiter, und keine 60 Sekunden später kamen zwei Männer auf meine Freundin zu und fingen an, sich mit ihr zu unterhalten. Der eine der beiden drängte den anderen zur Seite, woraufhin dieser abzog. Der erste blieb einfach stehen und unterhielt sich weiter mit meiner Freundin. Da ich den Eintritt für uns alle bezahlt hatte und eben erst mit den Frauen hereingekommen war, war ich etwas ungehalten darüber, daß der Kerl meine Freundin so einfach in Beschlag nahm. Da drehte sie sich zu mir um und sagte: »Ich gehe tanzen.« In diesem Moment dachte ich: »Na großartig!« Als ich sah, wie sie mit dem Fremden auf die Tanzfläche ging, fing ich sofort an, nach der schönsten Frau in dem Nachtclub zu suchen, um mit ihr zu tanzen und es meiner Freundin heimzuzahlen.

In diesem Moment fiel mir auf, daß die Schwester meiner Freundin mich ansah. Ich konnte an ihrem Gesichtsausdruck erkennen, daß sie sich fragte, wie ich wohl reagieren würde. Ich lächelte, riß mich zusammen und sagte: »Ich werde nett sein. Würdest du gern mit mir tanzen?« Wir gingen tanzen und kehrten einige Minuten später zu unserem Platz zurück. Kurz danach kam auch meine Freundin wieder. Sie fragte mich: »Stimmt was nicht?« Ich erwiderte: »Nein, wir haben darüber keine Vereinbarung. Aber in Zukunft würde ich gern eine haben, falls es noch einmal zu einer solchen Situation kommen sollte.« Sie sagte: »Okay.« Ich fragte: »Was hältst du davon: Ab jetzt bekomme ich den ersten und den letzten Tanz oder die Option auf diese beiden Tänze, wenn wir miteinander ausgehen. Dazwischen kannst du tanzen, mit wem du willst. Du brauchst mich nicht einmal zu fragen.« Ich erzählte ihr, daß ein Kater oft Duftnoten auf die Vorhänge setzt, wenn er in ein Zimmer kommt, um damit sein Revier zu markieren. »Ich will, daß alle wissen, mit wem du hergekommen bist, und ich will, daß sie ganz genau wissen, mit wem du wieder gehst. In Ordnung?« Sie war einverstanden. Dann gab ich zu: »Als du mit diesem Kerl getanzt hast, bin ich vor Eifersucht fast geplatzt.« Dadurch, daß ich ihr sagte, wie eifersüchtig ich gewesen war, löste ich sämtliche negativen Energien auf. Ich konnte nicht nur die Energie meiner Eifersucht loswerden, sondern überließ darüber hinaus meiner Freundin die Entscheidung darüber, ob ihr meine Gefühle wichtig waren oder nicht. In beiden Fällen war sie nicht verpflichtet, auf eine bestimmte Art für mich zu reagieren, und ich hatte die Möglichkeit, die Wahrheit zu sagen und sie näher kennenzulernen, indem ich ihre spontane Reaktion beobachtete.

Vorher hatte es viele Gelegenheiten in meinem Leben gegeben, in denen ich nicht so offen, ehrlich und kommunikativ war, wenn meine Partnerin etwas getan hatte, was mir nicht gefiel. Statt ihr zu sagen, daß ich frustriert oder wütend oder eifersüchtig war, unterdrückte ich meine Gefühle einfach. Doch auch wenn man etwas unterdrückt, ist es da, und wenn ich meine Eifersucht an jenem Abend auch unterdrückt hätte, wären die nächsten Stunden garantiert nicht so lustig gewesen. Meine Freundin überhäufte mich mit Zuneigung und schenkte mir ihre ganze Aufmerksamkeit, nur um mir zu zeigen, daß ich in diesem Moment der wichtigste Mann in ihrem Leben war. Der Rest der Nacht war einfach sensationell. Wir schlossen eine neue Vereinbarung. Danach lehnte sie jedesmal, wenn wir auf die Tanzfläche gingen und andere Männer mit ihr tanzen wollten, höflich ab und sagte: »Nein, danke. Ich bin in Begleitung. Vielleicht später.« Davon profitieren wir beide.

Wenn Sie also Ärger als Gelegenheit dafür nehmen, etwas zu lernen, und sich selbst die Frage stellen, »Was ist an dieser Situation hier positiv und kann uns noch enger zusammenbringen?«, werden Sie eine engere Beziehung zu Ihrem Partner schaffen, von der beide etwas haben.

Was passiert, wenn jemand gegen eine Vereinbarung verstößt? Wenn Ihnen etwas daran liegt, daß die Beziehung auch in Zukunft noch funktioniert, bieten Sie eine Entschädigung an. Wenn Sie derjenige sind, der eine bestehende Vereinbarung verletzt hat (der Täter), dann sind Sie auch dafür verantwortlich, die andere Person (das Opfer) dafür zu entschädigen. Sagen wir, ich habe eine Vereinbarung, meine Freundin um sieben Uhr abends zum Essen abzuholen, und weil ich noch bis spät abends im Büro war, erscheine ich erst um sieben Uhr 30 bei ihr. Meine Freundin ist darüber natürlich ganz und gar nicht erfreut. In diesem Moment kann ich mir aussuchen, ob ich sie einfach ignorieren oder eine Entschädigung anbieten will. Und so ungefähr könnte es ablaufen, wenn man eine Entschädigung anbietet:

SIE: »Marshall, warum kommst du 30 Minuten zu spät?«

ICH: »Bin ich zu spät?« (Ich weiß, daß ich zu spät bin – ich wollte nur überprüfen, ob sie die Uhrzeit noch im Kopf hat!)

SIE: »Ja, das bist du. Hatten wir nicht ausgemacht, uns um sieben Uhr zu treffen?«

ICH: »O ja! Bitte entschuldige. Ich bekam noch einen Anruf im Büro und konnte nicht weg. Laß es mich wiedergutmachen. Ich zahle das Abendessen.«

SIE: »Du willst das Abendessen zahlen? Du kommst jetzt schon zum drittenmal hintereinander zu spät. Außerdem dachte ich, das Essen heute geht sowieso auf dich.«

ICH: »Okay. Wie wäre es damit – ich zahle das Essen heute und dann wieder am Freitag abend?«

SIE: »Nein, Marshall, das reicht nicht. Ich habe es langsam satt, daß du mit meiner Zeit immer so respektlos umgehst und mir deine Klienten vorziehst. Du mußt mir schon eine bessere Entschädigung anbieten.«

ICH: »In Ordnung. Wie wäre es damit – Essen heute abend und am Freitag, und nach dem Essen am Freitag verwöhne ich dich mit einem Schaumbad und einer langen Massage?«

SIE: »Das hört sich schon besser an.«

ICH: »Okay, mein letztes Angebot. Essen heute abend, Essen am Freitag, Schaumbad und lange Massage und Frühstück im Bett am Samstag morgen.«

SIE: »Wie wäre es mit Essen heute abend, Essen am Freitag abend, Schaumbad und Massage, Frühstück im Bett – und zwar nächstes Wochenende in San Francisco?« (Wir wohnen in Südkalifornien!)

ICH: »Ich kapituliere. Kein Wort mehr, du hast gewonnen. Wir sollten jetzt besser essen gehen, bevor es noch teurer wird.«

In dem Beispiel oben mußte ich die Entschädigung anbieten, weil ich gegen unsere Vereinbarung verstoßen hatte. Meine Freundin erinnerte mich daran, daß wir eine Vereinbarung getroffen hatten, indem sie mich fragte: »Hatten wir nicht ausgemacht, uns um sieben Uhr zu treffen?« Wenn jemand gegen eine Vereinbarung verstößt und dann keine Entschädigung anbietet, können Sie ihn darauf hinweisen und ihm so die Möglichkeit geben, eine Entschädigung anzubieten, indem Sie ihn fragen, ob man eine Verabredung hatte oder nicht. Wenn Sie feststellen, daß Ihr Partner ständig gegen Vereinbarungen verstößt und dann abstreitet, daß eine Vereinbarung getroffen wurde, sollten Sie sich überlegen, ob Sie die Vereinbarungen nicht besser aufschreiben, um sie oder ihn an diese Methode zu gewöhnen. Wenn *Sie* gegen eine Vereinbarung verstoßen, müssen *Sie* die Entschädigung zuerst anbieten, sonst ist sie sinnlos.

In dem Beispiel oben war ich bereit, meiner Freundin eine Entschädigung anzubieten, die sie dann auch annehmen wollte. Stellen wir uns einmal vor, daß sie mehr wollte, als ich zu geben bereit war. Stellen wir uns vor, daß ich nicht der Meinung war, es sei so furchtbar schlimm gewesen, zu spät zu kommen. Da die Methode, Entschädigungen für Vereinbarungen anzubieten, keine Einladung zur Erpressung ist, stellen wir uns vor, daß wir uns nicht auf eine Entschädigung einigen konnten. Dann würde unsere Unterhaltung in etwa so aussehen:

ICH: »Ich finde, das ist zuviel. Schließlich bin ich nur zu spät gekommen. Kann ich dich nicht mit etwas anderem dafür entschädigen, daß ich gegen unsere Vereinbarung verstoßen habe?«

SIE: »Nein, ich will das haben.«

ICH: »Das will ich dir aber nicht geben. Ich schätze, wir haben jetzt mehrere Möglichkeiten. Du akzeptierst die Entschädigung, die ich dir angeboten habe, und erklärst dich damit einverstanden, mir zu verzeihen und unser Essen zu genießen, oder wir vereinbaren, daß wir nur stumm dasitzen und du mir während des Essens die ganze Zeit über böse Blicke zuwirfst, oder wir vereinbaren, daß wir jetzt nicht miteinander essen gehen und uns ein anderes Mal verabreden, wenn wir beide besser aufgelegt sind. Ich persönlich würde mir entweder den ersten oder den letzten Vorschlag aussuchen, aber ich überlasse dir die Entscheidung.«

Wenn sie sagt, daß sie den ersten Vorschlag akzeptiert, und mir dann immer noch wütende Blicke zuwirft, würde ich sie fragen, ob wir nicht eine Vereinbarung dahingehend getroffen haben, daß sie mir verzeiht. Wenn sie zugibt, daß wir diese Vereinbarung für sie getroffen haben, dann liegt es an ihr, mir eine Entschädigung anzubieten. (Vielleicht kann ich dieses Essen ja doch noch umsonst kriegen!)

Wenn Sie lernen, daß Ihr Wort alles ist, was Sie haben, dann werden Ihre Vereinbarungen mit der Zeit präziser werden und ihre Beziehungen erfüllter sein. Vereinbarungen und Entschädigungen sind nicht nur für Liebesbeziehungen geeignet, sie können in allen Beziehungen eingesetzt werden. Auch die Beziehungen zu Ihren Geschäftspartnern und Kollegen werden sich dadurch positiv beeinflussen lassen.

Ich arbeitete einmal mit einer Firma zusammen, die mit ihren Warenlieferungen nie pünktlich war. Schließlich fragte ich meinen Ansprechpartner, ob wir nicht eine Vereinbarung über die rechtzeitige Lieferung des Materials treffen könnten. Damit war er einverstanden. Wir entwickelten eine Kombination aus Vereinbarung/Entschädigung, nach der meine Rechnungen für jeden Tag, um den sie den zugesagten Liefertermin überzogen, um fünf Prozent reduziert wurden. Dadurch erreichte ich gleich zwei Dinge: Zum einen versprach die Firma keine Liefertermine mehr, die sie nicht einhalten konnte, zum anderen hielt sie die Liefertermine ein, die sie zugesagt hatte.

ÜBUNG: Suchen Sie sich eine Ihrer Beziehungen aus, für die es von Vorteil wäre, eine präzisere Vereinbarung zu treffen. Gehen Sie auf die andere Partei zu und sagen Sie, daß Sie ein Problem mit der Beziehung hätten und jetzt gern eine Vereinbarung treffen würden, von der beide profitieren könnten. Sorgen Sie dafür, daß Ihre Bitte so klingt, als würden Sie sich dafür verantwortlich machen, wie Sie sich fühlen. Sobald Sie eine Vereinbarung entwickelt haben, mit der beide Parteien einverstanden sind, können Sie erklären, wie die Sache mit den Entschädigungen funktioniert. Sagen Sie, daß Menschen manchmal Schwierigkeiten damit haben, ihre Vereinbarungen einzuhalten, und daß Sie deshalb gern festlegen wollten, daß der »Täter« eine Entschädigung anbietet, wenn er gegen die Vereinbarung verstößt.

---

5. Übernehmen Sie die Verantwortung für Ihre Gefühle

Ich bin lieber glücklich als im Recht.

Die nächste Strategie, außergewöhnliche Beziehungen aufzubauen, besteht darin, die volle Verantwortung dafür zu übernehmen, wie Sie sich fühlen. **Niemand hat Macht über Sie, es sei denn, Sie gestehen ihm Macht zu. Niemand kann Sie glücklich, traurig, wütend oder leidenschaftlich machen, wenn Sie ihm nicht diese Macht zugestehen.** Auseinandersetzungen entwickeln sich, wenn wir diese Macht aufgeben und dann in der Regel so reagieren, wie uns das als Kind beigebracht wurde. Wenn ich Sätze höre wie »Er hat immer alle Fäden in der Hand«, bitte ich sie oder ihn immer, mir diese Fäden zu zeigen. Dann bekomme ich unweigerlich die Antwort: »Also, eigentlich sind es ja keine richtigen Fäden«, und ich sage: »Genau.«

Übernehmen Sie die Verantwortung dafür, wenn Sie jemandem etwas vorwerfen. Sagen Sie nicht: »Du machst mich wahnsinnig, wenn du das tust!« Stehen Sie zu Ihren Gefühlen, und sagen Sie statt dessen: »Ich werde wahnsinnig, wenn du das tust!« Wenn Sie jemand anderen für das verantwortlich machen, was *Sie* empfinden, geben Sie Ihre Macht auf. Wenn Sie sich selbst für das verantwortlich machen, was Sie empfinden, gewinnen Sie sie zurück.

Die meisten Auseinandersetzungen in einer Ehe drehen sich vordergründig um Schuldzuweisung. Wir geben gern Einflüssen von außen die Schuld, wenn wir unsere persönliche Weiterentwicklung aufgegeben haben. Wenn Sie erst einmal damit aufgehört haben, die Schuld ständig bei anderen zu suchen, kann Ihr Bewußtsein registrieren, was Sie wirklich sind – ein verantwortungsbewußter, liebevoller Mensch. Jemand, der sich zu seinen Problemen und Schwierigkeiten bekennt, und sich dadurch – mit der Hilfe eines geliebten Menschen – persönlich weiterentwickelt.

Neiden Sie anderen nicht deren Platz im Leben, es sei denn, Sie sind bereit, die damit verbundene Verantwortung zu übernehmen. Wenn Sie die Verantwortung für sich selbst übernehmen, sind Sie in den Augen Ihres Partners auch vertrauenswürdig. Dies wird dazu beitragen, daß Ihr Partner sich sicher und geborgen fühlt.

Wenn Ihr Partner darüber spricht, was in ihm vorgeht, müssen Sie ihm zuhören. Er kann nur das ändern, was in seinem Herzen und Bewußtsein vor sich geht. Ihr Partner ist nicht dafür verantwortlich, Sie glücklich zu machen. Wenn Sie Ihren Partner für Ihr Glück verantwortlich machen, wird dies nur zu einer herben Enttäuschung führen, weil Sie dann erwarten, daß er auch für Ihre Gefühle zuständig ist. Da niemand die Gefühle eines anderen bestimmen kann, bringen Sie ihn dadurch in eine Situation, in der er gar nicht mehr gewinnen kann. Nur Sie selbst haben Einfluß darauf, wie es Ihnen geht.

Sie sollten nicht nur selbst die Verantwortung für Ihre Gefühle übernehmen, sondern auch die Menschen, mit denen Sie viel Kontakt haben, so trainieren, daß sie ebenfalls die Verantwortung für ihre Gefühle übernehmen. Gestalten Sie Ihre Umgebung aktiv. Wenn sich eine Diskussion zu einem Streit entwickelt, sollten Sie eher Was- und Wie-Fragen anstelle von Warum-Fragen verwenden. »Was können wir tun, damit wir uns wieder verstehen?« »Wie können wir sicher sein, daß so etwas nicht wieder vorkommt?« Wenn Sie sich über etwas ärgern, sollten Sie derjenige sein, der dieses Thema auf verständnisvolle Art und Weise anspricht und so dafür sorgt, daß das Vertrauen in der Beziehung wachsen kann. Handeln Sie, statt zu reagieren. Motivieren Sie Ihren Partner mit Honig, nicht mit Essig. Verführen Sie ihn dazu, daß er Ihnen aus freien Stücken das geben will, was Sie wollen, statt ihn zu tyrannisieren.

Wenn ich in schwierige Situationen gerate, frage ich mich immer: »Was ist an dieser Situation positiv? Was kann ich daraus lernen, um die Qualität meiner Beziehungen in Zukunft noch zu verbessern?« Egal, welche Herausforderungen sich Ihnen in den Wege stellen – können Sie an der Situation positive Merkmale erkennen und diese dazu nutzen, sich weiterzuentwickeln? Gestalten Sie Ihre Umgebung aktiv, und übernehmen Sie die Verantwortung für Ihre Gefühle.

Es ist besser, glücklich zu sein als im Recht. Wenn Sie auf Rechten beharren, geben Sie Ihrem Partner nur die Gelegenheit, Sie zu enttäuschen. In einer leidenschaftlichen Beziehung gibt es keine Rechte. Wenn Sie in einer Partnerschaft auf Rechten beharren, wird dies nur dazu führen, daß Sie aus dem Gleichgewicht geraten.

Ich habe die Erfahrung gemacht, daß die erfolgreichsten Beziehungen von Menschen geschaffen werden, die gut mit anderen kommunizieren können und kein Problem darin sehen, einem anderen recht zu geben. Man kann sich nicht mit jemandem streiten, der immer zustimmt. Vielleicht sagen Sie jetzt: »Ich kann doch nicht einfach nachgeben, wenn der andere nicht recht hat.« Vielleicht hat der andere nicht recht, vielleicht hat er recht. Wenn Sie an seiner Stelle wären, würden Sie genauso empfinden wie er. Wenn Sie sein Leben gelebt und seine Erfahrungen gemacht hätten, dann würden Sie auch seine Gefühle und Ansichten haben. Mein Vater hat einmal einen Tischtennisball zwischen Daumen und Zeigefinger geklemmt und ihn hochgehalten. Er fragte mich, welche Farbe der Ball habe. Weiß, erwiderte ich. Er sagte: Nein, der Ball sei schwarz. »Was für eine Farbe hat der Ball?« fragte er mich noch einmal. »Der Ball ist eindeutig weiß«, sagte ich wieder. »Nein, der Ball ist schwarz«, wiederholte mein Vater. So ging es weiter, bis ich dachte, ich wäre ein Idiot. Da zeigte er mir die andere Seite des Balles – er hatte sie schwarz angemalt. Weil ich dort stehengeblieben war, wo ich gerade war, hatte ich die schwarze Seite des Balles nicht sehen können. Mein Vater sagte: »Marshall, es kann sein, daß zwei völlig gegensätzliche Meinungen richtig sind – bevor du einen Mann einen Lügner nennst, solltest du erst ein paar Kilometer in seinen Schuhen gegangen sein.«

Lernen Sie, Kompromisse zu schließen. Vielleicht ist der Vorschlag Ihres Partners in der aktuellen Situation ja wirklich besser. Wenn Sie die ganze Zeit nur darüber streiten, wer recht hat oder was richtig ist, werden Sie gar nichts erreichen. Seien Sie dazu bereit, nachzugeben und den Weg zu gehen, den der andere vorschlägt. Wenn Sie dann feststellen, daß dieser Weg nicht so ganz mit dem übereinstimmt, was Sie wollen, können Sie es sich später immer noch anders überlegen. Je eher Sie einen Weg gehen, desto schneller werden Sie wissen, was zu tun ist.

6. Wissen, was für Ihren Partner Liebe ist (»Er wollte nur Nudelsuppe?«)

Wenn Sie jemanden lieben, können Sie Ihrem Partner gar nichts Besseres geben als das, was er sich wünscht.

Haben Sie schon einmal erlebt, daß Ihr Partner wegen einer Kleinigkeit wütend oder traurig geworden ist? Hat er sich auch schon einmal so verhalten, als wäre das, was Sie für ungeheuer bedeutend hielten, völlig unbedeutend? Die wichtigste Strategie für eine leidenschaftliche Beziehung besteht darin zu wissen, was für Sie Liebe ist, und diese Information so weiterzugeben, daß Ihr Partner dazu motiviert wird, Ihnen diese Liebe geben zu wollen. Umgekehrt gilt das gleiche. Sie müssen wissen, was für Ihren Partner Liebe ist, und bereit sein, ihm Liebe in der Form zu geben, die er sich wünscht. Das ist die wichtigste Voraussetzung für eine leidenschaftliche, innige Beziehung.

Was für den einen Liebe ist, kann für den anderen völlig bedeutungslos sein.

Nehmen wir mal an, daß Liebe für Sie Nudelsuppe ist. Wenn jemand Nudelsuppe für Sie kocht, wissen Sie mit absoluter

Sicherheit, daß Sie geliebt werden. Wenn nun aber keine Nudelsuppe auf den Tisch kommt, wissen Sie nicht so richtig, ob Ihr Partner Sie eigentlich liebt. Sie sind mit jemandem zusammen, und daher sagen Sie zu Ihrem Partner: »Liebling, gib mir bitte etwas Liebe.« Nehmen wir jetzt einmal an, daß Liebe für Ihren Partner nicht Nudelsuppe, sondern Tomatensuppe ist. Wenn Sie jetzt also sagen, »Bitte gib mir Liebe«, erwidert Ihr Partner: »Aber sicher«, weil er Sie liebt, doch anstelle einer Nudelsuppe bekommen Sie eine Tomatensuppe vorgesetzt. Ihr Partner stellt sie in bester Absicht auf den Tisch und sagt: »Hier, Liebling, die Liebe, die du haben wolltest.« Sie werfen einen Blick auf die Tomatensuppe, sind furchtbar enttäuscht und sagen: »Nein, ich wollte Liebe, Schatz. Bitte gib mir Liebe.« Darum bemüht, Ihren Wunsch zu erfüllen, erklärt Ihr Partner, »Aber sicher, Schatz, gern gebe ich dir Liebe. Ich liebe dich«, und stellt Ihnen noch einen Teller Tomatensuppe hin. Inzwischen sind Sie völlig frustriert. »Bitte, ich will doch nur ein bißchen Liebe!« Daraufhin bekommen Sie noch einen Teller Tomatensuppe. Jetzt sind Sie nicht nur frustriert, sondern auch wütend. »Ich habe dich doch nur um ein bißchen Liebe gebeten. Ich will nur Liebe. Bitte gib mir Liebe.« Da Ihr Partner Sie liebt und Sie glücklich machen will, gibt er Ihnen alle Tomatensuppe, die im Haus ist, alles, was zu finden ist, jedes Gramm Tomatensuppe, das sich auftreiben läßt. Und dann sagen Sie: »Du liebst mich nicht. Du gibst mir einfach nicht die Liebe, die ich haben will. Du liebst mich nicht.« Ihr Partner entgegnet: »Ich habe dir alle Liebe gegeben, die ich habe. Ich kann dir keine Liebe mehr geben. Es ist alles weg. Nichts mehr da. Ich habe keine Liebe mehr.« Und dann glaubt Ihr Partner, er sei einfach nicht gut genug, und schließlich fangen Sie beide an, anderswo nach der Liebe zu suchen, die Sie sich wünschen. Kommt Ihnen das bekannt vor? Vielleicht von jemandem, den Sie kennen, vielleicht von jemandem, den Sie sehr gut kennen? Verlief eine Ihrer Beziehungen schon einmal so oder ähnlich?

Am Ende sehen Sie Ihren Partner an und sagen müde: »Ich wollte doch nur ein bißchen Liebe, aber du hast mir immer nur Tomatensuppe hingestellt. Wenn du mir nur ein kleines bißchen Nudelsuppe gekocht hättest, wäre ich glücklich gewesen.« Und Ihr Partner sieht Sie ungläubig an. »Nudelsuppe? Ich dachte, du wolltest Liebe? Jeder weiß, daß Nudelsuppe keine Liebe ist. Jedesmal, wenn meine Mutter meinem Vater Liebe gegeben hat, hat sie ihm Tomatensuppe gekocht. *Tomatensuppe* ist Liebe.« Sie trauen Ihren Ohren nicht. Wie kann man nur so dumm sein? »Nein, das ist keine Liebe für mich. Ich wollte doch nur Nudelsuppe, genau wie mein Vater früher. Meine Mutter hat meinem Vater immer Nudelsuppe gekocht.«

Und dann sagt Ihr Partner: »Du meinst, wenn ich dir Nudelsuppe koche, bist du glücklich?« »Ja«, erwidern Sie, »darum hatte ich dich ja gebeten. Ich sagte, ich wollte Liebe haben.« Und dann kocht Ihnen Ihr Partner ganz schnell eine Nudelsuppe, obwohl er nicht versteht, warum. Sie bekommen Ihre Nudelsuppe und sind überglücklich, weil Sie ja jetzt geliebt werden. Ihr Partner sagt: »Ich möchte auch Liebe haben.« Sie sind so glücklich darüber, geliebt zu werden, daß Sie in die Küche gehen und Nudelsuppe für Ihren Partner kochen wollen, als Ihnen plötzlich einfällt, daß er ja Tomatensuppe bevorzugt.

Liebe ist für jeden Menschen ein wenig anders. Was Ihr Partner darunter versteht, kann Ihnen unter Umständen völlig fremd sein. Sie verstehen vielleicht nicht einmal, wie er überhaupt auf die Idee kommt, daß es Liebe ist, wenn Sie ihm etwas geben, was Ihnen so wenig bedeutet. Aber wenn Sie Ihrem Partner wirklich das Gefühl von Liebe und Wertschätzung vermitteln wollen, müssen Sie bereit sein, ihm Liebe in der Form zu geben, die für ihn etwas bedeutet, und Sie müssen Ihren Partner dazu motivieren können, Ihnen Liebe in der Form zu geben, die für Sie etwas bedeutet. Tomatensuppe und Nudelsuppe sind natürlich nur Metaphern. Oder vielleicht doch nicht?

Für den einen ist Liebe Sex, für den anderen Gespräch. Vielleicht empfindet es der eine als Liebe, wenn ihn jemand mit Geschenken überhäuft, der andere, wenn jemand seine Zeit mit ihm verbringen will. Egal, wie diese Gleichung aussieht: Wenn Sie wissen, daß Ihr Partner das zu geben bereit ist, was Sie haben wollen, und Sie das zu geben bereit sind, was Ihr Partner haben will, können Sie sich glücklich schätzen. Wenn Sie auch nur einmal in Ihrem Leben diesen Punkt erreicht haben, gehören Sie zu den wenigen Auserwählten.

7. Aus Liebe handeln – Nachgeben und verzeihen

Es gibt keine Frage, die sich nicht mit Liebe beantworten läßt.

Das letzte Element, das Sie benötigen, um eine leidenschaftliche Beziehung zu schaffen, besteht darin, immer aus Liebe zu handeln, und nie, um sich an Ihrem Partner zu rächen oder sie oder ihn zu bestrafen. In jeder Beziehung gibt es von Zeit zu Zeit Herausforderungen. Wenn es sie nicht gäbe, wäre alles nur halb so spannend. Wenn ich in meinen Seminaren die Frage stelle, »Was wäre für Sie die schlimmste Situation, die Sie sich in Ihrer Beziehung vorstellen könnten?«, wundere ich mich immer über die Antworten. Ich würde erwarten, daß die meisten »Wut« sagen. Aber fast alle antworten, daß es für Sie nichts Schlimmeres gebe als einen gleichgültigen Partner. Ihnen ist es lieber, wenn Ihr Partner wütend wird, statt nur Desinteresse zu zeigen. Wenn der Partner mit Ihnen streitet, beachtet er Sie wenigstens. Wenn Sie also gerade Schwierigkeiten in Ihrer Beziehung haben – Kopf hoch! Jetzt geht es wieder aufwärts, und bald wird Ihre Beziehung wieder so leidenschaftlich sein wie vorher.

Tun Sie das, was Sie tun, um sich an Ihrem Partner zu rächen, oder weil Sie sich wieder mit ihm vertragen wollen? Um herauszufinden, welche Beweggründe Sie haben, brauchen Sie sich nur folgende Frage zu stellen: »Tue ich das jetzt, damit sich mein Partner besser fühlt oder schlechter?« Wenn Sie es nur tun, um Ihren Partner zu verletzen oder zu zeigen, wie verletzt Sie sind, handeln Sie vermutlich aus Rache. Das wird Ihnen dann vielleicht die Genugtuung verschaffen, im Recht zu sein, aber es wird Sie nicht glücklich machen.

Es gehört nur ein Mensch dazu, um eine Beziehung wieder auf den richtigen Weg zu bringen. Wie ich bereits sagte: Wenn Sie derjenige sind, dem mitten in einem Streit auffällt, daß Sie sich mit Ihrem Partner streiten, liegt es an Ihnen, alles wieder in Ordnung zu bringen. Wenn Sie den Eindruck haben, daß die Diskussion aus dem Ruder läuft, und Sie der erste sind, dem dies auffällt, sollten Sie also einen Moment innehalten und sagen: »Schatz, ich liebe dich, und ich weiß nicht genau, warum wir uns jetzt eigentlich streiten, aber ich würde mich wirklich gern wieder mit dir vertragen, wenn du das auch willst.« Ihr Partner wird völlig überrascht sein. Was wird er wohl antworten? Wenn Ihr Partner sofort sagt: »Nein, ich will mich jetzt nicht mit dir vertragen«, haben Sie Ihre Antwort. Dann müssen Sie eine Entscheidung treffen. Könnte es sein, daß Sie mit dieser Beziehung nur Ihre Zeit verschwenden?

Wie lange würde Ihr Partner Sie wohl noch anschreien, wenn Sie mit aufrichtiger Stimme diesen Satz sagen und es auch wirklich so meinen? Wenn er dann immer noch streiten will, hat er es vielleicht genau darauf angelegt. Vielleicht will er wirklich nur streiten, und es ist ihm völlig egal, um was es bei dem Streit geht. Wenn das der Fall ist, sollten Sie lächeln, die Aufregung genießen und den Streit so schnell wie möglich beenden oder sogar eine zeitliche Begrenzung dafür festlegen. »Ich werde mich die nächsten zehn Minuten mit dir streiten, aber dann will ich auch mal Spaß haben. Wie denkst du darüber?« Vergessen Sie nicht, einen Streit können Sie am schnellsten dadurch beenden, daß Sie nachgeben und beschließen, lieber glücklich zu sein als im Recht.

Wenn Sie allerdings die Antwort bekommen, »Ja, Schatz, ich würde mich auch gern wieder mit dir vertragen«, dann ist bald alles wieder in Ordnung. Denken Sie nicht auch, daß eine von Liebe gekennzeichnete Kommunikation mit Sicherheit dazu beitragen wird, die Wogen zu glätten und die Spannung zwischen Ihnen und Ihrem Partner zu entschärfen? Dadurch bietet sich Ihnen die Gelegenheit, nicht nach weniger, sondern nach mehr zu streben.

Sagen Sie, was für Sie Liebe ist, und sagen Sie es so, daß Ihr Partner Ihnen diese Liebe aus freien Stücken geben will. Finden Sie heraus, was für Ihren Partner Liebe ist, und seien Sie bereit, ihm Liebe in der Form zu geben, die er sich wünscht. Erst wenn Sie bereit sind, ihm eine solche Liebe zu geben, wie er sie sich wünscht, können Sie auch erwarten, jene Liebe zu bekommen, die Sie in Ihrem Leben brauchen, und zwar so, wie *Sie* es sich wünschen. Wenn Sie von Ihrem Partner immer nur nehmen und nie geben, wird der Brunnen eines Tages versiegen. Sind Sie nicht bereit, Ihrem Partner das zu geben, was er sich wünscht, oder ihm Liebe in einer Form zu geben, die ihm etwas bedeutet, dann seien Sie wenigstens ehrlich zu ihm.

Strecken Sie die Waffen, und sagen Sie Ihrem Partner, daß er das, was er sich wünscht, nicht von Ihnen bekommen kann. Schaffen Sie zumindest eine Umgebung, in der sich Ihr Partner das, was er sich wünscht, irgendwo anders holen kann. Das bedeutet nicht, daß Sie diese Beziehung aufgeben müssen, sondern daß Sie sie ändern und verbessern. Wenn Ihr Partner gerne Zelten geht und Sie nicht, lassen Sie ihn mit jemandem Zelten gehen, der so etwas gern tut. Wenn er sich gern alte Schwarzweißfilme ansieht und Sie nicht, lassen Sie ihn mit einem Freund ins Kino gehen, der so etwas gern tut – egal, ob dieser Freund nun männlich oder weiblich ist. Ich garantiere Ihnen, daß Sie herausfinden werden, ob Sie in Ihrer Beziehung das bekommen, was Sie sich wünschen, wenn Sie so offen und ehrlich sind und Ihrem Partner genau sagen, was Ihnen wichtig ist. Egal, was passiert, lassen Sie sich von der Wahrheit befreien, und seien Sie bereit, mit Ihrem Leben und Ihren Beziehungen zu experimentieren.

Da Sie nun Bescheid wissen über die wichtigsten Fähigkeiten von Menschen, die überaus leidenschaftliche und erfolgreiche Beziehungen aufbauen können, ist es an der Zeit, einen Schritt weiter zu gehen. Im nächsten Kapitel werde ich Ihnen noch einige Geheimnisse in bezug auf Beziehungen verraten. Ich werde Ihnen zeigen, wie Sie auf andere Menschen anziehend wirken. Dabei werde ich Ihnen helfen, Ihre Denkweise so zu ändern, daß Ihr Leben eine entscheidende Wendung nimmt. Ich werde Ihnen die Werkzeuge in die Hand geben, die Sie brauchen, um charismatischer, unwiderstehlicher und attraktiver zu sein. Um den Menschen zu gewinnen oder zurückzugewinnen, der Ihnen am Herzen liegt.

Eine Beziehung soll Ihr Leben bereichern, sie darf nicht Ihre Energie und die Konzentration auf die Dinge schwächen, die für Sie wichtig sind. Wenn Sie also den größten Teil Ihrer Zeit in Ihre Beziehung investieren, statt diese einfach zu erfahren und dadurch Ihr Leben zu bereichern, dann ist es vermutlich nicht die richtige Beziehung für Sie. Wenn Sie eine Beziehung haben, die Ihnen die Zeit, die Sie bei Ihrer Arbeit verbringen, und die Zeit, die Sie für sich selbst aufwenden, leichter und angenehmer macht, dann ist diese Beziehung aller Wahrscheinlichkeit nach gut für Sie. Ich werde oft gefragt, was man tun soll, wenn der Partner sagt: »Ich verlasse dich. Ich muß weg von dir.« Die Antwort: »Geben Sie Ihrem Partner, was er sich wünscht. **Sie können ihm gar nichts Besseres geben als das, was er sich wünscht.**« Diese Menschen jammern dann: »Er weiß doch gar nicht, wie sehr ich ihn liebe«, oder »Sie weiß doch gar nicht, wie gut ich für sie bin und wieviel besser ihr Leben durch mich geworden ist!« Vielleicht ist das ja so. Vielleicht aber auch nicht. Falls Ihr Partner nicht genau das will, sieht es doch in Wahrheit so aus, daß Sie ihm gar keine Liebe geben, sondern seine oder ihre Gefühle beherrschen wollen. Abgesehen davon – wollen Sie denn wirklich mit diesem Menschen zusammensein? Ich meine, wer will schon mit jemandem zusammensein, der nicht mit einem zusammensein will? Wenn Sie sich jemandem aufdrängen, werden die Dinge ihren Lauf nehmen, und Sie finden sich schließlich in der Situation wieder, daß Ihr Partner Sie verlassen will. Wenn Sie versuchen, jemanden dazu zu zwingen, Sie zu lieben, statt dafür zu sorgen, daß Sie für Ihre Umgebung attraktiver sind, haben Sie von Anfang an schlechte Karten. Sie können dem anderen gar nichts Besseres geben als das, was er sich wünscht. Wenn jemand Sie verlassen will, können Sie nichts Besseres für ihn tun, als ihn zu unterstützen und in seinem Entschluß zu bestärken. Helfen Sie ihm beim Kofferpacken, halten Sie ihm die Tür auf, und wünschen Sie ihm alles Gute.

Wenn Sie derjenige sind, der daran denkt, die Beziehung aufzugeben und zu gehen, dann sollten Sie sich vorher noch folgende Frage stellen ...

Kapitel 9

GIBT ES EINEN WEG, IN DIESER BEZIEHUNG DAS ZU BEKOMMEN, WAS ICH WILL?

»Wir leben nicht in einer Entweder-Oder-Welt, sondern in einer Und-Welt.«

MARSHALL SYLVER

Wenn ich an einen Punkt gelange, an dem die Probleme in meinen Beziehungen zu anderen mehr als eine Herausforderung sind, liegt es in der Regel daran, daß einer von uns – oder beide – nicht das bekommt, was er haben will. Wenn Ihnen jemand nicht das gibt, was Sie haben wollen, liegt es in der Regel daran, daß Sie ihm nicht das geben, was er will. Ich habe ein Ablaufdiagramm entwickelt, mit dem Sie herausfinden können, ob es für Sie beide einen Weg gibt, um das zu bekommen, was Sie sich wünschen.

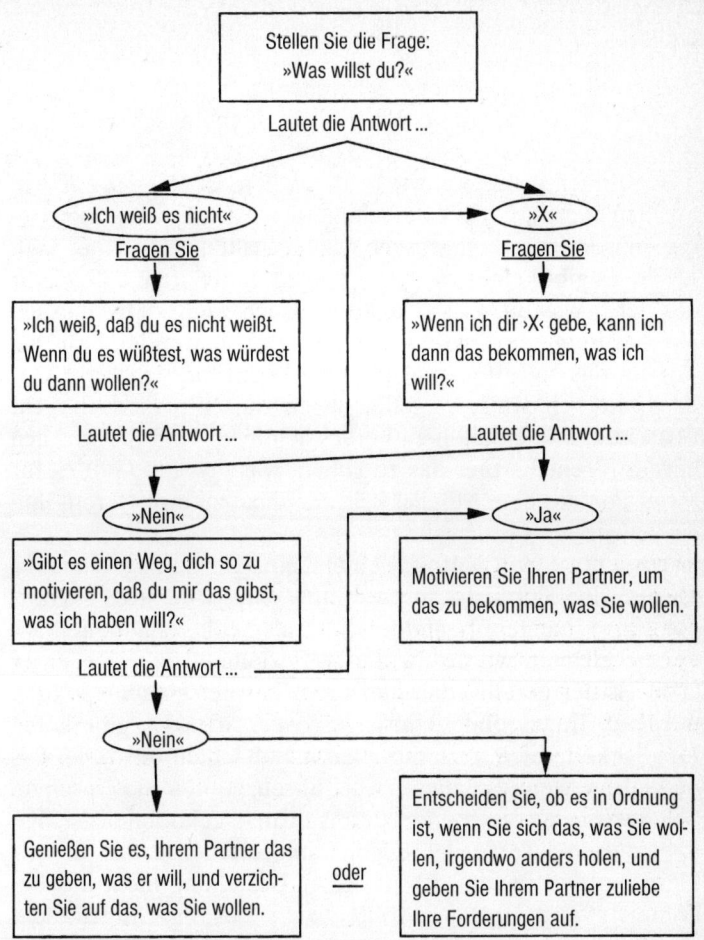

Machen Sie aus Ihren Forderungen Wünsche.

Die Biene holt sich den Nektar aus der Blüte und bestäubt sie dabei, so daß die Blume wachsen und sich vermehren kann. Wenn Sie an einem Apfel- oder Orangenbaum alle Samen herausreißen, den Baum all seiner Früchte berauben und dann kei-

nen der Samen pflanzen, wird es keine Apfel- oder Orangen-
bäume mehr geben, von denen Sie die Früchte pflücken können, mit denen die Natur uns beschenkt. In der Natur ist alles
ein Geben und Nehmen. Wir treiben einen Tauschhandel mit
der Natur.

Sobald ich weiß, was wir beide wollen, ist es ganz einfach,
mich zu fragen: »Wie kann ich meinen Partner dazu motivieren, mir das zu geben, was ich will?« Wenn mein Partner sagt:
»Nein, es gibt keinen Weg, mich so zu motivieren, daß ich dir
das gebe, was du willst«, dann weiß ich wenigstens, daß ich
weder Energie noch Gefühl damit zu verschwenden brauche,
ihn um das zu bitten, was ich will. Wenn Sie sich diese Gedanken durch den Kopf gehen lassen, dürfen Sie jedoch nicht
vergessen, beide Seiten zu berücksichtigen. Sind Sie wirklich
bereit, Ihrem Partner das zu geben, was er will? Gibt es für
Ihren Partner eine Möglichkeit, Sie dazu zu motivieren, ihm
das zu geben, was er will?

Vor einiger Zeit hatte ich einmal eine Beziehung, die mehr
als nur eine Herausforderung war – eine jahrelange Achter-
bahnfahrt in einem Umfeld, das ich als heilloses Durcheinan-
der bezeichnen würde. In dieser Beziehung habe ich unter
anderem festgestellt, daß Sie Ihrem Partner glauben sollten,
wenn er Ihnen ohne Umschweife erklärt: »Es gibt keine
Möglichkeit, mich so zu motivieren, daß ich dir das gebe, was
du willst.« Wenn Sie diesen Satz hören, sollten Sie einsehen,
daß sozusagen die Stunde der Wahrheit gekommen ist. Ich
habe diesen Satz vier Jahre lang immer wieder gehört, bis mir
klargeworden ist, daß ich in dieser Beziehung nicht das bekommen würde, was ich wollte, weil sie es mir einfach nicht
geben konnte.

Wenn Sie in Ihren Beziehungen mehr erreichen wollen,
sollten Sie sich immer aufs Gewinnen konzentrieren. Es gibt
für jeden Menschen eine Möglichkeit, all das zu bekommen,
was man sich wünscht. Bei einer der Übungen, die ich in meinen Seminaren durchführe, bitte ich einen der Teilnehmer,
sich von zwei Gegenständen einen herauszusuchen, entweder

einen Apfel oder eine Orange. Nachdem er sich etwas ausgesucht hat – sagen wir einmal, die Orange –, frage ich ihn: »In Ordnung, Sie haben die Orange, ich habe den Apfel. Auf was müssen Sie verzichten, wenn Sie den Apfel haben wollen?« Er wird mir natürlich die Orange anbieten, woraufhin ich sage: »Nein. Auf was müssen Sie verzichten, wenn Sie den Apfel haben wollen?« Er wird dann noch einmal sagen: »Auf die Orange natürlich.« Nachdem sich das einige Male wiederholt hat, ist der Seminarteilnehmer meistens so frustriert, daß er einfach die Hand ausstreckt und sagt: »Ich hätte gern den Apfel. Kann ich ihn bitte haben?« Ich gebe ihm den Apfel, und er hat das Spiel gewonnen. Es ist ganz einfach: Sie müssen nicht immer auf etwas verzichten, um das zu bekommen, was Sie haben wollen.

Wenn Sie eine Gewinnsituation schaffen wollen, sollten Sie nicht vergessen, daß unsere Welt keine Entweder-Oder-Welt ist. Wir leben in einer Und-Welt. Sie können alles haben, was Sie wollen, wie alle anderen auch. *Sie können alles haben.* Es ist möglich, eine liebevolle, erfüllte »Primärbeziehung« zu führen und daneben noch Beziehungen zu haben, die Ihre anderen Bedürfnisse erfüllen. Es ist nicht nur möglich, sondern auch gut. Ich kann mir nicht vorstellen, daß ein Mensch allein meine Wünsche und Bedürfnisse erfüllen könnte. Das ist entweder lächerlich, oder meine Bedürfnisse sind sehr, sehr einfach strukturiert. Bei einfach strukturierten Bedürfnissen ist es natürlich kein Problem. Aber wenn sich Ihre Welt nur um einen Menschen dreht, ohne daß Anregungen von außen vorhanden sind, wird es irgendwann einmal nichts mehr geben, worüber Sie reden könnten. Egal, wie erfüllend eine solche Beziehung sein mag, irgendwann ist sie verbraucht und wird langweilig, und Ihr Partner wird versuchen, mehr Anregung und Aufregung außerhalb Ihrer Beziehung zu suchen.

Wenn Sie einen Menschen wirklich lieben und mit ihm zusammensein wollen, ist es sehr gut möglich, genau das zu tun und die Erlaubnis zu haben – das heißt, die Gelegenheit –, auch außerhalb dieser Beziehung nach mehr Liebe, mehr Aufmerksamkeit, mehr Erfüllung zu suchen.

Sehen Sie Probleme in einer Beziehung immer als Chance zum Lernen an. Betrachten Sie die Herausforderungen in Ihrer Beziehung als Möglichkeit, sich Ihrem Partner noch näher zu bringen. Da man in einer Beziehung immer etwas lernen kann, will Ihnen das Schicksal jedesmal, wenn etwas passiert, das keinen Spaß macht und nur wenig mit der Leidenschaft zu tun hat, die Sie von Ihrer Beziehung erwarten, sagen: »Aufgepaßt, jetzt kannst du was lernen.« Wenn Sie etwas über Beziehungen lernen können, während Sie gerade eine Beziehung haben, kann diese Information mit Sicherheit dazu benutzt werden, um Sie und Ihren Partner einander näherzubringen. Wenn Sie sich streiten, sollten Sie die Augen schließen, tief durchatmen und sich fragen: »Was ist positiv an dieser Situation und kann mich dem Menschen, den ich liebe, noch näher bringen?«

Wenn Sie Probleme als Chance sehen, etwas zu lernen, wird daraus ein weiteres Kapitel in dem Buch entstehen, das Sie zusammen mit Ihrem Partner schreiben. Drohen Sie *niemals* damit, die Beziehung zu beenden, es sei denn, sie ist wirklich am Ende. Denn wenn Sie es aussprechen, wird es zu einer denkbaren Realität. Sie werden in einem der nächsten Kapitel lernen, wie Sie Probleme aus der Welt schaffen, indem Sie sich nicht dagegen wehren, sondern sich ihnen stellen. Statt an den Herausforderungen in Ihrem Leben zu verzweifeln, werden Sie lernen, ihnen zu begegnen. Von beiden Seiten vereinbarte Strategien werden Ihre Beziehungen verbessern und Ihr Leben in jeder Hinsicht bereichern. Wenn Sie lernen, Ihre primären Beziehungen auf effektivere Art und Weise zu führen, werden Sie dies auch auf Ihre anderen Beziehungen anwenden können.

Kapitel 10

ENTFACHEN SIE DIE LEIDENSCHAFT! DIE WICHTIGSTE FÄHIGKEIT, UM EINEN PARTNER ZU FINDEN (UND ZU BEHALTEN)

»Selbstbewußtsein = Attraktivität«

MARSHALL SYLVER

Die wichtigste Eigenschaft, um eine funktionierende, glückliche und für beide Seiten bereichernde Beziehung zu schaffen, besteht darin, ein hohes Maß an Selbstachtung zu besitzen und sich zuerst auf die eigenen Bedürfnisse zu konzentrieren. Weshalb machen Selbstbewußtsein und Selbstachtung aus uns einen Menschen, der für andere attraktiv ist? Wenn Sie der Meinung sind, daß Sie eine funktionierende, leidenschaftliche, großartige Beziehung verdient haben, werden Sie das auch anderen Menschen vermitteln. Wenn andere sehen, wie selbstsicher Sie sind, werden Sie glauben, daß es einen bestimmten Grund dafür gibt, warum Sie sich selbst so hoch einschätzen. Selbst wenn nicht klar ersichtlich ist, *warum* Sie so selbstsicher sind, beginnen sie zu glauben, daß sie wohl etwas an Ihnen übersehen haben, das nur Sie allein wissen.

Einer meiner Freunde ist ein wirkliches Schwein. Doch er besitzt ein ungeheures Charisma. Ich will kein Urteil über ihn oder sein Leben fällen, aber er ist einfach ein Schwein, und er weiß, daß ich ihn für ein Schwein halte. Er ist nicht deshalb ein Schwein, weil er 300 Pfund wiegt und eine Menge ißt. Ich bin der Meinung, daß ein Mensch soviel wiegen soll, wie er will. Nein, ich halte ihn für ein Schwein, weil er fürchterliche Tischmanieren hat, egal, ob wir bei ihm zu Hause oder im Restaurant essen. Er ist so gut wie nie gekämmt und achtet nur sehr wenig darauf, wie er aussieht oder sich benimmt. Er ist ein Schwein. Lange wußte ich einfach nicht, was an ihm so charismatisch ist. Daß er eine ungeheure Anziehungskraft besitzt, daran gibt es gar keinen Zweifel. Als ich ihn kennenlernte, fühlte ich mich sofort zu ihm hingezogen. Mir fiel auf, daß es anderen genauso ging. Wenn wir in einen Nachtclub oder auf eine Party gingen, war er immer derjenige, mit dem sich alle hübschen Frauen unterhielten. Schließlich wurde mir klar: Es liegt daran, daß mein Freund sich nicht dafür entschuldigt, wer er ist. Wenn Sie ihn kennenlernen würden, wäre Ihnen sofort klar, daß dieser Mann sich selbst gern hat. Außerdem würden Sie sofort sehen, daß es ihm völlig egal ist, ob Sie ihn mögen oder nicht. Wenn Sie ihn mögen, ist er Ihr Freund, wenn Sie ihn nicht mögen, regt er sich darüber nicht auf, er lächelt nur und läßt Sie einfach in Ruhe. Mein Freund hat übrigens über 100 Millionen Dollar auf seinem Bankkonto liegen. Aber obwohl er so reich ist, habe ich ihn noch nie über sein Geld reden hören, wenn wir zusammen ausgingen. Ich glaube, er ist deshalb so charismatisch, weil er weiß, daß er reich ist, und weil es ihm eigentlich egal ist, was andere denken. Er hat sich selbst gern, und wenn man mit ihm zusammen ist, bekommt man den Eindruck, daß er etwas Liebenswertes an sich hat – trotz der Tatsache, daß er ein Schwein ist.

Vor einigen Jahren, als ich gerade einmal Single war, ging ich mit einem Freund von mir auf eine Party. Sie sollte an einem Strand in San Diego stattfinden, und als wir zur vereinbarten Stelle marschierten, fiel mir auf, daß in der Nähe noch eine Party gefeiert wurde. Bei der anderen Party stand eine hinreißend schöne Frau am Lagerfeuer. Es war klar, daß ich nicht der einzige war, der sie für attraktiv hielt. Sie war von einem großen Schwarm von Haien umgeben. Anders ausgedrückt – Männer auf der Jagd. Ich bat meinen Freund, einen Augenblick stehenzubleiben, damit ich mir die Telefonnummer des schönen Mädchens besorgen könne. Mein Freund lachte nur und wünschte mir viel Glück. Ich bin der Meinung, daß ich ziemlich gut aussehe, aber die Männer, die um die Frau herumstanden, hätte man jederzeit auf das Titelblatt eines Sportmagazins bringen können. Da die Party am Strand stattfand, trugen sie alle nur Badehosen. Sie sahen aus, als würden sie ihr Leben ausschließlich im Fitneßstudio verbringen. Kräftige Muskeln, glänzende Körper, weiße Zähne, die im Mondlicht leuchteten. Ich ging zu dem Mädchen hin, flüsterte ihr etwas ins Ohr, und 30 Sekunden später gab sie mir ihre Telefonnummer. Als ich wieder neben meinem Freund stand, schüttelte er ungläubig den Kopf und fragte: »Was in aller Welt hast du zu dem Mädchen gesagt, um ihre Nummer zu bekommen?« Ich erzählte ihm, daß ich einfach gesagt hatte: »Sie sind eine außergewöhnlich schöne Frau, und wenn man mich zu dieser Party eingeladen hätte, würde ich Sie gerne kennenlernen. Aber da ich gerade auf dem Weg zu einer anderen Party bin, wäre es vielleicht besser, wenn wir uns ein anderes Mal treffen würden, zu einer Tasse Kaffee oder Tee vielleicht. Wenn Sie keinen Freund haben, würde ich Sie gerne einladen. Aber dazu brauche ich Ihre Telefonnummer.« Sie überlegte kurz, dann lächelte sie, holte einen Stift und ein Stück Papier aus ihrer Handtasche, schrieb ihre Telefonnummer darauf und gab sie mir. Die Männer, die um sie herumstanden, starrten mich ungläubig an. Ich war mir sicher, daß sie seit mindestens einer halben Stunde das gleiche versucht hatten. Einige Tage später, als wir uns bei einer Tasse Kaffee trafen, fragte ich sie: »Weshalb wollten Sie mich eigentlich kennenlernen?«

Sie sagte, es habe sie umgeworfen, wie selbstbewußt ich gewesen sei, und daß ich einfach so auf sie zugegangen sei und gesagt habe, was ich wollte. Ein Mann mit einem solchen Selbstbewußtsein müsse viele Vorzüge besitzen. Ein Mann, der so selbstbewußt sei, ohne gleichzeitig arrogant zu wirken, müsse sich selbst mögen. Und wenn er sich selbst mag, dann müsse es etwas an ihm geben, das auch andere mögen könnten. Obwohl wir uns anschließend nicht mehr sehr oft trafen, weil uns nach einigen Verabredungen klargeworden war, daß jeder von uns etwas anderes wollte, war dies eine sehr wichtige Erfahrung für mich, die ich nie vergaß. Ich beschloß damals, meine Hemmungen zu überwinden und anderen Menschen ein Geschenk zu machen, indem ich ihnen die Gelegenheit gebe, mich kennenzulernen. Sind Sie denn nicht auch der Meinung, daß andere davon profitieren werden, wenn Sie sie kennenlernen?

In Kapitel 6 dieses Buches habe ich Ihnen gezeigt, was Sie tun müssen, um niemals einsam zu sein, das heißt, wie Sie es genießen können, allein zu sein. Wenn Sie ein größeres Selbstbewußtsein aufbauen wollen, müssen Sie Ihre aktuellen Programme ändern. Ich will Ihnen jetzt noch einige weitere Hinweise geben, wie Sie Ihr Selbstbewußtsein stärken können. Ein Mangel an Selbstbewußtsein wird durch eine mangelhafte Programmierung des Unterbewußtseins verursacht. Durch Sätze, die Ihnen im Kopf herumgehen, wie etwa: »Sie werden mich nicht mögen, weil ich zu (klein, häßlich, fett, arm, dumm ...) bin.« Und zwar auch dann, wenn Sie es gar nicht sind. Erstens: Vielleicht gefällt genau das, was Sie an sich nicht attraktiv finden, anderen Menschen an ihnen. Zweitens: Egal, mit welchem Vorwurf Sie Ihrem Selbstbewußtsein eine Ohrfeige versetzen – ich frage mich, welchen Vergleichsmaßstab Sie anlegen. Um Ihr Selbstbewußtsein zu stärken, fangen Sie am besten damit an, sich auf die Seiten von sich zu konzentrieren, die Sie gut finden. Stellen Sie als erstes eine Liste mit den Eigenschaften zusammen, die Sie an sich toll finden. Als nächstes erweitern Sie die Liste um die Eigenschaften, die Sie an sich gut finden könnten, wenn Sie daran arbeiten würden.

Bei einem meiner Seminare sagte einmal eine Frau namens Doris, daß sie sich selbst nicht möge und es an ihr rein gar nichts Liebenswertes gebe. Ich bat sie, all das aufzuzählen, was ihr nicht gefalle. Sie antwortete, daß eine solche Liste endlos lang wäre. Also bat ich sie, das aufzuzählen, was sie an sich selbst positiv fand, woraufhin sie sagte, dazu würde ihr absolut nichts einfallen. Ich hatte bemerkt, daß sie bei diesem Seminar mit einer der Teilnehmerinnen Freundschaft geschlossen hatte, und so bat ich Doris, mir zu sagen, welche Eigenschaften ihr an dieser anderen Frau nicht gefielen. Sie sagte: »Mir fällt keine einzige ein.« Ich erwiderte: »Denken Sie einmal scharf nach. Ich bin sicher, daß Ihnen ein paar einfallen werden.« »Warum sollte ich mir soviel Mühe geben und nach Eigenschaften suchen, die mir an ihr nicht gefallen?« fragte sie. Ich anwortete: »Genau! Aber warum geben Sie sich dann bei sich selbst soviel Mühe?«

Vergessen Sie nicht, daß die Art und Weise, wie Sie Ihre Umgebung wahrnehmen, davon abhängt, was Sie Ihrem Unterbewußtsein mitteilen. Wer kontrolliert, was Sie denken? Sie natürlich! Nichts und niemand kann Sie zwingen, das zu denken, was Sie denken. Wenn Sie darauf hinarbeiten wollen, mehr Selbstbewußtsein und Selbstachtung zu schaffen, beginnen Sie diesen Prozeß ganz einfach damit, indem Sie die Eigenschaften aufschreiben, die Sie an sich gut finden. Ich will Ihnen dafür ein Beispiel geben: »Ich bin ein liebenswerter und attraktiver Mensch. Ich besitze viele herausragende Eigenschaften, die ich mit anderen teilen kann. Ich weiß, daß andere sich glücklich schätzen, wenn sie die Möglichkeit haben, mit mir zusammenzusein. Ich möchte nur mit den Menschen zusammensein, die mit mir zusammensein wollen. Die Menschen reißen sich um mich!«

Okay – legen Sie jetzt dieses Buch aus der Hand, und fertigen Sie *Ihre* Liste mit den Eigenschaften an, die aus Ihnen den liebenswerten Menschen machen, mit dem alle zusammensein wollen.

Kapitel 11

TAKING TOUCH

> *»Was würde geschehen, wenn Sie*
> *so egoistisch wären, es als das rein-*
> *ste Vergnügen anzusehen, anderen*
> *Menschen etwas zu geben?«*

MARSHALL SYLVER

Ich tue nie etwas für andere. Ich tue alles nur für mich. Wenn ich jemanden mit einer Massage verwöhne, tue ich das, weil es ein angenehmes Gefühl für meine Hand ist. Wenn ich mich mit jemandem unterhalte, tue ich das, weil es meine Ohren stimuliert. Wenn ich jemandem Geld leihe, tue ich das, weil ich egoistisch bin und es für mich das reinste Vergnügen ist, wenn ich sehe, wie sich der andere freut. Ich tue nie etwas für jemanden, um damit eine bestimmte Reaktion hervorzurufen, weil ich weiß, daß ich nur enttäuscht und verärgert sein werde, wenn der andere nicht so reagiert, wie ich das gern hätte. Ich nenne diese Technik des egoistischen Gebens *Taking Touch**.

Das Konzept des Taking Touch habe ich entwickelt, als ich die Katze eines Freundes streichelte. Mein Freund hat einfach unglaubliche Katzen – nicht nur dressiert, sondern wirklich intelligent. Ich glaube, daß diese Katzen alles verstehen, was man zu ihnen sagt. Und außerdem ist mir an den Katzen meines Freundes – und auch an anderen Katzen – aufgefal-

---

* Taking Touch ist ein Trademark (™).

len, daß sie sich nur so lange streicheln lassen, wie sie gestreichelt werden wollen. Wenn sie genug davon haben, verschwinden sie einfach. Mir ist auch aufgefallen, daß die meisten Menschen Katzen auch dann noch streicheln wollen, wenn diese schon längst genug haben. Die Katze versucht dann zwar zu entkommen, aber sie wird einfach festgehalten, und der Mensch streichelt sie weiter, so, als würde es dem kleinen Wollknäuel gefallen. Aber die ganze Zeit über denkt die Katze nur an Flucht. Und in dem Moment, in dem sie losgelassen wird, flitzt sie auch schon davon. Kommt Ihnen das bekannt vor? Ich kann Ihnen nur eines sagen – wenn Sie die Katze um der Katze willen streicheln, erwartet Sie eine Enttäuschung. Egal, was passiert, früher oder später wird die Katze aufstehen und gehen und sich sehr wahrscheinlich nicht einmal bei Ihnen bedanken. Wenn Sie eine Katze streicheln, sollten Sie das tun, weil es ein angenehmes Gefühl für Ihre Hand ist, sonst sind Sie von vornherein der Verlierer.

Vor einigen Jahren schenkte ich meiner Mutter ein Auto. Zu jener Zeit bedeutete mir das sehr viel, weil ich damals nur wenig Geld hatte. Den Tag, an dem ich ihr die Autoschlüssel überreichte, werde ich nie vergessen. Da es ein normaler Arbeitstag war, wurde sie von einer meiner Schwestern abgeholt und zu dem Autohändler gefahren. Ich weiß noch, wie ich damals auf sie wartete und dabei dachte: Ich wette, sie fängt an zu weinen. Ich wette, sie springt vor Freude auf und ab und umarmt und küßt mich und macht ein Riesentheater.

Als sie und meine Schwester endlich kamen, war ich furchtbar aufgeregt. Meine Mutter stieg aus dem Wagen und fragte: »Welcher ist es?« Ich deutete auf das Auto. Sie sagte: »Hast du die Schlüssel?« Ich gab ihr die Schlüssel, und dann sagte sie: »Danke, Schätzchen. Ich muß jetzt wieder zur Arbeit.«

Wie bitte? Keine entzückten Schreie, keine Freudentränen an meiner Schulter, kein Riesentheater? Komm schon! Ich habe eine Menge Geld für das Auto bezahlt. Ich habe mehr verdient als nur ein »Danke, Schätzchen«!

Sie stieg in den neuen Wagen und ließ mich mit offenem Mund auf dem Parkplatz des Autohändlers stehen. Ich dachte über das nach, was gerade geschehen war. Und dann beschloß ich, mich trotz ihrer Reaktion zu freuen. Ich beschloß, mich wegen dem zu freuen, was ich getan hatte, und nicht wegen ihrer Reaktion. Wenn ich mich nicht so entschieden hätte, hätte ich gleich zweimal verloren. Erstens wäre ich dann nicht glücklich gewesen – und zweitens hatte ich den Wagen schon bezahlt.

Nach diesem Vorfall auf dem Parkplatz des Autohändlers hat mir meine Mutter noch oft gesagt, wie sehr sie sich über den Wagen gefreut hat, und ich weiß, daß sie es ernst meint. Wir haben sogar darüber gesprochen, was an diesem Tag passiert war, und haben viel darüber gelacht. Anscheinend hatte es Ärger an ihrem Arbeitsplatz gegeben, und ihr Chef wollte ihr eigentlich nicht einmal die paar Minuten freigeben, um den Wagen abzuholen. Ich glaube, er war ein bißchen eifersüchtig, weil ein Sohn seiner Mutter ein Auto gekauft hatte. Es war meine Entscheidung gewesen, mich über dieses egoistische Geschenk an meine Mutter zu freuen, so daß ich mich in jedem Fall freute.

Wenn Sie Liebe oder etwas anderes nur deshalb geben, um eine bestimmte Reaktion zu bekommen, sind Sie von Anfang an der Verlierer. Wenn Sie eine Beziehung haben und Ihr Partner nicht so reagiert, wie Sie das wollen, werden Sie frustriert und verärgert sein. Doch wenn Sie etwas nur deshalb tun, weil es Ihnen ein ganz egoistisches Gefühl der Freude vermittelt, sind Sie der Gewinner.

Ich möchte Ihnen noch ein Beispiel dafür geben. Vor kurzem war ich mit meiner Freundin zusammen im Wagen unterwegs. Wir hatten uns gestritten und waren beide nicht gerade bester Laune. Gegen Mittag fiel mir plötzlich auf, daß wir seit ungefähr zehn Minuten kein Wort mehr miteinander geredet hatten. In diesem Moment schossen mir einige Gedanken durch den Kopf, wie etwa: »Vergiß es, ich werde keinen Ton sagen, es ist doch ihre Schuld, daß wir jetzt an diesem Punkt angelangt sind.« Als ich zum Beifahrersitz hin-übersah, fiel mir auf, daß meine Freundin einen kurzen Rock trug und ihre schönen, langen Beine übereinandergeschlagen hatte. Ich dachte: »Ich würde gern ihr Bein berühren«, aber im nächsten Moment sagte ich zu mir: »Nein! Vergiß es! Sie ist nicht gerade nett zu dir gewesen, die Freude wirst du ihr nicht machen.« Kurz darauf überlegte ich: »Das ist doch dumm. Du zwingst *dich* dazu, hier den kürzeren zu ziehen, nur weil du nicht willst, daß *sie* sich wohl fühlt.« Also streckte ich meine Hand aus, legte sie auf ihr Bein und streichelte ihr Knie zärtlich. Und wissen Sie was? Es war ein phantastisches Gefühl für meine Hand. Doch das Merkwürdige war: Nach-dem ich ihr Knie aus vollkommen egoistischen Beweggrün-den gestreichelt hatte, nur um dieses tolle Gefühl für meine Hand zu bekommen, besaß sie doch tatsächlich die Frech-heit, sich zu mir herüberzubeugen und mir einen Kuß auf den Hals zu geben, weil sich das auf ihren Lippen so gut anfühlte und auch sie egoistisch war.

Fangen Sie jetzt sofort damit an, den Taking Touch zu üben. Sagen Sie zu jemandem, »Ich liebe dich«, ohne dafür etwas zu erwarten. Sagen Sie ihr oder ihm, wie Sie sich füh-len, einfach deshalb, weil es Ihnen guttut, es mitzuteilen. Sie können den Taking Touch in allen Bereichen Ihres Lebens üben. Wenn Sie jemandem Geld leihen, tun Sie das so, als würden Sie ihm das Geld schenken. Anders ausgedrückt, geben Sie es ihm, weil es für Sie ein gutes Gefühl ist, und nicht, weil Sie dafür eine Gegenleistung erwarten oder hof-fen, es irgendwann einmal zurückzubekommen. Wenn Sie den Taking Touch in allen Bereichen Ihres Lebens einsetzen, werden Sie für all ihre Beziehungen mehr Ruhe und Ausge-wogenheit erreichen.

Kapitel 12

SO ENTFACHEN SIE SINNLICHE LEIDENSCHAFT

»Sinnlichkeit bedeutet, alle Sinne einzusetzen.«

MARSHALL SYLVER

Wollen Sie sinnlicher sein? Wollen Sie auch in den Augen anderer Menschen sinnlich sein, so daß diese Ihre Gesellschaft suchen? Dann sollten Sie Ihre Sinne einsetzen – und zwar alle. Einige Menschen sind der Ansicht, daß Sinnlichkeit bedeutet, sich aufreizend zu kleiden. Es gehört mehr dazu.

Sexuelle Anziehungskraft bedeutet, sich auf die eigene Person zu konzentrieren. Sinnlichkeit ist die Fähigkeit, mit den eigenen Sinnen und denen anderer Menschen im Einklang zu stehen und sie zu stimulieren.

Und zwar alle Sinne – sehen, riechen, hören, fühlen und schmecken.

In meinen Seminaren führe ich verschiedene Übungen durch, um Sinnlichkeit zu erfahren. Ein gute Übung, um sich seiner Sinne bewußt zu werden, besteht darin, sich einen ganzen Tag lang damit zu beschäftigen, mehr Sinne einzusetzen. Verbringen Sie diesen Tag damit, sensorische Erfahrungen zu machen, die in Ihrem Alltag sonst nicht vorhanden sind. Erfahren Sie die Sinnlichkeit im Geruch von frischgebackenem Brot und allem anderen, mit dem Sie in Kontakt kommen. Nehmen Sie die Sinnlichkeit des Wassers wahr, das unter der Dusche Ihr Gesicht trifft und dann an Ihrem Körper herunterläuft, wo es Ihre Haut kitzelt. Spüren Sie den Klang von Musik, und weinen Sie, wenn Sie einen traurigen Artikel oder ein wunderbares Buch lesen. Lassen Sie Ihre Fingerspitzen über das Glas des Fensters gleiten, um zu spüren, wie sich Glas anfühlt. Schmecken Sie etwas, das Sie noch nie gegessen haben, wie zum Beispiel rohen Pfeffer. Rubbeln Sie sich nach dem Baden kräftig mit einem Handtuch ab, um Ihren Kreislauf anzuregen. Tanzen Sie, und vergessen Sie dabei all Ihre Hemmungen. Verhalten Sie sich so, als wären Sie der sinnlichste Mensch der Welt. Erfahren Sie an diesem Tag alle Ihre Sinne.

Für das Bewußtsein sind unsere Sinne oft Auslöser, die uns an Erfahrungen aus der Vergangenheit denken lassen. Da sich die meisten Menschen nur auf Sehen und Hören konzentrieren, ist ihnen nicht bewußt, daß sie auf andere Auslöser reagieren, die aus anderen Quellen stammen. Wenn ich frischgeschnittenes Gras rieche, muß ich immer an meine Kindheit denke. Ein Freund von mir, der Raucher ist, besitzt ein Zippo-Feuerzeug. Er liebt den Geruch, der entsteht, wenn er sich damit seinen Krebsstengel anzündet, weil ihn dieser Geruch an seinen Vater erinnert. Jedesmal, wenn er sich eine Zigarette anzündet, fällt ihm etwas Schönes zu seinem Vater ein.

Sinnlichkeit ist die Fähigkeit, alle Sinne eines anderen Menschen positiv stimulieren zu können. Wenn Sie eine Atmosphäre der Sinnlichkeit für jemanden schaffen wollen, sollten Sie dafür sorgen, daß alle Sinne Ihres Partners beeinflußt werden – also sehen, riechen, hören, fühlen und schmecken. Wenn Sie mit Ihrem Partner zusammen sind oder mit ihm ausgehen, können Sie romantische Musik auflegen, ein Feuer im Kamin anzünden, darauf achten, welche Farbe und Struktur die Kleidung Ihres Partners hat. Zünden Sie Duftkerzen an und genießen Sie den angenehmen Geruch seines oder ihres Körpers. Berühren Sie im Vorbeigehen seine oder ihre Haut. Ein Teil der sinnlichen Erfahrung hängt davon ab, auf welche Weise Sie die verschiedenen Sinne stimulieren. Je mehr Phantasie Sie dabei an den Tag legen, desto aufregender wird das Ergebnis sein.

Achten Sie darauf, was für die Menschen, auf die Sie anziehend wirken wollen, stimulierend ist. Überlegen Sie sich, was für Ihren Partner anziehend wirkt. Benutzen Sie ein bestimmtes Parfüm oder Rasierwasser, weil es Ihnen gefällt, obwohl Sie wissen, daß Ihr Partner es nicht ausstehen kann? Es ist nicht schwer, auf sein eigenes Ich zu hören und sich nur für sich selbst anziehen. Das ist schon in Ordnung – wenn Sie immer allein sein wollen. Wenn Sie allerdings einen romantischen Abend mit jemand anderem als sich selbst verbringen wollen, sollten Sie sich besser *für Ihren Partner anziehen*. Ich weiß, daß das jetzt vielem zu widersprechen scheint, was ich Ihnen beigebracht habe. Aber vergessen Sie nicht, was ich gesagt habe: Beziehungen gibt es nicht, man muß sie erst schaffen. Wenn Ihrem Partner Ihre Kleidung oder Ihr Aussehen gefällt und er sich in Ihrer Gegenwart wohl fühlt, dann können Sie davon ausgehen, daß es auch Ihnen viel mehr Spaß machen wird, mit ihm zusammen zu sein. Außerdem wird Ihr Partner sich aller Wahrscheinlichkeit nach Ihnen gegenüber zuvorkommender verhalten. Wenn Sie sich allerdings »verkleiden«, werden Sie ziemlich schnell herausfinden, ob der andere mit dem Menschen zusammensein will, der Sie vorgeben zu sein.

Wenn Sie wissen, daß Ihrem Partner ein bestimmter Duft, bestimmte Blumen oder eine bestimmte Art von Kleidung ganz besonders gefällt, dann sollten Sie sich im Taking Touch üben und Freude dabei empfinden, die Wünsche Ihres Partners zu erfüllen.

Kapitel 13

SCHMERZ IST VERDRÄNGTE FREUDE

*»Alles, was man voll und ganz
erlebt, wird verschwinden.«*

MARSHALL SYLVER

Ich glaube, daß es in jeder Beziehung Dinge gibt, die unter Umständen als Schmerz empfunden werden. Aber der Unterschied besteht darin, daß Schmerz verdrängte Freude ist. Anders ausgedrückt, wenn Sie sich völlig auf etwas konzentrieren und es voll und ganz erleben, wird es verschwinden.

Wenn jemand Schmerzen hat, ist sein Wahrnehmungsgefühl gesteigert, und er registriert jede noch so kleine Einzelheit des Schmerzes. Leider sind wir mit Schmerz vertrauter als mit Freude. Meine Methode besteht darin, sich so schnell wie möglich durch den Schmerz hindurch zur Freude zu arbeiten. Das funktioniert bei jeder Art von emotionalem, körperlichem oder psychischem Schmerz. Wir alle empfinden Schmerz, aber der Unterschied besteht hier eben darin, daß Schmerz verdrängte Freude ist.

Nehmen Sie ein Blatt Papier und ziehen Sie in der Mitte eine Linie senkrecht nach unten (weiter unten finden Sie ein Beispiel). Schreiben Sie jetzt auf die linke Seite alle typischen Merkmale von Schmerz. Dabei sollte es sich um Merkmale handeln, die bei jeder Art von Schmerz auftreten. Brennen wäre ein Merkmal für eine bestimmte Art von Schmerz, nicht für jeden Schmerz, daher können Sie Brennen nicht verwenden. Wärme dagegen wäre möglich, da viele Menschen sogar dann so etwas wie Wärme spüren, wenn sie sich geschnitten haben. Lesen Sie erst weiter, wenn Sie alle Merkmale notiert haben.

Ihre Liste sieht vielleicht so ähnlich aus wie jene, die hier abgedruckt ist, und enthält vielleicht einige oder alle angegebenen Beispiele. Sehen Sie jetzt auf die rechte Seite der Liste, und finden Sie heraus, welche Merkmale von Schmerz auch dazu verwendet werden können, Freude zu beschreiben. Alle oder zumindest die meisten davon, stimmt's?

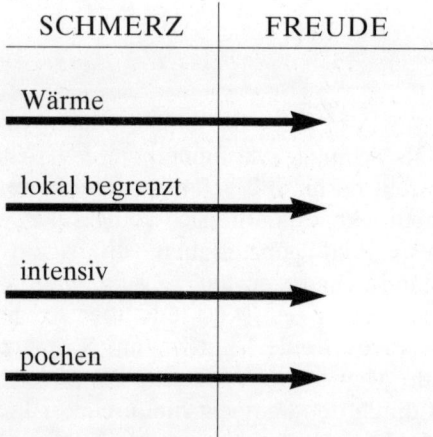

Wie kann Ihnen dieses Wissen nützen? Indem Sie begreifen, daß Schmerz verschwinden wird, wenn Sie ihn voll und ganz erleben. Diese Übung hat Ihnen gezeigt, daß Schmerz und Freude viele gemeinsame Merkmale haben. In der Regel spüren Sie Freude und Schmerz lokal begrenzt. Freude und Schmerz sind intensive Gefühle, die pochen, sich ausbreiten und so weiter. Wenn dem so ist – warum gehen wir dann mit Schmerz anders um als mit Freude?

Menschen verdrängen Freude nur selten, Schmerz dagegen sehr oft. Anders ausgedrückt, wenn Sie ein Pochen in der

Hand spüren und es als das erleben, was es ist – statt alles zu versuchen, damit es wieder aufhört –, verringern Sie damit den eigentlichen Schmerz des Pochens. Schmerz ist verdrängte Freude.

Ähnlich wie mit Freude will Ihnen das Schicksal auch mit Schmerz mitteilen, daß Sie auf etwas achten sollen.

Wenn Sie sich voll und ganz auf den Schmerz konzentrieren und alle Einzelheiten dieses Gefühls wahrnehmen, wird aus dem Schmerz schließlich Freude. In meinen Seminaren frage ich immer, ob jemand anwesend ist, der unter einem körperlichen Schmerz leidet und diesen jetzt verschwinden lassen möchte. Vor kurzem meldete sich bei einem Seminar eine über 80 Jahre alte Frau, die Barbie hieß, und kam zu mir auf die Bühne. Sie hatte schon während des ganzen Seminars über chronische Kopfschmerzen geklagt. Sie sagte: »Sie werden mir nicht helfen können. Ich habe diese Kopfschmerzen schon, solange ich denken kann!«

Weiter vorn in diesem Buch habe ich über Ausweichverhalten gesprochen. Ausweichverhalten ist die häufigste Ursache von Kopfschmerzen. Ich sagte zu Barbie, daß nicht ich ihre Kopfschmerzen verschwinden lassen würde, sondern sie selbst.

Nachdem Barbie auf die Bühne gekommen war, fragte ich sie, ob sie bereit sei, ihre Kopfschmerzen für immer verschwinden zu lassen.

»Ja«, sagte Barbie.

»Schließen Sie die Augen, und konzentrieren Sie sich voll und ganz auf Ihre Kopfschmerzen. Sagen Sie mir, wo genau der Schmerz sitzt«, sagte ich.

»In meinem Kopf.«

»Sagen Sie mir, wo *genau* er sitzt. Spüren Sie den Schmerz in Ihrer Stirn? Im unteren Bereich des Schädels? Sitzt der Schmerz mitten in Ihrem Kopf, fünf Zentimeter tief oder zehn?«

»Er sitzt in meiner Stirn, etwa zwei Zentimeter tief.«

»Sehr gut!« entgegnete ich. »Welche Form hat er? Ist er quadratisch, ist er rund, ist er rechteckig?«

»Er ist rund.«

»Wie groß ist er? So groß wie ein Tennisball, wie eine Grapefruit, wie ein Golfball?«

»Er ist so groß wie ein Tennisball.«

»Okay. Was für eine Farbe hat er? Ist er schwarz, ist er grün, ist er rot?«

»Er ist schwarz.«

»Was für eine Struktur hat der Schmerz? Ist er rauh wie Sandpapier? Ist er schartig wie Lavagestein? Ist er porös wie eine Käsereibe?«

»Er sieht aus wie Lavagestein.«

»Wie groß ist er jetzt?«

»Kleiner«, sagte sie mit einem leichten Lächeln.

»Welche Farbe hat er jetzt?«

»Er ist hellbraun«, sagte sie. Ihr Lächeln verstärkte sich.

»Welche Struktur hat er jetzt?« fragte ich. Ich sprach immer schneller.

»Er ist glatt«, flüsterte sie.

»Welche Farbe hat er jetzt?«

»Er ist weiß, fast durchsichtig.«

»Wie groß ist er jetzt?«

»So groß wie eine Erbse.«

»Wo sitzt der Schmerz jetzt?«

»Ich kann ihn nicht finden.« Sie strahlte mich an, mit einem Ausdruck vollster Zufriedenheit auf dem Gesicht. »Wissen Sie, ich hatte diese Kopfschmerzen schon seit Jahren. Jedesmal, wenn ich spürte, daß es wieder soweit war, sagte ich mir, daß der Schmerz verschwinden sollte, daß ich ihn nicht mehr ertragen könnte. Aber jetzt ist mir klargeworden, daß ich meine Kopfschmerzen nur noch verschlimmert habe, weil ich mich so sehr angestrengt habe, sie loszuwerden.«

*»Nichts ist so häßlich, als daß es durch helles
Licht nicht schöner gemacht werden könnte.«*

RALPH WALDO EMERSON

Wenn Sie auf etwas achten, können Sie es besser verstehen, und wenn Sie etwas voll und ganz erleben, wird es weniger Macht über Sie haben. Es ist so ähnlich wie bei einem Witz – wenn Sie ihn erst einmal analysiert haben, ist er nicht mehr lustig. Etwas nicht erleben bedeutet, es vermeiden zu wollen. Vermeiden wollen macht alles nur noch schlimmer. Wenn Sie sich in einem bestimmten Augenblick nicht voll und ganz auf etwas konzentrieren, werden Sie sich im nächsten Augenblick auf etwas anderes konzentrieren. Das Bewußtsein kann nicht in einem Vakuum arbeiten. Es sucht sich immer etwas, worüber es nachdenken kann. Wenn nicht in der Gegenwart, dann in der Vergangenheit oder der Zukunft.

Der Prozeß, etwas voll und ganz zu erleben, funktioniert nicht nur bei körperlichem Schmerz wie Kopfschmerzen, er kann auf alle Bereiche angewendet werden. Alles existiert nur deshalb, weil es Verdrängung gibt. Der Tag existiert, weil er die Nacht verdrängt. Die Liebe existiert, weil sie den Haß verdrängt. Das Licht kann nur existieren, wenn es die Dunkelheit verdrängt. Probleme existieren nur, wenn sie verdrängt werden. In meinen Verkaufsseminaren bringe ich Verkäufern bei, daß sie ihren Job nur deshalb haben, weil ihre Kunden so widerspenstig sind. Wenn die Kunden zu allem immer nur ja und amen sagen würden, gäbe es keinen Grund mehr dafür, einen Verkäufer einzustellen.

Hatten Sie schon einmal Angst davor, sich einer Herausforderung in Ihrem Leben zu stellen? Haben Sie schon einmal ein Gespräch, bei dem Sie sich mit jemandem über etwas Unangenehmes unterhalten wollten, immer und immer wieder verschoben, bis Ihnen schließlich aufgefallen ist, daß Sie dadurch alles nur noch schlimmer gemacht haben? Und als Sie sich dann schließlich der Situation gestellt und sie voll und ganz erfahren haben, war es dann nicht einfacher, als Sie erwartet hatten? Ich bin sicher, daß Sie so etwas schon erlebt haben. Wenn man etwas bewußt und ganz erlebt, wird es verschwinden. Leiden Sie an einer Phobie? Gibt es etwas, wovor Sie unnötig Angst haben?

> *»Angst ist ein kleiner Mann, der auf Ihrer Schulter sitzt und sagt, daß Sie aufpassen sollen.«*
>
> CARLOS CASTANEDA

Wenn Sie eine Phobie überwinden wollen, dann müssen Sie sie voll und ganz erleben. Schließen Sie die Augen und stellen Sie sich genau das vor, wovor Sie am meisten Angst haben. Zwingen Sie sich dazu, dem zu begegnen, was Sie fürchten, statt zu versuchen, jeden Gedanken daran zu vermeiden.

Wenn Sie an einem meiner Seminare teilnehmen, werden Sie erleben können, wie ich Phobien im Handumdrehen verschwinden lasse. Vor kurzem fragte ich bei einem solchen Seminar die Gruppe, ob jemand Angst vor Schlangen habe. Einige Teilnehmer hoben die Hand. Ich sagte, daß sich hinter der Bühne eine Pythonschlange befinde, die ich ihnen in ein paar Minuten zeigen wolle – was würden sie tun? Sofort stand eine Farbige auf und ging auf den Ausgang zu. Ich fragte sie, was los sei, und sie sagte, daß sie es nicht mit einer Schlange zusammen in einem Raum aushalte. Ich sagte: »Sie sind genau die Frau, nach der ich gesucht habe!«

Ich forderte sie auf, zu mir auf die Bühne zu kommen. Dann bat ich sie, die Augen zu schließen und tief Luft zu holen. Jetzt sollte sie sich vorstellen, daß zu ihren Füßen eine winzig kleine Schlange lag, die schielte und keinen einzigen Zahn hatte. Sie sollte sich vorstellen, daß die Schlange wie in einem Zeichentrickfilm mit ihr redete. Sie kicherte leise. Ich bat sie, die schielende, zahnlose kleine Kreatur aufzuheben und in der Hand zu halten. Der kleine Kerl, sagte ich, habe Angst vor ihr, und sie müsse sehr lieb zu ihm sein. Sie fing an, mit ihm zu sprechen, als wäre er ein Baby. Ich sagte, daß er jetzt ganz langsam immer größer werde und Zähne bekomme. Jetzt erzähle er ihr, daß es ihm das Herz breche, weil er wisse, daß die Menschen sich einfach nicht die Zeit nähmen, ihn kennenzulernen, und ihn immer so behandelten, als wäre er bösartig, und alles nur wegen der Farbe seiner Haut. Sie sagte, daß sie das gut verstehen könne, daß sie ihn beschützen würde und er sich keine Sorgen zu machen brauchte.

Ich zählte von eins bis drei und bat sie, die Augen zu öffnen. Ich fragte sie, was sie jetzt über Schlangen denke. Sie sagte, daß ihr wahrscheinlich nicht bewußt gewesen war, daß Schlangen auch lebende Wesen seien und Liebe und Verständnis bräuchten wie jeder von uns. Was, fragte ich, würde sie tun, wenn ich jetzt eine Schlange auf die Bühne bringen ließe? Sie sagte, daß sie anfangs wohl etwas beunruhigt sein würde, aber sich daran gewöhnen könne.

»Großartig! Ich möchte Ihnen gern einen Freund von mir vorstellen«, sagte ich. Dann ließ ich von einem meiner Mitarbeiter meinen zwei Meter langen Python Monty auf die Bühne bringen. Er gab ihr die Schlange in die Hand, und sie lachte. Sie sagte sogar, daß sich die Haut kühl und glatt anfühle, etwa so wie ihre Lieblingsstiefel. Ich bat sie, das nicht so laut zu sagen, wenn Monty dabei war – er ist in dieser Beziehung etwas empfindlich!

Ein anderes Beispiel dafür, etwas voll und ganz zu erleben: Wenn Sie jemanden kennenlernen, der äußerlich nicht sehr attraktiv zu sein scheint, sich dann aber wirklich auf ihn konzentrieren, werden Sie den Eindruck haben, als würden die Gesichtszüge und der ganze Mensch angenehmer und freundlicher. Dafür gibt es viele Gründe. Wie Sie inzwischen wissen, finden wir das, wonach wir suchen. Wenn Sie also nach Schönheit suchen, werden Sie sie auch finden. Und wenn Sie sich dann völlig auf jemanden konzentrieren und unvoreingenommen sind, werden Sie Dinge an Ihrem Gegenüber bemerken, die ihn einzigartig machen. Nicht alle

Kunstwerke gefallen jedem Menschen gleich gut, aber doch haben fast alle etwas, das jeder bewundert. Und wenn Sie jemandem mit liebevoller, unvoreingenommener Aufmerksamkeit begegnen, wird er anfangen, Ihren Erwartungen entsprechend zu reagieren und sich liebenswürdiger zu verhalten.

Unserer Welt ginge es sehr viel besser, wenn wir voll und ganz erleben könnten, was andere erleben. Und zwar nicht nur mitfühlen, sondern mitleben. Sie nicht nur bedauern, sondern ihren Schmerz wirklich spüren.

Eines Tages bereitete sich ein sehr wichtiger Geschäftsmann auf eine sehr wichtige Besprechung vor. Plötzlich fiel ihm auf, daß der Bericht, den er für seine Präsentation brauchte, noch nicht fertig war. »Machen Sie das fertig. Ich brauche es sofort!« fuhr er seine Sekretärin an.

Die Sekretärin tat ihr Bestes, um den Bericht noch fertig zu machen, bevor ihr Chef aus dem Büro stürmte und zu seiner Besprechung fuhr. Nach einigen Stunden war er wieder zurück, niedergeschlagen und schlechter Laune. »Können Sie denn nie etwas richtig machen?« knurrte er. »Wir haben den Auftrag nicht bekommen, Ihre Gehaltserhöhung können Sie sich aus dem Kopf schlagen.«

Die Sekretärin hielt ihre Wut, Frustration und Enttäuschung zurück und unterdrückte ihre Gefühle bis zum Ende des Tages. Als sie spät am Abend nach Hause kam, stellte sie fest, daß ihr Sohn seine Spielzeugsoldaten überall in der Küche verstreut hatte. Da sie den emotionalen Schmerz aus dem Büro mit nach Hause gebracht hatte, begrüßte sie ihn nicht einmal, sondern explodierte und schrie: »Schaff dein Spielzeug aus der Küche! Ich habe dir schon tausendmal gesagt, daß du nicht in der Küche spielen darfst. Räum deine Sachen weg und geh nach draußen, bis ich dich zum Essen rufe!«

Der Junge war zwar ein wenig verwirrt, sammelte aber sein Spielzeug zusammen, warf es in die Spielkiste und schlurfte langsam zur Tür hinaus. Er setzte sich schmollend auf die Veranda und murmelte: »Mutter hat mich nicht mehr lieb.« Als er sich ganz furchtbar fühlte, kam die Katze vorbei. Ohne nachzudenken, gab er ihr einen Fußtritt und sagte: »Dumme Katze!« Die Katze hob den Kopf und sah den Jungen mit einem Gesichtsausdruck an, der zu sagen schien: »Was zum Kuckuck habe ich denn verbrochen?«

Warum wurde die Katze getreten? Schuld daran war natürlich der Chef, der seine Präsentation nicht richtig vorbereitet hatte und deshalb den Auftrag nicht bekam. Die Moral von dieser Geschichte ist, daß man nie weiß, warum die Katze getreten wird. Wie jemand auf Sie reagiert, hat vielleicht überhaupt nichts mit Ihnen zu tun. Wenn Sie sich auf den oberflächlichen Eindruck von jemandem verlassen, werden Sie wahrscheinlich in die persönlichen Probleme des anderen mit hineingezogen. Wenn Sie die Situation richtig einschätzen und voll und ganz erleben, wird Ihnen auffallen, daß die schlechte Laune des Kellners, der unhöfliche Bankangestellte oder der Kerl, der Sie auf der Autobahn geschnitten hat, überhaupt nichts mit Ihnen zu tun hat. Wenn Sie sich weigern, Menschen oder Dingen, die für Sie schmerzhaft gewesen sind, Macht zuzugestehen, und nur als vorübergehende Ereignisse sehen, werden Sie effektiver sein. Wenn Sie das nächste Mal nicht mit dem Respekt behandelt werden, den Sie erwarten, sollten Sie sich fragen:

»Wer hat die Katze getreten?«

Was wäre, wenn Sie nicht auf jemanden oder etwas reagierten, sondern sich statt dessen die Zeit nähmen, die Situation voll und ganz zu erleben und sich ihr zu stellen, wenn es soweit ist. Schließlich haben Sie kaum eine andere Wahl. Schmerz ist nur verdrängte Freude. Verdrängen Sie Ihr Leben nicht so stark, damit Sie jetzt mehr Freude schaffen können.

Es gibt noch eine andere Möglichkeit, emotionalen Schmerz in Freude zu verwandeln:

Finden Sie Ihr Leben interessant, und stellen Sie sich dem, was auf Sie zukommt.

Vor einigen Jahren, als ich zum erstenmal Seminare zum Thema *Wie man sein Leben interessant findet* veranstaltete, hatte ich gerade meinen ersten Mercedes gekauft. Ich war furchtbar stolz auf den Wagen und parkte ihn immer ein gutes Stück von anderen Autos entfernt, weil ich auf keinen Fall eine Delle in die Tür bekommen wollte. Sie wissen schon, diese kleine Beule, die entsteht, wenn jemand die Tür seines Wagens aufmacht und damit gegen den daneben geparkten Wagen knallt. Ich hatte also mein Seminar beendet und ging auf mein Auto zu, als ich plötzlich sah, daß mir jemand hinten in den Wagen gefahren war. Während ich näherkam, erkannte ich, daß dabei das Rücklicht kaputtgegangen war. Es lag auf dem Boden hinter dem Wagen. Da ich gerade ein Seminar darüber gehalten hatte, wie man das Leben interessant findet, wußte ich, daß das hier die Probe aufs Exempel war. Als ich vor dem Wagen stand, begann ich zu kichern und sah mir das Rücklicht aus Plastik an, das auf dem Beton lag. »Ich habe noch nie das Rücklicht eines Mercedes auf dem Boden liegen sehen. Das ist interessant!«

Gerade als ich das dachte, hörte ich eine sehr erotische weibliche Stimme hinter mir sagen: »Ist das Ihr Auto?« Da ich gerade damit beschäftigt war, das Ausmaß des Schadens abzuschätzen, murmelte ich nur: »Ja, ist es.«

Da sagte dieselbe Stimme: »Sie sind doch nicht böse, oder?«

Ihrer Fragen wegen dachte ich: »Das ist interessant!«

Ich drehte mich um, und vor mir stand eine sehr gut angezogene, sehr schöne Frau Anfang 20. Jetzt dachte ich: »*Sie* ist interessant.« Und dann fragte ich sie, ob sie gesehen habe, wer gegen meinen Wagen gefahren sei. Plötzlich brach sie in

Tränen aus. Sie sagte, daß sie es gewesen sei. Sie habe Angst davor gehabt, einen Zettel hinter den Scheibenwischer zu klemmen oder zu warten, bis der Besitzer komme, weil sie nicht genau wisse, ob sie den emotionalen Streß ertragen könne. Sie sei sicher gewesen, daß der Eigentümer des Wagens wütend werden und sie anschreien würde. Dann erzählte sie, daß sie frisch geschieden sei (ich dachte: »Das ist *sehr* interessant!«), und daß ihr Ex-Mann wegen jeder Kleinigkeit furchtbar böse auf sie gewesen sei und sie Streß im Moment überhaupt nicht gebrauchen könne. Ich sagte, sie solle sich keine Sorgen machen, es komme schon alles wieder in Ordnung. Sie sei versichert, sagte sie, und die Versicherung werde für den Schaden aufkommen, und dann fragte sie, ob sie sonst noch etwas für mich tun könne. Ich erwiderte, ich hätte noch nicht gegessen, und sie könne mir bei einer kleinen Mahlzeit Gesellschaft leisten, wenn sie Zeit habe. Sie kam mit und wir wurden Freunde fürs Leben. Und das alles nur, weil ich damals beschloß, die Situation interessant zu finden, statt mich darüber aufzuregen.

ÜBUNG: Wenn Sie heute jemanden oder etwas bemerken, der oder das ein unbehagliches, unangenehmes oder sogar schmerzhaftes Gefühl in Ihnen verursacht – nehmen Sie sich die Zeit, um die Situation voll und ganz zu erleben. Konzentrieren Sie sich auf den Menschen oder die Situation, und reagieren Sie mehr wie ein Beobachter. Interessieren Sie sich dafür, was tatsächlich vor sich geht, nicht nur für das, was Sie fühlen. Sollten Sie dabei eine Art Spannung in Ihrem Körper spüren, tun Sie das für sich, was ich für Barbie getan habe. Definieren Sie in Gedanken, wie groß die negative Situation ist, welche Farbe und Form sie hat. Wenn Sie sich darauf konzentrieren und die Situation intensiv erleben, wird sie verschwinden.

Wie oft Sie vom Weg abkommen, hat keinen Einfluß auf Ihr Leben. Wo Sie schließlich enden, hängt davon ab, wie schnell Sie bemerken, daß Sie vom Weg abgekommen sind, und was Sie daraus lernen.

Vergessen Sie nicht, daß Sie mehr lernen, wenn Sie vom Weg abgekommen sind. Sie werden ganz sicher mehr lernen, wenn Sie sich voll und ganz auf den Schmerz konzentrieren, den Sie gerade erfahren. Ich glaube nicht, daß Menschen, die keinen Schmerz empfinden, erfolgreiche Beziehungen führen können. Ich weiß, daß Menschen, die Schmerz empfinden, ihn auch sofort bemerken und ihre Aufmerksamkeit darauf richten, so daß sie ihren Gedanken eine neue Richtung geben und sich um die Situation kümmern können. Ob eine Beziehung erfolgreich ist oder scheitert, hängt nicht davon ab, wie lange Sie in die falsche Richtung laufen. Vielmehr hängt es davon ab, wie lange Sie auf dem falschen Weg sind, bevor Sie sich entscheiden, etwas dagegen zu unternehmen, ob die Beziehung voller Leidenschaft oder voller Schmerz ist.

Einige Menschen sind sich nicht darüber im klaren, daß im Leben jeder die meiste Zeit über vom Weg abgekommen ist. Vor einigen Monaten, als ich mit meinem Verleger in New York war, bin ich mit einer Fluggesellschaft namens MGM Grand Air an die Westküste zurückgeflogen. In den Flugzeugen der MGM Grand Air gibt es nur erste Klasse. Während die meisten Fluggesellschaften mit 100 bis 200 Sitzen ausgerüstet sind, gibt es in einem Flugzeug der MGM Grand Air nur 30. Es sind keine gewöhnlichen Erste-Klasse-Sitze, sondern eher bequeme Polstersessel, die man sich für sein Wohnzimmer kaufen könnte. Außerdem gibt es in diesem Flugzeug noch Sofas, eine Riesenbar, abgetrennte Kabinen und einiges mehr. Während des Fluges wird kein gewöhnlicher Champagner angeboten, sondern Dom Perignon. Es werden keine Vorspeisen serviert, sondern vier verschiedene Sorten Kaviar. Können Sie es sich jetzt ungefähr vorstellen? Als wir schon einige Stunden in der Luft waren, ging ich nach oben ins Cockpit, um den Piloten guten Tag zu sagen. Pilot und Copilot unterhielten sich gerade miteinander, und ich bemerkte, daß das Flugzeug vom Autopiloten geflogen wurde. Während ich zusah, wie der Autopilot den Kurs korrigierte, fragte ich den Piloten, wie oft das Flugzeug vom Kurs abkomme. Er erzählte mir, daß es 95 Prozent der Flugzeit vom Kurs abweiche. 95 Prozent der gesamten Flugzeit? Unmöglich! Ich bat ihn, mir das zu erklären. Er griff nach einer Serviette und malte etwas auf das Papier, was so ähnlich aussah wie die Zeichnung auf dieser Seite. Er zeigte mir, daß wir beim Abflug in New York einen Augenblick lang auf Kurs gewesen seien und dann während der gesamten Flugzeit kreuz und quer über die geplante Route flögen. Er sagte, es spiele keine Rolle, wie oft wir von der Route abwichen. Solange wir unser Ziel nicht aus den Augen verlören und ihm immer näher kämen, würden wir es auch erreichen. Größere Kurskorrekturen, sagte er, würden immer erst kurz vor der Landung vorgenommen.

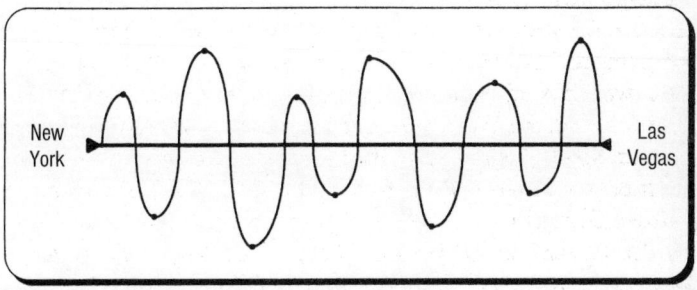

Geht es uns im Leben nicht genauso? Solange Sie ein bestimmtes Ziel vor Augen haben und auf dem Weg dorthin ständig Korrekturen vornehmen, werden Sie mit Sicherheit auch dort ankommen. Allerdings sollten Sie sich die Copiloten für Ihren Flug sorgfältig aussuchen. Da Ihre Beziehungen einen großen Teil Ihres Lebens ausmachen, sollten Sie sie das sein lassen, was sie sind – Copiloten. Beziehungen sollen eine Oase sein, ein sicherer Ort, an dem Sie Zuflucht suchen, wenn Sie sich von den Herausforderungen Ihrer Umgebung erholen wollen. Mögen all Ihre Beziehungen voller Leidenschaft sein – und wenn dem nicht so ist, dann lernen Sie, wie Sie die Leidenschaft entfachen.

> *»Sie lernen sprechen, indem Sie sprechen, lernen, indem Sie lernen, laufen, indem Sie laufen, arbeiten, indem Sie arbeiten. Mit der Liebe ist es genauso. Sie lernen lieben… indem Sie lieben. Jeder, der das anders sieht, macht sich etwas vor.«*
>
> Der heilige FRANZISKUS der Verkaufstechnik

Kapitel 14

DIE UMPROGRAMMIERUNG DES UNTERBEWUSSTSEINS AUF MEHR LEIDENSCHAFT

*»Es reicht nicht aus, etwas zu
lernen, man muß es leben.«*

MARSHALL SYLVER

Nachdem Sie nun viele leistungsfähige und effektive Strategien für Ihre Beziehungen gelernt haben, ist es an der Zeit,
dieses Material so zu integrieren, daß dadurch der maximal
mögliche Einfluß auf Ihr Leben erreicht wird. Dieses Kapitel – wie die beiden Kapitel über Erfolg und Energie, die
ähnlich aufgebaut sind – ist eine Zusammenfassung des Materials, das in diesem Abschnitt vorgestellt wurde. Das Material ist in einer speziellen Sprachsyntax geschrieben, um den
größtmöglichen Einfluß auf Ihr Unterbewußtsein zu erzielen.
Es gibt zwei Methoden, um mit diesem Kapitel zu arbeiten.
Sie können es auf Kassette aufnehmen und dann abspielen,
während Sie sich entspannen. Wenn Sie es aufnehmen, müssen Sie darauf achten, daß am Anfang der Kassette etwa zwei
Minuten unbespielt bleiben. Diese Zeit brauchen Sie, um tief
ein- und auszuatmen und sich zu entspannen. Wenn Sie dieses Kapitel auf Band aufnehmen, müssen Sie den Text in der
zweiten anstelle der ersten Person lesen, in der er geschrieben ist. Also »Entspanne dich« anstelle von »Ich entspanne
mich«. »Du weißt, daß du es verdient hast…«, anstelle von

»Ich weiß, daß ich es verdient habe ...« Das von Ihnen aufgenommene Band wird dadurch zu Ihrem persönlichen Umprogrammierer für Ihr Unterbewußtsein.

Die andere Methode zur Umprogrammierung besteht darin, den Text zur Umprogrammierung als Übung zur Bestätigung zu verwenden. Dazu lesen Sie sich einfach jeden Tag laut die Sätze zur Umprogrammierung vor, und zwar genau so, wie sie hier stehen. Diese Methode ist besonders effektiv, weil Sie dadurch gezwungen sind, sich voll und ganz auf die neuen Programme zu konzentrieren. Wenn wir zuhören, schweifen unsere Gedanken oft ab. Aber da Sie ein aktiver Teilnehmer bei dieser positiven Verstärkung sind, werden Ihnen diese Sätze dabei helfen, konzentriert zu bleiben und zu hören, was Sie sagen. Beide Methoden sind gleichermaßen gut geeignet. Wenn Sie die zuletzt genannte Methode zur Umprogrammierung verwenden wollen, lesen Sie dazu das gesamte Kapitel laut vor, und zwar genau so, wie es geschrieben wurde.

Text zur Umprogrammierung des Unterbewußtseins auf mehr ELAN

Ich weiß, daß ich es verdient habe, leidenschaftliche, funktionierende, hilfreiche Beziehungen zu führen. Ich weiß, daß Beziehungen auf Vereinbarungen aufgebaut sind, und solange diese Vereinbarungen eingehalten werden, wird die Beziehung andauern. Wenn die Vereinbarungen gebrochen werden und keine Entschädigung dafür angeboten wird, weiß ich, daß die Beziehung darunter leiden wird.

Ich weiß, daß eine Beziehung ein Meisterwerk ist, das auf Kommunikation aufgebaut ist, und daß Beziehungen sich selbst ins Gleichgewicht bringen, wenn Menschen aufeinandertreffen, die sich gegenseitig ihre Grundbedürfnisse erfüllen und sich unterstützen. Ich weiß, daß Beziehungen wie Bücher sind, aus denen ich etwas lernen kann.

Manche Bücher lese ich sehr schnell durch, ich schlage die Seiten um, weil es mir einfach Freude macht. Andere wiederum lese ich langsam und Wort für Wort, weil ich daraus so viel wie möglich lernen will. Ganz gleich, an welchem Punkt meine Beziehung zur Zeit angelangt ist, oder ob es um eine zukünftige Beziehung geht, ich weiß, daß es am wichtigsten ist, das Buch zu respektieren und es behutsam aus der Hand zu legen, wenn ich damit fertig bin, und daß jedes Buch, das ich lese, leichter und leichter zu verstehen sein wird und mich besser unterstützen wird, wenn ich die Beziehung und das Leben schaffe, von denen ich schon immer geträumt habe.

Ich weiß, daß es viel besser ist, eine Beziehung zu wollen, als eine Beziehung zu brauchen, und ich habe mich davon befreit, eine Beziehung zu brauchen. Ich genieße meine eigene Gesellschaft so sehr, daß ich weiß, ich bin eine angenehme Gesellschaft für andere Menschen. Ich stelle keine Forderungen mehr, ich habe nur noch Wünsche. Ich habe all meine Erwartungen aufgegeben, weil ich weiß, daß Erwartungen nur dazu führen, daß ich enttäuscht werde. Ich weiß, wie ich schnell nachgebe und wie ich mich dem stelle, was auf mich zukommt. Ich erlebe meine Beziehungen so, wie sie sind, statt so, wie sie sein sollten.

Ich weiß, daß nur ich allein dafür verantwortlich bin, wie es mir geht, und daß niemand die Macht hat, mich ärgerlich oder traurig oder glücklich oder leidenschaftlich zu machen, wenn ich ihm diese Macht über mein Leben nicht zugestehe. Ich werde diese Macht nur solchen Menschen und Situation zugestehen, die mir nützen und mich weiterbringen und mich unterstützen.

Ich weiß außerdem, wie ich meine Umgebung gestalten kann. Wenn etwas geschieht, das mir nicht gefällt, denke ich über Möglichkeiten nach, die Menschen um mich herum so zu motivieren, daß sie mir das geben, was ich haben will. Ich weiß, daß ich für andere mit Honig anziehender wirke als mit Essig. Ich erreiche mit meinem Charme alles und kann andere Menschen leicht dazu bringen, mir das zu geben, was ich haben will. Es ist ganz einfach für mich, die Fehler meiner Mitmenschen zu übersehen, weil ich mich nur auf das Gute konzentriere, mit dem sie mein Leben bereichern. Ich gestalte meine Umgebung jetzt selbst, und ich allein bin dafür verantwortlich, wie es mir geht.

Ich weiß, daß es besser ist, glücklich zu sein als im Recht. Ich habe mich dafür entschieden, in meinem Leben nicht mehr recht haben zu wollen, statt dessen entscheide ich mich jeden Tag aufs Neue dafür, glücklich zu sein. Ich weiß, daß ich eine Meinungsverschiedenheit am schnellsten dadurch beende, daß ich zu dem Menschen, mit dem ich rede, sage: »Du hast recht.« Ich bin bereit, schnell nachzugeben und einen anderen Weg zu gehen, weil ich weiß, daß ich meine Meinung immer noch ändern kann. Ich weiß, daß ich nichts reparieren muß, um mehr zu wollen. An mir oder dem Menschen, mit dem ich eine Beziehung habe, gibt es nichts, was kaputt ist.

Ich weiß außerdem, daß es besser ist, eine Beziehung zu haben, als Zeit damit zu verbringen, über eine Beziehung zu reden. Wenn ich zuviel Zeit damit verbringe, über das zu reden, was nicht in Ordnung ist, dann weiß ich, daß mir kaum noch die Zeit bleibt, das zu genießen, was in Ordnung ist. Wenn etwas passiert, was nicht durch die Vereinbarungen in der Beziehung geregelt ist, kann ich neue, wunderbare Methoden anwenden, um dem zu begegnen. Ich frage meinen Partner: »Haben wir dafür eine Vereinbarung?« Ich frage meinen Partner: »Würdest du die Vereinbarung gern ändern?«, oder ich frage mich selbst: »Würde ich meine Beziehung zu diesem Menschen gern ändern?«

Ich weiß, daß es nur zu Enttäuschungen führen wird, wenn ich mich in das Potential eines Menschen verliebe, weil ich dann in jemanden verliebt bin, den es gar nicht gibt. Es ist viel besser, sich in jemanden zu verlieben, so wie er jetzt gerade ist, und die Änderungen zu akzeptieren, die später noch auftreten. Erst danach werde ich entscheiden, ob dies noch der Mensch ist, mit dem ich zusammensein möchte. Ich verliebe mich nie in das Potential eines Menschen. Ich sehe die Menschen so, wie sie sind, und nicht so, wie ich sie gern hätte.

Ich weiß, daß mich die Wahrheit befreit. Ich vertraue anderen, und andere können mir vertrauen. Ich glaube solange, daß die Menschen mir die Wahrheit sagen, bis ich entscheide, daß es nicht die Mühe wert ist, mit ihnen zu reden, weil sie lügen. Wenn ich ehrlich zu anderen bin, weiß ich außerdem, daß ich ihnen die Möglichkeit gebe, den Menschen zu lieben, der ich wirklich bin, und nicht den Menschen, für den andere mich halten. Ich bin ehrlich und vertraue anderen Menschen. Ich vertraue anderen, und andere können mir vertrauen, und ich stelle fest, daß dies meinen Horizont erweitert und mich befreit. Ich bin dadurch ruhiger und fühle mich wohler. Ich weiß außerdem, daß jeder einmal lügt, und bin schnell bereit, Menschen wieder zu vertrauen oder die Tatsache zu akzeptieren, daß sie eben lügen, und dann mit meinem Leben weiterzumachen. Ich weiß: Je schneller ich verzeihen kann, desto schneller werde ich wieder zur Liebe zurückkehren.

Ich weiß, daß die Kunst des Zuhörens darin besteht, einem Menschen mit echtem Interesse zuzuhören und das, was er sagt, nicht zu vereinnahmen. Wenn jemand etwas zu mir sagt, weiß ich, daß das seine Meinung ist und nicht automatisch die Wahrheit über mich oder die Welt. Ich höre ihm zu, ohne ihn zu unterbrechen, mit echtem Interesse und ohne das, was er sagt, zu vereinnahmen.

Ich handle aus Liebe und nicht aus Rache. Ich weiß, daß es mir keinen Vorteil bringt, jemanden zu bestrafen, und ich frage mich ständig: »Wird sich der andere dadurch besser oder schlechter fühlen?« Ich weiß, daß es mir keinen

Vorteil bringt, aus Rache zu handeln, daher handle ich aus Liebe.

Ich weiß, daß nur ein Beteiligter notwendig ist, um eine Beziehung wieder in Ordnung zu bringen, und wenn ich als erster bemerke, daß mit der Beziehung etwas nicht stimmt, liegt es an mir, schnell wieder zur Liebe zurückzukehren. Ich gehe nie davon aus, daß der andere Unstimmigkeiten in der Beziehung bemerkt hat. Ich bin schnell bereit, meinen Stolz zu opfern, und sage Sätze wie: »Du bedeutest mir sehr viel, und ich will, daß wir uns noch näher sind. Was willst du, damit wir uns wieder vertragen können?« Statt laut zu werden, bin ich liebevoll und konzentriere mich darauf, nach mehr zu streben, nicht nach weniger. Ich weiß, daß ich nichts reparieren muß, um mehr zu wollen.

Ich weiß außerdem, daß es mir leicht fällt zu sagen, was ich will, und daß es mir jeden Tag leichter fällt, es so zu sagen, daß ich dadurch meinen Partner motiviere, mir Liebe in der Form zu geben, wie ich sie will. Ich bin außerdem bereit, meinem Partner die Liebe zu geben, die er will, in der Form, in der er sie will, oder meinem Partner die Möglichkeit zu geben, die Liebe, die er will, in der Form, in der er sie will, außerhalb unserer Beziehung zu bekommen. Ich weiß, daß das nicht unbedingt bedeuten muß, den Partner zu wechseln, es ist lediglich eine Verbesserung, von der ich letzten Endes profitiere.

Ich weiß außerdem, daß es wichtig ist, meine Partner dazu zu motivieren, mir Liebe in der Form zu geben, die mir etwas bedeutet, weil ich es verdiene, Liebe in der Form zu bekommen, die ich haben will. Ich weiß, daß das Leben ein Geben und ein Nehmen ist. Wenn ich immer nur nehme, wird der Brunnen eines Tages versiegen, und wenn ich immer nur gebe, ohne etwas dafür zu bekommen, werde ich sehr schnell verärgert und frustriert sein. Ich weiß, daß eine funktionierende Beziehung sowohl aus Geben als auch aus Nehmen besteht.

Ich will eine funktionierende, starke, unterstützende Beziehung führen. Ich weiß, ob meine Beziehung funktioniert oder nicht. Ich weiß, daß funktionierende Beziehungen mein Leben bereichern. Wenn ich feststelle, daß ich für meine Beziehung mehr Zeit aufwende als für mein übriges Leben, wenn ich feststelle, daß sie mein übriges Leben beeinträchtigt, werde ich handeln und die Sache in die Hand nehmen, und ich werde einen liebevollen und unterstützenden Weg finden, von dem wir beide profitieren. Ich weiß, daß es für meinen Partner und mich eine Möglichkeit gibt, alles zu bekommen. Ich weiß, daß unsere Welt keine Entweder-oder-Welt ist. Wir leben in einer Und-Welt, und ich weiß, daß ich nach mehr streben kann, ohne bei den Dingen, die mir wichtig sind, Kompromisse schließen zu müssen.

Ich sehe Ärger als Gelegenheit dafür an, etwas zu lernen. Ich erlebe Probleme in meiner Beziehung als einen Weg, mit meinem Partner noch vertrauter zu werden. Ich weiß, daß eine Beziehung dazu da ist, um etwas aus ihr zu lernen, und immer, wenn sich eine Situation ergibt, die nicht so einfach ist, stelle ich mir die Frage: »Was kann ich daraus lernen? Was ist an dieser Situation hier positiv und kann mich noch enger mit dem Menschen zusammenbringen, den ich liebe?«

Ich weiß, daß mit Sicherheit gegen meine Rechte verstoßen wird, wenn ich Rechte habe. Ich weiß, daß ich keine Rechte habe, ich kann nur ungerecht behandelt werden, wenn ich Rechte habe, daher ziehe ich es vor, statt dessen Wünsche zu haben. Ich weiß, daß das, was sein sollte, nicht die Wirklichkeit ist, und ich beschließe, mich der Wirklichkeit zu stellen. Wenn etwas in meiner Beziehung geschieht, an dem ich keine Freude habe, weiß ich, daß ich dafür eine Vereinbarung treffen kann, und ich kann diese Vereinbarung von jetzt an zur Basis für die Beziehung machen, da man die Vergangenheit nicht ändern kann.

All diese nützlichen Ideen und Konzepte machen einen tiefen Eindruck auf mein Unterbewußtsein und können nicht mehr gelöscht werden. Ich werde mich in dem Moment an sie erinnern, in dem ich das Wort »Leidenschaft« sage oder denke. *(Holen Sie jetzt tief Luft, und sagen Sie laut »Leidenschaft«.)*

Ich weiß, daß es ein Zeichen geringer Selbstachtung ist, Liebe vorzuenthalten. Wenn ich an meinen eigenen, nie versiegenden, reichlichen Vorrat an Liebe glaube, werde ich Liebe nie vorenthalten, und je mehr ich der Welt davon gebe, desto mehr bekomme ich zurück. Ich weiß, es ist wichtig, daß ich weiß, was ich nicht will und was ich will. Ich weiß, daß mein Partner mehr mit mir kommunizieren wird, wenn er weiß, daß ich aufmerksam zuhöre. Ich erwarte außerdem von meinem Partner, daß er sich so wie ich verhält und weiß, es ist eine Beleidigung, wenn ich von meinem Partner nicht erwarte, daß er mir die Liebe und den Respekt entgegenbringt, die ich verdiene. Ich weiß außerdem, daß es erst dann möglich ist, eine funktionierende Beziehung zu führen, wenn ich mich selbst respektiere und meinen Wert erkenne. Ich bin es wert, eine Beziehung zu haben, die mich ganz und gar unterstützt, mich voranbringt und mich dazu motiviert, mehr in meinem Leben zu erreichen.

Ich weiß außerdem, daß es wichtig ist, das Gute und nicht das Schlechte in einer Beziehung zu sehen. Ich weiß, daß es gut ist, meine Kinder zu lehren, sich gegenseitig zu lieben und zu unterstützen, und daß es schlecht ist, sie zu lehren, in Beziehungen zu bleiben, in denen sie mißbraucht und ausgenutzt werden. Ich stelle oft etwas Gutes an dem Menschen fest, den ich liebe, und ich sage es ihr oder ihm auch. Ich weiß, je mehr Gutes ich in meinen Beziehungen finde, desto häufiger wollen die Menschen mir mehr geben. Ich sage mehrmals am Tag zu meinem Partner: »Mir gefällt an dir, daß…« Ich sage meinem Partner, was mir an ihm gefällt, aber nicht deshalb, weil ich dafür etwas haben will, sondern weil es mir Freude macht. Ich beherrsche den Taking Touch und gebe Liebe, weil es mir Freude macht, Liebe zu geben, und erwarte nie etwas dafür. Ich weiß, je besser ich darin werde, Liebe zu geben, desto mehr öffne ich meine Welt, um Liebe zu empfangen.

Wenn ich Liebe gebe, halte ich dabei immer ein gewisses Niveau an Selbstachtung. Ich weiß, daß es sinnlos ist, Liebe aus niederen Beweggründen zu geben, und daß ich dadurch weder mich noch einen anderen unterstütze. Ich weiß außerdem, daß Liebe zu geben eine gute Möglichkeit ist, um auszudrücken, daß ich eine hohe Selbstachtung habe und viel Liebe geben kann, einen unendlichen Vorrat an Liebe. Ich weiß, daß mich Selbstbewußtsein attraktiv macht, ich gehe aufrechter und lächle, und ich habe keine Schwierigkeiten, mit anderen Menschen ins Gespräch zu kommen. Ich weiß, daß Selbstachtung heißt, meinen eigenen Wert zu verstehen.

Ich weiß, daß Sinnlichkeit bedeutet, mit meinen Sinnen in Einklang zu stehen, und zwar mit allen Sinnen. Ich achte darauf, wie etwas riecht und aussieht, wie es sich anfühlt, wie es sich anhört. Wenn ich auf andere Menschen anziehend wirken will, sorge ich dafür, daß Hören und Sehen und Riechen und Fühlen positiv angesprochen werden.

Ich weiß, daß erotische Anziehungskraft bedeutet, mich selbst zu mögen, und mit jedem Tag, der vergeht, liebe ich mich selbst mehr. Ich bin der Meinung, daß Alleinsein etwas ganz Wunderbares und ein großartiges Gegengewicht ist für die Zeit, in der ich mit anderen zusammen bin.

Ich weiß, daß ich durch Schmerz immer mehr lerne als durch Freude, und ich nehme Schmerz um der Erfahrung willen an und kehre dann schnell zur Freude zurück, wobei ich weiß, daß ich von diesen Erfahrungen profitieren werde und nach noch mehr Gutem streben kann. Ich entwickle meine Beziehungen so, daß sie eine Oase sind, ein sicherer Ort, an dem ich Zuflucht suchen kann, wenn ich mich von den Herausforderungen meiner Umgebung erholen will. Sollte ich einmal nicht aus eigener Wahl eine Zeitlang allein sein, weiß ich, daß es in Ordnung ist zu trauern, und zwar sehr heftig zu trauern, und es so schnell wie möglich hinter mich zu bringen, so daß ich die Möglichkeit habe, einfach das Wort »weiter« zu mir zu sagen und zu erkennen, daß ich die Sehnsucht nach etwas genauso auskosten kann wie den Besitz. Ich weiß, es ist wichtig, daß ich meine Zeit als Single genieße, wenn ich Single bin, damit ich die Beziehung genießen kann, wenn ich eine Beziehung habe.

Mit jedem Tag, der vergeht, fällt es mir leichter, auf andere Menschen anziehend zu wirken. Mir fällt es leichter, geliebt zu werden, mein Selbstbewußtsein wächst mit jedem Tag, und ich stelle fest, daß ich anderen Menschen immer häufiger in die Augen sehe und immer öfter lächle. Ich stelle fest, daß ich mich jetzt mehr um mein Aussehen kümmere, und ich weiß, daß Attraktivität bedeutet, ein Nein als Antwort nicht gelten zu lassen. Ich übe ständig, andere Menschen auf glückliche, produktive Art und Weise in mein Leben zu ziehen. Ich achte darauf, wie andere Menschen auf mich reagieren, wobei mir jedoch klar ist, daß dies nur eine Reflexion ist, und daß ich auf die Menschen anziehend wirke, auf die ich anziehend wirken will, indem ich der Mensch bin, auf den ich anziehend wirken will. Ich weiß, wie wichtig es ist, mein Bestes zu geben und das Beste in mein Leben zu holen. Ich bringe meinen Beziehungen den Respekt entgegen, den ich auch für mich selbst erwarte.

Ich weiß, daß Vertrautheit mir nicht das Recht oder die Erlaubnis gibt, meinen Partner wie einen Fremden auf der Straße zu behandeln. Vertrautheit verlangt, daß ich meinen Partner mindestens so gut wie meine Haustiere behandle und auf jeden Fall so gut, wie ich selbst behandelt werden möchte. Wenn ich auf der Suche nach einer Beziehung bin, übe ich es, allen Menschen mit Liebe und Freundlichkeit zu begegnen, damit ich, wenn ich den idealen Partner kennenlerne, die Fähigkeit besitze, ihn genauso zu behandeln und auf ihn anziehend zu wirken. Ich bin ein liebevoller, mitfühlender, wundervoller Mensch, der all das, was Beziehungen mir bieten können, wirklich verdient hat.

Heute und von heute an werde ich mich selbst an einfachsten Dingen erfreuen. Ich weiß, daß in Beziehungen die Reichen noch reicher werden, und wenn ich mir die Zeit nehme, mich für eine freundliche Geste zu bedanken, die mir ein anderer Mensch entgegenbringt, weiß ich, daß ihn das dazu motiviert, mir noch mehr zu geben. Ich zeige anderen Menschen gegenüber selbst solche freundlichen Gesten und helfe ihnen, weil ich weiß, je mehr Liebe ich der Welt schenke, desto mehr Liebe wird auch für mich vorhanden sein. Ich bin ein glücklicher, liebevoller, froher Mensch, der jeden Tag mehr dazu angeregt wird, das Leben anderer Menschen auf eine glückliche, unterstützende Art und Weise zu berühren. Ich bin ein wirklich guter Zuhörer, ich vertraue anderen, und andere können mir vertrauen, und ich bin mit Sicherheit ein Mensch, den viele Menschen gerne kennen würden. Ich bin ein liebevoller, wundervoller, zärtlicher Mensch.

Es wird einfacher und einfacher für mich, mich auszudrücken und mich durch die Wahrheit zu befreien. Ich weiß, daß es gut ist, anderen zu erzählen, wie ich mich fühle, und nicht zu erwarten, daß sie eine bestimmte Reaktion darauf zeigen, und daß ich dadurch der Mensch sein kann, der ich bin, und andere mich als den Menschen schätzen und lieben können, der ich bin, ein liebevoller, unabhängiger, begehrenswerter Mensch. *(Holen Sie jetzt tief Luft, atmen Sie aus, und sagen Sie laut »Leidenschaft«. Holen Sie noch einmal tief Luft, und sagen Sie beim Ausatmen noch einmal laut »Leidenschaft«.)*

ERFOLG

Kapitel 15

SO DENKEN UND HANDELN SIE
WIE EIN MILLIONÄR

Ich werde oft gefragt, wie aus dem armen Zehnjährigen, der auf einer Farm ohne fließendes Wasser und Strom aufgewachsen ist, ein Multimillionär wurde. Es war ganz einfach. Ich war noch sehr jung, als ich einmal ein Zehncentstück im Rinnstein fand. Ich nahm das Zehncentstück, ging zum Markt und kaufte dafür einen Apfel. Ich rieb ihn blank, führte meine beste Verkaufspräsentation durch und verkaufte ihn für 20 Cents. Mit diesen 20 Cents kaufte ich zwei weitere Äpfel für zehn Cents das Stück, die ich ebenfalls glänzend rieb und für 20 Cents das Stück verkaufte. Dann starb mein Onkel und hinterließ mir zwei Millionen Dollar. Und so bin ich Multimillionär geworden.

Wenn Sie zur großen Masse gehören (und das traf natürlich auch auf mich zu), sollten Sie besser nicht die Luft anhalten und darauf warten, daß Ihr Onkel zuerst reich wird und dann stirbt und Ihnen schließlich auch noch sein ganzes Geld vererbt. Da die Chancen dafür in etwa so groß sind, wie im Lotto zu gewinnen, sollten wir uns besser einen anderen Weg überlegen, um Sie reich zu machen. Wenn dann das Geld Ihres Onkels oder der Lottogewinn dazukommen, ist das eine angenehme Überraschung.

Im Abschnitt »Erfolg« werden Sie lernen, wie Sie wie jemand denken und handeln, der sich ein sagenhaftes Vermögen geschaffen hat, so daß Sie es in Ihrem eigenen Leben zu ungeheurem Reichtum bringen können.

Wußten Sie, daß 95 Prozent des gesamten Geldes auf dieser Welt von fünf Prozent der Menschheit kontrolliert werden? Eine noch beängstigendere Statistik besagt, daß 50 Prozent des gesamten Geldes auf dieser Welt von einem Prozent der Bevölkerung kontrolliert werden. Das Ganze klingt noch viel beängstigender, wenn Sie nicht zu diesem einen Prozent gehören! Und noch etwas: Wenn alles Geld dieser Welt gleichmäßig auf alle Menschen verteilt werden würde, wäre es innerhalb von fünf Jahren wieder in den Händen dieses einen Prozentes. Und warum? Die Menschen, die sich jetzt ein Vermögen schaffen, würden einfach so weitermachen wie bisher und sich erneut ein Vermögen schaffen – und am Ende würde das ganze Geld wieder in ihren Taschen sein.

Welche genetischen Unterschiede gibt es zwischen Menschen, die Geld haben, und Menschen, die kein Geld haben? Sie haben recht – keine. Reich werden hat nichts mit Genen zu tun. Wenn es nicht an den Genen liegt, muß es psychische Ursachen dafür geben. Wenn Sie wüßten, was dieses eine Prozent tut, dann könnten Sie doch das gleiche tun, stimmt's? Sie werden jetzt die grundlegenden Strategien der Superreichen lernen. Wenn Sie denken, was die Superreichen denken, und tun, was die Superreichen tun, werden Sie ähnliche Ergebnisse erzielen. Da alles relativ ist, werden Sie vielleicht nicht superreich – aber ein paar Millionen zusätzlich wären doch sicher auch in Ordnung, nicht wahr?

Kapitel 16

ERFOLGREICHE MENSCHEN BEHERRSCHEN DIE KUNST DER KOMMUNIKATION

Das wichtigste Merkmal von Wohlstand, der größte gemeinsame Nenner der Superreichen ist die Tatsache, daß wohlhabende Menschen die Kunst der Kommunikation beherrschen. Kommunikation führt zu Reichtum. Denken Sie darüber nach, was das bedeutet. Da Sie alles, was Sie haben wollen und noch nicht haben, sehr wahrscheinlich von anderen bekommen werden, wird Ihre Fähigkeit, effektiv zu kommunizieren, der Schlüssel zu Ihren Reichtümern sein.

Um das zu bekommen, was Sie haben wollen, müssen Sie mit anderen Menschen so kommunizieren, daß diese dazu motiviert werden, Ihnen das Gewünschte geben zu wollen.

Ihre Lebensqualität wird durch die Qualität Ihrer Kommunikation mit sich selbst und mit der Außenwelt bestimmt. Dies bedeutet, daß Ihre Fähigkeit, mit sich selbst zu kommunizieren oder sich zu überzeugen, etwas Bestimmtes zu tun, und Ihre Fähigkeit, mit anderen zu kommunizieren und diese zu überzeugen, etwas Bestimmtes zu tun, Ihre Lebensqualität bestimmen.

Wußten Sie, daß die am besten bezahlten und mächtigsten Menschen dieser Welt alle etwas mit Kommunikation und Reden in der Öffentlichkeit zu tun haben? Politiker, Entertainer, bekannte Sportler. Menschen, die es riskieren, sich vor große Menschengruppen hinzustellen und so zu kommunizieren, daß diese bereit sind, sie zu unterstützen. Diese Menschen bekommen deshalb soviel Geld, weil die meisten von uns fürchterliche Angst davor haben, in der Öffentlichkeit zu sprechen. Wir haben Angst davor, uns vor eine Gruppe von Unbekannten hinzustellen und uns lächerlich zu machen.

Bei meinem *Total-Potential-Training*-Wochenende bringe ich Tausende von Menschen dazu, Feuer zu essen. Diese Menschen haben ihre Ängste überwunden und 40 Zentimeter lange Flammen in den Mund genommen, ohne daß ihnen dabei etwas passiert ist. Das ist sehr gefährlich und sollte auf keinen Fall von jemandem versucht werden, der dafür nicht gründlich trainiert worden ist. Zu Beginn des Seminars bitte ich alle Teilnehmer, mir ihre größten Ängste zu nennen. Am häufigsten werden immer folgende genannt: 1. Angst davor, in der Öffentlichkeit zu sprechen; 2. Angst davor zu fallen; 3. Angst vor Feuer.

Das bedeutet, daß die meisten Menschen lieber verbrennen würden, als vor anderen eine Rede zu halten. Erstaunlich!

Ich glaube nicht, daß es wirklich die Angst davor ist, in der Öffentlichkeit zu sprechen. Es geht eher darum, daß man befürchtet, die Mühe, vor einer Gruppe von Unbekannten eine Rede zu halten, würde in keinem Verhältnis zu dem stehen, was man dafür bekommt. Wenn ich die Teilnehmer meines Seminars frage: »Wer von Ihnen wäre bereit, sich ein Jahr lang jeden Tag vor eine Gruppe von Unbekannten hinzustellen und sich mit voller Absicht lächerlich zu machen, wenn er dafür mindestens eine Million Dollar bekäme?«, hebt jeder im Raum die Hand. Wenn ich die Teilnehmer darauf hinweise, daß ich der lebende Beweis dafür bin, daß so etwas wirklich möglich ist, dann ist die Angst, vor anderen zu sprechen, schon nicht mehr so groß. Verstehen Sie jetzt, daß es von größter Wichtigkeit ist, die Kunst der Kommunikation zu erlernen, um das Geld zu bekommen, das Sie haben wollen? Ihr Erfolg im Leben wird zum größten Teil davon abhängen, wie gut Sie mit sich selbst und anderen Menschen kommunizieren können. Selbstkommunikation ist die Fähigkeit, sich selbst zu etwas zu motivieren. Bei der Kommunikation mit anderen überzeugen oder beeinflussen Sie andere Menschen so, daß diese Sie auf Ihrem Weg nach oben unterstützen wollen. **Bei einer Kommunikation bekommen Sie immer das zurück, was Sie aussenden.** Wenn Menschen zu oft nein zu Ihnen sagen, kommt das daher, daß Sie ihnen Fragen stellen oder Bitten an sie richten, die ganz einfach abzulehnen sind.

Probieren Sie es aus. Wenn Sie das nächste Mal jemanden kennenlernen, stellen Sie sich nur mit Ihrem Vornamen vor, und achten Sie darauf, was Sie zurückbekommen. Wahrscheinlich wird sich Ihr Gegenüber ebenfalls mit Vornamen vorstellen. Beim nächsten neuen Bekannten stellen Sie sich mit Vor- und Zunamen vor und achten darauf, was Sie zurückbekommen. Aller Wahrscheinlichkeit nach wird sich Ihr Gegenüber ebenfalls mit Vor- und Zunamen vorstellen. Wenn Sie von anderen Menschen nicht das bekommen, was Sie wollen, hat das nichts mit den anderen zu tun. Es liegt daran, daß das, was Sie aussenden, nicht effektiv ist. Weiter hinten werden Sie lernen, wie Sie Bitten formulieren, die ganz einfach mit Ja zu beantworten sind. Wenn Sie damit anfangen, den Eindruck zu ändern, den Sie bei anderen hervorrufen, werden Sie eine ganz andere Rückmeldung bekommen.

Menschen, die die Kunst der effektiven Kommunikation beherrschen, kümmern sich um beide Seiten der Kommunikation.

Wenn jemand die Kunst der effektiven Kommunikation beherrscht, geht er nie davon aus, daß der andere ihn versteht. Er fragt immer nach, ob der andere ihn richtig verstanden hat. Menschen, die effektiv kommunizieren können, und wohlhabende Menschen sagen so gut wie nie: »Sie verstehen mich einfach nicht.« Sie wissen, daß es an ihnen liegt, zu verstehen und verstanden zu werden. Sie wiederholen die Kommunikation des anderen Menschen, um sicher zu sein, daß sie diese richtig empfangen haben, und sie prüfen nach, ob ihr Gesprächspartner, der ihre Kommunikation empfangen hat, auch verstanden hat, was sie sagen wollten.

Kapitel 17

ERFOLGREICHE MENSCHEN WISSEN, DASS GELD ZUERST IN DEN GEDANKEN GEMACHT WIRD

> »Leere Taschen haben noch nie einen
> Menschen zurückhalten können. Das tun
> nur leere Köpfe und leere Herzen.«
>
> NORMAN VINCENT PEALE

Alles beginnt mit einem Gedanken. Gedanken verwandeln sich in Pläne. Pläne werden zur Realität. Sie müssen den festen Glauben daran entwickeln, daß Geld zuerst in Gedanken gemacht werden muß.

> »Aus den Köpfen der Menschen stammt
> mehr Gold als aus der Erde.«
>
> NAPOLEON HILL

Die meisten Menschen, die es zu etwas gebracht haben, haben aus ihren Gedanken Geld gemacht. Ein Gedanke kann Millionen wert sein. Ich habe in meinem Leben schon viele Gedanken gehabt, von denen mir jeder über eine Million Dollar netto eingebracht hat. Ich weiß, es ist leichter, einfach aufzugeben und zu glauben, daß das Schicksal Ihnen kein Leben im Wohlstand zugedacht hat, und doch muß es nicht so sein. Um Ihre finanzielle Situation zu ändern, müssen Sie lernen, anders über Ihre aktuelle Situation zu denken. Allein durch Ihrer Hände Arbeit werden Sie keinen Reichtum schaffen.

Die Denkenden herrschen über die Arbeitenden.

Um finanziellen Wohlstand zu schaffen, müssen Sie lernen, Ihre drei Schlüssel-Ressourcen effektiv einzusetzen – Menschen, Zeit und das Geld, das Sie zur Zeit besitzen. In den nächsten Abschnitten werden Sie lernen, wie Sie das anstellen. Fangen wir damit an, wie man Menschen effektiv einsetzt ...

Kapitel 18

ERFOLGREICHE MENSCHEN KÖNNEN BEZIEHUNGEN SCHAFFEN

> »Die Reichtümer, die Sie wollen und
> nicht haben, werden nicht aus Ihrer
> eigenen Tasche kommen.«
>
> MARSHALL SYLVER

Merkmal Nummer drei für Wohlstand: Reiche Menschen können Beziehungen schaffen. Wohlhabende Menschen wissen, wie man sich mit anderen verbündet. Sie wissen, wie man Menschen dazu bringt, ihnen dabei zu helfen, das zu bekommen, was sie wollen. Darüber hinaus empfinden sie echte Liebe für ihre Mitmenschen. Sie genießen die Gesellschaft anderer, weil sie sich selbst gern haben. Da sie den Wert jedes Menschen kennen, wissen sie, daß die Menschen, denen sie begegnen, ihre Aufmerksamkeit verdienen – ganz einfach deshalb, weil sie Menschen sind. Menschen, die sich nicht mit anderen verbünden können, beurteilen andere immer zu hart und akzeptieren den anderen nicht so, wie er ist. Es bereitet gar nicht viel Mühe, jedem Menschen, dem man begegnet, ein gewisses Maß an Wertschätzung entgegenzubringen, und doch verhalten sich nur sehr wenige Menschen so. Ich schreibe diese Zeilen hier in einem Strandhotel auf Hawaii. Gestern habe ich mich eine Weile mit einem Mann unterhalten, den ich am Pool kennengelernt habe. Er sagte mir, sein Name sei Steve. Er trat sehr bescheiden auf und machte einen etwas schüchternen Eindruck. Obwohl ich den ganzen Tag an meinem Buch gearbeitet hatte und hundemüde war, konnte ich sehen, daß er sich mit mir unterhalten wollte. Da ich allen Menschen mit einer tief empfundenen Liebe begegne, war ich nett zu ihm und freute mich darüber, daß sich jemand mit mir unterhalten wollte. Einige Zeit später verabschiedete er sich und ging. Und dann sagte der Poolboy zu mir: »Wissen Sie, wer das war? Der Mann, der Apple gegründet hat. Steven Jobs.«

>»Ich hätte lieber ein Prozent der Arbeit von 1000 Menschen als 100 Prozent der meinen.«*
>
> J. PAUL GETTY

Alles, was Sie wollen und nicht haben, bekommen Sie von anderen Menschen. Wie bringen Sie andere Menschen dazu, Ihnen dieses eine Prozent von ihrer Produktivität zu geben? Was tun Menschen, um andere zu motivieren, hart zu arbeiten, damit jemand anderes Geld verdient? 95 Prozent der Weltbevölkerung werden von den restlichen fünf Prozent geführt, und diese fünf Prozent kommen damit durch, weil sie ein Ziel vor Augen haben.

> »Ich habe einmal einen Mann kennengelernt, der wußte, wohin er wollte, und er lud alle ein, ihm zu folgen.«
>
> KENNY LOGGINS

Der unglaubliche Erfolg von Apple war weniger der Technologie zu verdanken als Steven Jobs' Fähigkeit, andere Menschen begeistern zu können. Damals hatten viele mit der Computerbranche zu tun, aber ich glaube, daß einer der Hauptgründe für Apples Erfolgsstory in Steven Jobs' Fähigkeit zu suchen ist, den Weg seiner Firma nach oben mit soviel Spaß zu verbinden, daß es – um es einmal mit dem Slogan einer bekannten Anzeigenkampagne für die amerikanische Armee auszudrücken – nicht nur ein Job, sondern ein Abenteuer war. Wenn Sie präzise sagen, wohin Sie gehen, und so engagiert und mitreißend sind, daß die Reise dorthin wie ein Abenteuer aussieht, dann wird es Ihnen nicht schwerfallen, andere zum Mitkommen einzuladen und zu motivieren.

Entweder, Sie machen sich auf Ihre eigene Reise, oder Sie gehen mit jemand anderem mit.

Wenn Sie präzise sagen, wohin Sie gehen, wird es Ihnen leichtfallen, andere für Ihre Reise zu begeistern. Ich beschreibe meine Aufgabe und mein Ziel so präzise, daß es gar nicht ungewöhnlich ist, wenn in meinem Büro Woche für Woche viele Anrufe von Menschen eingehen, die ehrenamtlich für uns arbeiten wollen. Ich glaube, meine Arbeit ist deshalb so attraktiv für andere Menschen, weil ich deutlich sage, welches Ziel ich vor Augen habe. Ganz abgesehen davon verfolgen wir eine Vision, bei der andere Menschen gewinnen können, wenn sie ein Teil davon sind. Engagement läßt sich gut verkaufen. Ich lebe ein engagiertes Leben, weil ich aus jedem einzelnen Moment das Maximum an Freude herausquetsche. Ich genieße den Weg genauso wie das Ziel. Ich koste die Sehnsucht nach etwas genauso aus wie den Besitz. Menschen sind Bewegungsfanatiker. Sie wollen auf eine Reise mitgenommen werden, die Spaß zu machen verspricht. Und Sie brauchen nur noch eine Reise zu entwickeln, die Spaß macht, und sie mit vollem Einsatz zu verkaufen.

Eine der besten Methoden, um andere Menschen dazu zu bringen, Sie auf Ihrer Reise zu begleiten, besteht darin, selbst Begeisterung dafür zu zeigen. Erinnern Sie sich noch an die Geschichte mit Tom Sawyer, in der er seine Freunde dazu gebracht hat, den Zaun für ihn streichen? Statt das Zaunstreichen als lästige Arbeit zu empfinden, hatte er so viel Spaß dabei, daß die anderen darum bettelten, helfen zu dürfen. Nach einem langen, durchgefeierten Wochenende in Mexiko mußte ich mit dem Auto nach Hause zurückfahren. Ich war sehr müde und hatte überhaupt keine Lust, den langen Weg zurückzufahren. Ich hatte gerade meinen ersten

Mercedes gekauft und beschloß, meine damalige Freundin dazu zu bringen, daß sie fuhr. Also schwärmte ich ihr vor, was für ein fantastisches Auto der Mercedes sei, und daß man ihn mit keinem anderen Wagen vergleichen könne. »Er fährt sich so gut, daß es eine wahre Freude ist, die ganze Küste hoch bis in die Staaten zu fahren.« Als ich ihr erzählte, wieviel Spaß es machte, mit dem Mercedes zu fahren, bemerkte ich das Leuchten in ihren Augen. Ich sagte: »Weißt du, dieser Wagen ist etwas ganz Besonderes für mich. Ich weiß nicht, was ich tun würde, wenn jemand anderes damit fahren und einen Unfall bauen würde.« Einige Minuten später sagte sie: »Ich würde wirklich gern mit deinem Wagen fahren, und ich verspreche dir auch, ganz vorsichtig zu sein. Könnte ich denn nicht die Küste hochfahren?« Ich erwiderte: »Ich weiß nicht, an der Küste ist es so windig. Außerdem liegen viele Steine auf der Straße herum, und ich bin mir nicht sicher, ob ich dich damit fahren lassen soll. Es ist das reinste Vergnügen, und ich weiß, daß du eine Menge Spaß dabei hättest, aber ich bin ein wenig beunruhigt, ob du auch vorsichtig genug bist, wenn du den ganzen Weg in die Staaten zurückfährst.« Einen Moment später versicherte sie mir, daß sie vorsichtig sein werde, und bestand darauf, daß ich sie zurückfahren ließe. Ich tat so, als würde ich nachgeben, und sagte: »Also gut, wenn du unbedingt willst, kannst du zurückfahren.« Sie fuhr, ich schlief, und wir profitierten beide davon.

Es ist ganz einfach, andere Menschen dazu zu bringen, Ihnen einen Teil ihrer Arbeitskraft zu geben. Sie müssen ihnen nur zeigen, daß sie davon profitieren können. Wenn ich Ihnen erzähle, daß ich Ihnen beibringen könnte, wie Sie bei gleicher Arbeit doppelt soviel Geld wie im Augenblick verdienen könnten, und daß ich dafür lediglich die Hälfte des Geldes haben will, das Sie zusätzlich verdienen – würden Sie dann wollen, daß ich es Ihnen beibringe? Selbstverständlich würden Sie das wollen.

Reiche Menschen schaffen nicht nur Beziehungen, sie haben auch ein echtes Interesse daran, daß andere erfolgreich sind. Da sie von ihren Fähigkeiten überzeugt sind, haben sie keine Angst vor dem, was andere tun. Wenn jemand anderes auf ihrem Gebiet Erfolg hat, gratulieren sie ihm dazu, statt zu versuchen, ihm Hindernisse in den Weg zu legen. Sie sehen den Sieg eines anderen als Inspiration dafür, sich noch weiter zu entwickeln. Sie wissen, daß sie letzten Endes davon profitieren werden, wenn sie andere Menschen bei ihrer Weiterentwicklung unterstützen. Sie sind bereit, ihr Wissen, ihre Zeit und ihr Können mit anderen Menschen zu teilen. Sie halten nichts zurück und unterstützen andere, wenn diese das wollen.

Wir werden den Menschen immer ähnlicher, mit denen wir uns umgeben.

Wohlhabende Menschen umgeben sich mit anderen wohlhabenden Menschen. Sie haben keine Angst davor, sich mit ihresgleichen zu messen und sich so zu geben, wie sie sind. Wie ist das mit Ihnen? Einige Menschen suchen unter anderem deshalb die Gesellschaft von Menschen, die nicht soviel erreicht haben wie sie selbst, damit sie ihren Erfolg »heraushängen lassen« können. Doch dadurch verhindern sie jegliche persönliche Weiterentwicklung. Wenn Sie wirklich besser Schach spielen wollen, wäre es dann nicht klüger, Sie würden mit jemandem spielen, der besser ist als Sie und Ihnen vieles beibringen kann, als mit jemandem, gegen den Sie sowieso immer gewinnen?

David Ogilvy, der Gründer der Werbeagentur Ogilvy & Mather, stellte einmal vor jeden seiner Manager eine kleine hölzerne russische Puppe hin. Er sagte: »Das da sind Sie. Öffnen Sie die Puppe.«

Als die Manager die Puppen öffneten, kam noch eine Puppe zum Vorschein. Sie öffneten die kleinere Puppe und fanden noch eine kleinere, und dann noch eine und noch eine ... In der kleinsten Puppe steckte ein Zettel, auf dem stand: »Wenn Sie Mitarbeiter einstellen, die kleiner sind als Sie, wird aus uns ein Unternehmen mit lauter Zwergen. Wenn Sie Mitarbeiter einstellen, die mehr können als Sie, wird aus uns ein Unternehmen mit lauter Riesen.«

Haben Sie Angst davor, daß andere Menschen glauben, sie wären beruflich in einer besseren Position als Sie oder hätten einen höheren Lebensstandard? Bringt Sie das in Verlegenheit, oder schüchtert es Sie ein? Fürchten Sie sich davor, mit wohlhabenden Menschen zusammenzusein? Glauben Sie, diese Menschen denken irgendwie anders als Sie? Natürlich nicht. Sie unterscheiden sich in nichts von diesen Menschen. Sie sind all das, was diese Menschen auch sind – und noch viel mehr. Am besten lernen Sie das, was Sie in Ihrem Leben noch lernen wollen, wenn Sie sich jemanden suchen, der das, was Sie lernen wollen, schon sehr gut kann, und ihn kennenlernen.

Ich persönlich lade solche Menschen zum Essen ein. Ich rufe sie einfach an und sage, daß ich sehr beeindruckt bin von ihnen und von dem, was sie für mich getan haben. Ich sage, daß ich gerade dabei bin, Material über sehr erfolgreiche Menschen zu sammeln, und daß ich sie gern in ein Restaurant ihrer Wahl zum Essen einladen würde, um sie zu interviewen. Gehen Sie dorthin, wo erfolgreiche Menschen hingehen. Schreiben Sie ihnen einen Brief. Halten Sie sich dort auf, wo diese Menschen sich aufhalten, dann werden Sie schon einen Weg finden, sie kennenzulernen. Suchen Sie sich jetzt jemanden aus Ihrem Interessensgebiet aus, der eine Menge Geld verdient, und rufen Sie ihn an. Laden Sie einen Millionär zum Essen ein, oder suchen Sie sich ein gemeinsames Hobby und freunden Sie sich mit ihm an.

Eine Freundschaft oder zumindest eine freundschaftliche Beziehung mit einem Menschen, dem Sie nacheifern, ist das beste praktische Training, das Sie bekommen können. Wenn Sie mit Menschen verkehren, die für Sie ein Vorbild sind, werden Sie Ihre Methoden auf vielfältige Art und Weise verbessern. Menschen arbeiten gern mit Menschen zusammen, die eine angenehme Gesellschaft darstellen, daher ist ein freundliches Wesen eine unabdingbare Voraussetzung, wenn Sie von einer solchen Zusammenarbeit profitieren wollen. Sie kennen sicher die Redensart: »Es kommt immer darauf an, wen man kennt.« Genauso ist es. Und deshalb achten erfolgreiche Menschen auch darauf, andere erfolgreiche Menschen zu kennen und sich mit ihnen sehen zu lassen. Um erfolgreich zu sein, müssen Sie die Gesellschaft von Menschen suchen, die Ihnen dabei helfen können, Ihre Ziele zu verwirklichen. Vielen Menschen ist es unangenehm, daß sie nur deshalb mit jemandem ihre Zeit verbringen, weil sie etwas von ihm wollen. Wenn Sie ein schlechtes Gewissen haben, weil Sie jemanden »benutzen«, sollten Sie sich vor Augen führen, daß diese Menschen Sie auch »benutzen«.

ÜBUNG: Stellen Sie eine Liste mit den Namen von mindestens 20 Menschen zusammen, die Ihnen nützliche Informationen geben könnten. Das können zum Beispiel Menschen sein, die bereits das erreicht haben, was Sie noch erreichen wollen, oder Menschen, die viel Erfahrung in den Bereichen haben, in denen Sie vorankommen wollen. Es könnten sogar Menschen sein, die Sie als Konkurrenten ansehen würden. Vermutlich wird es Sie überraschen, wie gern Menschen über sich selbst reden. Stellen Sie diese Liste jetzt zusammen. Rufen Sie dann mindestens fünf davon an und laden Sie sie zum Essen ein. Stellen Sie außerdem eine Liste mit den Namen von mindestens 50 Menschen zusammen, die Sie rein interessehalber einmal kennenlernen wollen. Ich habe vor einigen Jahren eine Liste zusammengestellt, auf der 100 Namen standen, von Präsidenten über bekannte Persönlichkeiten bis hin zu Profisportlern. Die meisten Menschen auf meiner Liste habe ich inzwischen kennengelernt, und ich bin gerade dabei, eine neue zusammenzustellen.

Sie haben jetzt einen ersten Eindruck davon, wie Sie Menschen effektiv einsetzen. In den nächsten beiden Kapiteln werde ich Ihnen die beiden wichtigsten Methoden für den effektiven Einsatz Ihrer beiden anderen Ressourcen beibringen...

Kapitel 19

ZEIT – DER GROSSE GLEICHMACHER

>*Wohlhabende Menschen wissen,
wie wertvoll ihre Zeit ist.*«

MARSHALL SYLVER

Wenn ich Ihnen 86 400 Dollar gebe und Ihnen sage, daß Sie diese Summe während der nächsten 24 Stunden investieren und mir alles, was Sie in dieser Zeit nicht investiert haben, zurückgeben müssen – wie schnell würden Sie dann damit anfangen, das Geld zu investieren? Sie wissen, daß Sie kein Geld verdienen können, wenn Sie es nicht klug anlegen, stimmt's? Mit Zeit ist es genauso. Jeden Tag bekommen Sie 86 400 Sekunden, die Sie beliebig verwenden können. Was Sie nicht klug anlegen, geht für immer verloren. Mehr Zeit können Sie nicht bekommen – aber Sie können die Zeit, die Ihnen zur Verfügung steht, besser nutzen.

Es stimmt zwar, daß alle Männer und Frauen gleich geschaffen wurden, aber schon kurz nach unserer Geburt treten Ereignisse ein, die unsere Gleichheit zunichte machen. Vielleicht landen wir in den Händen einer Mutter oder eines Vaters, die Millionen besitzen oder jemandem Millionen schulden. Die Programmierung, die wir vom Moment unserer Geburt an erleben, wird unsere Reaktionen in unserer Welt ändern und festlegen, was aus uns wird. Obwohl wir nur in diesem kleinen Moment alle gleich sind, gibt es doch einen Bereich, in dem wir alle gleich geschaffen wurden und es auch für den Rest unseres Lebens bleiben werden. In diesem einen Bereich bekommt jeder das gleiche und kann dann damit machen, was er will. Wenn dieses Gut vernünftig angelegt wird, wirft es eine gewaltige Dividende ab. Dieser Rohstoff von unschätzbarem Wert ist die Zeit.

Ihnen steht genau die gleiche Anzahl von Sekunden zur Verfügung wie dem Mann in der Wohnung nebenan, und was Sie erreichen, hängt davon ab, wie Sie diese Sekunden verwenden. Ich stelle mir sehr oft die Frage:

»Wie kann ich meine Zeit am besten und effektivsten einsetzen?«

Die meisten Menschen verbohren sich so sehr in Kleinigkeiten, daß sie sich damit jegliche Aussichten auf finanziellen Erfolg verbauen. Nehmen wir einmal an, ich verdiene zwei Millionen Dollar pro Jahr. Bei einer 50-Stunden-Woche und 50 Wochen im Jahr komme ich damit auf einen Stundenverdienst von ungefähr 1000 Dollar. Es kommt ziemlich oft vor, daß sich bei meiner Arbeit etwas ereignet, was dazu führt, daß ich mich nicht mehr voll darauf konzentrieren kann, diese 1000 Dollar in der Stunde zu verdienen. Wenn mir zum Beispiel die Druckerei 20 Dollar zuviel auf die Rechnung setzt oder ich ein paar Hundert Dollar von der Saalmiete für ein Seminar herunterhandeln will, halte ich immer einen Moment inne und überlege, wieviel Zeit mich dies voraussichtlich kosten wird. Wenn es länger als eine halbe Stunde dauert, weiß ich, daß ich mir die 500 Dollar sparen kann. Da ich 1000 Dollar oder mehr in einer Stunde meiner Zeit verdiene, verliere ich bereits 20 Dollar pro Minute, wenn ich mich länger als eine Minute damit beschäftige, 20 Dollar zu sparen. Wenn etwas passiert, wodurch ich 20 Dollar pro Minute verliere, muß ich es entweder an jemanden weitergeben, der weniger als 20 Dollar pro Minute verdient, oder es ganz einfach vergessen.

Egal, was Sie zur Zeit verdienen, ich möchte, daß Sie sich jetzt vorstellen, daß Sie 1000 Dollar pro Stunde verdienen.

Fällt Ihnen das schwer? Wenn ja, sollten Sie daran denken, daß niemand 1000 Dollar pro Stunde verdienen wird, der an seiner Fünf-Dollar-pro-Stunde-Mentalität festhält. Stellen Sie sich vor, Sie verdienten 1000 Dollar in der Stunde. Würden Sie sich dann noch mit Kleinigkeiten aufhalten? Würden Sie sich weniger von kleinen Ärgernissen aufhalten lassen und sich mehr darauf konzentrieren, Geld zu verdienen? Wenn Sie 1000 Dollar in der Stunde verdienen würden, wären Sie dann nicht mehr von dem überzeugt, was Sie leisten? Wäre der Streß dann weg? Wenn Sie wirklich glauben, daß Sie soviel Geld wert sind, würden Sie dann nicht öfter Leuten ins Gesicht lachen, von denen Sie beleidigt werden? Im Englischen gibt es den Ausdruck *he laughed all the way to the bank* – »er lachte auf dem ganzen Weg zur Bank«. Das sollten Sie sich merken. Wohlhabende Menschen gestehen nur solchen Menschen und Situationen Macht zu, die ihnen dabei helfen, noch mehr zu bekommen. Statt sich in die persönlichen Dramen anderer Menschen verwickeln zu lassen, verlieren wohlhabende Menschen niemals Zeit damit, irgendwo zu sein, wo sie nicht sein wollen. In einem der nächsten Kapitel werde ich erläutern, wie man sich schnell entscheidet. Stellen Sie sich vor, daß Sie 20 Dollar für jede Minute verlieren, in der Sie sich nicht entscheiden können, und Sie werden anfangen, sich sehr viel schneller zu entscheiden. Vergessen Sie nicht: Ihr Ja muß ein Ja sein, Ihr Nein ein Nein. Später können Sie Ihre Meinung immer noch ändern. Hören Sie also damit auf, große Scheine zu ignorieren, um ein paar Münzen zu sparen.

Sie können nicht mehr bekommen, wenn Sie nach weniger streben. Sich vor Verlust schützen wollen ist der sicherste Weg, um zu verlieren.

Pfeifen Sie auf Ihr Ego, und lachen Sie sich ins Fäustchen. Mit Prinzipienreiterei werden Sie bestimmt kein Geld verdienen. Gehören Sie auch zu den Menschen, die es schaffen, zwei

Stunden Ihrer Zeit damit zu verbringen, einen Preisnachlaß von zehn Dollar auszuhandeln? Würden Sie jemanden vor Gericht zerren und zehn Stunden Ihrer Zeit aufwenden, um 200 Dollar zurückzufordern? In der Zeit, in der Sie altem Geld nachlaufen, können Sie kein neues Geld verdienen.

Reiche werden immer reicher. Wenn sie etwas nicht brauchen, wird man es ihnen bestimmt schenken wollen. Vor nicht allzulanger Zeit war ich einmal zum Essen in einem Restaurant, als ein bekannter Schauspieler mit seiner Begleiterin hereinkam. Die beiden wurden zu dem Tisch neben dem meinen geführt. Ich bekam zwangsläufig mit, wie sich der Besitzer des Restaurants weigerte, Geld von dem Schauspieler anzunehmen, als dieser versuchte, das Essen zu bezahlen. Er sagte, er sei entzückt, einen so talentierten Künstler in seinem Restaurant begrüßen zu dürfen, und es sei ihm eine Ehre, die Rechnung zu übernehmen. Ich sah den Restaurantbesitzer an und dachte: »Und was ist mit mir? Der Kerl hat 20 Millionen Dollar, er kann es sich leisten. Warum lädt *mich* keiner ein?« Man ist eher dazu bereit, Ihnen etwas zu schenken, wenn man glaubt, Sie brauchen es nicht.

Wenn ich in meinen Seminaren frage, »Was wollen Sie?«, sind das eigentlich zwei Fragen. Die meisten Menschen erzählen mir von Dingen, die sie nicht haben. Ich denke oft, wenn die Menschen nur das wollen, was sie nicht haben, müssen sie ja unglücklich sein. Was ist denn mit den Dingen, die Sie schon haben? Wollen Sie das auch alles haben? Ist Ihnen eigentlich klar, daß Sie das meiste von dem, was Sie haben wollen, schon längst haben? Statt sich nur auf das zu konzentrieren, was Sie nicht haben und haben wollen, sollten Sie sich auf das konzentrieren, was Sie haben. Ich glaube, das wichtigste Merkmal am »reich sein« besteht darin, alles zu wollen, was man schon hat. Dann wäre der ganze Streß weg.

> *»Es ist der Mensch am reichsten, dessen*
> *Vergnügungen am wenigsten kosten.«*

HENRY DAVID THOREAU

Lernen Sie, einfach zu leben, dann wird Sie das, was Sie haben, immer reich machen. Das Problem besteht in der Regel nicht darin, daß nicht genügend Geld vorhanden ist. Es ist eher so, daß mehr Rechnungen als Geld vorhanden sind. Wo können Sie sparen, bis Sie eine solide Grundlage haben? Das bedeutet nicht, daß Sie jetzt auf alle Annehmlichkeiten in Ihrem Leben verzichten müssen. Es bedeutet, daß Sie die Chance haben, kreativ zu sein und preisgünstige Unterhaltungsmöglichkeiten zu finden. Sehr oft kostet der Eintritt für ein Museum weniger als eine Kinokarte, und vielleicht würden Sie sich genauso gut unterhalten, wenn Sie einen Kinofilm drei Monate nach seinem Erscheinen als Video zu Hause bei sich auf dem Sofa ansehen.

Was kann ich jetzt an Positivem und Produktivem tun, das mich dem näher bringt, was ich haben will?

Wenn Ihre Ideen gut sind, kommt das Geld automatisch. Eine einzige Idee, ein Gedankenfetzen kann Millionen von Dollar wert sein. Hätten Sie mehr Selbstvertrauen, wenn Sie wüßten, daß Ihr Verstand die Fähigkeit besitzt, sich millionenschwere Ideen auszudenken?

Wenn Sie wüßten, daß Sie der Besitzer eines millionenschweren Verstandes sind, würden Sie Ihrem Verstand dann nicht etwas mehr Respekt und Wertschätzung entgegenbringen?

Würden Sie einem millionenschweren Verstand weniger Gift zumuten? Wenn Sie einen Lamborghini Countach im Wert von 250 000 Dollar besäßen, würden Sie kein Normalbenzin in den Tank füllen, oder? Natürlich nicht, damit würden Sie ja den Motor kaputtmachen. Und was ist mit Ihrem Verstand? Vergiften Sie ihn mit Alkohol, Nikotin oder Drogen? Das soll kein Urteil sein, weil ich weiß, wovon ich spreche. Als mir klar wurde, wie sehr ich davon profitiere, meinen Verstand nicht mehr zu vernebeln, habe ich eine neue Sucht entwickelt, die sehr viel gesünder ist. Inzwischen kann ich mich am Leben mehr berauschen als an Bier.

Stellen Sie sich jetzt vor, Sie wären Millionär. Eigentlich sind Sie ja schon Millionär, nur liegt das Geld noch nicht auf Ihrem Bankkonto. Stellen Sie sich vor, Sie wären als Millionär geboren worden, dessen Schicksal es ist, mindestens eine Million Dollar zu besitzen, und malen Sie sich Ihr Schicksal aus. Behandeln Sie Ihren Kleinwagen ab jetzt so, als wäre er ein Rolls, sonst werden Sie den Rolls-Royce, den Sie später einmal ihr eigen nennen werden, wie einen Kleinwagen behandeln. Verhalten Sie sich jetzt so, als wären Sie Millionär, und tun Sie das, was Millionäre tun. Wenn Sie schon Millionär wären, was würden Sie dann anders machen? Welche Unterschiede würden den Menschen auffallen, die Sie früher gekannt haben, damals, als Sie noch kein Geld hatten? Welchen Rat würden Sie jemandem geben, um ihm dabei zu helfen, mehr Geld zu verdienen? Stellen Sie sich vor, wie Sie Ihren Freunden Ratschläge erteilen und diese Ihnen zuhören. Inwiefern würden sich Ihre Freunde ändern? Haben Sie Freunde, die Sie gern als Millionär sehen würden? Würden sie sich mit Ihnen freuen, oder wären sie neidisch auf Ihren Erfolg? Wenn Sie wirklich Millionär sein wollen, müssen Sie Freunde haben, die Sie dabei unterstützen und Ihnen keine Hindernisse in den Weg legen. Denken Sie daran, Geld fängt mit einem Gedanken an. Lassen Sie Ihre Phantasie spielen, und stellen Sie sich vor, was Sie tun würden, wenn Sie Millionär wären. Einige Menschen haben Angst vor hochfliegenden Träumen, weil sie nicht enttäuscht werden wollen. Stellen Sie sich vor, daß auf Ihrem Bankkonto eine Million Dollar liegt und bald noch mehr Geld kommt. Wo werden Sie

Ihre Wochenenden verbringen? Wem werden Sie jetzt helfen, indem Sie ihm Geld geben? Welchen Einfluß hat dieses Geld auf Ihr Leben? Was werden Sie für den Rest Ihres Lebens tun? Wenn Ihnen das schwerfällt, sollten Sie daran denken, daß Geldmangel eine unglaubliche Inspiration sein kann.

Mußten Sie schon einmal das Geld für Ihre Miete zusammenkratzen, weil Sie sonst aus Ihrer Wohnung geflogen wären, und haben Sie das dann nicht irgendwie geschafft? Mußten Sie schon einmal eine Ratenzahlung für Ihren Wagen bis zu einem bestimmten Termin leisten, weil man Ihnen sonst den Wagen weggenommen hätte, und haben Sie das Geld dafür nicht irgendwie zusammenbekommen? Ist Ihnen schon einmal aufgefallen, daß sich Ihr Einkommen in der Regel so strecken läßt, daß Sie davon alle Rechnungen bezahlen können? Haben Sie schon einmal etwas gekauft, bei dem Sie das Gefühl hatten, es sich nicht leisten zu können, nur um dann einige Zeit später festzustellen, daß Sie irgendwie doch das Geld dafür aufbringen konnten? Wenn Sie zu diesen Menschen gehören, die immer gerade so durchkommen und es mit Mühe und Not schaffen, ihre monatlichen Rechnungen zu bezahlen, dann gehören Sie vermutlich auch zu den Menschen, die in ihrer Kindheit immer bis zur letzten Sekunde gewartet haben, um die Hausaufgaben zu machen. Sie erledigen alles mit Hängen und Würgen. Für Sie ist es sozusagen ein Nervenkitzel.

Ich war genauso, als ich zur Schule ging. Das änderte sich erst, als mir klar wurde, daß ich keinen Moment mehr richtig genießen konnte, wenn ich damit wartete, meine Hausaufgaben zu machen. Anders ausgedrückt, an jedem Tag, den ich verstreichen ließ, ohne das zu erledigen, wofür mir ein Termin gesetzt worden war, machte ich mir wegen des nahenden Termins Sorgen. Statt also meine Freizeit wirklich zu genießen, verbrachte ich diese Zeit damit, mir wegen meiner Hausaufgaben Gedanken zu machen. Und wenn dann der Termin für die Abgabe schon fast verstrichen war, machte ich mich in aller Eile an meine Hausaufgaben, was zur Folge hatte, daß das Ergebnis nicht gerade gut war.

Während der Arbeit zu diesem Buch geschah einiges, wodurch seine Fertigstellung verzögert wurde. Deshalb schrieb ich es während eines langersehnten Urlaubs auf Hawaii zu Ende. Ich hatte eigentlich geplant, acht Tage lang auszuspannen, aber statt dessen hing der Abgabetermin für mein Buch wie ein Damoklesschwert über mir. Statt ab und zu einmal ein paar Seiten zu schreiben, stürzte ich mich in dem Moment auf meine Aufgabe, in dem ich das Flugzeug verließ, und ließ erst wieder davon ab, als alles fertig war. Dadurch konnte ich den Rest meines Urlaubs ohne schlechtes Gewissen genießen. Im nächsten Kapitel werde ich über **das Schlimmste zuerst** sprechen, ein Konzept, bei dem man die Dinge zuerst erledigt, die einem unangenehm sind, damit man sich auf das konzentrieren kann, was noch vor einem liegt.

Sie sollten den Wert Ihrer Zeit kennen und beschließen, daß sie genausoviel wert ist wie die eines Millionärs. Seien Sie sich der Tatsache bewußt, daß Sie in jedem Augenblick entweder mehr oder weniger von dem bekommen, was Sie haben wollen. Fragen Sie sich immer wieder: »Wie kann ich meine Zeit am besten und effektivsten einsetzen?« Vielleicht gehören Sie zu den Menschen, die immer furchtbar beschäftigt sind und doch niemals etwas rechtzeitig schaffen. Wenn Sie ständig am Rand des Chaos schweben, müssen Sie etwas ganz Einfaches lernen...

Kapitel 20

DAS MANAGEMENT VON PRIORITÄTEN

Wenn Sie die Zeit beherrschen, beherrschen Sie auch Ihre Umgebung. Da Sie die Zeit nicht beherrschen können, müssen Sie Ihre Prioritäten beherrschen. Als Charles M. Schwab noch Präsident der Bethlehem Steel war, stellte er einem Unternehmensberater namens Ivy Lee einmal eine ungewöhnliche Aufgabe: »Zeigen Sie mir eine Methode, wie ich meine Zeit besser nutzen kann. Wenn das Ganze funktioniert, werde ich Ihnen jede zumutbare Summe zahlen«, sagte er. Lee gab Schwab ein Blatt Papier. »Schreiben Sie alles auf, was Sie morgen erledigen müssen«, sagte er. Schwab schrieb alles auf. »Jetzt numerieren Sie jeden einzelnen Punkt, je nachdem, wie wichtig er wirklich ist.« Schwab versah jeden Punkt mit einer Zahl. »Fangen Sie morgen früh mit der Nummer eins an, und beschäftigen Sie sich so lange damit, bis dieser Punkt erledigt ist. Als nächstes nehmen Sie die Nummer zwei in Angriff. Machen Sie erst weiter, wenn Sie damit fertig sind. Dann kommt Nummer drei, und so weiter«, sagte Lee. »Machen Sie sich keine Gedanken, wenn Sie die Punkte auf Ihrer Liste nicht am selben Tag erledigen können. Sie haben sich zumindest um die wichtigsten Dinge gekümmert, bevor Sie sich von weniger Wichtigem haben ablenken lassen.«

Der Schlüssel zum Management von Prioritäten besteht in der Erkenntnis, daß es nicht um das Management von Zeit geht. Zeit können Sie nicht verwalten. Sie können lediglich die Reihenfolge verwalten, in der Sie etwas erledigen. Wenn Sie sich das Management von Prioritäten zur Gewohnheit machen wollen, müssen Sie sich dazu lediglich jeden Abend all das notieren, was Sie erledigen müssen. Schätzen Sie die relative Bedeutung jedes Punktes ein, und legen Sie fest, in welcher Reihenfolge die einzelnen Punkte zu erledigen sind. Numerieren Sie sie entsprechend. Nachdem Sie Ihre Prioritäten festgelegt haben, weichen Sie nicht mehr von Ihren Vorgaben ab. Fangen Sie mit Punkt Nummer eins an, und beschäftigen Sie sich so lange damit, bis dieser erledigt ist, dann machen Sie mit Nummer zwei weiter, und so fort. Auf diese Weise können Sie sicher sein, jeden Tag alles zu erledigen, was für Sie am wichtigsten ist, statt sich von Ihrer Arbeit begraben zu lassen.

Manche Menschen ändern die Prioritäten, weil eine Ihrer Aufgaben eine große Herausforderung für sie darstellt. Vielleicht schieben Sie bestimmte Aufgaben, von denen Sie wissen, daß Sie dringend sind, immer wieder vor sich her. Ich denke folgendermaßen darüber:

Das Schlimmste zuerst.

Das bedeutet, daß Sie die schwierigste Aufgabe immer zuerst angehen, weil die schwierigsten Aufgaben in der Regel die lohnendsten sind. Nachdem Charles Schwab diese Methode von Ivy Lee gelernt hatte, wendete er sie an jedem Arbeitstag an. Lee sagte zu Schwab: »Wenn Sie sich davon überzeugt haben, daß diese Methode funktioniert, sollten Sie sie auch von Ihren Mitarbeitern anwenden lassen. Arbeiten Sie so lange damit, wie Sie wollen, und dann schicken Sie mir einen Scheck über den Betrag, den diese Idee Ihrer Meinung nach wert ist.« Nach einigen Wochen bekam Lee von Schwab einen Scheck in Höhe von 25 000 Dollar. Schwab sagte später einmal, es sei das Rentabelste gewesen, was er in seiner beruflichen Laufbahn gelernt habe. Wenn das Leben ein Schachspiel wäre, wäre die Zeit Ihr Gegner. Sorgen Sie dafür, daß jeder einzelne Zug und jeder Moment etwas bewegt.

Management von Prioritäten ist die Fähigkeit, das Wichtigste zuerst zu erledigen und dann mit den Dingen weiterzumachen, die nicht ganz so wichtig sind. Sie wissen nun, was Management von Prioritäten ist. Fragen Sie sich immer wieder: »Ist das, was ich gerade tue, auch das, was unbedingt erledigt werden muß?« Falls nicht, ändern Sie Ihre Prioritäten, und konzentrieren Sie sich auf das, was wichtig ist, selbst wenn Sie am liebsten gar nichts damit zu tun hätten. Fragen Sie sich außerdem: »Verbringe ich meine Zeit in der Gegenwart damit, mir Gedanken über etwas zu machen, das noch in der Zukunft liegt?« Falls Sie das tun, sollten Sie die Zukunft Zukunft sein lassen oder es jetzt gleich erledigen, denn...

Kapitel 21

WER ZÖGERT, IST ARM DRAN

>>*Ein Ja von Ihnen sollte ein Ja sein,
ein Nein ein Nein. Ihre Meinung können Sie später immer noch ändern.*<<

MARSHALL SYLVER

Erfolgreiche Menschen entscheiden sich rasch. Sie sind
schnell, wenn es darum geht, eine Entscheidung zu treffen,
und langsam, wenn sie geändert werden soll. Man sagt
manchmal: >>Wenn etwas erledigt werden soll, gibt man es am
besten dem Mitarbeiter, der am meisten zu tun hat.<< Mir ist
aufgefallen, daß erfolglose Menschen anscheinend nie genug
Zeit haben, um etwas zu Ende zu bringen. Zupackende, erfolgreiche Menschen dagegen scheinen nicht nur Zeit für
ihre eigenen Jobs zu haben, sondern auch noch für ehren-
amtliche Arbeit in Ausschüssen oder gemeinnützigen Orga-
nisationen. Warum haben sie soviel mehr Zeit als die ewigen
Verlierer? Weil sie nur sehr wenig Zeit für den Entscheidungsprozeß verschwenden. Wohlhabende Menschen entscheiden sich rasch.

Die meisten Menschen denken monatelang darüber nach,
ob sie eine Firma gründen wollen oder nicht, nur um dann
später festzustellen, daß sie zwar den richtigen Einfall hatten,
es jetzt aber zu spät ist, um ihre Idee zu Geld zu machen, weil
inzwischen viel zu viele andere die gleiche Idee hatten. Falls
Sie kein echter Visionär sind, müssen Sie davon ausgehen,
daß das, was Ihnen eingefallen ist, bereits >>in der Luft liegt<<.

Und das bedeutet, daß viele andere diese Idee auch haben werden. Der Gewinner ist derjenige, der die Idee als erster zu Geld macht. Das ist auch der Grund dafür, weshalb man in der Unterhaltungsindustrie plötzlich über fünf verschiedene Projekte liest, die in der Entwicklungsphase stehen und alle Variationen einer einzigen Idee sind. Die Idee »lag in der Luft«, Autoren haben sie aufgeschnappt und angefangen, darüber zu schreiben.

Beim Entscheidungsprozeß müssen Sie sich als erstes fragen: »Bringt mich diese Entscheidung meinem Ziel ein Stück näher, oder entferne ich mich dadurch davon?« Wenn es bei der Entscheidung, die Sie treffen sollen, keine Nachteile geben kann (potentieller Zeit-, Geld- oder Ressourcenverlust), lautet die Antwort immer ja.

Maximieren Sie das Potential, während Sie gleichzeitig das Risiko minimieren. Sie können nie mehr bekommen, wenn Sie nein sagen. Sie können Ihre momentane Position beibehalten, wenn Sie nein sagen, aber Sie können nur vorwärtskommen, wenn Sie ja sagen.

Vor kurzem hatte ich geschäftlich mit einigen Managern zu tun. Sie arbeiteten für eine Firma, die das Management für eines meiner Unternehmen übernehmen wollte. Ich verbringe nur sehr wenig Zeit damit, die Einzelheiten für einen Vertrag auszudiskutieren, weil ich weiß, daß sich solche Details mit der Zeit unweigerlich ändern. Das Managementteam allerdings hatte sich einen Vertrag mit einer Laufzeit von 20 Jahren in den Kopf gesetzt und zog die Verhandlungen über vier Monate in die Länge. Für beide Seiten gab es eine Menge Gründe, die jeder zum Anlaß hätte nehmen können, nein zu sagen, so daß wir selbst nach weiteren vier Monaten noch zu keiner Einigung gelangt wären. Da sie nicht einmal Kleinigkeiten selbst entscheiden konnten, sagte ich schließlich bei Punkten, die kurzfristig gesehen sowieso nicht wichtig waren, grundsätzlich ja, nur um die Verhandlungen voranzubringen. Das Ganze ging schließlich so aus, daß wir, nachdem sie sich endlich entschieden hatten und unsere Zusammenarbeit beginnen konnte, nach nur zwei Monaten beschlossen, unsere Geschäftsbeziehung zu beenden. Wir brauchten länger, um uns über die Bedingungen des Vertrages zu einigen, als dafür, ihn aufzulösen.

Erfolglose Menschen brauchen deshalb so lange, um Entscheidungen zu treffen, weil sie Angst haben, die falsche Entscheidung zu treffen. Da sie soviel Angst haben, die falsche Entscheidung zu treffen, glauben sie, daß jede ihrer Entscheidungen von vornherein falsch ist. So betrachten sie die Entscheidung nur unter dem Aspekt, daß sie falsch sei, und werden demzufolge auch lauter Fehler finden. Wenn ein erfolgloser Mensch zu lange wartet, wird ihm die Entscheidung irgendwann abgenommen werden. Keine Entscheidung zu treffen ist auch eine Entscheidung. Die Gelegenheit zum Geldverdienen ist verpaßt, und dann wird der, der sich nicht entscheidet, Sätze wie diesen sagen: »Siehst du, es hat einfach nicht sein sollen. Das Schicksal meint es nicht gut mit mir.«

Erfolgreiche Menschen, die eine Menge Geld verdienen, brauchen nicht lange, um ihre Entscheidungen zu treffen. Wenn sie sich entschieden haben, machen sie sich keine Gedanken darüber, vielleicht einen Fehler zu begehen. Wenn es sich nicht wie geplant entwickelt, werden sie eben eine andere Entscheidung treffen, mit der sie das Problem lösen können, und die Gewißheit haben, daß sie aus der vorherigen Entscheidung etwas gelernt haben.

Die Lösung: schnell nach oben fallen.

Sie wissen nie genau, ob Ihre nächste Entscheidung die richtige sein wird. Sie müssen die Entscheidung treffen und den Weg eine Weile gehen, um herauszufinden, ob Ihr Urteil richtig war oder nicht. Da Sie nicht wissen, ob Ihre Entscheidung gut oder schlecht war, müssen Sie Ihre Vorgehensweise eventuell wieder ändern, egal, welche Entscheidung Sie treffen. Wäre es daher nicht besser, die falsche Entscheidung jetzt zu treffen, damit Sie schneller erkennen, daß es nicht die richtige war, und dann eine andere Entscheidung zu treffen, die Ihnen dabei hilft, schneller nach oben zu fallen?

Sie sehen hier eine Graphik, mit der deutlich wird, daß Sie sich durch eine schnelle Entscheidung in eine bessere Gewinnposition bringen als durch gar keine Entscheidung.

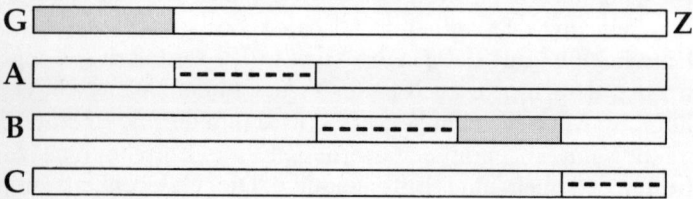

Nehmen wir an, Sie leben (kleiner Scherz), und nehmen wir weiter an, Sie müssen eine Entscheidung treffen. Die obere Linie stellt Ihr Leben dar, von der **G**egenwart bis zur **Z**ukunft. Die nächsten drei Linien (A, B, C) stehen für mögliche Änderungen. Gehen wir jetzt einmal davon aus, daß Ihr altes Ich ziemlich lange gebraucht hat, um sich zu entscheiden, daher haben Sie einfach gar keine Entscheidung getroffen (grauer Bereich). Schließlich haben Sie Entscheidung A getroffen. Nach einer gewissen Zeit wird Ihnen klar, daß Entscheidung A (gestrichelter Bereich) nicht die richtige Entscheidung für Sie war, daher haben Sie Entscheidung B gewählt. Dann haben Sie festgestellt, daß B ebenfalls nicht die richtige Entscheidung für Sie war (gestrichelter Bereich), aber weil Sie Angst haben, noch eine falsche Entscheidung zu treffen, entscheiden Sie sich erst für C, nachdem schon etwas Zeit vergangen ist (grauer Bereich). Schließlich wählen Sie C (gestrichelter Bereich) und genießen diese Entscheidung für den Rest Ihres Lebens. In dem Beispiel oben gibt es nur zwei Phasen, in denen Sie wirklich verlieren – die beiden grauen Bereiche: zu Beginn, als Sie überhaupt keine Entscheidung treffen, und während der Zeit, in der Sie wissen, daß Entscheidung B nicht die richtige ist und keine andere Entscheidung treffen. Wenn Sie sich die Graphik genau ansehen, stellen Sie fest, daß Sie die richtige Entscheidung viel länger und intensiver hätten genießen können, wenn Sie Ihre Entscheidungen schneller getroffen hätten. Entscheiden Sie sich dazu zu entscheiden.

»Selbst wenn Sie auf dem richtigen Weg sind, werden Sie überfahren, wenn Sie einfach dort sitzen bleiben!«

WILL ROGERS

ÜBUNG: Wenn Sie in den nächsten Tagen Entscheidungen treffen müssen, treffen Sie diese schnell. Insbesondere einfache Entscheidungen, wie zum Beispiel, was Sie zu Abend essen, oder welchen Videofilm Sie sich ausleihen wollen. Wenn Sie damit anfangen, sich schneller zu entscheiden, werden Sie plötzlich viel mehr Zeit haben. Achten Sie darüber hinaus auf Menschen in Ihrer Umgebung, die eine Menge schaffen. Stellen Sie fest, wie lange diese Menschen für eine Entscheidung brauchen.

Wenn Sie Ihre Entscheidungen schneller treffen, werden Sie viel mehr Zeit haben, um sich auf folgendes vorzubereiten ...

Kapitel 22

SO NUTZEN SIE IHRE CHANCE!

*»Die Arbeit in Ihrer Ausfallzeit wird Ihnen
den Sieg in Ihrer Betriebszeit sichern!«*

MARSHALL SYLVER

Manchmal hat es den Anschein, als wären Sie nicht vorbereitet, obwohl Sie es in Wirklichkeit sind. Sieht es so aus, als
würden sich Ihnen nur wenige Gelegenheiten bieten? Oder
als würden Sie immer dann eine seltene Chance haben, wenn
es für Sie der schlechtestmögliche Zeitpunkt ist, also zum
Beispiel dann, wenn Sie nicht vorbereitet sind? Manche
Menschen scheinen einfach Glück zu haben, weil sie sich zur
richtigen Zeit am richtigen Ort befinden. In Wirklichkeit bieten sich uns allen Chancen, und ob wir darauf vorbereitet
sind, davon zu profitieren, oder nicht, macht den Unterschied
zwischen Glück und Pech aus. Erfolgreiche Menschen können Chancen unter anderem deshalb nutzen, weil sie von
vornherein davon ausgehen, daß sie gewinnen. Sie glauben,
daß die Vorbereitungen, die sie heute treffen, ihnen morgen
mit Sicherheit nützen werden. Ein erfolgloser Mensch hat
folgende Einstellung: »Warum soll ich es überhaupt versuchen? Es spielt doch sowieso keine Rolle.«

In diesem Buch habe ich immer wieder davon gesprochen,
daß das Bewußtsein in die Richtung geht, die ihm von seinem
dominierenden Gedanken vorgegeben wird. Wenn Sie davon
ausgehen, daß sich Ihnen einen Chance bieten wird, und Sie
sich darauf vorbereiten, werden Sie nicht nur bereit sein,

wenn Ihre Chance kommt, sondern sie auch häufiger finden, da Sie ja danach suchen. Umgekehrt gilt das gleiche. Wenn Sie auf eine Chance nicht vorbereitet sind, werden Sie in die andere Richtung sehen, wenn der Augenblick gekommen ist, weil Sie einfach nicht wahrhaben wollen, daß Sie durch Ihre eigene Untätigkeit alles verpassen.

Ich habe jahrelang versucht, eine eigene Fernsehshow für meine Motivationsprodukte zu bekommen. Ich ging zu allen bekannten Produzenten für solche Shows, und jedesmal wurden meine Vorschläge aus dem einen oder anderen Grund abgelehnt. Statt mein Schicksal zu verfluchen, verwendete ich die Zeit zwischen den einzelnen Besprechungen dazu, mich immer besser vorzubereiten. Das ist dann so ähnlich wie bei einem Schauspieler, der erst dann einen Agenten findet, wenn er keinen mehr braucht. Immer wenn ein Produzent meine Vorschläge abgelehnt hatte, ging ich nach Hause und verbesserte mein Produkt und meine Show, bis ich wußte, daß ich unwiderstehlich war. Damals erkannte ich, wie wichtig Betriebszeit und Ausfallzeit sind.

In Ihrer Betriebszeit befinden Sie sich dann, wenn Ihnen 100 Prozent Ihrer Fähigkeiten zur Verfügung stehen müssen. Zum Beispiel dann, wenn Sie die alles entscheidende Präsentation durchführen oder der Mann oder die Frau Ihrer Träume durch die Tür kommt oder Sie zufällig den Menschen kennenlernen, der Ihre Pläne wahr werden lassen kann. Wenn Sie in solchen Momenten nicht bereit sind, wird es so aussehen, als hätten Sie einfach Pech gehabt, obwohl Sie Glück gehabt hätten, wenn Sie sich vorbereitet hätten.

Ausfallzeit ist die Zeit, in der Sie sich auf Ihre Betriebszeit vorbereiten. In der Ausfallzeit stellen Sie die Dias oder Informationen für Ihre Präsentation zusammen. In dieser Zeit trainieren Sie im Fitneßstudio, um noch attraktiver für Ihren Traummann oder Ihre Traumfrau zu werden. In dieser Zeit beenden Sie das Projekt, das Sie noch nicht verkaufen konnten, damit Sie vorbereitet sind, wenn Ihnen zufällig der Richtige dafür über den Weg läuft. Betriebszeit ist für mich die

Zeit, in der ich auf der Bühne stehe, oder jetzt, da ich an diesem Buch arbeite. Das Buch wird es noch viele Jahrzehnte nach seiner Fertigstellung geben. Ausfallzeit ist für mich die Zeit, in der ich Seminare vorbereite, für meine Unterhaltungsshow probe oder nach neuen Informationen suche. Betriebszeit ist der Augenblick der Wahrheit, in dem das zum Vorschein kommt, was ich vorbereitet habe. Und nur die Betriebszeit zählt.

Wohlhabende Menschen kümmern sich um die Details, bevor sie sie brauchen. Wenn Sie sich so auf Ihre Siege vorbereiten, als würden diese mit Sicherheit eintreten, dann wird das auch geschehen. Wenn Steve Wynn in Las Vegas ein neues Casino baut, riskiert er dabei mehrere hundert Millionen Dollar. Glauben Sie, er würde das tun, wenn er Angst hätte zu verlieren? Sie müssen fest daran glauben, daß sich die Arbeit in der Ausfallzeit für Ihre Betriebszeit lohnen wird. Alles, was Sie heute tun, wird festlegen, wie der morgige Tag aussehen wird. Wenn Sie reich werden wollen, sollten Sie sich darüber im klaren sein, daß Sie 95 Prozent Ihrer Zeit damit verbringen werden, sich auf die restlichen 5 Prozent vorzubereiten. Eine Chance bietet sich Ihnen dann, wenn Vorbereitung und Umstände aufeinandertreffen. Verbringen Sie Ihre Ausfallzeit damit, sich auf günstige Momente vorzubereiten. Den meisten Menschen bieten sich viele Chancen für ein besseres Leben, und doch erkennen oder sehen sie die Chance nicht, wenn es soweit ist. Wenn Sie in Ihrer Ausfallzeit fleißig waren, können Sie die Chance nutzen, wenn Sie sich Ihnen bietet.

Arbeiten Sie als Verkäufer, dann ist es zu spät, Verkaufstechniken zu lernen, wenn der Kunde bereits vor Ihnen steht. Wenn Sie Schriftsteller sind, ist es zu spät, das Buch fertigzuschreiben, nachdem Sie bei einer Party einen interessierten Verleger kennenlernten. Wenn Sie eine Idee für ein Produkt verkaufen wollen, verbringen Sie die Zeit zwischen den Besprechungen damit, Ihr Produkt zu verbessern. Wenn Sie in Ihrer Firma befördert werden wollen und momentan keine bessere Position zu haben ist, eignen Sie sich die Kenntnisse an, die Sie für die Beförderung brauchen, damit Sie bereit sind, wenn sich eine Gelegenheit ergibt. Das Pfadfindermotto lautet »Allzeit bereit«. Es bedeutet, sich bei der Arbeit besonders anzustrengen, sein Bestes zu geben. Damit werden Sie nicht nur ein vorbildliches Beispiel für Ihre Firma sein, sondern sich selbst auf Sieg programmieren. Es ist auch ein wichtiger Faktor, um Ihr Leben zu verbessern.

> *»Wenn der Schüler bereit ist,*
> *erscheint der Lehrer.«*
>
> Alte buddhistische Weisheit

Dieses Sprichwort kann man auch dahingehend interpretieren, daß der Erfolg dann eintreten wird, wenn Sie dafür bereit sind. Ich habe in meiner beruflichen Laufbahn viele Rückschläge und Niederlagen hinnehmen müssen. Oft dachte ich, daß ich jetzt endlich den großen Durchbruch erleben würde, aber dann war es wieder nichts. Statt frustriert zu sein (okay, ich war ein bißchen frustriert!), sagte ich mir: »Marshall, du bist wahrscheinlich noch nicht soweit. Was kannst du tun, um dich noch attraktiver zu machen für den Moment, wenn sich dir wieder eine Chance bietet?« Weiter vorn in diesem Buch haben Sie Ihren idealen Tag geplant. Was können Sie jetzt tun, um diesem idealen Tag ein Stück näher zu kommen? Ich weiß, daß einige von Ihnen denken: Was wird geschehen, wenn ich all meine Zeit und Energie darauf verwende, mich auf diese Chance vorzubereiten, und sie dann nicht kommt? Ich frage Sie: Was wird geschehen, wenn die Chance da ist, und Sie nicht vorbereitet sind? Eines ist sicher: Wenn Sie sich nicht auf Ihre Chance vorbereiten, werden Sie nicht gewinnen, selbst wenn Sie die Chance dazu haben. Die Ausfallzeit ist für Training, Weiterentwicklung und Vorbereitung da. Nehmen Sie an einem Kommunikationsseminar teil, lesen Sie ein Buch zum Thema Überzeugung, trainieren Sie Ihren Körper und Ihren Geist, damit Sie

Ihre Chance nutzen können. Besprechen Sie anhand des Textes am Ende dieses Abschnitts Ihre Kassette zur Umprogrammierung Ihres Unterbewußtseins. Es ist ein Naturgesetz, daß irgendein Opportunist Ihre Chance ergreifen wird, wenn Sie es nicht tun.

AUFGABE: Nehmen Sie sich jetzt die Zeit, und definieren Sie mindestens fünf Aktivitäten für Ihre Ausfallzeit, die Sie in den nächsten 24 Stunden durchführen können und die Sie Ihrem Traum ein Stück näher bringen. Wenn Sie Schriftsteller werden wollen, könnte das zum Beispiel heißen, ein Kapitel zu schreiben. Wenn Sie gesünder werden wollen, könnte das heißen, zwei (oder zehn) Kilometer zu gehen oder zu laufen. Wenn Sie gerade dabei sind, eine neue Beziehung zu suchen, könnte das heißen, die Kassette für die Umprogrammierung Ihres Unterbewußtseins zu besprechen oder auszugehen oder mindestens eine neue Bekanntschaft zu machen oder auch nur zum Friseur zu gehen. Fünf Aktivitäten pro Tag für Ihre Ausfallzeit – und das eine Woche lang – werden für Ihre Chancenvorbereitung die entscheidende Wende bedeuten. *Es befriedigt doch unheimlich, etwas für sich selbst zu tun!*

Da wir gerade davon reden, eine Chance zu nutzen... Ein Gangsterboß stellte einmal aus Sicherheitsgründen einen Taubstummen als Buchhalter ein, weil er dachte, daß der bei einer Verhaftung nicht gegen ihn aussagen und anderen nicht erzählen könnte, woher das Geld kam. Nachdem der Buchhalter fünf Jahre lang für ihn gearbeitet hatte, wurde dem Boß langsam klar, daß er Geld unterschlagen hatte, und zwar fast zehn Millionen Dollar. Eines Tages ging er zu seinem Buchhalter und sagte: »Ich will mein Geld zurück.« Der Buchhalter saß da und sah ihn an, als wüßte er nicht, um was es überhaupt ging. Der Bandenchef zog eine Pistole und schrie so laut er konnte: »Ich will mein Geld!« Als ihm klar wurde, daß er damit nichts erreichte, weil der Buchhalter immer noch dasaß und ihn verständnislos ansah, ließ er einen Dolmetscher herbeischaffen, um dem Buchhalter mit Zeichensprache zu sagen, was er wollte. Als der Dolmetscher kam, befahl ihm der Gangsterboß: »Sagen Sie ihm, daß ich mein Geld zurückhaben will.« Der Dolmetscher gab dem Buchhalter durch Zeichensprache zu verstehen, was der Bandenchef gesagt hatte, und der Buchhalter antwortete: »Ich weiß nicht, wovon er spricht.« Der Dolmetscher sagte zu dem Bandenchef: »Er sagt, er weiß nicht, wovon Sie sprechen.« Der Bandenchef wurde noch wütender und rief: »SAGEN SIE IHM, DASS ICH WISSEN WILL, WO MEINE ZEHN MILLIONEN DOLLAR SIND!« Der Dolmetscher gab das weiter, doch der Buchhalter antwortete wieder: »Ich weiß nicht, wovon er spricht«, was der Dolmetscher auch »übersetzte«. Inzwischen war der Bandenchef so wütend, daß er die Waffe entsicherte, sie dem Buchhalter in den Mund steckte und befahl: »Sagen Sie ihm, daß ich wissen will, wo mein Geld ist. Wenn er es mir nicht sagt, werde ich ihm eine Kugel durch den Kopf jagen. Ich frage jetzt zum letztenmal.« Der Dolmetscher gab es an den Buchhalter weiter. Der Buchhalter antwortete mit hektischen Gebärden: »Ich habe die zehn Millionen Dollar unter den Dielen unter meinem Bett versteckt.« Der Dolmetscher drehte sich zu dem Bandenchef um und sagte: »Der Buchhalter sagt, er glaubt nicht, daß Sie den Mumm zum Abdrücken haben.«

Kapitel 23

WOHLHABENDE MENSCHEN TUN DAS, WAS SIE GERN TUN

> »Tun Sie das, was Sie gern tun, dann
> kommt das Geld automatisch.«
>
> MARSHALL SYLVER

Stellen Sie sich einmal folgende Frage: »Wenn ich einen
Zauberkasten besitzen würde, der mich jedesmal, wenn ich
ihn öffne, mit einem nie versiegenden Geldstrom versorgen
würde, mit dem ich machen könnte, was ich wollte, was
würde ich dann mit meinem Leben anfangen?« Wenn jemand antwortet, er würde gerne reisen, sage ich ihm, daß
der Schlüssel zu seinem Reichtum darin liegt, sich auf etwas
zu konzentrieren, das mit Reisen zu tun hat. Oder wenn jemand sagt, er würde dann die ganze Zeit nur surfen, lenke
ich seine Aufmerksamkeit auf etwas, das mit Surfen zu tun
hat, also vielleicht die Eröffnung eines Surferladens oder
eine berufliche Laufbahn als Profi-Surfer. Viele Menschen
sind der Meinung, daß es nicht möglich sei, den ganzen Tag
nur das zu tun, was sie gern tun. Dem stimme ich zu, aber
doch ist es für jeden Menschen auf dieser Erde möglich, die
meiste Zeit über das zu tun, was er am liebsten tut, da wir
Menschen eine persönliche Befriedigung auf vielfältige Art
und Weise erreichen können. Sehr oft fällt mir auf, daß jemand Spaß an einer Arbeit hat, von der ich mir nicht vorstellen könnte, sie selbst zu verrichten, geschweige denn
Freude daran zu haben.

Eine ungeliebte Arbeit werden Sie am ehesten los, wenn Sie sie sehr gut machen.

Vor einiger Zeit sah ich einmal den Müllmännern zu, die vor meinem Haus den Müll abholten. Die Arbeit der beiden Männer sah aus wie ein Ballett, als hätten sie das Weiterreichen der Mülltonnen und das Umlegen der Hebel am Müllwagen sorgfältig einstudiert. Es war ein reines Vergnügen, ihnen bei ihrer Arbeit zuzuschauen, und es war ganz offensichtlich, daß sie ihnen Spaß machte. Als der nächste Mülltag kam, ging ich nach draußen und wartete, bis der Müllwagen in meine Straße einbog. Ich wollte herausfinden, was diese Männer dachten und warum sie soviel Spaß daran fanden, im Dreck zu wühlen, während Freunde von mir, die in blitzsauberen Bürotürmen arbeiteten, darüber jammerten, daß sie so fürchterlich schuften mußten. Als sie an meinem Haus angelangt waren, fragte ich sie, warum sie sich soviel Mühe bei ihrer Arbeit gaben, und sie antworteten, daß es auf diese Weise einfach mehr Spaß mache. Ihr Arbeitstag gehe dann schneller zu Ende. Sie erzählten, daß sie eines Tages beschlossen hätten, wenn sie schon als sogenannte »Entsorgungstechniker« arbeiteten, dann wollten sie die besten Entsorgungstechniker der Welt sein. Am Ende sagten sie, diese Arbeit sei zwar ihr Alltagsjob und bringe nur 20 Dollar pro Stunde ein, aber sie helfe ihnen gleichzeitig dabei, sich für eine Karriere im Showbusineß als singendes und tanzendes Duo vorzubereiten. Sie übten dabei immer ihre Tanzschritte, damit sie bereit waren, wenn sich ihnen ihre Chance bot. O Mann! Diese beiden waren zwei der glücklichsten Menschen, denen ich je begegnet war. Sie brachten es fertig, die Zeit, in der sie eine Tätigkeit verrichten mußten, so zu nutzen, daß sie ihnen für ihren großen Traum nützlich war, nämlich als Künstler aufzutreten.

Mit 17 Jahren arbeitete ich als Radiosprecher bei einem Sender für Unterhaltungsmusik in San Diego, als mir ein Job bei einem Rock-and-Roll-Sender in der gleichen Stadt angeboten wurde. Damals wußte ich zwar, daß die Arbeit bei dem Rock-and-Roll-Sender mehr Spaß machen würde, aber trotzdem sagte ich mir, daß es langfristig besser für mich wäre, eine Gelegenheit zu nutzen, bei der ich vor allem als Sprecher arbeiten konnte, als den Sender zu wechseln, um mehr Musik aufzulegen. Ich bin sehr froh, daß ich geblieben bin, denn das, was ich bei dem Sender *Beautiful and Relaxing KJOY* gelernt habe, sollte die Grundlage für meine Arbeit als Redner vor einem Publikum bilden.

Leben und Lebensunterhalt

Ich möchte Sie jetzt bitten, über ein Konzept nachzudenken, das ich **Leben und Lebensunterhalt** genannt habe. Die meisten Menschen verbringen die meiste Zeit ihres Lebens mit Arbeit, damit sie die wenigen Stunden genießen können, die ihnen dann noch bleiben. Wenn Sie 16 Stunden am Tag für Ihre Arbeit aufwenden, damit sie nach Hause gehen und dann zehn Minuten mit Ihren Kindern verbringen können, macht das auf mich nicht den Eindruck, als wären der Lebensunterhalt durch Ihre Arbeit und das Leben, das Sie unterhalten, im Gleichgewicht. Ein Gleichgewicht von Leben und Lebensunterhalt erreichen Sie am ehesten, wenn Sie dafür sorgen, daß Lebensunterhalt gleich Leben ist. Anders ausgedrückt: Machen Sie Ihre Arbeit gern. Machen Sie Ihren Beruf zum Hobby. Ich weiß, daß ich garantiert nicht 72 Stunden in der Woche arbeiten könnte, wenn ich das, was ich tue, nicht so gern tun würde.

Wenn ich mir aussuchen könnte, mit was ich mir meinen Lebensunterhalt verdienen wollte, würde ich genau das tun, was ich zur Zeit tue. Es macht mir riesigen Spaß, meine Show auf Casinobühnen und in Colleges im ganzen Land und in der ganzen Welt zu präsentieren. Wenn ich die Wahl hätte, würde ich liebend gern mindestens ein Wochenende im Monat auf einer Bühne verbringen und Menschen dazu motivieren, nach mehr zu streben. Als Hobby schreibe und entwickle ich Bücher, Audiokassetten und Fernsehshows. Obwohl ich schon seit langem so viel Geld habe, daß ich eigentlich überhaupt nicht mehr arbeiten müßte, habe ich mich dazu entschlossen, das zu tun, was ich gerade tue, weil ich es gern tue.

Kann jemand wirklich das tun, was er gern tut, und sich damit seinen Lebensunterhalt verdienen? Mike Whitaker fischte gern nach Barschen. Auf gut Glück nahm er seine ganzen Ersparnisse in Höhe von 5000 Dollar und gründete damit Operation Bass. Innerhalb von weniger als zehn Jahren wurde daraus eine Firma, die einen Umsatz von über 3,5 Millionen Dollar erzielt und landesweit der größte Veranstalter von Angelwettbewerben ist. *Ja, es geht.*

AUFGABE:

1. Teil: Schreiben Sie einige Zeilen darüber, inwiefern Ihre momentane Arbeit Ihren Lebenstraum unterstützt. Lassen Sie alles weg, was mit Geld zu tun hat, und konzentrieren Sie sich darauf, was Sie bei Ihrer momentanen Arbeit tun können, um das zu unterstützen, wofür Sie sich wirklich begeistern können. Wenn Sie Schriftsteller werden wollen und zur Zeit als Sekretär arbeiten, sollten Sie die Chance zur Verbesserung Ihrer Fertigkeiten im Maschineschreiben als eine der Möglichkeiten sehen, die Ihren Wunschtraum unterstützen. Wenn Sie als Aufseher in einer Maschinenhalle arbeiten und eigentlich in einer Rockband spielen wollen, sollten Sie darauf achten, wie Sie die bestmögliche »Vorstellung« aus Ihren Mitarbeitern herausholen. Sie werden das finden, wonach Sie suchen, also stellen Sie fest, auf welche Weise Ihr momentaner Job Ihren Wunschtraum unterstützt, und schreiben Sie mindestens fünf dieser Möglichkeiten auf.

---

2. Teil: Stellen Sie eine Liste mit zehn Aktivitäten zusammen, die sich zum Geldverdienen eignen und etwas mit dem zu tun haben, was Sie gern tun. Wenn Sie gern reisen, könnten Sie zum Beispiel Reisebürokaufmann/frau, Reiseführer/in, Redakteur/in für eine Reisemagazin, Einkäufer/in im Im- und Export, Referent/in, Flugbegleiter/in oder Pilot/in aufzählen. Es ist Ihr Leben, und je mehr Alternativen Ihnen einfallen, desto mehr Möglichkeiten werden sich Ihnen bieten.

Sie werden nie mehr Zeit zur Verfügung haben. Sie können lediglich dafür sorgen, daß Ihre Zeit wertvoller wird. Kontrollieren Sie sie so, daß Sie Ihnen und Ihrer persönlichen Weiterentwicklung nützt. Könnten Sie doppelt soviel in einer Stunde leisten und doppelt soviel Geld dafür bekommen? Wohlhabende Menschen werden für das bezahlt, *was* sie zustande bringen, und nicht für die Zeit, die sie brauchen, *um* es zustande zu bringen. Wenn Stephen King einen Stundenlohn erhalten würde, würde er sicher ein Jahr brauchen, um ein Buch zu schreiben, glauben Sie nicht auch? Er wird für das Buch bezahlt, er wird für das bezahlt, was er zustande bringt.

Um reich zu werden, kommt es nicht darauf an, wie lange Sie arbeiten. Sie werden für das Ergebnis bezahlt. Wenn Sie Ihre Zeit und die Ressourcen, die andere Menschen Ihnen geben, effektiv einsetzen, schaffen Sie mehr in weniger Zeit. Wenn Sie anfangen, in kürzerer Zeit mehr zustande zu bringen, werden Sie mehr Geld haben. Da Sie nun einige Strategien zum effektiven Einsatz dieser beiden Ressourcen (Menschen und Zeit) gelernt haben, können wir uns jetzt darum kümmern, wie man die dritte Ressource – Geld – effektiv einsetzt …

Kapitel 24

WOHLHABENDE MENSCHEN MACHEN MEHR AUS IHREM GELD

»Lassen Sie Ihr Geld für sich arbeiten, sonst werden Sie immer für Ihr Geld arbeiten müssen.«

MARSHALL SYLVER

Ich habe Ihnen bereits erzählt, wie hart meine Kindheit gewesen ist. Obwohl es nicht leicht für sie war, tat meine Mutter immer ihr Bestes, um uns eine Freude zu machen. Immer wenn ein wenig Geld übrig war, dachte sie sich etwas Besonderes für uns Kinder aus. Sie kaufte uns ein neues Spiel oder ging mit uns ins Kino. Da wir in der Regel gerade genug hatten, um davon leben zu können, bin ich sicher, daß sie auch sich dadurch jene kleinen Freuden verschaffte, die das Leben nicht nur erträglich, sondern lebenswert machen. Und weil das Geld, das wir übrig hatten, immer sofort verbraucht wurde, konnte sie nie etwas sparen.

Als ich zum erstenmal ordentlich verdiente, fiel mir etwas Sonderbares auf. Obwohl mir jetzt mehr als genug Geld zur Verfügung stand, um meine Rechnungen zu bezahlen, hatte ich den Eindruck, daß am Monatsende kein Pfennig von dem vielen Geld übrig geblieben war. Mir wurde klar, daß ich mich genauso verhielt wie meine Mutter. Immer wenn ich etwas mehr Geld zur Verfügung hatte, verbrauchte ich es für etwas, das mir Freude machte. Ein Ausflug übers Wochenende, ein neuer Camcorder, ein teurer Abend in der Stadt. Und da ab und zu auch einige unvorhergesehene Rechnungen zu bezahlen waren (Autounfälle, gestohlene Sachen), stellte ich mehr als einmal fest, daß ich schon wieder knapp bei Kasse war. Ich habe Ihnen bereits erklärt, daß Sie Ihr Einkommen immer so weit strecken können, um damit Ihre laufenden Rechnungen zu bezahlen. Wenn Sie einigermaßen Übung darin haben, gerade mal so über die Runden zu kommen, werden Sie sicher wissen, daß sich dieses Phänomen auch umkehren läßt:

Rechnungen blähen sich so lange auf, bis sie mit Ihrem Einkommen übereinstimmen.

Sie bekommen eine Gehaltserhöhung und sind der Meinung, daß Sie jetzt endlich mehr Geld zur Verfügung haben. Aber am Monatsende stellen Sie fest, daß wieder das ganze Geld weg ist. Sie sind genauso knapp bei Kasse wie vor Ihrer Gehaltserhöhung. Wenn Ihnen das jetzt bekannt vorkommt, wird Ihnen das folgende Verfahren sehr nützlich sein können.

Vor einigen Jahren wollte ich mir mein erstes Haus kaufen. Ich wußte, daß ich dafür eine Anzahlung von mindestens 30 000 Dollar brauchte. Ich hatte noch nie in meinem Leben 30 000 Dollar gespart. Daher entwickelte ich einen Plan, um das Geld über einen Zeitraum von sechs Monaten zu sparen. Wie Sie sich bestimmt schon ausgerechnet haben, bedeutete das 5000 Dollar pro Monat. Diese Summe schien für mich völlig unerreichbar zu sein, und doch begann ich auf gut Glück mit meinem Plan. Haben Sie für Ihre Rechnungen ein Körbchen oder einen Aktenordner oder eine Schublade zu Hause? Eine bestimmte Stelle, wo Sie sie aufbewahren und sich ein- oder zweimal im Monat hinsetzen, um sie zu bezahlen? So etwas gibt es auch bei mir zu Hause. Ich habe meinem Ordner noch eine Rechnung hinzugefügt, auf der »Anzahlung« stand. Diese Rechnung über 5000 Dollar pro Monat schien ganz und gar illusorisch zu sein, und in den ersten Monaten war ich tatsächlich versucht, sie einfach zu ignorieren.

Aber ich hielt mich daran und begann, nach zusätzlichen Möglichkeiten zu suchen, damit ich diese Rechnung zusammen mit den anderen bezahlen konnte. Und dann geschah etwas Sonderbares. Da ich mich darauf konzentrierte, wie ich zusätzliche 5000 Dollar pro Monat verdienen und behalten konnte, fing ich auch an, mich mehr mit den überflüssigen Dingen zu beschäftigen, für die ich mein Geld ausgab. Außerdem sah ich Gelegenheiten, wo ich vorher keine gesehen hatte. Während ich vorher nur soviel Energie in meine Arbeit gesteckt hatte, um ein bestimmtes Einkommensniveau zu erreichen, steckte ich jetzt, da ich mir zusätzlich Geld verdienen mußte, etwas mehr Energie und sehr viel mehr Kreativität in meine Arbeit. Ich fing an, mehr zu riskieren. Ich verlangte von meinen Klienten mehr Geld für meine Arbeit. Ich entwickelte neue Märkte für meine Produkte. Ich fand Mittel und Wege, um meine drei Ressourcen Zeit, Geld und Menschen effektiv einzusetzen, um mehr in weniger Zeit zu schaffen. Dadurch, daß ich mir selbst die Rechnung »Anzahlung« gestellt hatte, verstärkte und erweiterte ich die Fähigkeiten, die ich schon die ganze Zeit über besessen hatte.

Wenn Sie jemals Sport getrieben haben, wissen Sie, daß Muskeln ein Gedächtnis haben. Wenn Sie einen Muskel erst einmal aufgebaut haben, ist es viel einfacher, ihn noch einmal aufzubauen. Beim Geldverdienen gilt das gleiche. Wenn Sie anfangen, Ihre Wohlstandsmuskeln zu dehnen, fangen Sie damit auch an, sich selbst auf einer anderen Ebene zu sehen. Da ich nun wußte, wie ich dieses zusätzliche Geld verdienen konnte, wurde es Monat für Monat einfacher. Und da ich nun schon einmal dabei war, ließ ich nicht nach, bis ich diesen Betrag jeden Monat erreichte, und zwar auch, nachdem die Frist von sechs Monaten verstrichen war.

Eine andere Methode, die erheblich dazu beigetragen hat, daß ich das Geld, das ich verdiente, auch behalten konnte, funktionierte ähnlich wie die Erstellung zukünftiger Rechnungen. In den ersten Jahren mit meiner eigenen Firma zahlte ich meine Rechnungen immer von dem Geld, das monatlich hereinkam. Was dann noch übrig war, sah ich als mein persönliches Einkommen an. Und dann passierte wieder genau gleiche: Am Monatsende war nichts mehr übrig, um die Firma zu vergrößern und/oder mich einen Schritt weiterzubringen. Schon seit Jahren hatte ich immer wieder von der folgenden Methode gehört:

Bezahlen Sie sich selbst immer zuerst.

Wenn Sie sich selbst immer zuerst bezahlen, machen Sie sich damit klar, daß Sie genauso wichtig sind wie die anderen Rechnungen, die Sie regelmäßig bezahlen. Wenn Sie eine eigene Firma besitzen, ist das dann ein ganz normaler Gehaltsscheck, wie ihn auch alle anderen Mitarbeiter der Firma bekommen. Dadurch können Sie Ihren Verhältnissen entsprechend leben und sehen, wie Ihre Firma wächst. Ich habe mich eigentlich nie darum gekümmert, wieviel ich pro Monat ausgab, wenn ich einfach »in die Kasse gegriffen« habe. Als ich anfing, mich selbst zu bezahlen, fiel mir wieder auf, wie sich mein Einkommen strecken ließ, um die laufenden Rechnungen zu bezahlen. Selbst wenn Sie für jemand anderen arbeiten, können Sie sich selbst zuerst bezahlen.

Sich selbst zuerst zu bezahlen ist der erste Schritt, um mehr aus dem Geld zu machen, das Ihnen momentan zur Verfügung steht. Auch wenn Sie für jemand anderen arbeiten, müssen Sie sich selbst immer zuerst bezahlen. Außerdem brauchen Sie einen genauen Plan, wenn Ihr Geld für Sie arbeiten soll. Egal, wie Ihre finanzielle Situation zur Zeit aussieht, Sie müssen Ihren Verhältnissen entsprechend leben, während Sie nach mehr streben.

Das bedeutet, daß Sie Ihr Einkommen folgendermaßen aufteilen müssen:

zehn Prozent fürs Sparen,
zehn Prozent für die Rückzahlung von Schulden (Raten für größere Anschaffungen) und

zehn Prozent für etwas, das mit einem Risiko behaftet ist und ein hohes Gewinnpotential für die Zukunft hat.
Die übrigen **70** Prozent verwenden Sie für Ihren Lebensunterhalt.

Ich weiß, was Sie jetzt denken. »Marshall, ich komme schon jetzt kaum über die Runden. Wo soll ich dieses zusätzliche Geld herbekommen?« Das Geheimnis besteht darin, daß es sich dabei gar nicht um zusätzliches Geld handelt. Sie sind momentan der Meinung, daß Sie gerade so über die Runden kommen. Da Sie gerade so über die Runden kommen, werden Sie sich nie eine sichere Ausgangsposition schaffen können. Wenn Sie so weitermachen wie bisher, werden Sie immer in der Tretmühle bleiben und nie etwas erreichen. Falls Sie Ihre Lebensweise jetzt nicht ändern, wird alles nur noch schlimmer werden. Da Sie mit Ihrem Geld zur Zeit nur knapp auskommen, haben Sie ein schlechtes Gewissen, wenn Sie einmal Geld übrig haben und es ausgeben. Sie können es nicht so genießen, wie Sie wollen und wie Sie es verdient haben. Meine Methode wird Ihre momentane Lebensweise geringfügig ändern, damit Sie später in der Lage sind, größere Änderungen durchzuführen. Es bedeutet, daß Sie sich dann vermutlich mehr damit beschäftigen werden, wo Ihr Geld hingeht, und sich aufmerksamer nach besseren Möglichkeiten zum Sparen und Geldverdienen umsehen werden. Wenn Sie einen Penny sparen, haben Sie einen Penny verdient. (Dabei sollten Sie jedoch sicher sein, daß Sie mehr sparen, als Sie mit dem gleichen Aufwand an Zeit und Energie verdienen könnten.) Es bedeutet, daß Sie vermutlich bessere Arbeit leisten werden, damit Ihre Zeit wertvoller wird. Es bedeutet, daß Sie einen Lebensstil pflegen werden, der sich von Ihrer jetzigen Lebensweise unterscheidet, aber ist das nicht genau das, was Sie wollen? Ich sage Ihnen jetzt, warum Sie mit der Formel oben schneller vorankommen werden, als Sie sich vorstellen können. Zum einen ist gespartes Geld nicht nur ein gutes Ruhekissen, mit dem Sie klarer denken können (Sie wissen immer, daß Sie nicht völlig bankrott sind), es bringt auch noch Zinsen. Ihr Geld wird zu einer Einkommensquelle. Geld, mit dem Sie Ihre Schulden reduzieren, wird sich langfristig gesehen auszahlen, weil Sie sich dadurch enorme Summen für die Zinsen sparen, die andere für geliehenes Geld bekommen. Vor einigen Jahren, als ich mit Hilfe dieser Methode die Raten für meinen Wagen vorzeitig bezahlen konnte, habe ich mehrere tausend Dollar gespart. Und das Risikogeld ist Geld, das eine Menge Geld einbringen könnte und wahrscheinlich für überflüssige Dinge zur unmittelbaren Befriedigung ausgegeben worden wäre. Ich kann Ihnen versichern, daß es nichts Befriedigenderes gibt, als massenhaft Geld zu verdienen. Das Risiko kann sehr unterschiedlich aussehen. Sie können sich zum Beispiel Aktien kaufen (es gibt Banken, bei denen Sie schon mit 50 Dollar ein Portefeuille anlegen können), Sie können Material kaufen, mit dem Sie dann nebenher etwas machen, an dem Sie Spaß haben, Sie können in ein privates Projekt oder in einen Menschen investieren, an das bzw. den Sie glauben. Sie müssen nur sicherstellen, daß das Gewinnpotential größer ist als die Zinsen, die Sie beim Sparen bekommen würden.

Um weiterzukommen, müssen Sie den Rechnungen »Sparen«, »Schuldenrückzahlung« und »Risiko« Vorrang vor allen anderen Rechnungen geben. Damit das klappt, müssen Sie Ihre Ausgaben nach unten und Ihr Einkommen nach oben korrigieren. Am Anfang ist das vielleicht eine große Herausforderung, aber langfristig gesehen werden Sie mir und sich selbst für diese Disziplin dankbar sein.

AUFGABE: Ich habe zwei Aufgaben für Sie. Die erste soll Ihre momentane finanzielle Situation etwas solider machen. Wenn Sie zu den Menschen gehören, die es immer gerade so schaffen, ihre Rechnungen zu bezahlen – Kopf hoch! Sie haben bereits die Hälfte aller Fähigkeiten, die

---

notwendig sind, um diese Methode in die Praxis umzusetzen. Der nächste Schritt besteht darin, die Rechnungen immer nur in der bestmöglichen Reihenfolge zu begleichen. Fangen Sie heute damit an, und schreiben Sie sich eine Rechnung über »Sparen«, eine über »Schuldenrückzahlung« und eine über »Risikokapital«: Obwohl ich Ihnen zehn Prozent empfohlen habe, ist es nicht so wichtig, mit welcher Summe Sie anfangen, solange Sie nicht vergessen, daß etwas besser als nichts ist. Und gleichzeitig stellen Sie jetzt ein einfaches Budget auf. Wenn Sie so etwas noch nie gemacht haben, werden Sie schon beim Aufschreiben des Budgets feststellen, daß Sie ein besseres Gespür dafür bekommen, wo Ihr Geld bleibt, und wie Sie es am effektivsten einsetzen. Etwas weiter hinten in diesem Buch werde ich Ihnen beibringen, wie Sie es schaffen, Ihr Budget einzuhalten.

Die zweite Aufgabe wird Ihnen noch mehr Spaß machen. Denn sie wird Ihnen dabei helfen, noch mehr Geld zu verdienen. Stellen Sie eine Liste mit mindestens *zehn* Aktivitäten zusammen, mit denen Sie Ihr Einkommen nur um zehn Prozent steigern könnten. Wenn Sie für einen bestimmten Stundenlohn arbeiten, darf keine der zehn Aktivitäten damit zu tun haben, daß Sie Überstunden machen. Es wird Zeit, daß Sie sich von einem arbeitenden zu einem denkenden Menschen entwickeln. Ich weiß, daß Sie hart gearbeitet haben, aber jetzt ist es an der Zeit, klug zu arbeiten. Nach einer Gehaltserhöhung fragen könnte eine dieser Aktivitäten sein. Wenn Sie um eine Gehaltserhöhung bitten, sollten Sie nicht vergessen, daß man Ihnen bestimmt nicht mehr bezahlen wird, wenn Sie nicht mehr leisten, und zwar selbst dann, wenn Sie zur Zeit unterbezahlt sind. Werden Sie kreativ statt wütend. Wenn Sie nach einer Gehaltserhöhung fragen, sagen Sie klipp und klar (ohne wie die Katze um den heißen Brei herumzuschleichen), wieviel Sie verdienen wollen, und daß Sie bereit sind, alles zu tun, um die Gehaltserhöhung zu bekommen. Fragen Sie, was Sie tun müssen, um mehr zu verdienen. Wenn man Ihnen antwortet, daß eine Gehaltserhöhung überhaupt nicht in Frage kommt, haben Sie etwas, worüber Sie nachdenken können.

Denken Sie auch darüber nach, ob Sie nebenher etwas tun könnten, was Ihnen Spaß macht und eventuell zum Geldverdienen geeignet ist. Nehmen Sie Ihre Hobbys unter die Lupe. Wie könnte man damit Geld verdienen? Wenn Sie für jemand anderen arbeiten, wie könnten Sie mehr für ihn leisten? Wenn Sie Ihre eigene Firma haben, wie könnten Sie Ihren Kunden noch besser dienen? Es spielt keine Rolle, ob Sie ein Produkt oder eine Dienstleistung verkaufen – Sie verkaufen eine Dienstleistung. Sie verkaufen, was dieses Ding für Ihre Kunden tut.

Wie könnten Sie Ihre drei Ressourcen – Zeit, Geld oder Menschen – einsetzen, um noch mehr zu leisten? Welche Möglichkeiten gibt es, um mehr aus jeder einzelnen Ressource zu machen, damit Sie mehr erreichen? Wie können Sie Ihre Zeit am besten und effektivsten einsetzen? Vor einigen Jahren mußte ich mit Einzelsitzungen aufhören, weil diese nicht so rentabel waren wie meine anderen Projekte. Obwohl ich damit pro Stunde die gewaltige Summe von 1000 Dollar verdiente, war es doch nicht so viel, wie mir meine Seminare und Fernsehshows einbrachten.

Wie setzen Sie Ihr Geld am besten ein? Arbeitet Ihr Geld für Sie, oder arbeiten Sie für Ihr Geld? Wenn Sie den Riesensprung zu Zinseszins machen, werden Sie einen zusätzlichen Mitarbeiter haben, der für Sie Geld verdient, ohne daß Sie dazu einen Finger rühren müssen. Wie sieht es mit anderen Menschen aus? Wie können Sie deren Ressourcen am besten einsetzen, um mehr aus Ihrer Zeit zu machen? Seien Sie der Denker, der jene regiert, die arbeiten. Sie können erst dann reich werden, wenn Sie diesen Schritt gemacht haben.

Ich habe Ihnen eine Menge Beispiele genannt. Jetzt sind Sie an der Reihe. Überlegen Sie sich zehn Aktivitäten, mit denen Sie Ihr Einkommen verbessern könnten, wenn Sie dazu gezwungen wären. Tun Sie es jetzt, oder es war vergebens, dieses Buch zu lesen.

Kapitel 25

WOHLHABENDE MENSCHEN
WISSEN BESCHEID

*»Es ist schwer zu wissen, ob Sie gewinnen,
wenn Sie keinen Überblick haben.«*

MARSHALL SYLVER

Wohlhabende Menschen wissen Bescheid. Sie machen ihre
Hausaufgaben, sie wissen, was die Konkurrenz tut, und sie
wissen, wie sie sich einen Vorteil verschaffen. Sie wissen, wer
gewinnt, und was sie tun, um zu gewinnen. Sie sammeln alle
möglichen Informationen. Sie wissen, wieviel Geld sie jemandem schulden und wieviel Geld sie verdienen. Sie arbeiten
nach einem Budget. Wie erfolgreich wäre wohl ein Unternehmen, wenn es sein Geld einfach nur willkürlich verbrauchen würde, wann immer etwas benötigt wird? Wie sieht es
mit der Buchhaltung in Ihrer Familie aus, wenn es um diesen
Aspekt geht? Wie viele Freunde von Ihnen sind der Meinung, daß sie mit Geld nicht umgehen können? In Seminaren
wird sehr häufig über dieses Thema gesprochen. Wenn sich
jemand nicht um das Geld kümmert, das er zur Zeit hat,
warum sollte sich dann das Schicksal noch weiter um solch
einen dummen Menschen kümmern? Wenn Ihnen das bekannt vorkommt, müssen Sie es schon recht früh in Ihrem
Leben gehört haben, und wenn Sie Ihr Unterbewußtsein umprogrammieren, werden Sie in der Lage sein, diese Einstellung zu ändern und sich eine gewinnbringendere Philosophie
zu eigen zu machen. Wenn jemand zu Ihnen sagen würde,

daß Sie lernen können, das zu sparen, was Sie jetzt verdienen – würden Sie das nicht gerne lernen?

Egal, wie Ihre finanzielle Situation zur Zeit aussieht – stellen Sie jetzt ein Budget auf, und üben Sie, sich daran zu halten. Führen Sie außerdem eine Woche lang genau Buch über alle Ihre Ausgaben. Wieviel haben Sie in der letzten Woche für Nahrungsmittel ausgegeben, für Benzin, für Unterhaltung? Sie werden entspannter sein, wenn Sie wissen, wo Ihr Geld bleibt, und dabei werden Sie folgendes lernen ...

Kapitel 26

WOHLHABENDE MENSCHEN GEHEN MIT STRESS ANDERS UM

*»Der Mann im Penthouse und der
Mann in der Gosse haben gleich viel
Streß. Es spielt lediglich eine Rolle,
von was man sich stressen läßt.«*

MARSHALL SYLVER

Als ich das vor kurzem zu den Teilnehmern eines Seminars
sagte, stand eine Frau auf und fragte: »Wollen Sie damit
allen Ernstes sagen, daß ich, wenn ich ein Penthouse und
eine Ferienwohnung in Aspen und eine Limousine mit
Chauffeur besitze, genausoviel Streß haben werde wie jetzt,
wo ich versuche, die Miete für mein Apartment aufzutreiben?« Ich erwiderte: »Ja.« War das, was diese Frau jetzt
empfand, wenn sie das Geld für die Miete ihres Apartments
aufzutreiben versuchte, für sie Streß, dann würde sie später
das gleiche empfinden, wenn sie versuchte, das Penthouse
zu bezahlen.

**Machen Sie aus dem Streß von früher etwas Aufregen-
des, von dem Sie jetzt inspiriert werden.**

Wenn Ihr Herz rast, Sie außer Atem sind und Ihr Gesicht
völlig verzerrt aussieht – sind Sie dann im Streß oder in Ekstase? Ich vermute mal, das hängt davon ab, an was Sie gerade denken, stimmt's? Sich vor 1000 Menschen hinzustel-

len und sie fünf Tage hintereinander zu unterrichten – wäre das für Sie ein Vergnügen oder eine Qual? Ich vermute mal, das hängt davon ab, an was Sie gerade denken. Man hat Ihnen gerade einen riesigen Vorschuß für die Fertigstellung eines Buches gezahlt, und das Buch ist in ein paar Tagen fällig – sind Sie gestreßt oder überglücklich? Ich vermute mal, das hängt davon ab, *wieviel* Geld oder *wie viele* Tage. Oder vielleicht einfach davon, wie Sie denken. Jeder empfindet Streß. Ich habe jetzt genausoviel Streß in meinem Leben wie damals, als ich in der Couch nach Spaghettigeld gesucht habe. Der einzige Unterschied besteht darin, daß ich, wenn ich jetzt unter Streß stehe, sehr viel mehr dabei gewinnen kann. Statt mich zu fragen, wo ich meine nächste Mahlzeit herbekomme, frage ich mich jetzt, ob wir 20 Millionen oder 30 Millionen an Bruttoeinkommen erzielen werden. Ich habe genauso viel Streß, aber heute macht er einfach mehr Spaß.

Unser Erfolg im Leben hängt nicht davon ab, wieviel Streß wir ertragen können, sondern davon, wieviel Streß wir in unserem Leben annehmen und wieviel Freude wir daran haben.

Wenn Sie einsehen, daß Termine und Verpflichtungen keineswegs zu einem Knoten in Ihrem Magen oder Verspannungen in Ihren Muskeln führen müssen, werden Sie immer mehr von den Dingen übernehmen, die viel einträglicher für Sie sein können.

Reichtum findet im Kopf statt. Wenn Sie glauben, reich zu sein, hören Sie damit auf, sich von etwas stressen zu lassen, was nicht wichtig ist. Würden Sie sich noch über Kleinigkeiten aufregen, wenn Sie wüßten, daß Sie massenhaft Geld verdienen werden? Wohlhabende Menschen rücken alles in die richtige Perspektive. Sie wissen, daß alles relativ ist.

Zwei werdende Väter gingen nervös vor dem Kreißsaal auf und ab. »So ein Pech! Wir waren gerade in Urlaub«, sagte der eine.

»Weshalb beklagen Sie sich denn? Wir waren gerade in den Flitterwochen!« sagte der andere.

Wenn Sie sich Ihren Reichtum aufbauen, muß Ihnen bewußt sein, daß es nicht das Geld ist, das Sie reich macht. Reichtum findet im Kopf statt. Als ich noch ein Kind war, waren 100 Dollar eine Menge Geld für mich. Als ich älter wurde, waren 10 000 Dollar eine Menge Geld für mich. Als ich Millionär wurde, war eine Milliarde eine Menge Geld für mich, eine Million jedoch nicht. Wenn Sie jetzt nicht damit anfangen, reich zu leben, bringen Sie sich damit in eine Tretmühle, aus der Sie nie wieder herauskommen. Wie ein Hamster im Käfig werden Sie Tag für Tag arbeiten und das Gefühl haben, nie etwas zu erreichen. Sehen Sie sich einmal um, damit Ihnen auffällt, wie reich Sie eigentlich jetzt schon sind. Wenn Sie sich umsehen können, heißt das, daß Ihre Augen in Ordnung sind. Sie sind sehr reich. Haben Sie ein Dach über dem Kopf? Sie sind wohlhabend. Haben Sie dieses Jahr Ihren Urlaub an einem Ort verbracht, der weiter als 800 Kilometer von Ihrem Wohnort entfernt ist? Dann haben Sie etwas gemacht, das sich weniger als fünf Prozent der amerikanischen Bevölkerung leisten können, und sind reich.

Es gibt noch eine andere Möglichkeit, wie Sie sich selbst daran erinnern, daß alles relativ ist – rücken Sie es in die richtige Perspektive. An der Redensart »Aus einer Mücke keinen Elefanten machen« ist viel Wahres dran. Ich meine, welche Bedeutung wird jeder einzelne Moment denn langfristig gesehen haben? Wenn ich merke, daß wegen einer bestimmten Sache in meinem Leben Streß entsteht, schließe ich die Augen und gehe auf eine kleine Reise. Ich stelle mir vor, daß ich über meinem Körper schwebe. Ich kann ihn unter mir liegen sehen, und während ich immer weiter nach oben schwebe, sehe ich auch mein Haus. Ich schwebe noch ein Stück höher und sehe von oben auf meine Stadt herunter, wobei ich kaum noch erkennen kann, welches der Häuser meines ist. Ich steige immer höher, und bald sehe ich meinen Staat von oben, und dann mein Land. Ich schwebe immer weiter nach oben und kann jetzt den ganzen Planeten sehen, und dann bewege ich mich mit großer Geschwindigkeit durch den Weltraum. Bald wird auch die Erde zu einem kleinen Punkt und plötzlich wird aus meinem ganzen Sonnensystem ein Stern unter vielen anderen. Ungefähr in diesem Moment beginne ich zu verstehen, daß die Sache, die ich für so wichtig gehalten habe, nicht einmal mehr ein Staubkorn und die Energie, die ich dafür verschwendet habe, nicht wert ist. Wenn ich dann langsam wieder in die Realität zurückkehre und meine Augen öffne, lächle ich und kümmere mich um das, was gerade ansteht.

Kapitel 27

WOHLHABENDE MENSCHEN GEBEN NICHT AUF UND HANDELN SOFORT

»Versuch es einfach weiter. Es spricht alles dafür, daß
der Ball irgendwann einmal den Schläger treffen wird.«

MARSHALLS ältester Bruder, nachdem MARSHALL
drei Jahre lang in der Little League gespielt
und keinen einzigen Ball getroffen hatte

Nachdem Fred Astaire 1933 seine ersten Probeaufnahmen gemacht hatte, urteilte der Regisseur von MGM in einer Notiz: »Kann nicht schauspielern, Halbglatze, kann ein bißchen tanzen!« Astaire rahmte sich die Notiz später ein und hängte sie über den Kamin seiner Villa in Beverly Hills.

Über Vince Lombardi sagte ein Footballexperte einmal: »Versteht nur sehr wenig vom Fußball, es fehlt ihm an Motivation.«

Über Albert Einstein wurde gesagt: »Er trägt keine Socken und vergißt, sich die Haare schneiden zu lassen. Könnte geistig zurückgeblieben sein.«

Sokrates nannte man »einen sittenlosen Menschen mit verderblichem Einfluß auf die Jugend«.

Erfolglose Menschen suchen nach einer Entschuldigung. Erfolgreiche Menschen versuchen es einfach weiter. Irgendwann traf ich den Ball doch einmal. Nicht weil ich ein großartiger Baseballspieler war. Ich habe getroffen, weil ich mich einfach immer wieder hingestellt und es versucht habe. Nein, ich werde nie ein Profi-Baseballspieler sein, und doch habe ich getroffen. Obwohl ich es selbst nicht geglaubt habe, habe ich getroffen. Nach all den Jahren, in denen ich nie einen Ball getroffen hatte, dachte ich, ich würde es nie schaffen – und dann habe ich doch einmal getroffen. Es spricht alles dafür, daß es irgendwann einmal klappen wird, wenn Sie es einfach weiter versuchen.

Wohlhabende Menschen geben nicht auf und handeln sofort. Wenn sich ein erfolgreicher Mensch für eine Idee und einen Plan entscheidet, wird er alles tun, um sein Ziel zu erreichen. Er entwickelt einen Maßnahmenplan und nutzt jede Chance, die ihn einen Schritt weiter bringt.

Haben Sie schon einmal darüber nachgedacht, wie hartnäckig eine Briefmarke ist? Wenn Sie die Briefmarke auf den Umschlag kleben, bleibt sie darauf, bis der Brief seinen Empfänger erreicht hat. Wohlhabende Menschen sind genauso hartnäckig. Wenn sie einmal beschlossen haben, daß etwas gut für sie ist, bleiben Sie genauso hartnäckig daran kleben wie die Briefmarke auf dem Brief.

Aristoteles Onassis war einer der reichsten Männer der Welt. Auf seinem Schreibtisch hatte er angeblich eine Plakette, die er seinen Mitarbeitern vor die Nase hielt. Darauf stand: »Wenn Sie keinen Weg finden können, erfinden Sie einen.« Wohlhabende Menschen versuchen es einfach weiter. Sie stürzen sich in das Spiel und gehen für ihren Plan ein Risiko ein. Wenn Sie es einfach weiter versuchen, landen Sie vielleicht einen Treffer, mit dem Sie einen Punkt machen können. Selbst wenn Sie den Ball nicht treffen, können Sie etwas Wertvolles daraus lernen. Im Leben geht es darum, Erfahrungen zu machen, und je mehr Erfahrungen Sie bei der Realisierung Ihrer Pläne machen, desto eher werden Sie verstehen, was Sie in Ihrem Leben wollen und was nicht.

Ich habe einmal mit einem Mann namens Don Wayne zusammengearbeitet. Er berät Entertainer wie mich und auch einen meiner Lieblingskollegen, David Copperfield. Sie wissen sicher, daß David einer der besten Zauberer aller Zeiten ist. Während Don und ich uns unterhielten, erzählte ich ihm, daß ich eine Fernsehsendung produzieren lassen wollte, und fragte ihn, ob er mir jemanden empfehlen könne. Er gab mir den Namen eines Produzenten. Am nächsten Tag rief ich den Produzenten an, dann meldete ich mich bei Don und erzählte ihm von dem Gespräch. Don lachte und sagte: »Ich kann einfach nicht glauben, daß Sie ihn so schnell angerufen haben.« Ich sagte: »Warum nicht, Don, Sie haben mir doch seine Telefonnummer gegeben?« Er entgegnete: »Marshall, Sie und David Copperfield sind sich sehr ähnlich. Sie und David fangen zwölf Projekte im Jahr an und boxen sich durch alle durch, und von den zwölf sind dann vielleicht vier ein Erfolg.« Don sagte, daß er selbst sich immer nur auf ein einziges Projekt konzentriere und alle Einzelheiten davon ausarbeite, um sicher zu sein, daß es ein Erfolg wurde. Ich sagte: »Du meine Güte, Don, ich bin nicht ganz sicher, ob ich richtig gerechnet habe, aber es sieht so aus, als lägen David und ich mit vier zu eins in Führung. Ich glaube, wir gewinnen.«

Manche Menschen geben einfach auf, weil der schlimmste Moment in der Regel dann kommt, wenn man kurz davor steht, das zu bekommen, was man haben will. Vor nicht allzu langer Zeit war ich in Playa Blanca in Mexiko. Ich hatte meine jüngeren Brüder mitgenommen, um dort mit ihnen ihren Geburtstag zu feiern. Als wir in Playa Blanca waren, haben wir Trapez und Drahtseil und andere Zirkusnummern ausprobiert, die von unserem Hotel zur Freizeitgestaltung angeboten wurden. Wenn man am Trapez hängt, gibt es einen Moment, in dem man den Partner, an dem man hängt, loslassen muß, weil man sonst den Fänger auf der anderen Seite nicht erreicht. Genau wie ein Artist am Trapez muß man manchmal das loslassen, was man kennt, um das zu erreichen, was neu ist.

Kapitel 28

SO WICHTIG IST ES, EINMALIG ZU SEIN UND IMMER ETWAS MEHR ZU LEISTEN ALS DAS, WOFÜR MAN BEZAHLT WIRD

»Wenn man es nirgendwo sonst bekommt, legen Sie den Preis fest.«

MARSHALL SYLVER

Wohlhabende Menschen wissen, wie wichtig es ist, einmalig und immer der Beste zu sein. Ihre Einmaligkeit ist etwas, das aus ihrem Kopf kommt. Statt die Arbeit anderer zu kopieren, konzentrieren sie sich auf das, was an ihnen selbst einmalig ist. Sie entschuldigen sich nicht dafür, wer sie sind, und sie konzentrieren sich darauf, immer in ihrer persönlichen Bestform zu sein. Außerdem leisten sie immer mehr als das, wofür sie bezahlt werden. Sie strengen sich mehr an und leisten mehr als die Konkurrenz.

»Wenn man das allerbeste Haus in allerbester Lage baut und dafür die allerbesten Materialien verwendet, wird jeder ohne Ausnahme jeden geforderten Preis für das Allerbeste zahlen.«

DONALD TRUMP

Was können Sie jetzt in diesem Moment tun, um die Qualität Ihrer Leistung zu verbessern und mehr zu leisten als das, wofür Sie bezahlt werden? Es spielt keine Rolle, ob Sie für

Ihre eigene Firma oder für jemand anderen arbeiten. Für den, der auf seinem Gebiet der Allerbeste ist, gibt es immer einen Markt. Setzen Sie auf Qualität, dann kommt das Geld automatisch. Wenn Sie Abstriche bei der Qualität machen, um an Geld zu kommen, wird das Geld bei dem landen, der sein Handwerk versteht. Was können Sie jetzt in diesem Moment tun, um die Qualität Ihrer Leistung oder Ihr Talent zu verbessern? An einem Seminar teilnehmen? Ein Buch lesen, das mit Ihrer Arbeit zu tun hat? Sich um Ihre Gesundheit kümmern? Jemand muß der Allerbeste auf Ihrem Gebiet sein, warum also nicht Sie?

> *»Sämtliche Beförderungen in meinem Leben führe ich auf den Umstand zurück, daß ich immer mehr und besseren Service geleistet habe als den, für den ich bezahlt wurde.«*
>
> RALPH WALDO EMERSON

Wohlhabende Menschen leisten mehr als das, wofür sie bezahlt werden – immer. Sie machen es sich zum Grundsatz, weniger zu versprechen und mehr zu liefern. Eine ungeliebte Arbeit werden Sie am ehesten los, wenn Sie sie sehr gut machen. Das wird Ihnen dabei helfen, mehr Vertrauen in Ihre Fähigkeiten zu setzen und Ihnen die Chance geben, Ihre Kenntnisse zu erweitern.

Sie haben weiter vorn in diesem Buch gelesen, daß man eine ungeliebte Arbeit am ehesten los wird, wenn man sie sehr gut macht. Wenn Sie eine Arbeit loswerden wollen und sie sehr gut machen, werden Sie aller Wahrscheinlichkeit nach befördert. Selbst wenn Sie in dieser Firma nicht befördert werden und keine andere Stelle bekommen, wird jemand aus einer anderen Firma bemerken, daß Sie Ihre Sache gut machen, und Ihnen eine Stelle anbieten. Dann bekommen Sie die Arbeit, die Sie haben wollen.

Als Teenager habe ich mir geschworen, daß ich garantiert

nie an einer Tankstelle arbeiten würde. Nun, kurze Zeit später putzte ich jemandem in einer Tankstelle die Windschutzscheibe, und ich machte meine Sache gut. Ich hatte nämlich beschlossen, daß ich, wenn ich diesen Job schon machen mußte, der beste Tankwart von allen sein würde. Eines Tages fuhr ein Stammkunde vor, den ich schon ein paarmal ganz besonders nett bedient hatte. An diesem Tag zahlte sich das aus. Er steckte den Kopf zum Fenster hinaus und sagte: »Hör mal, du hast mich immer so gut bedient, daß ich mich gefragt habe, ob du schon einmal darüber nachgedacht hast, beim Rundfunk zu arbeiten.« Ich entgegnete: »Bis jetzt noch nicht, Sir. Aber wenn Sie etwas für mich haben, können wir uns gern einmal darüber unterhalten.« Er sagte: »Ich habe vielleicht einen Job für dich. Komm doch in mein Büro, dann können wir uns darüber unterhalten, ob du für meinen Radiosender arbeiten willst.« Ich ging hin, und was dann geschah, ahnen Sie bereits. Ich sprach mit Mike Burnett, und er gab mir den Job bei KJOY.

Ich war damals 17 Jahre alt. Ab diesem Moment ging es immer nur bergauf. Leisten Sie immer mehr als das, wofür Sie bezahlt werden, dann werden Sie bekommen, was Sie verdienen.

Kapitel 29

WOHLHABENDE MENSCHEN HABEN KEINE ZIELE, SONDERN PLÄNE – SIEBEN SCHRITTE ZUR EFFEKTIVEN PLANERSTELLUNG

> »Ein Traum wird in dem Moment zum Ziel, in dem Sie ihn niederschreiben. Ein Ziel wird in dem Moment zu einem Plan, in dem Sie es in machbare Schritte zerlegen. Ein Plan wird nur dann Realität, wenn Sie etwas unternehmen.«
>
> MARSHALL SYLVER

Wohlhabende Menschen haben keine Ziele, sondern Pläne. Sie streben kein Ziel an, sondern haben Pläne, die darauf zugeschnitten sind, das gewünschte Ergebnis zu erbringen. Sie werden jetzt eine Technik lernen, die ich **Planerstellung** genannt habe. Planerstellung statt Zielerstellung, weil ich der Meinung bin, daß ein Ziel etwas ist, nach dem man strebt, und ein Plan etwas, was man tut.

Da Ihr Unterbewußtsein nur ein Computer ist, kann es nicht feststellen, was Sie »tatsächlich« meinen. Was würde Ihr Unterbewußtsein wohl eher glauben – daß Sie Ziele oder Pläne effektiver in die Tat umsetzen? Welchen Architekten würden Sie nehmen, um Ihr neues Haus zu bauen? Den, der Ihnen seine Ziele zeigt, oder den, der Ihnen seine Pläne zeigt? Wenn der Architekt sagt: »Ich habe das Ziel, ein Haus mit drei Schlafzimmern für Sie zu bauen. Mein Ziel ist es, das Haus Ende des Jahres fertig zu haben und mich an Ihr Budget zu halten.« Sie würden den Kerl wahrscheinlich für verrückt halten. Da Ihr Bewußtsein das Programm so akzeptiert, wie Sie es ihm präsentieren, müssen Sie dafür sorgen, daß Sie sich auf die richtigen Konzepte konzentrieren. Wenn eine Footballmannschaft einen Touchdown erzielen will, wird dazu eine Taktik entwickelt, mit der es der Mannschaft gelingt, über das Feld und die Torlinie zu kommen. Das ist ihr Ziel. Die Taktik, mit der sie über die Torlinie kommen, ist ihr Maßnahmenplan.

> *»Wenn Sie nicht wissen, wo Sie hingehen,*
> *landen Sie vielleicht ganz woanders.«*
>
> YOGI BERRA

Ihr Bewußtsein geht immer in die Richtung, die ihm von seinem dominierenden Gedanken vorgegeben wird. Wenn Sie keinen eigenen Plan haben, werden Sie ein Teil des Planes von jemand anderem. Es spielt keine Rolle, was Sie jetzt in diesem Moment in Ihrem Leben leisten wollen, Sie müssen einen konkreten Plan entwickeln, um es zu erreichen. Ich werde Ihnen zeigen, wie gewinnbringend ein kreativer Planerstellungsprozeß sein kann.

Um Ihre Pläne zu verwirklichen, holen Sie jetzt bitte das Blatt Papier mit Ihrem idealen Arbeitstag und ihrem idealen Freizeittag. Wählen Sie fünf verschiedene Dinge aus, die folgenden Kriterien entsprechen: etwas Großes, das Sie jetzt wollen und von dem Sie glauben, daß Sie es innerhalb von fünf Jahren erreichen können. Außerdem drei Dinge, die eine große Herausforderung für Sie darstellen und innerhalb von einem Jahr verwirklicht werden können. Und schließlich noch etwas, das Sie mit einiger Konzentration innerhalb von einem Monat abschließen können.

Schreiben Sie diese fünf Dinge an die dafür vorgesehene Stelle:

Fünfjahresplan: _____

Dreijahresplan: _____

Dreijahresplan: _____

Dreijahresplan: _____

Einmonatsplan: _____

Das erste Element der Planerstellung: **Je kurzfristiger der Plan ist, desto konkreter muß er sein, je langfristiger, desto allgemeiner.** Ich werde Ihnen sagen, warum. Wenn es sich nicht um einen Plan handelt, der sofort ausgeführt wird, wird alles, was Sie tun, Ihrer Umgebung mitteilen, was Sie wollen. Ihr Unterbewußtsein wird sich an die Arbeit machen und einen Plan erstellen, den Sie ausführen. Außerdem werden Sie in den nächsten Jahren viele Informationen über das sammeln, was Sie erreichen wollen, und selbst wenn Sie den Eindruck haben, als würden Sie überhaupt nichts tun, um es zu erreichen, wird Ihr Bewußtsein Informationen sammeln.

Wenn Sie allerdings einen Plan für etwas erstellen, das Sie in einem Monat erreicht haben wollen, brauchen Sie alle Details sofort. Als ich einmal eine Kassettenserie zusammenstellte, wollte ich mich selbst herausfordern und legte daher in meinem Plan fest, daß ich die komplette Serie von der Konzeption bis zur Produktion innerhalb von sechs Wochen fertig haben würde. Das bedeutete, daß ich die gesamte Graphik für das Cover und die Kassetten entwerfen und auch noch alle Texte schreiben mußte. Ich mußte jeden einzelnen Schritt aufschreiben und mit einem Termin versehen, damit ich wußte, ob ich dem Zeitplan voraus oder im Rückstand war. Außerdem mußte ich den Zeitplan für die Aufnahmen und die Produktion mit Fremdfirmen aufstellen. Die Musik mußte komponiert und die Herstellung der Kassetten koordiniert werden. All diese Dinge wären sicherlich irgendwann einmal erledigt worden. Um das Ganze zu beschleunigen und Fehler zu vermeiden, hatte ich aber einen Plan erstellt, der mir genau sagte, ob alles reibungslos lief oder ob etwas meine besondere Aufmerksamkeit erforderte. Die Serie wurde schließlich innerhalb von nur fünf Wochen produziert, was hauptsächlich darauf zurückzuführen war, daß ich mich Schritt für Schritt darum gekümmert hatte.

Am Anfang jedes Monats erstelle ich einen genauen Plan über das, was ich in diesem Monat erledigen will. Ich bin der Meinung, daß ein Einmonatsplan sehr effektiv ist, weil er Sie dazu erzieht, das zu Ende zu bringen, was Sie sich vorgenommen haben. Wenn Sie es sich angewöhnen, etwas deshalb zu Ende zu bringen, weil es in Ihrem Plan steht, werden Sie mit der Zeit immer mehr erledigen können. Einmonatspläne sind außerdem deshalb so wirkungsvoll, weil Sie im nächsten Monat mit einem neuen Plan weitermachen können, wenn Sie Ihr Pensum für diesen Monat nicht geschafft haben. In 30 Tagen konzentrierter Arbeit können Sie enorm viel erledigen. Einige meiner eigenen Einmonatspläne sehen so aus: eine neue Kassettenserie schreiben und produzieren, ein neues Manuskript schreiben und produzieren, fünf Pfund abnehmen, das vorliegende Buch umschreiben, ein neues Seminar entwickeln.

Ich würde vorschlagen, daß Sie sich zunächst nur ein größeres Projekt pro Monat vornehmen, bis Sie ohne Probleme damit zurechtkommen. Dann können Sie mit zwei oder drei Projekten weitermachen. Wenn Sie mehr als drei Projekte pro Monat haben, sind das eigentlich keine Projekte mehr, sie gehören eher in eine tägliche Aktivitätenliste – Dinge, die an einem Tag erledigt werden können. Gestalten Sie Ihren Plan so lebendig wie möglich. Versehen Sie Ihre Beschreibungen und Ihre Pläne mit so vielen Details wie möglich. Verwenden Sie in Ihrem Plan anschauliche Worte, die Ihre Phantasie anregen.

Als ich einmal eine Kassettenserie entwickelte, beschrieb

ich die Verpackung, auf der ich in einer theatralischen Pose zu sehen sein sollte. Ich beschrieb die silberne Beschriftung und die violetten Glanzlichter und daß das Projekt am 25. September abgeschlossen sein würde. Ich beschrieb die aufpeitschende, motivierende Musik, die extra komponiert werden sollte, um die Menschen zu positivem und überzeugendem Handeln anzuspornen, und daß die Musik am 29. September fertig sein würde. Je dramatischer die Beschreibungen sind, mit denen Sie jedes Detail Ihres Projektes abdecken, desto effektiver wird Sie Ihr Unterbewußtsein in die Richtung Ihrer Wünsche lenken können.

Das zweite Element der Planerstellung: **Legen Sie Handlungsquoten anstelle von Produktionsquoten fest.** Legen Sie fest, was Sie tun werden, statt aufzuschreiben, was Sie erreichen wollen. Der Unterschied zwischen einer Handlungsquote und einer Produktionsquote besteht darin, daß Sie mit einer Handlungsquote etwas festlegen, das Sie auch garantieren können, während eine Produktionsquote von der Außenwelt beeinflußt wird. Wenn Sie zum Beispiel einen Plan erstellen, um abzunehmen, ist eine halbe Stunde Training dreimal die Woche eine Handlungsquote, während zehn Pfund abnehmen eine Produktionsquote ist. Drei Stunden am Tag an einem Manuskript arbeiten ist eine Handlungsquote, ein Drehbuch verkaufen ist eine Produktionsquote. Zehn potentielle Neukunden in einer Stunde anrufen ist eine Handlungsquote, drei Kaufverträge abschließen ist eine Produktionsquote.

Wie bei jedem Spiel, das Sie beginnen, ist es wichtig, daß Sie sich fest vornehmen zu gewinnen. Wenn Sie Handlungsquoten für sich erstellen, die Ihre Produktionsziele unterstützen, werden Sie plötzlich die gewünschten Ergebnisse erzielen. Denken Sie daran, daß Sie bei allem besser werden, was Sie oft genug tun. Denken Sie außerdem an den Training Cycle für sich selbst, und sorgen Sie dafür, daß Sie jedesmal besser werden, wenn Sie etwas mehrmals tun.

Übung macht noch keinen Meister. Meister ist man erst, wenn man lange genug geübt hat.

Wenn Ihr Plan vorsieht, daß Sie in diesem Monat 5000 Dollar verdienen, und Sie im Vertrieb arbeiten, müssen Sie als erstes festlegen, wie viele Telefongespräche Sie im Schnitt brauchen, um die Abschlüsse zu machen, die Ihnen 5000 Dollar einbringen. Dann rechnen Sie diese Zahl auf die Woche und dann auf den Tag um, und dann müssen Sie nur noch die Telefongespräche führen, um sich das Geld zu verdienen. Zunächst werden Sie vielleicht nicht den Erfolg haben, den Sie sich wünschen. Sie schaffen es vielleicht nicht, die 5000 Dollar zu verdienen. Mit Handlungsquoten anstelle von Produktionsquoten zu arbeiten hat den Vorteil, daß Sie am Ende eines Tages genau wissen, ob Sie persönlich alles getan haben, was dazu notwendig war. Wenn Sie zum Beispiel bei jedem Abschluß 500 Dollar verdienen und Sie im Schnitt zehn Präsentationen für einen Abschluß durchführen müssen, dann werden Sie mindestens 100 Präsentationen halten müssen, um die 5000 Dollar zu verdienen. Die Welt können Sie nicht beherrschen. Sie können nur sich selbst beherrschen. Also denken Sie daran, Handlungsquoten anstelle von Produktionsquoten festzulegen.

Das dritte Element der Planerstellung: **Planen Sie großzügig.** Das, was Sie planen, muß inspirierend sein. Statt den Plan »aus den Schulden herauskommen« zu erstellen, sollten Sie besser den Plan »10 000 Dollar auf dem Bankkonto haben« erstellen. Og Mandino schreibt in seinem wunderbaren Buch *The Greatest Salesman in the World*: »Es ist besser, auf den Mond zu zielen und nur einen Adler zu treffen, als auf einen Adler zu zielen und nur einen Felsen zu treffen.« (Og ist vermutlich kein großer Freund des Tierschutzvereins!) Er meinte damit, daß Sie Ihre Pläne so hoch ansetzen sollen, daß diese für Sie etwas Aufregendes sind. Gestalten Sie Ihre Pläne so, daß Sie ein phantastisches Gefühl haben, wenn Sie es geschafft haben.

Planen Sie großzügig, aber machen Sie Ihren Plan erreichbar, damit sich Ihr Unterbewußtsein an die Arbeit begeben kann. Es hat keinen Sinn, jetzt eine Million Dollar einzuplanen, wenn Sie zur Zeit nur 25 000 Dollar verdienen. Es wäre effektiver, 75 000 oder 100 000 Dollar einzuplanen, damit Sie einen Plan erstellen können, der Sie schrittweise weiterbringt.

Das vierte Element der Planerstellung: **Teilen Sie alles auf.**

> *»Keine Aufgabe ist besonders schwer, wenn man sie in viele kleine Arbeiten aufteilt.«*
>
> RAY KROC, Gründer von McDonald's

Wenn Sie einen Plan in kleine, machbare Schritte aufteilen, schaffen Sie sich eine gute Ausgangsposition, um zu gewinnen. Sie werden dann viele kleine Siege erringen, die sich schließlich zu einem großen addieren.

Wenn Sie sich um die Kleinigkeiten kümmern, erledigen sich die großen Brocken von selbst.

Wenn Sie zum Beispiel 50 000 Dollar pro Jahr verdienen wollen, rechnen Sie sich aus, daß Sie mindestens 1000 Dollar pro Woche verdienen müssen. Das bedeutet, daß Sie in einer normalen Woche im Schnitt 200 Dollar pro Tag erhalten müssen, an einem Achtstundentag also 25 Dollar pro Stunde. Wenn ich 1000 Dollar pro Woche verdienen wollte, würde ich als erstes eine Möglichkeit suchen, die 25 Dollar pro Stunde zu verdienen. Wenn ich dann sicher wäre, daß ich 25 Dollar pro Stunde verdienen kann, würde ich acht dieser Stunden zusammennehmen und 200 Dollar pro Tag verdienen. Wenn es mir über einen längeren Zeitraum gelänge, 200 Dollar pro Tag zu verdienen, würde ich fünf Tage zusammennehmen, damit ich die Erfahrung machen kann, 1000 Dollar pro Woche zu verdienen. Man sagt, die erste Million sei am schwierigsten zu verdienen. Sobald man weiß, daß man es kann, wird es einfacher. (Ich schlage vor, Sie überspringen die erste Million und fangen gleich mit der zweiten an!)

Da Sie nun wissen, wieviel Geld Sie pro Stunde, pro Tag, pro Woche verdienen wollen, müssen Sie als nächstes festlegen, welche Handlungsquote Sie brauchen, um diese Summe verdienen. Halten Sie sich an Ihre Handlungsquote, dann kommt das Geld automatisch. Wenn Sie zum Beispiel im Schnitt zehn Telefongespräche brauchen, um 200 pro Tag zu verdienen, sollte Ihre Handlungsquote mindestens zehn Anrufe pro Tag vorsehen. Zuerst schaffen Sie es vielleicht nicht, soviel Geld zu verdienen, aber Ihren Rückstand holen Sie schon noch auf, weil Sie immer effektiver werden. Wenn Sie Ihre Handlungsquoten erfüllt haben, werden Sie Ihren Tag immer mit dem beruhigenden Gefühl beenden, daß Sie alles getan haben, was Sie tun konnten.

Wie teilen Sie etwas auf, wenn es dabei nicht um Geld geht? Ich bin sicher, daß Sie bei der Übung zum erweiterten Denken aufgeschrieben haben, daß Sie gern eine Reise machen wollen. Wenn ich auf eine Reise gehen wollte, würde ich sie auf die gleiche Art und Weise aufteilen. Ich würde einen in Einzelschritte zerlegten Maßnahmenplan erstellen. Schritt eins könnte sein: In ein Reisebüro gehen und nach den Kosten fragen. Schritt zwei: Festlegen, wieviel Kapital ich für die Reise brauche. Schritt drei: Festlegen, wie lange ich brauche, um das benötigte Kapital zu sparen. Schritt vier: Monatsrechnung namens »Reise« für meinen Rechnungsordner schreiben.

Nachdem ich meinen Plan erstellt habe, fange ich damit an, die Details auszuarbeiten, damit der Plan spannend bleibt. Jeder Plan, den Sie erstellen, kann Schritt für Schritt aufgeteilt werden. Es spielt keine Rolle, was Sie wollen, Sie können jeden Maßnahmenplan in kleine Häppchen aufteilen, die durchführbar sind und Sie dazu motivieren, bis zum glorreichen Ende durchzuhalten.

Das fünfte Element der Planerstellung: **Schreiben Sie persönliche Veränderungen auf.** Was immer Sie auch erreichen wollen, es gibt vermutlich einen Grund dafür. Da Sie die Welt nicht ändern können, besteht die einzige Möglichkeit für Veränderung darin, sich selbst zu ändern. Um etwas zu ändern, müssen Sie sich selbst ändern. Eine persönliche Veränderung ist die Wende, die Sie vollziehen müssen, um eine bestimmte Lebensweise zu führen, als ob der Plan bereits Realität wäre. Ich weiß, daß lediglich Säuglinge mit nassen Windeln auf Veränderungen brennen. Manchmal ist es am schwierigsten zuzugeben, daß man von einer seiner Gewohnheiten davon abgehalten wird, das zu bekommen, was man haben will. Als mir klar wurde, daß es meine Aufgabe war, anderen Menschen zu zeigen, wie sie ein erfülltes Leben führen können, wußte ich, daß ich der Inbegriff dessen sein mußte, was ich unterrichtete. Ich mußte mein bestes Beispiel sein. Damals rauchte ich und hatte fünfzehn Pfund Übergewicht. Auf meiner Liste mit persönlichen Veränderungen notierte ich alles, was mich aufhielt. Ich wußte, daß ich auf jeden Fall mit dem Rauchen aufhören mußte und davon profitieren würde, wenn ich meine Gewohnheiten mehr an die Person anglich, zu der ich geschaffen worden war. Dann kündigte ich meinen Vertrag für Kabelfernsehen, damit ich keine Zeit damit vergeudete, mir Fernsehshows anzusehen, die nichts mit meiner Aufgabe zu tun hatten. Bis heute sehe ich nur sehr wenig fern.

Dadurch, daß ich einen kritischen Blick auf mich geworfen und einige persönliche Veränderungen an mir vorgenommen habe, von denen ich wußte, daß sie mir nützen würden, konnte ich meinen Weg nach oben langfristig gesehen sehr viel reibungsloser gestalten. Wenn Sie mehr Geld verdienen wollen, könnte eine persönliche Veränderung darin bestehen, daß Sie Prioritäten für Ihren Arbeitstag setzen oder immer pünktlich in Ihrem Büro sind oder Ihre Kommunikationsfähigkeiten verbessern. Was immer Sie auch erreichen wollen, ich garantiere Ihnen, daß Sie mindestens drei persönliche Veränderungen nennen können, durch die Sie effektiver werden. Den meisten fallen bestimmt noch mehr ein. Ich bin sicher, daß Sie inzwischen herausgefunden haben, daß es sich bei diesen persönlichen Veränderungen eigentlich um neue Gewohnheiten handelt – Gewohnheiten für den Erfolg.

Nehmen Sie sich jetzt die Zeit, und schreiben Sie drei persönliche Veränderungen auf, also vielleicht »abnehmen« oder »mit dem Rauchen aufhören« oder »pünktlich sein« und »mehr Telefongespräche führen« – was Ihnen eben dabei hilft, Ihre Planvorgabe zu erreichen. Schreiben Sie sich diese Veränderungen auf, und machen Sie mindestens einen Schritt, um so zu werden, wie Sie sein müssen, um Ihren Plan zu erfüllen.

Das sechste Element der Planerstellung: **Wiederholung.** Was in Ihrem Unterbewußtsein sein soll, müssen Sie programmieren, und am besten geht das, wenn Sie die Kernaussage Ihres Planes jeden Tag lesen. In fast allen Büchern, die sich mit dem Thema Erfolg beschäftigen, steht, daß Sie das, was Sie wollen, jeden Tag bestätigen müssen. Das lesen wir deshalb so oft, weil es stimmt. Sie wissen, daß Sie sich immer in Richtung Ihrer dominierenden Gedanken bewegen. Wenn Sie Ihren Plan in Ihren Vordergrund stellen, also den Vordergrund Ihres Denkprozesses, werden Sie Möglichkeiten finden, um ihn erfolgreich zu verwirklichen. Wenn Sie auf der Ebene Ihres Unterbewußtseins denken, werden Sie die Herausforderungen lösen, die sich Ihnen auf Ihrem Weg stellen. Sie werden einen Artikel in der Zeitung lesen, jemanden kennenlernen oder eine Lösung, nach der Sie suchen, in Ihren Gedanken finden. Lesen Sie Ihren Plan jeden Tag. Dadurch entsteht für Sie eine Art Drängen, eine ständige Erinnerung daran, daß Sie ein Projekt beenden müssen und jeden

Tag zumindest ein bißchen leisten werden, um in diese Richtung zu gelangen.

Stellen Sie bei sich zu Hause und an Ihrem Arbeitsplatz kleine Hilfen auf, die Sie dabei unterstützen. Bill Gates, der Gründer von Microsoft, nennt dies »willkürliche Disziplin«. Er ändert seine Gewohnheiten ständig, damit sein Bewußtsein die Tatsache akzeptiert, daß es ganz einfach ist, sich zu ändern. Dazu können Sie zum Beispiel die Kernaussage Ihres Planes mit 25 Worten oder auch weniger beschreiben und diese Zettel überall hinhängen, in Ihrer Wohnung, an Ihrem Arbeitsplatz, dort, wo Sie sich eben aufhalten. Wenn Sie Ihren Plan täglich lesen, wird er zu einer »fixen Idee«, und Ihr Unterbewußtsein wird allmählich auf allen Ebenen akzeptieren, daß Sie Ihren Plan durchführen können und daß Sie es verdient haben.

Das siebte Element der Planerstellung: **Legen Sie sich fest.** Sagen Sie anderen Menschen, was Sie vorhaben. Je mehr Menschen davon wissen, desto größer wird Ihr Engagement sein, und desto wahrscheinlicher wird es, daß Sie Ihren Plan umsetzen oder die Hilfe anderer in Anspruch nehmen. Es ist merkwürdig, daß Menschen, die nie jemand anderen enttäuschen würden, sich selbst enttäuschen. Gehören Sie zu denen, die etwas schon so gut wie erledigt haben, wenn sie anderen erzählen, was sie vorhaben, aber es nur vielleicht tun, wenn sie es lediglich zu sich selbst sagen? Sie sind damit nicht allein, und es ist auch keine große Katastrophe, Sie müssen lediglich anfangen, anderen Menschen davon zu erzählen, was Sie für sich selbst tun wollen. Vor einigen Jahren habe ich in Las Vegas einmal eine Reklametafel gesehen, die von einem der Casinobesitzer aufgestellt worden war. Er wollte mit dem Rauchen aufhören und hatte auf die Reklametafel schreiben lassen: WENN SIE MICH IN DEN NÄCHSTEN 90 TAGEN RAUCHEN SEHEN, BEKOMMEN SIE $ 100 000 VON MIR. Das ist ein Paradebeispiel dafür, sich festzulegen. Sie können darauf wetten, daß er erreicht hat, was er wollte, und daß er das Geld nicht zahlen mußte. Die meisten Menschen haben ungeheure Angst davor, sich vor anderen in Verlegenheit zu bringen. Je mehr Menschen Sie daher von Ihrem Vorhaben erzählen, desto eher werden Sie es auch zu Ende bringen. Von allen Elementen der Planerstellung war dieses für mich das effektivste.

Kapitel 30

DIE MACHT VON ÜBERREDUNG UND BEEINFLUSSUNG

»Elegante Überredung war es dann, wenn der
andere denkt, er hätte die Idee gehabt.«

MARSHALL SYLVER

Wären Sie gern überzeugender? Wer nicht! Hätten Sie gern die Fähigkeit, andere Menschen für Ihre Pläne und Ideen zu begeistern und sie dazu zu bringen, Ihnen das zu geben, was Sie haben wollen? Ich wette, das würde Ihnen gefallen. Der effektive Einsatz der Ressource Mensch bedeutet unter anderem, fähig zu sein, andere dazu zu überreden, Sie und Ihre Aufgabe zu unterstützen. Überredungskunst ist keine Eigenschaft, die dem einen in die Wiege gelegt wird und dem anderen nicht. Sie müssen kein extravertierter, geselliger Mensch sein, um Einfluß zu haben. Einige der einflußreichsten und überzeugendsten Menschen der Welt sprechen leise und sind von graziler Gestalt. In der Regel ist es sogar so, daß der, der nicht unbedingt aussieht, als wäre er überzeugend, am erfolgreichsten ist. Gandhi überredete ein ganzes Volk dazu, die Waffen niederzulegen und friedlich zu sein. Es gibt viele Lehrer, die Kinder aus schwierigen Verhältnissen dazu überredet haben, die Finger von Drogen zu lassen und den Wert einer guten Ausbildung zu erkennen. In Ihrem Alltag können Sie die Macht von Überredung und Beeinflussung benutzen, um Ihre Kinder dazu zu bringen, ihr Zimmer aufzuräumen und sich verantwortungsbewußter zu verhalten,

Ihren Arbeitgeber dazu zu bringen, Ihnen eine Gehaltserhöhung zu gewähren, Ihren Partner dazu zu bringen, Sie
mehr zu respektieren, den Autohändler dazu zu bringen,
Ihnen einen besseren Preis zu machen, und sogar dazu, um in
einem beliebten Restaurant den besten Tisch zu bekommen.

Ich werde Ihnen gleich die grundlegenden Strategien erläutern, anhand derer Sie andere Menschen überreden können. Zuvor jedoch ist es unbedingt erforderlich, daß Sie verstehen, was Sie wissen und tun müssen, um andere erfolgreich beeinflussen zu können.

1. **Sie müssen wissen, was Sie erreichen wollen.** Wenn Sie
   keine konkrete Vorstellung davon haben, welches Ergebnis Sie erreichen wollen, gehen Sie das Risiko ein, von
   einem Menschen beeinflußt zu werden, der eine genauere
   Vorstellung von dem hat, was er erreichen will.

2. **Lassen Sie sich nicht von Gefühlen beeinflussen.** Das ist
   für die meisten Menschen sehr schwierig. Wir werden von
   unserer unbewußten Reaktion auf ein bestimmtes Verhalten in unserer Umgebung gelenkt. Sie müssen sich darüber
   im klaren sein, daß Ihre Macht durch Wut *(verdammt noch
   mal, ich habe ein Recht darauf!)* oder zu große Begeisterung *(ich will diesen Wagen haben, egal, was er kostet)* nur
   verringert wird. Sehen Sie es als Spiel an, andere zu beeinflussen und zu überreden. Je öfter Sie dieses Spiel spielen,
   desto besser werden Sie darin. Wenn Sie bei einem Spiel
   wütend werden – sei es nun Golf, Schach, Geld verdienen
   oder eine Beziehung aufbauen –, schneiden Sie sich damit
   von Ihrer primären Ressource ab, dem effektiven Denken.

3. **Überredung ist Inspiration, nicht Manipulation.** Die beste
   Art der Überredung besteht darin, wenn der andere glaubt,
   es sei seine Idee gewesen. Beeinflussung ist ein eleganter
   Prozeß. Wenn Sie sich selbst als Künstler dabei sehen, werden Sie mehr erreichen. Ein guter Verkäufer könnte einen

großen weißen Hai dazu bringen, Vegetarier zu werden. Ein Meister der Überredung würde den Hai dazu bringen zu glauben, es sei seine Idee gewesen, Vegetarier zu werden, und außerdem erreichen, daß der Hai seine großen Haikumpel überredet, auch Vegetarier zu werden.

4. **Es gibt keinen Mißerfolg, nur Feedback.** Auch die überzeugendsten Menschen der Welt bekommen nicht immer das, was sie wollen. Da sie diesen Prozeß aber als Spiel betrachten, ist für sie jede Begegnung eine Erfahrung. »Was kann ich beim nächstenmal tun, um das zu bekommen, was ich will?« Sie achten darauf, welche Ergebnisse Sie erzielen, und ändern Ihr Verhalten entsprechend.

5. **Übernehmen Sie die Verantwortung für Ihre Ergebnisse.** Sie müssen nicht nur Gefühle vermeiden und Mißerfolg als Feedback sehen, sondern auch die Einstellung haben, daß es an Ihnen liegt, Ihre Vorgehensweise zu ändern, wenn Sie einmal etwas nicht bekommen. Vor einigen Jahren wollte ich einmal einen Termin für ein Gespräch mit einem sehr bekannten Produzenten vereinbaren. Ich rief immer wieder in seinem Büro an, aber er rief nie zurück. Ich änderte meine Taktik und schickte ihm ein Fax. Als auch das nicht funktionierte, sandte ich ihm einen Brief mit der Post. Als ich immer noch keine Antwort bekam, ging ich zu seinem Büro und wartete den ganzen Tag in der Lobby. Ich bekam schließlich die fünf Minuten für ein Gespräch mit ihm, um die ich ihn gebeten hatte, vielleicht deshalb, weil er wußte, daß ich einfach nicht aufgeben wollte. Und das bringt uns zum nächsten Punkt…

6. **Ändern Sie Ihre Strategie solange, bis Sie bekommen, was Sie wollen.** Übernehmen Sie die Kontrolle über Ihr Schicksal, damit Sie das erreichen, was Sie erreichen wollen. Es *gibt* einen Weg – er unterscheidet sich nur ein wenig von dem, den Sie bis jetzt gegangen sind. Ändern

Sie Ihre Verhaltensweise. Es funktioniert. Fragen Sie anders, fragen Sie jemand anderen, fragen Sie viele verschiedene Menschen nach einzelnen Teilen dessen, was Sie haben wollen, bis Sie das Ganze bekommen.

7. **Überlegen Sie sich, was Sie aufgeben würden, um das zu bekommen, was Sie wollen.** Sie müssen nicht unbedingt etwas aufgeben, um zu bekommen, was Sie wollen, aber Sie sollten wissen, was sie aufgeben *würden*, wenn ein solcher Fall einträfe. Sie müssen sich außerdem darüber im klaren sein, daß Sie sehr viel überzeugender sind, wenn Sie berücksichtigen, was Sie wollen und was der andere will. Wenn Sie im voraus wissen, was Sie aufgeben würden, dient dies außerdem als Absicherung dafür, daß Sie nicht mehr aufgeben, als Sie vorhatten.

8. **Werden Sie noch überzeugender, und genießen Sie es.** Der Unterschied zwischen Manipulation und Beeinflussung liegt in Ihren Absichten. Wenn Ihre Absichten ehrenhaft sind, dann tun Sie dem anderen Menschen einen Gefallen damit, wenn Sie ihn überreden. Stellen Sie sich folgende Frage, um herauszufinden, ob Ihre Absichten ehrenhaft sind: »Würde ich dazu überredet werden wollen, dieses Verhalten zu zeigen oder die Einstellung zu übernehmen, zu der ich andere überreden will?« Wenn Sie diese Frage mit ja beantworten können, sind Sie moralisch und ethisch dazu verpflichtet, so überzeugend und einflußreich wie nur möglich zu sein. **Sagen Sie laut und oft, was Sie wollen.** Wohlhabende Menschen machen immer Werbung für sich und das, was sie tun. Da sie stolz sind auf das, was sie tun, erzählen sie anderen, was sie vorhaben. Indem Sie anderen von Ihren Plänen erzählen, geben Sie ihnen die Möglichkeit, Ihr Engagement zu teilen und Ihren Plan zu unterstützen. Erzählen Sie ihnen, was Sie erreichen wollen, und gewinnen Sie sie als Mitstreiter. Begeistern Sie die Menschen so wie Tom Sawyer, als er seinen Zaun strich.

Machen Sie Ihren Weg nach oben zu dem, der von allen am meisten Spaß macht.

9. **Überlegen Sie sich, was der andere will, und stimmen Sie Ihre Wünsche auf die seinen ab.** Wenn Sie anderen Menschen das geben können, was diese wollen, werden sie Ihnen auch bereitwillig geben, was Sie wollen. Was Sie wollen und was der andere will, muß nicht unbedingt identisch sein. Es gibt nur einen Weg, das herauszufinden – fragen Sie. Im nächsten Abschnitt werde ich Strategien erläutern, mit denen Sie herausfinden können, was genau der andere will.

> *»Ich habe bei einem Abschluß nie zuerst an unseren Gewinn gedacht. Ich habe immer Vorschläge gemacht, bei denen der Händler besser verdient hat als wir ... Wir müssen ihnen das dicke Ende des Stocks geben. Es spielt keine Rolle, wie dünn unser Ende ist, denken Sie daran, daß wir von allen Seiten dünne Enden bekommen, und Kleinvieh macht auch Mist.«*
>
> WILLIAM WRIGLEY JR., Wrigley's Gum

Ich habe Ihnen immer wieder gesagt, daß Sie alles, was Sie haben wollen und noch nicht haben, von anderen Menschen bekommen. Ich nenne den Prozeß, von anderen Menschen das zu bekommen, was man haben will, die **Überredungsgleichung**. Sie besteht aus folgenden Schritten:

1. Schaffen Sie ein persönliches Verhältnis zum anderen.
2. Stellen Sie das Ergebnis des anderen fest.
3. Geben Sie dem anderen eine bestimmte Anweisung.
4. Geben Sie dem anderen mehr Informationen.
5. Geben Sie dem anderen die Anweisung in anderer Form.

Zu 1., ein persönliches Verhältnis schaffen: Wir finden in der Regel jene Menschen sympathisch, die so sind wie wir, und wir finden in der Regel die unsympathisch, die anders sind als wir. Wir sind eher bereit, jemandem zuzustimmen, dem wir vertrauen und dem wir Zuneigung entgegenbringen. Einem Menschen, mit dem wir nichts gemein haben, oder den wir unsympathisch finden, werden wir uns eher widersetzen. Wir neigen dazu, Menschen anziehend zu finden, die uns ähnlich sind. Außerdem gibt es ein gewisses Maß an menschlichem Widerstand gegenüber anderen Menschen, die anders sind als wir. Dies kommt überall auf der Erde in den Kriegen zwischen einzelnen Ländern, Rassenkonflikten und Geschlechterkämpfen zum Ausdruck. Ich glaube, wenn heute Marsianer auf unserem Planeten landen und die Menschen auf der Erde bedrohen würden, würden alle Kriege auf der Erde sofort aufhören. Alle Bewohner des Planeten Erde würden sich zusammenschließen, um uns vor dem zu schützen, was so völlig anders ist als wir. Der Schlüssel zum Aufbau eines persönlichen Verhältnisses und der Überredung eines anderen liegt darin, dem anderen ähnlich zu werden, und zwar so ähnlich, daß er uns bereitwillig zustimmen will, weil wir ihm so ähnlich sind. Der erste Schritt zur Überredung eines anderen ist also der Aufbau eines persönlichen Verhältnisses zu ihm.

Der zweite Schritt besteht darin herauszufinden, was der andere will. Sie wissen selbstverständlich, was Sie wollen. Sie haben es festgelegt, bevor Sie mit diesem Prozeß begonnen haben. Nun ist es unbedingt erforderlich, daß Sie herausfinden, was der andere will, damit Sie Ihre Wünsche auf die seinen abstimmen oder zumindest Ihre Forderung so formulieren können, daß es so aussieht, als wollten Sie dasselbe wie der andere. Herauszufinden, was der andere will, nennen wir »das Ergebnis des anderen feststellen«.

Schritt drei der Überredungsgleichung besteht darin, die Zustimmung des anderen zu erhalten, ihn dazu zu bringen, eine Zusage zu erteilen. Wenn Sie bei den ersten beiden Schritten gut waren, sieht dieser Schritt in den meisten Fällen eher so aus, daß Sie eine Anweisung geben, also dem anderen sagen, was er tun soll. Wenn Sie bei Schritt drei keine Zustimmung erhalten haben, gehen Sie zu Schritt vier über.

Bei Schritt vier der Überredungsgleichung geben Sie dem anderen mehr Informationen, wenn Sie ihn in Schritt drei nicht zur Mitarbeit bewegen konnten.

Nachdem das geschehen ist, können Sie ihm in Schritt fünf die Anweisung in anderer Form geben. Da die Realität durch Bestätigung gebildet wird, müssen Sie dem anderen immer wieder bestätigen, daß dies genau das Richtige für ihn ist, und ihm dann eine Anweisung geben (einigen Sie sich mit ihm, oder bringen Sie ihn dazu, eine Zusage zu erteilen), damit der andere weiß, was er tun muß, um zu gewinnen.

Ein persönliches Verhältnis ist notwendig, weil dadurch mehr Vertrauen geschaffen wird. Wenn Ihnen jemand vertraut, wird er den neuen Ideen, Konzepten, Produkten, Dienstleistungen – oder wozu auch immer Sie ihn überreden wollen – weniger Widerstand entgegensetzen.

Die grundlegende Voraussetzung für den Aufbau eines persönlichen Verhältnisses besteht darin, Berührungspunkte zum anderen zu finden. Berührungspunkte gibt es viele. Vielleicht haben Sie beide dieselbe Schule besucht, oder Sie sind Fans desselben Fußballteams. Vielleicht gehören Sie derselben Religion an oder haben dieselben Hobbys. Alle Gemeinsamkeiten, auf die Sie den anderen hinweisen können – dabei spielt es keine Rolle, ob diese nun auf den ersten Blick ersichtlich sind oder erst »ausgegraben« werden müssen –, sind Möglichkeiten dazu, ein persönliches Verhältnis zu entwickeln. Selbst wenn keine offensichtlichen Berührungspunkte zu finden sind, ist es möglich, ein gewisses Maß an Verbundenheit zu schaffen, die eine engere Verbindung zwischen Ihnen und dem Menschen schafft, den Sie beeinflussen wollen.

Am schnellsten läßt sich ein enges Verhältnis mit einer Technik aufbauen, die Spiegelung genannt wird. Sie wurde von John Grinder und Richard Bandler entwickelt, die als Grundlage die Arbeit eines Hypnotiseurs namens Milton

Erikson verwendeten. Bei der Spiegelung wird berücksichtigt, daß wir primär auf drei Ebenen kommunizieren: mit Worten, die wir verwenden, dem Ton, in dem wir diese Worte aussprechen, und der Art und Weise, wie wir unseren Körper einsetzen. Etwa 40 Prozent unserer Kommunikation mit anderen besteht aus Worten und dem Ton, 60 Prozent aus der Art und Weise, wie wir unseren Körper einsetzen. Es gibt eine ganze Reihe von Dingen an einem Menschen, die Sie spiegeln oder kopieren können, um persönliche Nähe oder ein enges Verhältnis zu diesem Menschen zu entwickeln. Bei der verbalen Kommunikation müssen Sie vor allem drei Dinge spiegeln oder kopieren. Erstens: die Worte, die der andere verwendet. Wenn zum Beispiel jemand zu Ihnen sagt: »Mensch, da ist dir ja was Affenstarkes eingefallen«, würden Sie ihm wohl kaum antworten: »Ja, es handelt sich um ein ausgesprochen wohldurchdachtes Konzept, nicht wahr?« Mit einer solchen Antwort würden Sie ihn vor den Kopf stoßen, und er würde denken, daß Sie anders sind als er, oder vielleicht sogar, daß Sie sich über ihn lustig machen wollen.

Zweitens müssen Sie die Lautstärke des anderen spiegeln. Wie laut oder wie leise spricht er? Spricht er laut, dann vielleicht deshalb, weil er schwerhörig ist oder glaubt, jemand spricht laut, weil er ehrlich ist. Wenn Sie dann leise sprechen, würden Sie den anderen vor den Kopf stoßen oder ihn glauben machen, daß Sie nicht ehrlich sind. Das dritte Element der verbalen Kommunikation, das Sie spiegeln müssen, ist die Geschwindigkeit, mit der der andere spricht. Manche Menschen sprechen sehr schnell. Wenn Sie langsam mit ihnen sprechen, führt dies dazu, daß die anderen ein ungutes Gefühl bekommen. Um ein persönliches Verhältnis zu schaffen, müssen Sie daher genauso schnell und genauso laut sprechen und ähnliche Wörter verwenden wie der andere.

Da es sich hier um einen Schnellkurs in Spiegelung handelt, werde ich Ihnen auch gleich die drei wichtigsten Dinge nennen, die Sie in bezug auf die Physiologie eines Menschen – die Art, wie jemand seinen Körper einsetzt –, spiegeln müssen. Als erstes wäre da die Körperhaltung des anderen. Wenn Sie mit jemandem sprechen, hat er dann die Beine übereinandergeschlagen, die Hände verschränkt? Lehnt er an einem Geländer, steht er mit den Händen auf dem Rücken da? Was immer er auch tut, spiegeln Sie es, wenn Sie mit ihm sprechen. Als zweites müssen Sie seine Gesten spiegeln. Gestikuliert er viel mit den Händen, streckt er die Hand aus und klopft Ihnen auf die Schulter? Wenn ja, achten Sie darauf, daß Sie es ihm gleich tun, und zeigen Sie ihm damit, daß Sie genauso sind wie er, dieselben Wünsche und Sorgen haben wie er. Drittens: der Augenkontakt. Wie oft sieht Ihnen der andere in die Augen? Hält er langen Blickkontakt mit Ihnen oder wendet er den Blick ab? Einige Menschen sind der Meinung, je länger man mit jemandem Augenkontakt hat, desto ehrlicher ist er. Das kann stimmen, muß aber nicht. In einigen Kulturen ist es sehr unhöflich, jemanden anzustarren, während es ein Zeichen von Respekt ist, wenn man die Augen niederschlägt. Wichtig dabei ist, daß Sie alles spiegeln, was der andere tut, damit Sie ein engeres Verhältnis zu ihm aufbauen können.

>*Wenn eine Taktik bekannt wird,*
ist sie keine Taktik mehr.«

General DOUGLAS MACARTHUR

Spiegelung und Anpassung sind nicht identisch mit Nachahmung. Nachahmung bedeutet, daß der andere weiß, was Sie tun. Wenn er es weiß, hören Sie sofort damit auf. Wenn er weiß, daß Sie versuchen, ihn zu spiegeln, müssen Sie sofort damit aufhören, weil Sie dann kein enges Verhältnis mehr zu ihm aufbauen können, sondern dafür sorgen, daß er sich Ihnen noch stärker widersetzt.

Eine weitere effektive Möglichkeit, mit der man ein enges Verhältnis zu jemandem aufbauen kann, besteht darin, den anderen reden zu lassen, und zwar über sich selbst und das, was ihm wichtig ist. Stellen Sie ihm Fragen zu seiner Person, und hören Sie gut zu. Wie oben bereits erwähnt, ist es darüber hinaus wichtig, Gemeinsamkeiten zu finden. Haben Sie beide eine große Familie? Sind Sie im selben Ort aufgewachsen, oder haben Sie ähnliche Interessen – neben Ihrer Arbeit –, die mit dem zu tun haben, wozu Sie den anderen überreden wollen? Für ein enges Verhältnis ist es wichtig, daß Sie Gemeinsamkeiten erkennen und Wege finden, um dem anderen zu sagen, daß Sie genauso sind wie er.

Wenn Sie ein enges Verhältnis zu dem anderen aufgebaut haben, müssen Sie als nächstes herausfinden, was ihm wichtig ist. Nehmen wir an, Sie wollen jemanden dazu überreden, Ihnen Geld zu leihen, und Sie sind bereit, ihm das Geld mit Zinsen zurückzuzahlen. Trotzdem müssen Sie es für ihn so attraktiv wie möglich aussehen lassen, Ihnen das Geld zu leihen. Nachdem Sie nun ein enges Verhältnis und Vertrauen aufgebaut haben, müssen Sie als nächstes herausfinden, was dem anderen bei einer Kapitalanlage wichtig ist. Wenn Sie das Ergebnis eines anderen herausfinden, sollten Sie folgendes nicht vergessen: Ansprüche werden immer in absteigender Reihenfolge genannt, weil man sicherstellen will, daß das Wichtigste zuerst gesagt wird. Wenn Sie jemanden unterbrechen oder er vom Thema abkommt, wird er das Unwichtigste immer zum Schluß sagen. Wenn Sie zum Beispiel fragen, was der andere von einer Kapitalanlage erwartet, könnte er antworten: »Ich erwarte Sicherheit. Ich erwarte für mein Geld eine jährliche Rendite von zehn bis 20 Prozent, und ich will in etwas investieren, das mir Spaß macht, an dem ich persönlichen Anteil nehmen kann.« Jetzt wissen Sie, daß für ihn die Sicherheit einer Kapitalanlage das Wichtigste ist, weil das Wichtigste immer zuerst genannt wird. Das Zweitwichtigste ist für ihn die Rendite (in unserem Beispiel sind das zehn bis 20 Prozent) und das Drittwichtigste, daß es ihm Spaß macht oder daß er sich auf irgendeine Weise an dem Projekt beteiligen kann.

Ansprüche werden immer in absteigender Reihenfolge genannt, es sei denn, jemand sagt ausdrücklich zu Ihnen, daß er eine bestimmte Anzahl von Ansprüchen oder Maßstäben hat. Anders ausgedrückt, wenn er sagt: »Bei einer Kapitalanlage gibt es drei Dinge, die mir wichtig sind«, teilt er Ihnen mit, daß Sie zuhören sollen, bis er alle drei Dinge genannt hat.

Ziemlich oft werden Sie zu hören bekommen, daß jemand nicht weiß, was er will. Was tun Sie in einem solchen Fall? Gut, daß Sie gefragt haben! Ich werde Ihnen jetzt eine überzeugende und effektive Strategie vorstellen, mit der Sie Informationen von anderen Menschen und auch von sich selbst bekommen können. Diese Technik ist so effektiv, daß ich daran gedacht habe, ihr ein ganzes Kapitel zu widmen. Das allerdings hätte das Buch viel länger gemacht und den Kaufpreis erhöht, daher habe ich beschlossen, sie zusammenzufassen und Ihnen ohne Mehrkosten zu überlassen. Ist das nicht nett von mir? Scherz beiseite, Sie müssen diese Technik üben, um zu verstehen, wie leistungsfähig sie ist. Sie heißt:

Ich-weiß-nicht-Strategie.

Haben Sie mal jemanden gefragt, was er will, und als Antwort »Oh, ich weiß nicht« bekommen? Das ist Ihnen sicher schon passiert. Haben Sie sich selbst schon einmal gefragt, was Sie in einer bestimmten Situation machen sollen, und sich geantwortet: »Ich weiß einfach nicht, was ich tun soll«? Auch das ist Ihnen sicher schon einmal passiert.

Können Sie sich vorstellen, daß Sie jemandem, den Sie dazu überreden wollen, Ihnen Geld zu leihen, die Frage stellen: »Was erwarten Sie von einer Kapitalanlage?«, und er dann sagt: »Ich weiß es nicht«? Für die Antwort »Ich weiß es nicht« kann es zwei Gründe geben, und beide sind Abwehrmechanismen. Nummer eins: Er weiß vielleicht nicht, was er für sein Geld bekommen kann. Wenn er zu Ihnen sagt, daß er von einer Kapitalanlage eine Rendite von zehn bis 20 Prozent erwartet und Sie bereit waren, ihm für sein Geld 50 bis 100 Prozent Rendite zu geben, hätte er zuwenig verlangt. Wenn er also sagt, er weiß nicht, was er will, liegt es vielleicht daran, daß er nicht sicher ist, was er verlangen kann. Der andere Grund, weshalb jemand, den Sie zu etwas überreden wollen, sagt, er weiß nicht, was er will, kann sein, daß er Angst davor hat, daß Sie einfach aufstehen, hinausgehen und es ihm beschaffen. Denn wenn Sie alle seine Bedingungen erfüllen, hat er vielleicht keine Möglichkeit mehr, Ihre Forderung abzuschlagen.

Mit Menschen, die mir die Information, nach der ich gefragt habe, nicht geben wollen, und sagen, sie wissen es nicht, gehe ich folgendermaßen um: Nehmen wir an, ich habe den Mann, von dem ich mir 50 000 Dollar leihen will, gefragt: »Was erwarten Sie von einer Kapitalanlage?«, und er sagte: »Ich weiß es nicht«. Ich würde entgegnen:

»Ich weiß, daß Sie es nicht wissen. Wenn Sie wüßten, was Sie von einer Kapitalanlage erwarten, was wäre das?«

Und dann wird er es mir sagen! Diese Technik funktioniert deshalb, weil ich dem anderen quasi erlaube, es nicht zu wissen, und es ihm ermögliche, mir alles zu sagen, was er mir sagen will.

Bei anderen:

Er sagt: **»Ich weiß nicht.«**
Sie sagen: **»Ich weiß, daß Sie es nicht wissen. Aber wenn Sie es wüßten, was würden Sie dann wollen?«**

Bei Ihnen selbst:

Sie denken: **»Ich weiß einfach nicht, was ich tun soll.«**
Sagen Sie sich: **»Ich weiß, daß ich es nicht weiß. Wenn ich wüßte, was ich tun würde, würde ich ...«** Und dann tun Sie es.

Wenn Sie sich das nächste Mal mit einem Freund treffen, können Sie das schon beherzigen. Ein Beispiel. Ihr Freund sagt: »Laß uns etwas essen.« Sie: »Hört sich gut an. Wo wollen wir hingehen?« Er: »Oh, ich weiß nicht.« Sie: »Ich weiß, daß du es nicht weißt. Wenn du es wüßtest, wo würdest du dann essen wollen?« Jetzt wird er es Ihnen sagen. So einfach ist das. Es wird Ihnen eine Menge Spaß machen, und ich weiß, daß Sie diese Technik in Zukunft anwenden werden. Aber denken Sie daran, daß eine »bekannte Taktik keine Taktik mehr ist«. Es wird wahrscheinlich nur ein- oder zweimal bei demselben Gesprächspartner funktionieren, bis ihm bewußt wird, was Sie da tun. Aber selbst wenn er es weiß, ist er Ihnen vielleicht sogar dankbar dafür, daß Sie ihm dabei helfen, eine Wahl zu treffen und das zu bekommen, was er will.

Sollte jemand bemerken, was Sie tun, erklären Sie ihm einfach, daß Sie eine Methode ausprobieren, die Sie gerade gelernt haben, und daß diese Methode blockierte Gedanken lösen kann. Sagen Sie, daß Sie diese Methode auch bei sich selbst anwenden und daß sie hervorragend funktioniert. Sagen Sie, daß Sie manchmal Schwierigkeiten damit haben, sich zu motivieren und das zu tun, was Sie tun müssen, wenn Sie an Ihrem Schreibtisch sitzen oder unterwegs sind. Sagen Sie, daß Sie sich dann folgende Frage stellen: »Was sollte ich jetzt in diesem Moment tun?« Wenn Sie dann denken: »Ich weiß es nicht«, stellen Sie sich die Frage: »Ich weiß, daß ich es nicht weiß. Aber wenn ich es wüßte, was würde ich dann tun?« In dem Moment, in dem Ihnen die Antwort einfällt, machen Sie es einfach.

Das Ergebnis eines anderen feststellen bedeutet herauszufinden, was der andere will. Sobald Sie wissen, was er will, und er Ihnen vertraut, gehen Sie zum letzten Element der Überredungsgleichung über. Sie geben ihm eine Anweisung, treffen eine Vereinbarung oder bringen ihn dazu, eine Zusage zu erteilen. Das heißt, Sie bringen ihn dazu, das, was Sie ihm anbieten, als das anzusehen, was er haben will. Er soll das, was wir ihm vorschlagen, für den Gegenstand, das Konzept, den Service halten, nach dem er gesucht hat. Nehmen wir wieder an, ich will jemanden dazu überreden, mir 50 000 Dollar zu leihen, und ich will das, was ich ihm anbiete, für ihn attraktiv und zu dem machen, was er sucht. Als erstes müßte ich ihm die Maßstäbe vor Augen halten, die ich zuvor herausgefunden habe. Ich müßte mit ihm über die Sicherheit der Kapitalanlage und darüber reden, daß er sein Geld vor allen anderen wieder zurückbekommen wird, und zwar aus den ersten Gewinnen, die ich mache. Zweitens müßte ich betonen, daß es sich hier um eine Art persönlichen Kredit handelt und er eine garantierte Rendite zwischen zehn und 20 Prozent erwarten kann, vielleicht sogar mehr. Und schließlich würde ich noch eine Möglichkeit finden, ihn an dem Projekt zu beteiligen, ihn vielleicht sogar zu Besprechungen einladen, bei denen Entscheidungen darüber getroffen werden, wie das Geld für das Projekt investiert wird.

Kein Überredungsprozeß ist vollständig, ohne daß es Ihnen gelingt, den anderen dazu zu bringen, ein bestimmtes Verhalten zu zeigen. Sie müssen dem anderen das, was er tun soll, klarmachen und ihm die Chance geben, es zu tun. Bei unserem Beispiel mit dem Kredit müßten Sie einen Vertrag oder eine Absichtserklärung aufsetzen, in der Sie die Prozentsätze und etwaige andere Variablen wie Rückzahlungsfrist oder Bedingungen eintragen können. Wenn Sie jemanden überreden, müssen Sie wissen, was Sie wollen, und dem anderen klar und deutlich zu verstehen geben, wie er es Ihnen geben soll.

Auf eine mehrdeutige Forderung wird man eine mehrdeutige Reaktion bekommen. Auf eine eindeutige Forderung wird man eine eindeutige Reaktion bekommen.

Aus kleinen Verpflichtungen werden große Verpflichtungen. Das gilt für Sie selbst wie auch für andere Menschen. Und ganz besonders für die Überredungsgleichung. Wenn Sie jemanden dazu bringen können, zu einem Teil Ihrer Präsentation ja zu sagen, wird es einfacher sein, ihn später auch zu einem Ja zu überreden. Es gibt eine wirkungsvolle Methode, um Menschen eine kleine Zusage abzuringen. Ich nenne sie

Konditionierung auf bejahende Antworten.

Das bedeutet, daß ich jemanden dazu bringe, eine bejahende Aussage zu dem zu machen, wozu ich ihn überreden will – und zwar so, daß es für ihn eine ganz natürliche Reaktion ist, auf die letzte Bitte mit ja zu antworten. Eine Aussage zur Konditionierung auf bejahende Antworten ist eine Aussage – *keine Frage* –, die eingesetzt wird, um eine bejahende Antwort auszulösen.

Vier Arten von Aussagen zur Konditionierung auf bejahende Antworten:

1. Standard: Sie sagen: »Das ist ein schöner Tag.«
2. Umkehrung: Sie sagen: »Ist das nicht ein schöner Tag?«
3. Extern: Er sagt: »Ist das nicht ein schöner Tag?« Sie sagen: »Stimmt.«
4. Stumm: Sie stellen eine Frage und nicken dazu bejahend mit dem Kopf.

Der Unterschied zwischen einer Aussage und einer Frage liegt in der Tonhöhe am Ende des Satzes. Bei einer Frage geht die Stimme am Ende nach oben, bei einer Aussage nach unten. Sehen wir uns jetzt einmal die vier verschiedenen Aussagen zur Konditionierung auf bejahende Antworten etwas genauer an:

Die erste wird Standardaussage zur Konditionierung auf bejahende Antworten genannt. Sie wird folgendermaßen formuliert: »Das ist ein schöner Tag.« Beachten Sie, daß dies keine Frage war. »Ist das nicht ein schöner Tag?« wäre eine Frage gewesen. Der Unterschied liegt in der Tonhöhe oder in der Art und Weise, in der ich die Information gebe. Wenn ich so etwas für eine Aussage verwende, neigt der Zuhörer automatisch dazu, ja zu sagen. Nehmen wir wieder unser Beispiel, daß ich mir 50 000 von jemandem leihen will. Dann würde ich sagen: »Das ist doch ein ganz tolles Angebot«, woraufhin der andere bestätigen würde: »Ja, es ist toll.« »Sie sehen doch bestimmt, daß es völlig sicher ist, so wie ich es strukturiert habe.« Das ist eine andere Aussage zur Konditionierung auf bejahende Antworten. »Sie stimmen doch sicher zu, daß eine Rendite von 25 bis 30 Prozent für Ihr Geld Ihre Erwartungen bei weitem übersteigt.« Wenn Sie solche Aussagen zur Konditionierung auf bejahende Antworten immer und immer wieder verwenden, würde Ihr Gesprächspartner das allerdings früher oder später bemerken. Und ich wette, es würde ihn verrückt machen. Wahrscheinlich würde er Sie dann doch zum Teufel schicken. Sie müssen daher auf Abwechslung achten.

Die zweite Art von Aussagen zur Konditionierung auf bejahende Antworten ist die Umkehrung. Sie ist genau das Gegenteil einer Standardaussage. Statt zu sagen: »Das ist ein schöner Tag«, sagen Sie: »Ist das nicht ein schöner Tag?!« Auf diese Weise können Sie Ihre Präsentation mit umgekehrten Aussagen zur Konditionierung auf bejahende Antworten spicken, wie zum Beispiel: »Ist das nicht eine willkommene Gelegenheit für Sie, Ihre Investition kontrollieren zu können und einen Anteil an diesem Projekt zu haben?!« Oder: »Ist Ihnen nicht klar, wie effektiv diese Investition« sein wird und welch beruhigendes Gefühl Sie haben werden, wenn Sie diese Entscheidung jetzt treffen?«

Bei der dritten Art von Aussagen zur Konditionierung auf bejahende Antworten, der externen, stimmen Sie dem zu, was Ihr Gesprächspartner sagt. Stellen Sie sich vor, er lehnt sich nach Ihrer Präsentation zurück und sagt: »Das haben Sie wirklich gut gemacht.« Statt ihn nur anzulächeln, sehen Sie ihn an und sagen: »Das finde ich auch.« Oder er sagt: »Das scheint mir eine ziemlich sichere Sache zu sein.« Dann sehen Sie ihn an und sagen: »Wo Sie recht haben, haben Sie recht.«

Die vierte Art ist die stumme Aussage. Da 60 Prozent

Ihrer Kommunikation durch die Physiologie erfolgen, ist diese Art die bei weitem überzeugendste. Eine stumme Aussage zur Konditionierung auf bejahende Antworten wäre zum Beispiel, wenn Sie jemanden ansehen, ihn anlächeln, Augenkontakt herstellen und einfach mit dem Kopf nicken. Sie haben vielleicht Ihren Gesprächspartner angesehen und gesagt: »Gefällt Ihnen die Investition?« Sie sehen ihm in die Augen, Sie lächeln und nicken mit dem Kopf. Die Menschen haben eine natürliche Veranlagung dazu, das Verhalten eines anderen nachzuahmen. Anders ausgedrückt, Ihr Gesprächspartner wird Ihr Verhalten nachahmen, weil er Ihnen vertraut.

Probieren Sie es das nächste Mal aus, wenn Sie mit jemandem in einen Fahrstuhl steigen. In dem Moment, in dem er in den Fahrstuhl kommt, stellen Sie sich so hin, wie er steht. Wenn er die Hände in den Taschen hat und mit gespreizten Beinen dasteht, stecken Sie ebenfalls die Hände in die Taschen und stellen sich mit gespreizten Beinen hin. In dem Moment, in dem er Sie mustert, mustern Sie ihn auch. Dann stellen Sie Augenkontakt her, lächeln und nicken mit dem Kopf. Sie werden feststellen, daß der Kopf des anderen ebenfalls zu nicken beginnt. Das Sonderbare am Kopfnicken besteht darin, daß unser Körper unserem Gehirn genausoviel sagt wie unser Gehirn unserem Körper. Nicken Sie jetzt einmal mit dem Kopf. Was für ein Wort fällt Ihnen jetzt ein? Das Wort »Ja«, stimmt's? Durch ein einfaches Kopfnicken wird unserem Unterbewußtsein ein Ja aufgezwungen.

Sie können die stumme Aussage zur Konditionierung auf bejahende Antworten mit jeder anderen Art von Aussage kombinieren, um sie noch effektiver zu machen – egal, ob es eine Standardaussage ist, eine umgekehrte oder eine externe –, indem Sie lächeln und mit dem Kopf nicken, während Sie die Aussage machen.

Alternierende Annahme: eine Und/Oder-Frage, bei der Zustimmung angenommen wird

Wenn jemand nein zu Ihnen sagt, liegt das vermutlich daran, daß Sie Fragen stellen, die ganz einfach mit nein zu beantworten sind. Überredungskunst ist auch die Fähigkeit, möglichst keine Fragen zu stellen, die man mit nein beantworten kann. Statt zu fragen: »Wollen Sie 50 000 Dollar investieren?«, könnten Sie sagen: »Wollen Sie 50 000 Dollar investieren, oder wären Ihnen 25 000 lieber?« Oder Sie fragen: »Wollen Sie die 50 000 Dollar auf einmal investieren, oder möchten Sie den Betrag lieber auf zwei Wochen aufteilen?« In dem Moment, in dem Ihr Gesprächspartner einen der beiden Satzteile beantwortet, haben Sie eine Zusage. Dann brauchen Sie nur noch zu sagen: »Großartig, dann kümmern wir uns jetzt um die Details.« Statt zu fragen: »Möchtest du mit mir essen gehen?« fragen Sie: »Möchtest du heute lieber in ein chinesisches Restaurant oder in das Bistro an der Ecke gehen?« Stellen Sie Und/oder-Fragen, die eine positive Antwort voraussetzen, dann wird die positive Erwartungshaltung den anderen dazu bringen, eher ja zu Ihnen zu sagen. Wenn Sie von jemandem etwas haben wollen – egal, wer das ist –, werden Sie es nur bekommen, wenn Sie lernen, so zu fragen, daß Sie den anderen dazu bringen, mit ja zu antworten. Sagen Sie deutlich, was Sie haben wollen, und bleiben Sie beharrlich bei Ihren Fragen. Achten Sie darauf, daß Sie den Richtigen fragen, und lernen Sie, mit Widerstand fertig zu werden.

Widerstand bedeutet lediglich, daß jemand die Gültigkeit Ihrer Forderung testet, daher bedeutet er nicht automatisch ein Nein. Es ist lediglich die Forderung nach mehr Informationen. Wenn Sie jemanden überreden wollen, akzeptieren Sie, was passiert, bleiben Sie höflich, und fragen Sie einfach weiter. Wenn Sie dann immer noch nicht das bekommen, was Sie haben wollen, ändern Sie Ihre Strategie oder Ihren Ansatz oder zumindest Ihre Fragen.

Da Sie nun wissen, mit welchen Werkzeugen und Strategien Sie mehr Erfolg in Ihrem Leben haben können, ist es wichtig, daß Sie diese Techniken durch die Umprogrammierung Ihres Unterbewußtseins verstärken. Wenn Ihr Bewußtsein diese Strategien als die Wirklichkeit akzeptiert hat, werden Sie Tag für Tag erfolgreicher sein.

Kapitel 31

DIE UMPROGRAMMIERUNG DES UNTERBEWUSSTSEINS AUF MEHR ERFOLG

*»Es reicht nicht aus, etwas zu lernen,
man muß es auch leben.«*

MARSHALL SYLVER

Nachdem Sie nun viele leistungsfähige und effektive Strategien zur Verbesserung Ihrer finanziellen Situation gelernt haben, ist es an der Zeit, dieses Material so zu integrieren, daß dadurch der maximal mögliche Einfluß auf Ihr Leben erreicht wird. Dieses Kapitel – wie die beiden Kapitel über die Programmierung auf mehr Leidenschaft und Energie, die ähnlich aufgebaut sind – ist eine Zusammenfassung des Materials, das in diesem Abschnitt vorgestellt wurde. Es ist in einer speziellen Sprachsyntax geschrieben, um den größtmöglichen Einfluß auf Ihr Unterbewußtsein zu erzielen. Es gibt zwei Methoden, um mit diesem Kapitel zu arbeiten. Sie können es auf Kassette aufnehmen und dann abspielen, während Sie sich entspannen. Wenn Sie es aufnehmen, müssen Sie darauf achten, daß am Anfang der Kassette etwa zwei Minuten unbespielt bleiben. Diese Zeit brauchen Sie, um tief ein- und auszuatmen und sich zu entspannen. Wenn Sie dieses Kapitel auf Band aufnehmen, müssen Sie den Text in der zweiten anstelle der ersten Person lesen, in der er geschrieben ist. Also: »Entspanne dich« statt »Ich entspanne mich«. »Du weißt, daß du es verdient hast...« statt »Ich weiß, daß ich es verdient habe...«. Das von Ihnen aufgenommene

Band wird dadurch zu Ihrem persönlichen Umprogrammierer für Ihr Unterbewußtsein.

Die andere Methode zur Umprogrammierung besteht darin, den Text zur Umprogrammierung als Übung zur Bestätigung zu verwenden. Dazu lesen Sie sich einfach jeden Tag laut die Sätze zur Umprogrammierung vor, und zwar genau so, wie sie hier stehen. Diese Methode ist besonders effektiv, weil Sie dadurch gezwungen sind, sich voll und ganz auf die neuen Programme zu konzentrieren. Wenn wir zuhören, schweifen unsere Gedanken oft ab. Aber da Sie ein aktiver Teilnehmer bei dieser positiven Verstärkung sind, werden Ihnen diese Sätze dabei helfen, konzentriert zu bleiben und zu hören, was Sie sagen. Beide Methoden sind gleichermaßen gut geeignet. Wenn Sie die zuletzt genannte Methode zur Umprogrammierung verwenden wollen, lesen Sie dazu das gesamte Kapitel laut vor, und zwar genau so, wie es geschrieben wurde.

Text zur Umprogrammierung des Unterbewußtseins auf mehr ERFOLG

Ich weiß, daß ein Prozent der Weltbevölkerung 50 Prozent des gesamten Kapitals kontrolliert, und doch hat dieses eine Prozent mir nichts voraus. Ich bin all das, was sie sind, und noch mehr. Ich weiß, daß die wichtigste Fähigkeit beim Geldverdienen die Fähigkeit zur Kommunikation ist und daß Kommunikation gleichbedeutend mit Reichtum ist. Ich weiß, daß die am besten bezahlten Menschen auf diesem Planeten die Menschen sind, die mühelos kommunizieren können. Ich habe keine Angst mehr davor, in der Öffentlichkeit zu sprechen, und ich bin sicher, daß ich mit anderen Menschen kommunizieren kann. Ich weiß, daß ich bei einer Kommunikation immer das zurückbekomme, was ich aussende. Ich beschließe, an die Welt die Kommunikation auszusenden, daß ich unermeßlichen Reichtum verdiene und anstrebe.

Mit jedem Tag, der vergeht, werde ich besser in meiner Kommunikation und achte darauf, wie andere auf mich reagieren. Ich weiß, daß ich bei einer dynamischen Kommunikation sowohl für das Aussenden wie auch den Empfang der Kommunikation verantwortlich bin, und ich bin bereit, diese Verantwortung zu übernehmen, weil ich weiß, daß ich dafür belohnt werde. Ich weiß, daß die Qualität meines Lebens von der Qualität meiner Kommunikation abhängt – sowohl in mir selbst als auch zu meiner Außenwelt –, und ich stelle fest, daß ich während des Tages sehr oft denke: »Ich habe das Geld verdient. Ich bin es wert, daß ich noch mehr bekomme.«

Wenn andere Menschen mir Komplimente oder Geschenke machen, sage ich einfach nur »Danke«, weil ich weiß, daß ich sie verdient habe. Ich weiß, daß Selbstkommunikation beim Schaffen von Reichtum von äußerster Wichtigkeit ist, und ich wünsche mir, noch mehr Geld zu verdienen, damit ich mich und die Menschen, die ich liebe, auf positive und produktive Art und Weise unterstützen kann. Ich weiß, daß alles, was ich aussende, vielfach zu mir zurückkommen wird, und daher sende ich die Kommunikation in die Welt, daß ich auch andere in Ihrem Streben nach Reichtum unterstützen will.

Ich weiß, daß Geld zuerst in Gedanken gemacht wird, daß alles mit einem Gedanken beginnt, und daß Gedanken gegenständlich sind. Ich habe gelernt, anders über phänomenalen Reichtum und meine Verhältnisse zu denken. Ich weiß, daß ich sagenhaften Reichtum nicht allein durch die Arbeit meiner Hände erreichen werde. Ich weiß, daß ich jetzt lerne, meine Schlüsselressourcen Menschen, Zeit und Geld effektiv einzusetzen, um mehr von dem zu bekommen, was ich will.

Ich weiß außerdem, daß ich mehr Beziehungen schaffen muß, um reich zu sein. Mit jedem Tag wird es einfacher für mich, mit anderen Menschen zu kommunizieren. Indem ich zuhöre, was sie sagen, und indem ich ihnen dabei helfe, ihr Ziel zu erreichen, bringe ich sie dazu, mir dabei zu helfen, mein Ziel zu erreichen.

Ich weiß, daß es einfacher ist, in Gedanken mit dem Ende zu beginnen, und weil ich eine klare Vorstellung von dem habe, was ich erreichen will, und ich mich mit Begeisterung dafür engagiere, bringe ich andere Menschen dazu, mich zu unterstützen. Weil ich weiß, wohin ich gehe, lade ich andere ein, mit mir zu kommen.

Ich weiß, daß es besser ist, mich mit Menschen zu umgeben, die so sind, wie ich sein will, statt mich mit Menschen zu umgeben, durch die ich mein Selbstbewußtsein aufbessere. Ich möchte von reichen Menschen umgeben sein. Ich möchte in der Nähe von Menschen sein, die alles richtig machen, um zu lernen, was sie tun, und um das dann selbst zu tun.

Ich weiß, daß ich Entscheidungen schnell treffe, um sagenhaften Reichtum zu schaffen. Mein Ja ist ein Ja, mein Nein ist ein Nein. Ich weiß, daß ich meine Meinung immer noch ändern kann. Ich weiß, je eher ich eine Entscheidung treffe, desto eher werde ich auch herausfinden, ob diese Entscheidung richtig war oder nicht, und deshalb treffe ich meine Entscheidungen schnell. Darüber hinaus weiß ich, wie wertvoll meine Zeit ist.

Ich beschließe, meine Zeit darauf zu konzentrieren, nach mehr zu streben, statt mich vor Verlust zu schützen. Ich weiß, daß ich nur verlieren kann, wenn ich mich vor Verlust schütze, und ich entschließe mich dazu, nach mehr zu streben. Ich weiß, daß es lächerlich ist, zwanzig Minuten aufzuwenden, um einen Dollar zu sparen. Meine Zeit ist wertvoller als das. Ich weiß außerdem, daß man mit einer Fünf-Dollar-Mentalität niemals 1000 Dollar in der Tasche haben kann. Ich weiß jetzt, daß ich ein Millionär bin, dessen Geld nur noch nicht auf dem Bankkonto liegt. Ich entscheide mich schnell, und es fällt mir leicht, neue Beziehungen aufzubauen. Ich weiß, wie wertvoll meine Zeit ist, und deshalb höre ich jetzt damit auf, große Scheine zu ignorieren, um ein paar Münzen zu sparen.

Ich beschließe, Menschen und Situationen aus dem Weg zu gehen, die mich Geld gekostet haben, und ich beschließe, mich jetzt darauf zu konzentrieren, nach mehr zu streben. Ich weiß, daß die Reichen immer reicher werden, und je mehr ich die kleinen Münzen in meiner Tasche schätze, desto mehr werde ich die großen Scheine schätzen. Ich weiß außerdem, daß es Freude macht, Aufmerksamkeiten von anderen zu akzeptieren, und ich nehme ihre Geschenke und ihr Lob bereitwillig entgegen. Ich weiß, daß es besser ist, Wünsche statt Forderungen zu haben, und ich wünsche mir vieles im Leben, und doch habe ich Freude an dem, was ich jetzt besitze. Ich weiß, es liegt nicht unbedingt daran, daß etwas zuviel kostet, es ist lediglich so, daß ich es mir in diesem Moment nicht leisten kann, und doch wünsche ich mir, Pläne und Strategien zu entwickeln, die mir Schritt für Schritt erlauben, das zu schaffen, was ich will.

Ich bin voll und ganz dafür verantwortlich, was etwas kostet, und ich weiß, daß ich jederzeit etwas Wirkungsvolles und Produktives vollbringen kann, das mich in die gewünschte Richtung bringt und es mir ermöglicht, das zu bekommen, was ich haben will. Ich weiß, daß ich als Workaholic kein Geld verdiene, sondern nur eine Menge Arbeit schaffe. Ich weiß, daß die Denkenden über die Arbeitenden herrschen.

Ich weiß außerdem, daß ich automatisch Geld verdienen werde, wenn meine Ideen gut sind. Daher habe ich Freude daran, nachzudenken und mir mit anderen Menschen zusammen etwas auszudenken, weil ich weiß, daß eine einzige Idee, ein einziger Gedankenblitz Millionen Dollar wert sein kann. Und weil ich meinen Kleinwagen wie einen Rolls-Royce behandle, werde ich meinen Rolls-Royce nicht wie einen Kleinwagen behandeln.

In diesem Moment beschließe ich, ein vollkommenes

Leben zu führen. Ich beschließe, das Leben eines Millionärs mit ungeheurem Reichtum zu führen, und zu gehen und zu reden und zu denken, als wäre ich bereits der reichste Mensch der Welt. Alle diese nützlichen Ideen machen einen tiefen Eindruck auf mein Unterbewußtsein und können nicht mehr gelöscht werden. Ich werde mich in dem Moment an sie erinnern, in dem ich das Wort »Erfolg« sage. *(Holen Sie jetzt tief Luft, atmen Sie aus, und sagen Sie dann laut »Erfolg«.)*

Ich weiß, daß Geldmangel eine unglaubliche Inspiration sein kann, und daher lasse ich mich von Geldmangel niemals aufhalten. Indem ich alles riskiere, weiß ich, daß mich das inspiriert, nach mehr zu streben, so daß ich wirklich nach mehr strebe. Ich weiß, daß ich jederzeit bereit sein muß, meine Chance zu nutzen, daher beschäftige ich mich in jedem Moment, in dem ich kein Geld verdiene, damit, noch besser zu werden. Ich unterrichte mich selbst. Ich lerne neue Fähigkeiten. Ich lerne neue Leute kennen, die Einfluß auf mich haben werden und mir bei meiner Reise zur Seite stehen.

Ich weiß, daß ich vorbereitet sein muß, um eine Chance zu nutzen, und ich verbringe meine Zeit damit, Geld zu verdienen und mich darauf vorzubereiten, Geld zu verdienen. Ich weiß, daß ich das tun muß, was ich gern tue, dann wird das Geld automatisch kommen. Kein Risiko, kein Erfolg. Und in jedem Augenblick verdiene ich entweder Geld, oder ich verliere es.

Ich weiß, daß Geld das Ergebnis einer gut gemachten Arbeit ist, und daß nichts Falsches daran ist, Geld zu verdienen. Ich leiste immer mehr als das, wofür ich bezahlt werde. Ich gebe immer etwas mehr, helfe etwas mehr, liefere etwas mehr, als ich verspreche.

Ich weiß, daß wohlhabende Menschen über alles Bescheid wissen, und ich entscheide mich jetzt dazu, in Zukunft über meine finanziellen Verhältnisse auf dem laufenden zu sein. Ich entscheide mich dazu, darauf zu achten, wo mein Geld hingeht, und weiß, wie ich es am besten einsetze. Ich weiß, daß ich hartnäckiger sein muß, um sagenhaften Reichtum zu schaffen. Ich weiß, daß ich etwas riskieren muß und nicht aufgeben darf, um ungeheur reich zu werden. Ich weiß, daß es mich dem, was ich erreichen will, einen Schritt näher bringt, wenn ich nicht aufgebe.

Ich stelle mir nie die Frage, »Kann ich?« Ich stelle mir die Frage, »Wie kann ich?« Ich weiß, wie wichtig es ist, einzigartig zu sein, und ich beschließe, der Beste auf meinem Gebiet zu sein. Ich weiß, daß es immer einen Markt für den gibt, der der Allerbeste sein will, und da immer einer der Allerbeste sein wird, werde ich das sein.

Ich weiß, daß ich für das bezahlt werde, was ich leiste, und nicht dafür, wie lange ich arbeite. Ich bin ständig dabei, mein Leben zu untersuchen und neue Möglichkeiten zu finden, etwas besser und schneller zu machen, damit ich mein Leben noch mehr genießen kann. Ich weiß, daß es ganz einfach ist, seine Gewohnheiten zu ändern, und daß ich meine Gewohnheiten ganz einfach ändern kann.

Ich habe keine Ziele, sondern Pläne, die ich in einzelne Schritte aufgeteilt habe. Ich erzähle anderen davon, was ich gerade tue. Da ich stolz bin auf das, was ich tue, erzähle ich anderen oft davon, und ich überrede sie dazu, sich mit meinem Produkt, meinem Service, meiner Inspiration oder meiner Aufgabe zu beschäftigen.

Ich weiß, daß ich immer mehr bekommen werde, wenn ich mehr tue, und wenn ich mehr tue, habe ich mehr Spaß, weil ich das, was ich tue, gern tue. Ich beschließe, Dinge zu tun, die mich inspirieren, und diese wiederum inspirieren andere Menschen.

Ich weiß, daß es besser ist, ein wenig zu haben als gar nichts, und daß es besser ist, zu spät als gar nicht zu kommen. Ich bin bereit, schnell nachzugeben, wenn ich weiß, daß ich unrecht habe, um alles wieder in Ordnung zu bringen. Ich weiß, daß ein Gegenstand, der sich bewegt, in der Regel auch in Bewegung bleiben wird, und ich gehe jetzt negativen Einflüssen aus dem Weg. Ich sehe nicht fern, ich höre kein Radio, ich lese keine Zeitung. Ich weiß, wenn etwas wichtig ist, werde ich es früh genug herausfinden.

Ich konzentriere mich immer darauf, nach mehr zu streben statt nach weniger. Ich stelle mir ständig die Frage: »Bringt mich das, was ich jetzt tue, meinem Ziel ein Stück näher, oder entferne ich mich dadurch davon?« Ich weiß, was ich wissen muß, und ich weiß, daß ich mir mit Geld kein Glück kaufen kann. Ich weiß, daß ich schätzen muß, was ich bis heute erreicht habe (denn was ich später erreicht haben werde, ist genau das, was ich bis heute erreicht habe – rückblickend gesehen).

Ich weiß, daß ich ein wundervoller, wertvoller, unglaublicher Mensch bin. Ich bin es wert, ein reiches, von Wohlstand gekennzeichnetes Leben zu führen. Ich besitze bereits die Werkzeuge, die ich brauche, um ungeheuer viel Geld zu verdienen.

Ich genieße es, nach mehr zu streben. Ich koste die Sehnsucht nach etwas genauso aus wie den Besitz, und lasse alle denken, ich bin schwach, wenn ich stark bin, und stark, wenn ich schwach bin. Ich weiß, daß der Weg nach oben mit einem kleinen Schritt beginnt, und daß alles in Gedanken beginnt.

Ich teile alle meine Pläne schrittweise in machbare Teile auf. Ich weiß, daß mich jeder Augenblick, in dem ich nach dem strebe, was ich haben will, meinem Ziel ein Stück näher bringt. Ich schreibe das, was ich erreichen will, auf kleine Zettel und verteile sie in meiner Umgebung, damit ich sie jeden Tag lesen kann. Ich setze für mich selbst und andere einen Termin für das fest, was ich erreichen will.

Ich weiß, je mehr ich anderen Menschen zugestehe, desto eher werde ich das erreichen, was ich will, und ich beteilige bereitwillig andere an diesen Plänen, und zwar so, daß sie dazu inspiriert werden, mich zu unterstützen. Ich weiß, daß mir meine Mitarbeiter nur dann bei meinen

Plänen helfen können, wenn ich ihnen das notwendige Wissen und die Unterstützung dafür gebe.

Jemand sagt nur dann nein zu mir, wenn er Angst hat, etwas zu verlieren. Ich weiß, daß alle Entscheidungen zuerst auf einer emotionalen Ebene getroffen werden und dann erst logisch durchdacht werden. Ich weiß, daß es die Kunst der Überredung erfordert, zuerst das Vertrauen anderer Menschen zu gewinnen und ein enges Verhältnis zu ihnen aufzubauen. Ich tue das, indem ich mich in sie hineinversetze, indem ich ihre Bedürfnisse und Wünsche verstehe. Ich akzeptiere, was auf eine Bitte von mir geschieht, und ich frage einfach weiter. Wenn ich das, was ich will, nicht bekomme, ändere ich einfach meine Strategie oder frage eine andere Person. Ich bin es wert, in Überfluß und Reichtum zu leben, der meine kühnsten Träume noch übertrifft.

Ich bleibe konzentriert, weil ich inspiriert bin, und ich genieße mein Leben. Ich weiß, daß reiche Menschen eine Zusammenarbeit anstreben, weil sie echte Freude daran haben, mit anderen Menschen zusammenzusein. Es fällt mir leicht, Beziehungen aufzubauen, weil ich ein echtes Interesse an dem habe, was andere Menschen tun. Ich weiß, je mehr Interesse ich an anderen Menschen habe, desto mehr Interesse werden sie an mir haben, und sie wollen mich unterstützen, weil ich weiß, wohin ich will. Tag für Tag machen diese nützlichen Ideen und Konzepte einen tiefen Eindruck auf mein Unterbewußtsein und können nicht mehr gelöscht werden. Ich werde mich in dem Moment an sie erinnern, in dem ich das Wort »Erfolg« denke.

(Holen Sie jetzt tief Luft, atmen Sie aus, und sagen Sie laut »Erfolg«. Holen Sie noch einmal tief Luft, und sagen Sie beim Ausatmen noch einmal laut »Erfolg«.)

ENERGIE

Kapitel 32

DAS IST MACHT

»Macht ist dazu da, benutzt zu werden.«

MARSHALL SYLVER

Robert Schuller hat einmal gefragt: »Was würden Sie tun, wenn Sie wüßten, daß Ihnen nichts mißlingen kann?« Ein anderer bedeutender Mann – der zum größten Denker aller Zeiten prädestiniert ist – ging noch einen Schritt weiter, als ich fragte: »Was würden Sie tun, wenn Sie das Resultat im voraus wüßten?« Macht ist die Fähigkeit, jetzt zu handeln. Ihnen stehen viele nützliche Werkzeuge zur Verfügung, um Leidenschaft und Reichtum in Ihrem Leben zu schaffen. Ob Sie diese Art von Beziehungen und finanziellem Wohlstand aufbauen, wird nicht mehr länger davon abhängen, was Sie wissen. Da Sie jetzt über dieses Wissen verfügen, wird es darauf ankommen, was Sie tun.

Dieses Buch ist nur ein Katalysator, ein Anfang für den Prozeß, mit dem Sie Ihr Leben so schaffen, wie Sie es wollen. Ohne konsequentes Handeln ist es nutzlos. In diesem Abschnitt des Buches konzentriere ich mich auf die Elemente der Macht. Macht ist dazu da, benutzt zu werden. Man hätte Ihnen nie die Fähigkeiten und die Intelligenz und den Hunger nach mehr gegeben, wenn man nicht davon ausgegangen wäre, daß Sie sie auch benutzen. Wenn ich Sie bitten würde, jeden Morgen nach dem Aufstehen die Füße nebeneinander auf den Boden zu stellen und zu sagen: »Was für ein herrlicher Tag voll Liebe, Chancen und Potential!« – würden Sie das ein Jahr lang jeden Tag tun? Angesichts der Tatsache, daß Sie mir vermutlich begeistert zugestimmt haben, möchte ich das noch einmal etwas anders formuliert fragen. Wenn Sie wüßten, daß es Ihnen eine Million Dollar und die Beziehung Ihrer Träume einbringen würde, wenn Sie ein Jahr lang jeden Morgen nach dem Aufstehen die Füße nebeneinander auf den Boden stellen und sagen: »Was für ein herrlicher Tag voll Liebe, Chancen und Potential!« – würden Sie es dann tun? Natürlich würden Sie es tun! Aber jetzt wollen Sie mir bestimmt sagen, daß Sie doch gar nicht genau wissen, ob es Ihnen wirklich die Million Dollar und Ihre Traumbeziehung einbringt, stimmt's? Aber daß es Ihnen *nichts* einbringt, wissen Sie doch auch nicht.

Was wäre, wenn es stimmt, und Sie es nur noch nie ausprobiert haben? Was wäre, wenn es genau das ist, was Ihnen noch gefehlt hat, doch weil es so einfach ist, haben Sie es nie gemacht? Es ist offensichtlich, daß in der Gleichung Ihres Lebens etwas fehlt, sonst hätten Sie ja schon alles, was Sie wollen. Es ist offensichtlich, daß bei Ihren Beziehungen, Ihren finanziellen Verhältnissen oder Ihrer Gesundheit etwas fehlt, sonst hätten Sie in diesen Bereichen den gewünschten Erfolg. Dieses Buch hat Ihnen gezeigt, daß alles in Gedanken beginnt und daß Glaube ein wesentlicher Bestandteil Ihrer Gedanken ist.

Glaube bedeutet nicht, etwas zu akzeptieren, ohne einen Beweis dafür zu haben. Glaube bedeutet, angesichts von Widrigkeiten mit nur minimaler Bestätigung weiterzumachen.

Der Streß einer bestimmten Situation verringert sich sehr stark, wenn diese Situation vorbei ist.

Ihren größten Triumphen sind immer Momente von größtem Streß vorangegangen. Nachdem es Ihnen gelungen ist, das zu vollbringen, was Ihren Streß verursacht und Ihnen vermutlich Angst gemacht hat, wie haben Sie sich da gefühlt? Was haben Sie über sich selbst gedacht? Sie haben wahrscheinlich gedacht: »Weshalb habe ich mich nur so unter Streß setzen lassen?« In einem meiner Seminare laufe ich mit den Teilnehmern sechs Meter weit über Glasscherben. Vor dem Lauf sind die meisten Menschen sehr nervös, aber danach sagen sie mir immer, daß es viel leichter war, als sie es sich vorgestellt hatten. Natürlich ist es viel leichter, als die meisten denken. Die Hölle ist nicht das, was Sie umgibt – was Sie denken und was Sie sich vorstellen ist in den meisten Fällen viel schlimmer als die Realität.

Als ich mich dazu entschloß, meinen Beruf zu wechseln und nicht mehr als Zauberer zu arbeiten, sondern meinen Mitmenschen zu helfen, habe ich das auf gut Glück gemacht. Ich verdiente sehr gut mit meiner Zauberei und hatte keine Ahnung, ob ich von der Hilfe für andere überhaupt leben konnte. Während ich meine landesweit ausgestrahlte Fernsehshow plante, gab es keine Garantie dafür, daß sie ein Erfolg werden würde. Was, dachte ich mir, wenn nach all den Jahren, in denen ich daran gearbeitet habe, niemand meine Botschaft hören will? Doch offensichtlich wollten viele Menschen hören, was ich zu sagen hatte, und deshalb lohnte sich mein Glaube. Die Planung meiner großen Hypnoseshow dauerte viele Monate und verschlang einige hunderttausend Dollar. Damals schoß mir sehr oft der Gedanke durch den Kopf, »Was wäre, wenn es niemanden interessiert?« Da noch nie jemand eine Show mit Lasern, Feuerwerk, Tänzern, Zaubereinlagen und Hypnose großer Gruppen aus dem Publikum auf die Bühne gebracht hatte, war eine solche Darbietung vielleicht wirklich nicht zu realisieren oder stieß vielleicht wirklich nicht auf Interesse. Probieren geht über Studieren – wieder lohnte sich mein Glaube. Während ich dieses Buch schreibe, frage ich mich bisweilen, »Was wäre, wenn niemand es lesen will? Was wäre, wenn meine Botschaft auf Papier gedruckt ganz anders wirkt, als wenn ich darüber spreche?« Ich weiß, daß Hunderttausende von Ihnen verstehen, was ich ausdrücken will – daß ich genauso bin wie Sie. Sie besitzen genauso viel

Intelligenz, Chancen und Mittel wie ich. Und wenn ich es schaffe, können Sie das auch.

Glaube = Weitermachen

Ich habe jedes dieser langwierigen Projekte nur deshalb realisieren können, weil ich wußte, daß ich keine andere Wahl hatte. Sofern ich nicht zugeben wollte, daß mich das, wonach ich strebte, gar nicht wirklich interessierte, mußte ich jedes dieser Projekte zu Ende bringen. Wenn Sie wüßten, daß aus Ihnen ein Nichtraucher wird, wenn Sie 21 Tage lang keine Zigarette anfassen – würden Sie es tun? Wenn Sie genau wüßten, daß Sie zehn Tage, nachdem Sie Ihre völlig kaputte Beziehung beendet haben, den Mann oder die Frau Ihrer Träume kennenlernen würden – würden Sie diese Beziehung jetzt beenden? Wenn Sie wüßten, daß ein Jahr, nachdem Sie Ihren idealen Arbeitstag und Ihren idealen Freizeittag beschrieben haben, genau diese Entwicklung in Ihrem Leben auftreten würde – würden Sie sich dann die 30 Minuten nehmen, um diese Tage zu beschreiben? Glauben heißt weiterzumachen. Mein Leben hat mich gelehrt, daß man das, was man begonnen hat, auch zu Ende bringen muß, sonst ist alle Mühe vergebens. Das bedeutet nicht, daß Sie auch dann weitermachen sollen, wenn die Tätigkeit, die Sie auf gut Glück begonnen haben, zu nichts führt. Wenn Sie nicht den leisesten Zweifel daran haben, daß Sie das bekommen werden, was Sie wollen, werden Sie den Weg genauso genießen können wie das Ziel. Kosten Sie die Sehnsucht genauso aus wie den Besitz, aber bestehen Sie darauf, es zu bekommen.

> *»Glaube muß durch Logik verstärkt werden.«*
>
> GANDHI

Die Macht der Überzeugung verzögert ein Urteil so lange, bis man den Lohn für seine Mühe bekommen hat. Selbst wenn wir den Wind nicht sehen können, wissen wir, daß es windig ist, da wir die Bewegung der Bäume sehen. Sie wissen, daß es möglich ist, eine Beziehung voller Leidenschaft zu führen und die Taschen voller Geld zu haben, weil andere Menschen, die genauso sind wie Sie, das auch geschafft haben. Sie können genauso viel wie die und noch viel mehr – der einzige Unterschied besteht darin, daß die anderen keine Entschuldigungen vorbringen, sondern Fortschritte machen. Wenn Sie das nächste Mal eine brillante Idee oder eine sensationelle Eingebung haben, realisieren Sie sie. Lassen Sie nicht zu, daß der kleine, ängstliche Mann in Ihrem Ohr Ihnen den potentiellen Erfolg ausredet.

Leben Sie das Leben als Abenteuer, nicht als Versorgungseinrichtung.

Ich möchte, daß Sie jetzt an den Moment zurückdenken, in dem Sie sich zum erstenmal stark und mächtig gefühlt haben. Ich hatte dieses Gefühl zum erstenmal mit sieben Jahren. Ich wollte anders sein als die anderen. In einer zehnköpfigen Familie ist das eine ganz natürliche Entwicklung, da man sonst nicht anerkannt wird. Ich holte mir ein Buch über Zaubern aus der Bibliothek und lernte einige Zaubertricks. Als ich anfing, mein neu erworbenes Können zu zeigen, wollte jeder wissen, wie der Zaubertrick funktionierte. Und plötzlich wußte ich etwas, was die anderen nicht wußten. Ich fühlte mich stark und mächtig. Was fällt Ihnen zu dem Moment ein, in dem *Sie* zum erstenmal Macht mit Händen greifen konnten? Für mich ist dieses Gefühl der Macht zur treibenden Kraft in meinem Leben geworden. Es ist immer noch meine erste Liebe. Ich genieße es, auf der Bühne zu stehen. Anderen Menschen eine Freude zu machen gibt einem das Gefühl von Macht. Und das ist auch der Grund dafür, weshalb Künstler immer wieder auf die Bühne zurückkehren.

Wenn wir das, was wir im Moment haben, nicht schätzen, berauben wir uns damit unseres gesamten Reichtums. Wenn wir etwas nicht zu schätzen wissen, besitzen wir es dann wirklich? Und außerdem verhindert es, daß wir mehr bekommen. Wem würden Sie lieber etwas geben – einem Menschen, der Ihr Geschenk nicht einmal bemerkt, oder einem Menschen, der Ihnen nicht enden wollende Dankbarkeit entgegenbringt? Wenn bei einer meiner Shows jemand einen Vierteldollar auf die Bühne werfen würde, und ich dann aufgeregt herumhüpfen und sagen würde: »Danke, danke, danke!«, garantiere ich Ihnen, daß jemand aus dem Publikum, der mich so aufgeregt herumhüpfen sieht, sagen würde: »Hast du gesehen, was der für einen Vierteldollar gemacht hat? Schnell, wirf einen Fünfdollarschein auf die Bühne. Mal sehen, was er dann macht!«

Sie müssen zu schätzen wissen, was Sie bis jetzt erreicht haben, denn was Sie später erreicht haben werden, ist genau das, was Sie bis heute erreicht haben – im Rückblick gesehen.

Kapitel 33

SELBSTBEHERRSCHUNG, WERKZEUGE, HANDELN: DIE DREI SCHRITTE, UM ALLES ZU ERREICHEN, WAS SIE ERREICHEN WOLLEN

»Für sich selbst sind Sie das, was Sie denken.
Für die anderen sind Sie das, was Sie tun.«

MARSHALL SYLVER

Wenn Sie kontrollieren, was Sie denken, und die richtigen Werkzeuge dafür haben und sofort handeln, gibt es nichts, was Sie nicht erreichen könnten. Aber zwei dieser Elemente allein genügen nicht, Sie müssen alle einsetzen können.

Selbstbeherrschung

Selbstbeherrschung ist die Fähigkeit, die eigenen Gedanken, Gewohnheiten und Tugenden körperlich, geistig und mental zu kontrollieren, um ein erfolgreiches, erfülltes Leben zu schaffen. Die Fähigkeit, die volle Verantwortung zu übernehmen, egal, wo Sie sind oder in was für einer Situation Sie sind – Sie haben *gehandelt*. Sie sind für das verantwortlich, was Sie tun. Wenn wir die Verantwortung für unser Handeln übernehmen, sind wir in der Lage, unseren Werten und Vorstellungen gerecht zu werden. Ich habe meine Technik zur Umprogrammierung des Unterbewußtseins entwickelt, damit Sie sich darauf programmieren können, die volle Verantwortung für alle Bereiche Ihres Lebens zu übernehmen.

Das wichtigste Element der Selbstbeherrschung besteht darin, das Psychogemurmel zu kontrollieren, das Sie mit einer Geschwindigkeit von 1500 Wörtern pro Minute in Ihrem Bewußtsein produzieren.

Jeder Gedanke verursacht eine physische Reaktion im Körper.

Es ist unmöglich, etwas zu denken, ohne daß Ihr Körper auf irgendeine Art und Weise davon beeinflußt wird. Deshalb habe ich in diesem Buch auch immer wieder versucht, Sie dazu zu bringen, Ihr Denken zu verändern. Da jeder Gedanke eine körperliche Reaktion nach sich zieht und jede körperliche Reaktion Ihre Welt beeinflußt, besteht der erste Schritt zu totaler Macht darin, **vollständige Kontrolle über jeden einzelnen Ihrer Gedanken zu haben**. Selbst geringfügige körperliche Reaktionen werden langfristig gesehen einen gewaltigen Unterschied ausmachen.

Ich werde Ihnen gleich eine Geschichte erzählen, auf die Ihr Körper reagieren wird. Stellen Sie sich diese Geschichte in Gedanken vor. Vor kurzem fuhr ich durch ein kleines Wäldchen mit Zitronenbäumen. Als ich mich umsah, bemerkte ich Tausende von reifen, saftigen, fleischigen Zitronen. Wenn man durch einen Zitronenhain fährt, fällt einem als erstes der wundervolle Duft auf. Während ich weiterfuhr, starrte ich auf diese saftigen, fleischigen, reifen Zitronen. Da es heiß und ich durstig war, hielt ich an, stieg aus und sprang über den Zaun. Ich ging zu dem am nächsten stehenden Baum hin, der voller Zitronen hing.

Dort streckte ich die Hand aus und pflückte mir die größte, saftigste Zitrone, die ich finden konnte. Ihr Geruch wehte zu mir herüber, als ich die Frucht vom Stamm abbrach. Der saure, scharfe, saftige Zitrusduft hing in der Luft. Ich schnitt die Zitrone mit meinem Taschenmesser in zwei Hälften. Der klebrige, scharfe, saure Saft floß über meine Hände. Ich legte den Kopf in den Nacken und preßte die Zitrone über meinem geöffneten Mund aus. Mein Mund explodierte, als der saure Saft meinen Gaumen traf. Ich schluckte, während mein Mund sich zusammenzog. Die Säure war überwältigend. Mein Mund verzog sich, und mein Körper reagierte. Und als ich in die Zitrone biß, verzog sich mein ganzes Gesicht.

Ich wette, Sie haben auch das Gesicht verzogen, während ich Ihnen diese Geschichte erzählt habe, stimmt's? Wenn Sie nicht das Gefühl hatten, Ihnen würde das Wasser im Mund zusammenlaufen, dann nur deshalb, weil Sie über diese Geschichte hinweggelesen haben, ohne sich die Zeit dafür zu nehmen, sich in Gedanken die entsprechenden Bilder vorzustellen.

Wenn Sie schon eine kleine Geschichte wie diese über die Zitrone, die keinen emotionalen Einfluß auf Ihr Leben hat, physisch beeinflussen kann, werden Sie sicher verstehen, daß Sie auch von den »Geschichten«, die die Welt Ihnen erzählt, physisch beeinflußt werden können. Sie allein entscheiden, von welchen Geschichten Sie sich emotional beeinflussen lassen. Je mehr Sie sich mit den Geschichten oder den Fakten, die Sie erhalten, identifizieren oder diese verinnerlichen, desto mehr Einfluß haben sie auf Sie. Und je weniger Sie sich mit ihnen identifizieren oder sie verinnerlichen, desto weniger Einfluß haben sie auf Sie. Wenn jemand etwas Negatives über Sie sagt und Sie genau wissen, daß es nicht stimmt, hat dies nicht soviel Einfluß auf Sie, wie wenn etwas Wahres dran ist. Das Bewußtsein kann nicht feststellen, was real ist und was erfunden.

Jeder Gedanke erzeugt eine psychosomatische Reaktion in Ihrem Körper. Was Sie denken, wird an Ihren Körper weitergegeben, und dieser reagiert so, als wäre es wahr.

Wenn ich Sie davon überzeugen könnte, daß der Himmel violett ist, dann ist der Himmel für Sie violett und Sie werden jedesmal, wenn Sie in Zukunft den Himmel betrachten, glauben, er wäre violett.

> *»Die Menschen sind nicht Gefangene ihres*
> *Schicksals, sie sind Gefangene Ihrer Gedanken.«*
>
> FRANKLIN DELANO ROOSEVELT

Ich habe dieses Buch geschrieben und meine Technik zur Umprogrammierung des Unterbewußtseins entwickelt, um Ihnen dabei zu helfen, sich von diesen Stimmen zu befreien, die Sie gefangenhalten. Ich will Ihnen beibringen, wie Sie sich so umprogrammieren können, daß diese inneren Stimmen Sie inspirieren und unterstützen. Dann werden Sie die Gewohnheit entwickeln, immer weiter vorankommen zu wollen. Sie werden sogar ein ungutes Gefühl bekommen, wenn Sie Ihren eigenen Erfolg sabotieren.

Das erste Element der Selbstbeherrschung ist **nicht nachlassender Glaube**. Das, worauf Sie sich konzentrieren, dehnt sich aus. Wenn Sie sich auf Ihre Gesundheit konzentrieren und glauben, daß Ihr Körper perfekt funktioniert, werden Sie Dinge tun, die Ihre Gesundheit fördern. Wenn Sie glauben, daß Sie gesund sind, werden Sie eher bereit sein, sich zu bewegen und Sport zu treiben. Je mehr Sie sich bewegen, desto gesünder werden Sie. Sie müssen sich bestätigen, daß Sie immer gesünder werden.

Wenn Sie glauben, daß Sie Macht haben, werden Sie eine dominierende Ausstrahlung entwickeln. Diese Art von Macht kommt aus dem Inneren eines Menschen und ist die Grundlage für ein starkes Selbstbewußtsein. Sie bewirkt, daß man einen Raum betritt und ihn sofort auf außergewöhnliche Art und Weise erhellt. Mit einem derart gesteigerten Bewußtsein werden Sie die Kontrolle über Ihr Wohl haben. Was andere Menschen sagen und tun, wird Sie nicht mehr beeinflussen können. Wenn Sie eine Party besuchen, werden Sie sich keine Gedanken mehr darüber machen, welchen Eindruck Sie auf die anderen machen, Sie werden einfach davon ausgehen, daß jeder nur Gutes über Sie denkt. Die meisten werden genauso freundlich zu Ihnen sein wie Sie zu ihnen. Und wenn nicht, werden Sie sich einfach nicht mit ihnen abgeben.

Das zweite Element der Selbstbeherrschung ist **persönliche Programmierung**. Persönliche Programmierung sind alle Aussagen mit »Ich« oder »Ich bin«, die Sie denken oder sagen oder als wahr ansehen. Wenn Sie Aussagen wie »Ich habe ein schlechtes Gedächtnis« bestätigen, können Sie damit tatsächlich Ihr Erinnerungsvermögen verschlechtern. Da Ihr Unterbewußtsein nur ein Computer ist, programmieren Sie ihn darauf zu vergessen. Ihr Unterbewußtsein kann sich kein Urteil bilden. Wenn Sie Ihrem Computer ein Programm geben, um zu vergessen, würde er einfach die Daten verlieren, die eingegangen sind. Wenn Sie sich vorsagen, daß es heutzutage wirklich schwierig ist, Geld zu verdienen, verhindern Sie damit, daß Geld in Ihr Leben fließen kann. Sie werden nach Beweisen dafür Ausschau halten, daß Geldverdienen schwierig ist. Sie werden nicht in der Lage sein, Chancen zu sehen, wenn Sie sich Ihnen bieten.

Die Menschen neigen dazu, recht haben zu wollen. Wenn Sie auf der Ebene Ihres Unterbewußtseins etwas denken, wird Ihr Bewußtsein Sie dabei unterstützen und nach Beweisen suchen, um es zu bestätigen. Da wir immer Beweise für das finden, woran wir glauben wollen, bestätigen wir unsere Realität und verhalten uns entsprechend. Achten Sie von jetzt an auf alle Sätze mit den Worten »Ich« oder »Ich bin«, die Sie zu sich selbst oder zu anderen sagen, und seien Sie sich darüber im klaren, daß Sie in einem solchen Moment Ihre Zukunft gestalten.

Sie werden auch von anderen Menschen programmiert, gewollt oder ungewollt. Nehmen wir an, jemand sagt zu Ihnen: »Werden Sie auch immer so wütend, wenn Sie auf der Autobahn geschnitten werden?« In dem Moment, in dem Sie zustimmen, lassen Sie zu, daß die Programmierung des anderen Ihre Programmierung stört, und Ihr Bewußtsein wird auf die Programmierung des anderen reagieren, wenn Sie das nächste

Mal beim Autofahren geschnitten werden. Ihnen war es bis jetzt vielleicht immer egal, wenn Sie von jemandem geschnitten wurden, aber jetzt, in dem Moment, in dem Sie dem anderen zustimmen, haben Sie die Auswirkungen dieser Vereinbarung oder dieses Programms empfangen. Es ist Ihre Entscheidung, welche Programme Sie akzeptieren und welche nicht.

Wenn Sie sich von den Ängsten und Mißerfolgen eines Freundes beeinflussen lassen, verstärken Sie damit auch unbewußt Ihre eigenen Ängste und Mißerfolge im Leben. Deshalb ist es so wichtig, daß Sie die Programme Ihrer Freunde kennen. Sie müssen den Kontakt zu Menschen suchen, die Ihnen dabei helfen werden, Ihre Wünsche zu erfüllen, nicht zu solchen Menschen, die Ihnen nur bestätigen, daß Ihre Wünsche nie in Erfüllung gehen werden. Wenn Sie diese Philosophie übernehmen, lassen Sie sich programmieren, ohne es überhaupt zu bemerken. Wir entscheiden in jedem einzelnen Augenblick, welche Programme wir für unser unterbewußtes Denken zulassen und welche nicht.

Persönliche Programmierung bedeutet, daß Sie und nur Sie allein für Ihre Gedanken verantwortlich sind. Es bedeutet, Ihre Gedanken in die Richtung zu lenken, die Sie festlegen. Wenn Sie der Meinung sind, daß Sie es schaffen, wird sich Ihr Bewußtsein allen potentiellen Möglichkeiten öffnen. Unser Bewußtsein arbeitet ständig. Es baut uns auf, und es zerstört uns. Es macht uns zu einem Gewinner oder einem völligen Versager. Es bringt uns Freude und Traurigkeit, blühendes Leben oder Tod. Hinter unserer Stirn liegen Himmel und Hölle. Wie wir das Leben erfahren, hängt nicht von der Wirklichkeit ab, sondern von dem, was Sie für die Wirklichkeit halten.

Selbstbeherrschung ist nicht nur einfach eine positive Geisteshaltung. Eine positive Geisteshaltung ist zwar eines der Elemente der Selbstbeherrschung, aber zur Selbstbeherrschung gehört noch mehr. Ich kenne viele Menschen mit einer positiven Geisteshaltung, die bestimmte Dinge immer wieder auf die gleiche Art und Weise machen, und immer wieder die gleichen schlechten Ergebnisse damit erzielen. Sie haben eine so durch und durch positive Haltung, daß sie die Hoffnung einfach nicht aufgeben, es würde irgendwann einmal alles gut werden. Sie lächeln dümmlich und sehen einfach zu, wie ihnen ihr Leben aus den Händen gleitet. Persönliche Programmierung ist die Fähigkeit, festzustellen oder zu wissen, was man bekommt, wenn man etwas tut. Wenn Sie dann entsprechend Ihrer Beobachtungen Änderungen vornehmen, werden Sie allmählich die Ergebnisse erzielen, die Sie sich wünschen.

Das letzte Element der Selbstbeherrschung ist **Leidenschaft**. Menschen, die Herr ihrer selbst sind, engagieren sich leidenschaftlich. Sie besitzen eine emotionale Intensität, die magnetisch wirkt. Sie bewegen sich entschlossen und zielgerichtet. Sie sind so davon begeistert, was in ihrem Leben geschieht, daß sie es mit anderen Menschen teilen wollen. Ich glaube, daß wir das lehren, was wir am dringendsten lernen müssen. Wenn man etwas unterrichtet, muß man es besser wissen als die Schüler.

Ich führe ein Seminar zur persönlichen Weiterentwicklung namens *Certification* durch, bei dem die Teilnehmer in Hypnosetherapie unterwiesen werden. Nach Abschluß des Seminars können sie mit ihren neu erworbenen Fähigkeiten sofort damit beginnen, unglaublich viel Geld zu verdienen. Obwohl dies wirklich stimmt, nehmen die meisten nicht daran teil, um einen neuen Beruf zu erlernen, sondern weil sie sich persönlich weiterentwickeln wollen. Wenn Sie mit dem Rauchen aufhören wollen und ich Ihnen beibringen würde, wie Sie dies auch anderen vermitteln, besäßen Sie eine sehr starke Motivation, Nichtraucher zu bleiben, damit Ihr Unterricht glaubhaft ist. Wir lehren das, was wir am dringendsten lernen müssen.

Die Realität wird durch Bestätigung geschaffen.

Je mehr Beweise es für einen bestimmten Glauben gibt, desto mehr Einfluß hat dieser Glaube auf unser Leben. Kinder, die im Ghetto aufwachsen und erleben, daß nur Drogenhändler und Zuhälter Geld haben, glauben, daß die einzige Möglichkeit zum Geldverdienen darin besteht, mit Drogen zu handeln oder Zuhälter zu sein. Dieser Glaube wird zur Realität. Ein ganzes Leben wird um diese Lüge herum aufgebaut.

Vor etwa 500 Jahren versuchte ein Mann namens Chris, Geld für ein Projekt aufzutreiben, aber alle sagten: »Auf keinen Fall, wir geben dir kein Geld. Du bist verrückt. Die Erde ist eine Scheibe. Hast du dir denn nicht die Karten angesehen? Am Rand der Erde lauert ein Drache, der dich fressen wird.« Christoph Kolumbus wollte einen schnelleren Weg nach Indien finden, da er glaubte, die Erde sei rund. Als er nach Indien aufbrach, kam er vom Weg ab und landete in Amerika, was beweist, daß man flexibel reagieren und das Beste aus dem machen muß, was passiert. Als Kolumbus Amerika entdeckte, bewies er damit, daß die Erde rund ist, und zwar nicht nur sich selbst, sondern der ganzen Welt. War die Erde nun immer eine Scheibe gewesen und plötzlich rund geworden, oder war sie schon immer rund gewesen und hatte Kolumbus damals erst die tatsächlichen Verhältnisse entdeckt? Offensichtlich ist die Welt schon immer rund gewesen. Aber selbst nachdem Kolumbus das bewiesen hatte, glaubten es einige Menschen noch nicht. War die Erde eine Scheibe, nur weil diese Menschen nicht glaubten, daß sie rund war? Für sie war die Erde eine Scheibe. Sie planten ihre Reisen auf einer Karte, die die Welt als Scheibe darstellte. Sie hielten sich von den Drachen fern und lebten so, als wäre die Erde eine Scheibe. Obwohl sie in Wirklichkeit rund war, lebten diese Menschen so, als wäre sie eine Scheibe.

Nicht an etwas glauben heißt noch lange nicht, daß es nicht existiert.

Egal, wie Ihr Leben zur Zeit aussieht, es gibt eine Möglichkeit für Sie, alles zu bekommen, was Sie wollen. Allerdings ist dazu ein anderes Verhalten notwendig, das Ihnen manchmal vielleicht Angst machen wird. Wenn Sie jemals etwas bei sich zu Hause verlegt haben, finden Sie es nach langem Suchen garantiert dort, wo Sie noch nicht nachgesehen haben.

Um etwas zu finden, was wir schon lange suchen, müssen wir dort nachsehen, wo wir noch nicht gesucht haben.

Mir ist aufgefallen, daß einige Menschen immer an den gleichen Stellen nach etwas suchen und sich dann wundern, warum sie es nicht finden können. Wenn Sie das nächste Mal etwas nicht finden können, sollten Sie nicht dort danach suchen, wo Sie glauben, Sie hätten es hingelegt, sondern die Stellen auflisten, an denen Sie noch nicht gesucht haben, und dort danach suchen.

Entweder Sie haben Disziplin, oder Sie werden es eines Tages bereuen. Entweder Sie tun jetzt alles, was Sie tun müssen, oder Sie werden sich in zehn Jahren wünschen, daß Sie es getan hätten. Ich bin mir sicher, daß Sie ganz genau wissen, wann Sie sich selbst helfen, das zu bekommen, was Sie wollen, und wann Sie sich selbst Knüppel in den Weg werfen.

Werkzeuge

Wenn Sie Ihr Leben nach Ihren Wünschen gestalten wollen, müssen Sie die richtigen Werkzeuge dazu haben. Während Selbstbeherrschung ein gedanklicher Aspekt ist, um alles zu erreichen, stehen die Werkzeuge für den physischen Aspekt. Es ist sehr schwierig, eine souveräne Geisteshaltung beizubehalten, wenn Sie das, was Sie wollen, nicht bekommen. Wie würde es Ihnen wohl gefallen, ein Haus zu bauen, wenn Sie keinen Hammer hätten und die Nägel mit der bloßen Hand in das Holz treiben müßten? Selbst wenn Sie eine Menge Leidenschaft und geistige Selbstbeherrschung mitbrächten, wären Sie bald so blutverschmiert und mit blauen Flecken übersät, daß Sie wahrscheinlich aufgeben würden. Werkzeuge sind nicht immer mit Händen zu fassen. Das effektivste Werkzeug ist manchmal Wissen.

In diesem Buch habe ich Ihnen viele geistige Werkzeuge für Leidenschaft und Erfolg vorgestellt. Ähnlich wie bei einem Hammer, der auf der Werkbank vergessen wurde, liegt der Nutzen eines Werkzeuges jedoch nicht in dem Werkzeug selbst, sondern darin, wie es eingesetzt wird. Ihr Leben wird nie wieder dasselbe sein, wenn Sie dieses Buch zu Ende gelesen haben. Hier werden so viele neue Möglichkeiten zu denken und zu sein vorgestellt, daß zumindest einige von Ihnen einen starken, positiven Einfluß auf Ihr Leben haben werden. In der Regel werden die Werkzeuge für eine bestimmte Aufgabe sowohl materieller als auch intellektueller Art sein. Wenn Sie andere überreden wollen, könnten die Werkzeuge Aussagen zur Konditionierung auf bejahende Antworten oder alternierende Annahmen sein, die Sie einsetzen, um den anderen behutsam dazu zu bringen, Ihnen zuzustimmen und Ihre Forderungen zu erfüllen. Wenn Sie ein Buch schreiben wollen, wären die Werkzeuge vielleicht ein Computer, mit dem Sie den kreativen Prozeß beschleunigen könnten, und das Wissen, wie der Computer zu bedienen ist. Wenn Sie Musik komponieren, wären die Werkzeuge vielleicht das Instrument, auf dem Sie komponieren, und der Kassettenrecorder, auf dem Sie Ihre Musik aufnehmen, um sie anschließend beurteilen zu können.

Welche Werkzeuge benötigen Sie, um ein bestimmtes Ergebnis zu erzielen? Sie müssen nicht warten, bis Sie sie alle in Händen halten, um mit dem kreativen Prozeß zu beginnen, und doch ist es sehr effektiv zu wissen, welche Werkzeuge Ihre Aufgabe vereinfachen und sie angenehmer machen würden. Vor kurzem lernte ich bei einem Seminar einen Mann kennen, der Drehbücher schrieb. Er hatte keine Ahnung, wie ein Computer funktionierte. Das ist heutzutage schon etwas Erstaunliches. Er sagte mir, daß er drei Monate brauche, um ein Drehbuch mit 60 Seiten zu schreiben. Drei Monate? Das sind

20 Seiten pro Monat, fünf Seiten pro Woche, eine Seite pro Tag! Da ein großer Teil meiner Arbeit mit dem geschriebenen Wort zu tun hat, war ich verblüfft, als ich hörte, daß tatsächlich noch jemand eine Schreibmaschine für die Textverarbeitung benutzte. Ich preise den Tag, an dem ich einen Apple-Computer gekauft habe, und ich küsse den Boden, auf dem Steven Jobs und Steve Wozniak gehen. Anfänglich hatte ich etwas Angst vor Computern, aber gleichzeitig konnte ich mir nicht vorstellen, wie lange ich für meine Projekte bräuchte, wenn ich immer noch mit einer Schreibmaschine arbeiten würde. Für dieses Buch hätte ich nicht acht Wochen, sondern 12 Monate gebraucht, wenn ich bei jedem Fehler zu Tipp-Ex hätte greifen müssen. (Mir graust allein bei dem Gedanken!)

Welche Werkzeuge könnten Ihnen Ihre Aufgabe erleichtern? Wenn Sie eine neue Beziehung aufbauen wollen und nicht genau wissen, welche Mode gerade angesagt ist, könnte ein Persönlichkeitsberater ein Werkzeug für Sie sein. Wenn Sie ein aufstrebender Kabarettist sind, könnte der Amateurwettbewerb eines Theaters in Ihrer Stadt ein Werkzeug für Sie sein. Wenn Sie daran arbeiten, ein bestimmtes Ergebnis zu erzielen, nehmen Sie sich jetzt ein wenig Zeit, und stellen Sie eine Liste mit den Werkzeugen zusammen, die Ihnen dabei helfen könnten, Ihr Ziel schneller und leichter zu erreichen.

Handeln

> *»Tu es so, als würde niemand dabei zusehen, tu es so, als würdest du das Geld nicht brauchen, tu es so, als könntest du nicht verlieren – aber tu es.«*
>
> Werbung von Nike

Das letzte Element, um das zu bekommen, was Sie wollen, ist das wichtigste und gleichzeitig das einzige, das ich Ihnen mit diesem Buch nicht beibringen kann. Wenn Sie Ihre Gedanken beherrschen und die richtigen Werkzeuge einsetzen können, bekommen Sie immer noch nicht das, was Sie wollen – dazu müssen Sie handeln. Bei allen erfolgreichen Menschen auf der Welt war dieses Element, die Fähigkeit, konsequent zu handeln, bis das Ziel erreicht ist, der entscheidende Schritt.

Der endgültige Spielstand

Ich habe eine Philosophie, mit der ich immer auf dem laufenden bleibe. Ich nenne Sie den »endgültigen Spielstand«. Sie funktioniert folgendermaßen: Entweder, Sie gewinnen, oder Sie verlieren. Entweder, Sie werden gesünder, oder Sie werden nicht gesünder. Entweder, Sie nutzen Ihre Zeit klug, oder Sie verschwenden sie. Entweder, Sie haben es geschafft, oder Sie haben nicht geschafft. Entweder, Sie kommen in einer Beziehung Ihrem Partner näher, oder Sie stoßen ihn von sich weg. Entweder, Sie werden reicher, oder Sie werden ärmer. Wenn Sie diese Denkstrategie einsetzen, werden Sie unglaublich effektiv. Es gibt keine Grauzonen mehr. Anders ausgedrückt: Wenn Sie sich mit jemandem um fünf Uhr nachmittags verabredet haben, und Sie kommen eine Minute nach fünf, sind Sie zu spät dran. Sie müssen bereit sein, alles zu tun, was notwendig ist. Das bedeutet: keine Alibis und keine Entschuldigungen.

Wenn die Mongolen in den Krieg zogen, segelten sie mit ihren Frauen und Kindern zusammen an die Küste des feindlichen Landes. Dort angekommen, verbrannten sie ihre Schiffe und besiegelten so ihr Schicksal. Entweder Sie gewannen die Schlacht, oder sie starben alle. Sie zwangen sich dazu, entweder zu gewinnen oder zu verlieren. Wenn das keine Motivation ist! Wenn das nicht heißt, sich voll und ganz zu engagieren! Mit dem endgültigen Spielstand zu arbeiten ist ein äußerst effektives Mittel, um Ihnen dabei zu helfen, sich selbst gegenüber ehrlich zu sein. Außerdem wird es Ihre

Glaubwürdigkeit anderen gegenüber verbessern. Wenn Sie sagen, daß etwas erledigt wird, dann ist es schon so gut wie erledigt. Wenn Sie auf diese Weise zu leben beginnen, werden Sie erstaunt feststellen, daß Sie produktiver und glücklicher werden.

Stellen Sie sich folgende Frage: »Was kann ich jetzt an Positivem und Produktivem tun, das mich dem näher bringt, was ich am meisten haben will?« Effektive Menschen wissen, daß sie ständig Entscheidungen treffen müssen, die ihnen dabei helfen, Erfolg zu haben, oder sie dabei behindern. Sie tun nur dann etwas völlig Nutzloses, wenn Sie überhaupt nichts tun.

Wenn Sie handeln, werden Sie entweder Erfolg haben, oder Sie werden feststellen, daß Sie einen Weg gegangen sind, der nicht funktioniert. Egal, was dabei herauskommt, Sie tun etwas, was Ihrem Plan nützt – Sie handeln. Wenn Sie Erfolg haben, um so besser. Wenn Sie das Gefühl bekommen, versagt zu haben, sehen Sie sich Ihre Fehler an, und lernen Sie daraus. Erfolgreiche Menschen stolpern die ganze Zeit. Je mehr sie stolpern, desto größer ist die Wahrscheinlichkeit, daß sie Erfolg haben.

Alles, was Sie jetzt nicht tun, wird nie getan werden.

Lernen Sie, nach oben zu fallen. Egal, was Sie tun, solange Sie sich auf das gewünschte Ergebnis konzentrieren, ist es besser als nichts. Erfolgreiche Menschen wissen, daß Sie erst denken und dann handeln müssen. Erfolgreiche Menschen wissen: Wenn man gewinnen will, muß man auch bereit sein zu verlieren. Sie können ein Spiel erst dann gewinnen, wenn Sie es spielen. Tun Sie etwas, denn wer weiß schon, was morgen ist, und Sie allein sind für Ihren Erfolg verantwortlich. Es gibt keinen besseren Zeitpunkt zum Handeln als die Gegenwart.

Kapitel 34

DIE ELEMENTE EINER GEWOHNHEIT

»Erfolg ist eine Gewohnheit.«

MARSHALL SYLVER

*»Eine Gewohnheit ist eine Handlung
oder Eigenschaft, die durch ständige
Wiederholung in Fleisch und Blut
übergegangen ist.«*

Wörterbuchdefinition

Spielen Sie gern Spiele, in denen Sie nicht gut sind? Ich auch
nicht. Wie lernt man am besten, etwas gut zu beherrschen?
Wieder richtig: indem man es immer wieder übt. Manchmal
können wir etwas ganz besonders gut, was wir lieber nicht so
gut können würden. Das nennt man dann schlechte Gewohnheiten. Manchmal stellen wir fest, daß wir ständig Dinge tun,
die uns weiterbringen. Das nennt man gute Gewohnheiten.
Was ist an Gewohnheiten so geheimnisvoll? Schauen Sie mit
mir hinter den Vorhang, damit wir herausfinden können, daß
der Zauberer auch nur ein Mensch ist. Wir wollen Gewohnheiten ein wenig näher untersuchen, damit sie ihre Macht
über uns verlieren.

Element eins: Gewohnheiten sucht man sich aus. Selbst
wenn es nicht so aussieht, Sie haben sich jede einzelne
Ihrer Gewohnheiten selbst ausgesucht. Eine Gewohnheit ist
freie Wahl, kein Zufall. Jedesmal, wenn Sie auf eine bestimmte Art reagieren, fällt es Ihnen leichter, so zu reagie-

ren. Die meisten Menschen sehen das nutzlose Verhalten, das sie ständig zeigen, als Gewohnheit und das nützliche als Tugend. Beide Verhaltensarten sind jedoch gleich und werden auf die gleiche Weise gebildet. Wenn Sie wissen, daß Sie sich all Ihre Gewohnheiten selbst ausgesucht haben – gute und schlechte –, wissen Sie auch, daß Sie sich jetzt die Gewohnheiten aussuchen können, die Ihnen nützen.

Das zweite Element einer Gewohnheit besteht darin, daß es in der Regel über Gefühle einprogrammiert wird. Überzeugung findet zunächst auf emotionaler Ebene statt und wird dann erst mit Logik verstärkt. Aus diesem Grund fängt man mit dem Rauchen an. Man hat das Gefühl, etwas tun zu müssen, um akzeptiert zu werden, und verstärkt dieses Gefühl dann mit dem logischen Argument, daß Rauchen eine Möglichkeit sei, sich anzupassen. Wenn wir Rauchen von einem rein logischen Standpunkt aus bewerten, ist es völlig sinnlos. Um aus einem Verhalten eine Gewohnheit zu machen, muß diese diszipliniert wiederholt oder emotional ausgelöst werden. Lassen Sie mich für beides ein Beispiel nennen.

Eine Gewohnheit braucht etwa 21 Tage, um sich zu bilden. Wenn Sie auf eine bestimmte Art reagieren wollen, müssen Sie dieses Verhalten mindestens 21 Tage lang konsequent durchführen. Etwa um den 19., 20. oder 21. Tag herum werden Sie plötzlich feststellen, daß dieses Verhalten für Sie zu etwas ganz Natürlichem geworden ist. Jemand, der mit dem Rauchen aufhören will und 21 Tag keine Zigarette anrührt, hat gute Chancen, es zu schaffen. Die ersten Tage sind meistens recht einfach, aber sobald die anfängliche Motivation, mit dem Rauchen aufzuhören, nachgelassen hat, wird es schwieriger. Um den 14. Tag herum wird unser Jemand womöglich durchdrehen und eine Zigarette rauchen. Aber wenn er schlau ist, übersteht er diese ersten 14 Tage und läßt Tag für Tag vorbeigehen. Irgendwann um den 19., 20. oder 21. Tag herum beginnt er zu vergessen, wie es gewesen ist, Raucher zu sein, und die neue Gewohnheit hat sich ausgebildet. Er vergißt, wie es ist, eine Zigarette zu rauchen, und wird plötzlich zu einem Gewohnheitsnichtraucher.

Phobien sind eine andere Art von Gewohnheit. Eine Phobie ist eine unbegründete Angst, die über Gefühle programmiert worden ist. Sie können eine unbegründete Angst nur bilden, wenn Sie anfangen, darauf zu reagieren, und sie so verstärken. Wenn jemand zum erstenmal auf einen bestimmten Reiz reagiert, wird dieses Ereignis »Anfangssensibilisator« genannt. Wenn man zum erstenmal eine Schlange sieht, reicht das in der Regel noch nicht aus, um eine phobische Reaktion auszulösen. Der erste Anblick einer Schlange muß mit einem Zustand der Erregung verbunden sein, um die phobische Reaktion auszulösen. Die phobische Reaktion wird dann durch ein ähnliches Ereignis und eine ähnliche emotionale Reaktion verstärkt, bis das, was diese Reaktion anfänglich ausgelöst hat, längst vergessen und die Phobie gebildet ist.

Schnellkur bei Phobien: Schließen Sie die Augen, und entspannen Sie sich. Während Sie sich in diesem entspannten Zustand befinden, gehen Sie in Gedanken zurück zu dem Moment, in dem Sie diese Angst zum erstenmal empfunden haben. Wenn Sie Ihre Gedanken zurückwandern lassen und sich an Ihre Angst erinnern, werden Sie sie vermutlich noch einmal erleben. Statt jetzt tatsächlich Teil der Handlung zu sein, stellen Sie sich vor, daß Sie die Situation auf einer Kinoleinwand miterleben. Stellen Sie sich vor, daß Sie auf der Leinwand sehen, wie Sie Angst bekommen und so reagieren, wie Sie sonst auch immer reagieren. Stellen Sie sich vor, daß Sie dasselbe empfinden wie bei einem Horrorfilm, der Ihnen angst macht, wenn Sie sich jetzt selbst auf der Leinwand sehen. Und jetzt stellen Sie sich vor, Sie wären der Produzent dieses Films. Stellen Sie sich vor, daß Sie in der Loge sitzen und sich selbst auf der Leinwand und als Zuschauer unten im Kinosaal sehen, wie Sie auf den Film reagieren. Genau wie ein Regisseur, der nie Angst vor seinem eigenen Film hat, beobachten Sie jetzt, wie die Person unten im Kinosaal reagiert, wissen aber, daß Sie das Drehbuch so geschrieben haben, damit jeder auf diese Art reagiert. Und dann sehen Sie in Gedanken vor sich, wie Sie als Regisseur »Schnitt!« rufen. Lassen Sie den Film zurücklaufen und sehen Sie dabei zu. Ihnen fällt auf, wie sonderbar das aussieht, und wie lustig es klingt. Sehen Sie auf sich selbst herunter, und hören Sie, wie Sie lachen. Und jetzt lassen Sie den Film noch einmal ablaufen, dieses Mal in Schwarzweiß und in Zeitlupe. Ihnen fällt auf, daß es Ihrem Ich im Publikum langweilig wird. Der Film berührt Ihr Ich überhaupt nicht. Lassen Sie den Film noch einmal von vorn laufen, spielen Sie dieses Mal aber nicht das Opfer, sondern den Helden. Sehen Sie zu, wie Sie sich dem stellen oder das tun, wovor Sie vorher Angst gehabt haben. Hören Sie dabei der Musik zu, die zu einem freudigen Schlußakkord anschwillt. Sehen Sie auf Ihr Ich im Publikum, und sagen Sie laut das Wort »Energie«. Wenn Sie sich auf der Kinoleinwand als strahlenden Sieger und im Publikum als glücklichen Zuschauer sehen, sagen Sie noch einmal laut »Energie!« Jedesmal, wenn Sie das Wort »Energie« sagen, verstärken Sie damit das neue Programm, das Sie gerade entwickelt haben.

Und jetzt müssen Sie die neue Gewohnheit verstärken. Wenn Sie kurz davor stehen, mit dem in Kontakt zu kommen, was früher eine phobische Reaktion bei Ihnen verursacht hat, setzen Sie einfach Ihren Auslöser ein und sagen das Wort »ENERGIE«.

Das dritte Element einer Gewohnheit besteht darin, daß sie für das Bewußtsein als richtig begründet sein muß. Das Bewußtsein muß die Tatsache akzeptieren, daß es richtig ist, diese Gewohnheit zu haben. »Es ist richtig zu rauchen. Alle meine Freunde rauchen, und es ist total cool, und ich will auch cool sein.« Oder: »Es ist richtig, Angst vor Schlangen zu haben. Schlangen können mich beißen und mir weh tun, und sie haben mir schon so oft angst gemacht, daß ich keine mehr sehen will.« Oder: »Es ist in Ordnung, wenn ich die dritte Portion Eis und das zweite Stück Apfelkuchen esse, weil ich sie wirklich haben will und ich mich langweile und niemand mehr mit mir reden will, weil ich … na ja, weil ich fett bin.« Die Gewohnheit muß von unserem Bewußtsein als richtig angesehen werden, sonst kann sie nie zu einem Programm für das Unterbewußtsein werden. Das schließt allerdings nicht aus, daß das Bewußtsein früher oder später einmal sagen wird: »Das ist eine ganz abscheuliche Angewohnheit, ich habe es satt, zuviel zu essen, ich habe es satt zu rauchen, ich habe es satt, so große Angst vor Schlangen zu haben, daß ich sie nicht einmal im Zoo sehen will.« Sobald das Unterbewußtsein dieses Programm akzeptiert hat, wird es zu einer Gewohnheit, und die andere Gewohnheit muß erst als Gewohnheit ausgebildet werden, damit eine Änderung stattfinden kann.

Das vierte Element einer Gewohnheit besteht darin, daß sie so oft wiederholt werden muß, bis sie Ihnen leichtfällt. Sie bilden eine Gewohnheit aus, indem Sie entweder viele Male auf ähnliche Weise reagieren, oder indem Sie die Gewohnheit einüben. Jedesmal, wenn Sie auf eine bestimmte Weise reagieren, wird es Ihnen leichter fallen, wieder so zu reagieren, egal, ob Sie ursprünglich aus Versehen so reagiert haben und diese Reaktion dann verstärkt wurde, oder ob Sie ursprünglich aufgrund reiner Disziplin so reagiert haben, um die gewünschte Gewohnheit zu erreichen.

Das fünfte Element einer Gewohnheit besteht darin, daß sie scheinbar ohne nachzudenken gezeigt wird. Und zwar deshalb, weil die Furchen in Ihrem Unterbewußtsein so tief sind, daß der Gedanke oder die Gewohnheit einfach dem ausgetretenen Pfad folgen, ohne dabei auf den geringsten Widerstand zu stoßen.

Das sind die Eigenschaften einer Gewohnheit. Eine Gewohnheit wird erst dann zu einer echten Gewohnheit, wenn aus ihr eine sogenannte unbewußte Fähigkeit geworden ist. Der Wissenschaftler Abraham Maslow hat vier Fähigkeitsebenen festgelegt:

> Unbewußte Unfähigkeit
> Bewußte Unfähigkeit
> Bewußte Fähigkeit
> Unbewußte Fähigkeit

Die erste Fähigkeitsebene ist die Ebene der unbewußten Unfähigkeit: Sie wissen nicht, daß Sie nichts wissen. Dies ist die Ebene, auf der Sie sich als Kind befinden, wenn Sie nicht wissen, daß Sie eigentlich wissen sollten, wie man sich die Schuhe zubindet. Sie wissen einfach nicht, warum man sich die Schuhe zubinden soll.

Aber eines Tages, wenn Sie vielleicht drei oder vier Jahre alt sind, hüpfen Sie quietschfidel in der Gegend herum. Wie so oft bei kleinen Kindern hängt Ihnen die Zunge aus dem Mund heraus, Sie freuen sich über die Vögel, lachen über die Welt. Plötzlich treten Sie auf einen Ihrer Schnürsenkel, fallen aufs Gesicht, beißen sich auf die Zunge, weinen und sagen zu sich selbst: »Hier stimmt was nicht, und ich weiß nichts davon.« In diesem Moment haben Sie die Ebene erreicht, die bewußte Unfähigkeit genannt wird.

Bewußte Unfähigkeit. Sie wissen, daß Sie unfähig sind. Dann bringt Ihnen Ihre Mutter oder Ihr Vater oder eines Ihrer Geschwister bei, wie man sich die Schuhe zubindet. Bald schon können Sie sich die Schuhe zubinden, allerdings verzieht sich dabei Ihr Gesichtchen ganz komisch, und Sie strecken Ihre kleine Zunge heraus, wenn Sie sich ganz furchtbar auf das konzentrieren, was Sie gerade tun. Wenn Sie Ihre Schuhe zubinden können, sich aber voll und ganz darauf konzentrieren müssen, haben Sie die nächste Ebene erreicht, die bewußte Fähigkeit genannt wird. Sie wissen, daß Sie wissen. Sie richten Ihre ganze Aufmerksamkeit bewußt auf die vor Ihnen liegende Aufgabe und führen sie dann geschickt aus.

Einige Jahre vergehen, und jeden Tag ziehen Sie Ihre Schuhe an und binden sie zu, und dadurch, daß Sie das jeden Tag tun, fangen Sie an, andere Sachen zu machen, während Sie sich die Schuhe zubinden. Sie lesen ein Buch oder telefonieren, während Sie sich einen Schuh zubinden. Wenn Sie Ihren Schuh ohne große Anstrengung zubinden können, haben Sie daraus eine unbewußte Fähigkeit gemacht. Sie brauchen nicht mehr länger auf der Ebene Ihres Bewußtseins nachzudenken, wie man etwas Bestimmtes macht. Eine Gewohnheit bildet sich auf der Ebene der unbewußten Fähigkeit aus. Wir werden richtig gut in einer Tätigkeit, die uns nützlich ist oder die uns nicht nützlich ist. Was immer wir auch tun, es wird zur Gewohnheit.

Eines Tages kam ein Mann in eines meiner Seminare, der fürchterliche Angst davor hatte, eine Frau um ein Rendezvous zu bitten. Er konnte nicht mit einer Frau sprechen, die ihn interessierte, ohne dabei zu zittern und zu stottern. Ich brauche wohl nicht zu erwähnen, daß er noch nicht sehr oft mit Frauen ausgegangen war. Ich bat ihn, mir beizubringen, er zu sein. Ich sagte: »Was muß ich zu mir sagen und wie muß ich mich hinstellen und was muß ich tun, um das gleiche Resultat zu erzielen wie Sie?« Er sagte, wenn ich eine Frau ansähe, die mir gefalle, müsse ich mir als erstes sofort sagen: »Sie ist wahrscheinlich gar nicht an Männern wie mir interessiert.« Als nächstes solle ich mir vorstellen, daß mich alle beobachteten und lachten, wenn ich einen Versuch startete. Dann müsse ich die Augen niederschlagen, wenn sie zu mir herübersehe, damit sie gar nicht erst versuchen könnte, mich anzusprechen und mich in Verlegenheit zu bringen, wenn ich sie um ein Rendezvous bitten und sie ablehnen würde. Nachdem er noch eine Weile so weitergemacht hatte, wußte ich in etwa, was los war.

Ein Gegenstand, der sich bewegt, bleibt in der Regel auch in Bewegung, egal, ob es sich dabei um einen Baseball oder einen Gedanken oder ein Leben handelt.

Sie werden dann stark und mächtig, wenn Sie sich dazu entschließen, die Ergebnisse Ihres Bewußtseins zu ändern und auf eine Art umzulenken, die positiv für Ihre geistige Gesundheit ist. Das Bild, daß dieser Mann in seinen Gedanken von sich hatte, nützte ihm überhaupt nichts. Er war so in seinen Ängsten gefangen, daß er dafür sorgte, daß diese wahr wurden. Das würde so lange weitergehen, bis es ihm gelang, seine Gedanken umzuprogrammieren. Ich beschloß, ihn auf der Ebene seiner Vorstellung von sich selbst herauszufordern.

Ich fragte ihn, ob er in der Pause gern mit jemandem aus dem Publikum zum Essen gehen würde. Er sagte ja. Ich fragte ihn, mit wem. Er sagte, er könne mir die Frau nicht zeigen, weil ihn das in Verlegenheit bringen würde. Ich dachte: »Das kann ja heiter werden!« Nachdem ich ihm gut und lange zugeredet hatte, deutete er schließlich auf eine sehr schöne Frau in der Gruppe. Ich bat sie, zu mir auf die Bühne zu kommen und sich zu setzen. Als sie Platz genommen hatte, sagte ich zu dem Mann, er solle sie zum Mittagessen einladen. Er stand da, als hätte ihn jemand festgenagelt.

Da er sich nicht bewegen konnte, sagte ich, daß ich sie so ansprechen würde, wie er es mir vorhin gezeigt hatte. Anders ausgedrückt, ich wurde er. Ich sah sie an und sagte laut: »Männer wie mich interessieren sie wahrscheinlich gar nicht. Du meine Güte, warum sehen denn alle zu mir her? Ich weiß, daß alle lachen werden, wenn ich versuche, sie einzuladen. Und jetzt sieht sie auch noch zu mir her! Ich schaue lieber weg, damit sie nicht denkt, ich starre sie an.« Dann ging ich zu ihr und sagte: »Sie wollen wahrscheinlich nicht mit mir ausgehen, stimmt's?« Sie sagte: »Nein!«, und alle lachten.

Als nächstes bat ich den Mann, mir zu sagen, ob jemand im Saal anwesend sei, von dem er glaube, daß er kein Problem habe, dieses Mädchen um ein Rendezvous zu bitten und es auch zu bekommen. Er lächelte und erwiderte: »Sie, Marshall.« Ich lächelte zurück und stimmte ihm voller Bescheidenheit zu. Dann fragte ich ihn, ob er sich denn vorstellen könne, wie ich es anstellen würde, sie um ein Rendezvous zu bitten. Was würde ich denken und was würde ich tun? Er sagte: »Nun, als erstes würden Sie vermutlich denken, dieses Mädchen hat Glück, daß es mit mir ausgehen darf!« Ich lachte, und das übrige Publikum stimmte in mein Lachen ein.

Der Mann sagte: »Wenn ich Sie wäre, würde ich als nächstes lächeln und ihr zuzwinkern und meine Augenbrauen hochziehen, so wie Sie das tun.« Ich forderte ihn auf, das auszuprobieren und zu sehen, welche Reaktion er bekäme. Als er es tat, errötete die Frau.

»Sieht so aus, als würde es funktionieren!« sagte er.

»Das dürfte besser funktionieren als die Tips, die Sie mir gegeben haben«, entgegnete ich. Ich forderte ihn auf, zu der Frau zu gehen und sie zum Mittagessen einzuladen, und zwar so, wie er glaubte, daß ich es machen würde.

Er ging hin und sagte: »Hallo, Sie vollkommene Vertreterin des weiblichen Geschlechts. Ich stand gerade da drüben und dachte bei mir, daß mein Leben vollendet wäre, wenn ich mit Ihnen 20 Minuten bei einer Tasse Kaffee verbringen könnte. Sollen wir jetzt gleich gehen, oder wollen Sie lieber bis zur Mittagspause warten?«

Ich brauche nicht zu erwähnen, daß die gesamte Gruppe einschließlich mir völlig von den Socken war. Dieser Mann spielte mich besser als ich. Alle applaudierten ihm, und die Frau willigte ein, mit ihm zum Mittagessen zu gehen. Jedesmal, wenn ich ihn an diesem Wochenende sah, unterhielt er sich mit einer anderen Frau. Ich glaube, er konnte nie wieder zu seinem alten Ich zurück, weil er mit dem neuen Ich soviel Spaß hatte.

ÜBUNG: Wählen Sie sich einen Mentor für das aus, was Sie besser können wollen, egal, ob es nun darum geht, jemanden um ein Rendezvous zu bitten oder sich selbst dazu zu bringen, öfter ins Fitneßstudio zu gehen. Stellen Sie eine Liste mit den Dingen zusammen, die er tut und Sie nicht. Selbst wenn Ihnen diese Dinge schwierig erscheinen – sind sie machbar? Wenn Sie sie tun müßten – könnten Sie es? Entschließen Sie sich jetzt dazu, so zu tun, als wären Sie der Mentor, den Sie sich auf diesem bestimmten Gebiet ausgesucht haben. Wenn Sie diese Person wären, würden Sie dann irgendwie anders gehen, reden, denken oder sich anders verhalten? Ich habe Ihnen bereits von dem Tag erzählt, an dem ich beschlossen habe, der beste Hypnotiseur aller Zeiten zu werden. Nachdem ich diesen Entschluß gefaßt hatte, wußte ich, daß ich mit dem Rauchen aufhören mußte, weil ein guter Hypnotiseur nicht raucht. Ich schrieb eine lange Liste mit den Dingen, die der beste Hypnotiseur aller Zeiten tun beziehungsweise nicht tun würde. Als ich begann, mein Leben so zu leben, als wäre ich bereits diese Person, fingen andere Menschen und meine ganze Umgebung an, mich so zu behandeln, als wäre ich diese Person tatsächlich. *Denken Sie über folgendes nach: Wenn ich die Person, die ich sein möchte, bereits wäre, was würde ich anders machen?*

Wie ändern wir Gewohnheiten? Wie werden wir effektiver? Da Sie jetzt wissen, wie Gewohnheiten entstehen, werde ich Ihnen nun eine Formel zur Bildung neuer, leistungsfähiger Gewohnheiten geben, die Ihnen nützlich sein und zu Ihrer persönlichen Leistungsfähigkeit beitragen werden. Ich brauche wohl nicht zu sagen, daß es eine größere Herausforderung sein kann, eine Gewohnheit zu ändern, als diese zunächst einmal zu bilden. Aber der Lohn für Ihre Mühe ist so groß, daß ich Ihnen wirklich dazu rate, sich dieser Herausforderung zu stellen.

Als erstes müssen Sie entscheiden, auf welches Gebiet Sie sich zuerst konzentrieren wollen. Nehmen wir an, Sie sind dick und rauchen und sitzen den ganzen Tag nur vor dem Fernseher, während Sie all das vor sich herschieben, was Sie erledigen wollen, und dann würden Sie noch gern besser Golf spielen und außerdem auch noch die Beziehung zu Ihrem Partner verbessern.

Um in einem solchen Fall etwas zu erreichen, würde ich vorschlagen, daß Sie erst einmal mit einer Gewohnheit anfangen und dann mit der nächsten weitermachen. Wenn Sie sich zuviel auf einmal vornehmen, kann das sehr frustrierend sein, und dann macht es Ihnen vielleicht gar keinen Spaß mehr, sich zu verwandeln. Sobald Sie entschieden haben, mit welcher Gewohnheit Sie anfangen möchten, konzentrieren Sie sich ausschließlich auf das, was Sie erreichen wollen. Konzentrieren Sie sich darauf, wie Ihr Leben sein wird, nachdem Sie die neue Gewohnheit übernommen haben. Am einfachsten geht das, wenn Sie eine Liste mit den Dingen zusammenstellen, die Sie durch Ihre neue Gewohnheit bekommen. Ich empfehle Ihnen, jetzt ein Blatt Papier zu nehmen und mindestens zehn Dinge darauf zu notieren, die Sie haben werden, wenn Sie diese neue Gewohnheit übernommen haben. Vergessen Sie nicht – immer wenn Sie eine Gewohnheit losgeworden sind, bilden Sie dafür eine neue.

Gehen wir jetzt einmal davon aus, daß Sie aufhören wollen, zuviel zu essen, und daß Sie die Gewohnheiten eines schlanken Menschen annehmen wollen. Die zehn Vorteile könnten dann zum Beispiel sein: »Ich werde attraktiver sein, ich werde mehr Spaß haben, wenn ich ausgehe, ich werde mehr Selbstvertrauen haben, meine Kleider werden besser an mir aussehen, ich werde besser tanzen können, ich werde mehr Energie haben«, und so weiter. Was auch immer Ihre persönlichen Vorteile sein werden, schreiben Sie jetzt mindestens zehn davon auf. Je mehr Sie aufschreiben, desto einfacher wird der Umwandlungsprozeß für Sie sein.

> *»Man kann so gut wie alles erreichen, wenn man nur genügend Gründe dafür hat.«*
>
> JIM ROHN

Formulieren Sie das, was Sie wollen, positiv. Schreiben Sie immer auf, was Sie haben werden, nicht das, was Sie nicht haben werden. Ein Beispiel:»Ich werde schlank und attraktiv sein«, statt»Ich werde nicht mehr fett sein.«

Jetzt schreiben Sie bitte alles auf, was Sie daran hindert, die neue Gewohnheit zu erlangen. Das ist alles, was als Auslöser für die alten Gewohnheiten dienen könnte. Daneben notieren Sie, wie Sie diese Hindernisse aus dem Weg räumen können. Wenn Sie zum Beispiel mit dem Rauchen aufhören wollen, könnte es ein Hindernis sein, wenn Sie abends mit Freunden ausgehen und sich jeder von ihnen eine Zigarette ansteckt. Dieses Hindernis könnten Sie durch eine schriftliche Vereinbarung aus dem Weg räumen, die Sie immer bei sich haben und von allen Ihren Freunden unterschreiben lassen. Darin verpflichten sich Ihre Freunde dazu, Ihnen keine Zigarette zu geben. Sie müssen sich diesen Hindernissen stellen und herausfinden, wie Sie sie umgehen können. Als ich noch geraucht habe, hatte ich die Gewohnheit, mir jedesmal eine Zigarette anzuzünden, wenn ich telefonierte. Jedesmal, wenn ich einen Kaffee trank, fing ich an zu rauchen. Daher mußte ich im voraus einen Weg finden, wie ich in diesen kritischen Momenten das Verlangen nach einer Zigarette überwinden konnte.

Wenn Sie die Gründe aufgelistet haben, weshalb Sie die neuen Gewohnheiten annehmen wollen, und auch die Strategien, um möglichen Problemen zu begegnen, können Sie weitermachen. Es macht doch Spaß, sein Leben zielstrebig zu planen, nicht wahr? Der nächste Abschnitt dreht sich um die Programmierung des Unterbewußtseins. Sie müssen Ihr Unterbewußtsein programmieren, um die Elemente Ihres Bewußtseins zu ändern, die Sie auf diese negative Weise reagieren lassen.

Kapitel 35

SO SCHAFFEN SIE EINEN GEWOHNHEITENKNACKER

> *»Machen Sie aus einer Gewohnheit eine bewußte Entscheidung.«*
>
> MARSHALL SYLVER

Wenn Sie eine Gewohnheit ändern wollen, müssen Sie sich einen **Gewohnheitenknacker** schaffen, etwas, das Ihnen die Gelegenheit gibt, eine bewußte Entscheidung über Ihr Verhalten zu treffen. Gewohnheitenknacker helfen Ihnen dabei, bei einer Entscheidung zu entscheiden.

Als Gewohnheitenknacker verwende ich am liebsten das Band, das Arm- oder Packungsband genannt wird. Bei einer Zigarettenpackung wird es Packungsband genannt, weil man das Band um eine Packung herum anbringt. Beim Nägelbeißen und Abnehmen wird es Armband genannt, weil das Band am Arm getragen wird. (Meine Kreativabteilung ist die ganze Nacht aufgeblieben, um sich diese Bezeichnungen auszudenken.) Wenn Sie mit dem Glücksspiel aufhören wollen, könnte es etwas sein, das Sie sich in Ihre Brieftasche legen, damit es Sie jedesmal, wenn Sie ein paar Scheine aus der Brieftasche ziehen, um zu spielen, einen Augenblick lang innehalten und eine bewußte Entscheidung treffen läßt. Wenn Sie mit der Gewohnheit aufhören wollen, jemanden anzurufen, mit dem Sie eine nicht funktionierende Beziehung haben, könnte es eine Karte über dem Telefon sein, auf der steht: »Triff die Entscheidung, die für dich am besten ist!«

Ein Gewohnheitenknacker gibt Ihnen ein Signal. Er ist wie eine rote Flagge, die immer dann gesetzt wird, wenn Sie in Ihre alte Gewohnheit zurückfallen. Das Armband beziehungsweise das Packungsband ist etwa vier Zentimeter breit und mit ein paar Zeilen beschriftet. In meinem Nichtraucherprogramm und in meinem Programm zum Abnehmen ist dieses Band nicht nur beschriftet, es steht noch etwas darauf – das »Plandatum«.

Dieses Plandatum ist das Datum, an dem Sie Ihre Gewohnheit aufgeben und eine neue, konstruktive Gewohnheit bilden, um die alte Gewohnheit zu ersetzen, die Sie aufgegeben haben. Beim Abnehmen schreiben wir ein »Plangewicht« auf das Band, damit Sie wissen, was Ihr Ziel ist. Lassen Sie mich Ihnen erklären, wie die Bänder funktionieren.

Die Zigarettenpackung steckt in Ihrer Tasche, und um die Packung herum befindet sich das Packungsband. Sie greifen nach Ihren Krebsstengeln. Jedesmal, wenn Sie rauchen, werfen Sie als erstes einen Blick auf das Band, und dann stellen Sie fest, wie spät es ist. Sie schreiben die Uhrzeit auf das Band. So halten Sie einen Moment inne und denken, und dadurch wird die Gewohnheit geknackt. Deshalb nennen wir es Gewohnheitenknacker. Es knackt die Gewohnheit und ermöglicht Ihnen eine bewußte Entscheidung.

Sobald Sie eine rationale, intelligente und bewußte Entscheidung darüber treffen, was für Sie besser ist, fangen Sie an, neue Gewohnheiten zu bilden. Wenn Sie einen Blick auf Ihr Packungsband werfen, gibt es Ihnen das Signal »He, warte!« Sie schreiben die Uhrzeit auf. Wenn Sie die Uhrzeit aufschreiben, gibt Ihnen das die Gelegenheit zu entscheiden, ob Sie die Zigarette jetzt rauchen oder ob Sie noch drei oder vier Minuten, eine halbe Stunde oder einen Tag oder ewig damit warten können. Es gibt Ihnen die Chance, darüber nachzudenken, was Ihnen wichtiger ist – wie geplant mit dem Rauchen aufzuhören oder eine Zigarette zu rauchen.

Wenn Sie sich für die Zigarette entscheiden, sollten Sie sich dafür entscheiden, daß Sie warten wollen. Malen Sie neben die Uhrzeit, die Sie aufgeschrieben haben, einen kleinen Stern, und stecken Sie die Packung weg. Wenn Sie das nächste Mal danach greifen, werfen Sie einen Blick auf das Band, stellen fest, wie spät es ist, schreiben die Uhrzeit auf und treffen Ihre Entscheidung. Will ich die Zigarette rauchen oder nicht? Wenn Sie die Zigarette rauchen wollen, malen Sie einen kleinen schwarzen Punkt neben die Uhrzeit auf dem Band und genießen Ihre Zigarette. Wenn Sie schon etwas tun, was Sie eigentlich gar nicht tun wollen, können Sie es auch genausogut genießen. Sie sagen: »Ich treffe jetzt die intelligente Entscheidung, diese Zigarette hier zu rauchen.« Wenn Sie wissen, was Sie tun, bringt Sie das in die Richtung, in die Sie wollen, und Sie werden sich vermutlich keine Vorwürfe machen wegen etwas, das Sie nicht tun.

Haben Sie schon einmal Probleme damit gehabt, morgens aus dem Bett zu kommen? Mir ging es früher genauso, weil mir schlafen und träumen wirklich Spaß gemacht hat. Ich habe einen psychischen Gewohnheitenknacker eingesetzt, der mir dabei geholfen hat, morgens aufzustehen. Psychische Gewohnheitenknacker sind eine Art Selbsthypnose, die äußerst effektiv ist. Ich brachte mich dazu aufzustehen, indem ich mit geschlossenen Augen dachte, »Ich werde gleich von eins bis fünf zählen. In dem Moment, in dem ich fünf sage, werde ich voller Energie aus dem Bett springen, bereit, mich den Herausforderungen meines neuen Tages zu stellen. Ich werde die Füße auf den Boden stellen, in die Hände klatschen und sagen: Was für ein herrlicher Tag voll Liebe, Chancen und Potential!«

Dann fing ich an, in Gedanken von eins bis fünf zu zählen. Eins, in Ordnung, fertigmachen. Okay. Zwei, du wirst gleich aufstehen. Drei, dein Körper wacht auf. Vier, du bist fast schon aus dem Bett. Wenn ich dann bei fünf war, sagte ich »fünf« und sprang aus dem Bett. Mein Körper reagierte automatisch, und ich war aufgestanden.

Da ich einen Auslöser für mein Bewußtsein einsetzte und mich am Anfang dazu zwang aufzustehen, wenn ich »fünf«

sagte, fiel es mir viel leichter, aus dem Bett zu kommen. Allerdings fing mein Bewußtsein bald an, sich mit mir zu streiten, wenn ich im Bett lag, und sagte: »Du mußt doch gar nicht aufstehen, wenn du bei fünf bist.« Dann begann ich zu zählen. Bei drei sagte ich mir: »Das ist lächerlich. Du weißt genau, daß du liegenbleiben wirst.« Aber wenn ich bei fünf war, reagierte mein Körper, weil ich auf dieser Reaktion bestand und alles dazu Notwendige tat. Wenn ich »fünf« sagte, schossen meine Beine aus dem Bett, ich hob meine Hände, lächelte den Himmel an und sagte: »Was für ein herrlicher Tag mit Liebe, Chancen und Potential!«

Der Schlüssel für den Einsatz eines psychischen Gewohnheitenknackers besteht darin, konsequent zu sein. Bestehen Sie darauf, daß Sie auf ihn reagieren, wann immer Sie ihn einsetzen. Bald schon wird dieses Verhalten so in Ihrem Unterbewußtsein verankert sein, daß es Ihnen schwerfallen wird, es nicht zu tun.

Kapitel 36

SECHS SCHRITTE, UM STAHLHARTE GEWOHNHEITEN AUSZUBILDEN

Schritt Nummer 1: Legen Sie sich fest. Erzählen Sie den Menschen in Ihrer Umgebung davon, daß Sie neue Gewohnheiten angenommen haben. Je mehr Menschen Sie davon erzählen, desto mehr Erfolg werden Sie bei Ihrer neuen Gewohnheit haben. Wenn Sie davon erzählen, zwingen Sie sich dazu, Erfolg zu haben, weil Sie jetzt wissen, daß Sie sich bei Ihren Freunden blamieren werden, wenn Sie keinen Erfolg haben. Diese Methode ist sehr effektiv, weil die meisten von uns keine Schwierigkeiten damit haben, sich selbst hängen zu lassen, aber wenn es um andere geht, sieht die Sache schon ganz anders aus. Dann schaffen wir es. Erzählen Sie so vielen Menschen wie möglich davon. Und legen Sie sich fest.

Packungsbänder und Armbänder sind deshalb so effektiv als Gewohnheitenknacker, weil Sie jedesmal, wenn Sie über das Band nachdenken, noch einmal bewußt beurteilen, was Sie tun und erreichen wollen. Es gibt aber noch einen Grund. Sie werden ständig von anderen gefragt, wozu diese Bänder gut sind. Wenn Sie es ihnen erklären, bestätigen Sie ihnen damit auch Ihre neue Gewohnheit.

Schritt Nummer 2: Handeln Sie jetzt. Entscheiden Sie, wann Ihre neue Gewohnheit »eingepflanzt« sein soll. Wenn es um etwas geht, für das Sie ein bestimmtes Datum zum Aufhören (zum Beispiel Nichtraucher zu werden) oder ein Datum zum Anfangen (zum Beispiel Sport treiben) bestimmen können, legen Sie jetzt fest, wann das sein soll. Wenn es sich um eine laufende Gewohnheit handelt, ist das Datum zum Anfangen jetzt. Schreiben Sie sich Ihre Bestätigungen auf, und lesen Sie sie jeden Tag laut. Ihre Bestätigungen sind die Programme für Ihr Unterbewußtsein, die Sie geschrieben haben. Wenn Sie es wirklich ernst meinen, werden Sie auch eine Kassette zur Umprogrammierung des Unterbewußtseins besprechen.

Schritt Nummer 3: Legen Sie Ihr Ergebnis fest, und konzentrieren Sie sich darauf. Selbst wenn Sie Ihre Angewohnheit noch nicht geändert haben, müssen Sie sich ständig sagen, was jetzt gerade passiert. Ich habe Ihnen mit dem endgültigen Spielstand gezeigt, daß Sie entweder verlieren oder gewinnen. Entweder Sie gehen auf Ihr Ziel zu, oder Sie entfernen sich davon. Jetzt, in diesem Augenblick, nehmen Sie entweder ab, oder Sie nehmen zu. Wenn Sie mir das nicht glauben, sollten Sie sich folgende Frage stellen: Stecken Sie sich jetzt gerade etwas in den Mund? Wenn Sie eine Gewohnheit ändern wollen, kommt der Moment, in dem Sie sich selbst bestätigen müssen, daß Sie diese Gewohnheit bereits geändert haben. Sagen Sie jetzt zu sich selbst die Worte »Ich bin _____« und tragen Sie in die Lücke das ein, was Sie werden wollen. Das könnte sein »Ich bin Nichtraucher.« Das könnte sein »Ich bin selbstsicher im Umgang mit anderen Menschen.« Das könnte sein »Ich bin ein Geldmagnet.« Tragen Sie in die Lücke ein, was Sie ändern wollen, und sagen Sie laut »Ich bin _____.«

Achten Sie darauf, daß die Änderung in der Gegenwart formuliert ist. In der Zukunft werden Sie nie etwas ändern können. Es hat keinen Sinn, Ihr Unterbewußtsein so zu programmieren, daß es sagt: »Ich werde Nichtraucher sein«, »Ich werde selbstsicher sein«, »Ich werde viel Geld verdienen.« Entweder Sie tun es in der Gegenwart, oder es wird gar nicht geschehen.

Schritt Nummer 4: Arbeiten Sie mit Wiederholungen. Manchmal haben Sie nicht den Eindruck, daß Sie irgend etwas erreichen, während Sie in Wirklichkeit gute Fortschritte machen. Wenn Sie etwas lange Zeit falsch gemacht haben, wird es Ihnen falsch vorkommen, wenn Sie es richtig machen. Geben Sie nicht auf. Konzentrieren Sie sich auf die Veränderung, selbst wenn Ihnen das zunächst etwas sonderbar vorkommt. Machen Sie einfach weiter, sehr bald schon werden Sie es als ganz natürlich empfinden.

Zwei Frösche stürzten in einen Eimer mit Schlagsahne. Nachdem der eine der beiden eine Weile herumgehüpft war, den Rand des Eimers aber nicht erreichen konnte, wurde ihm klar, daß es keine Möglichkeit gab, wieder herauszukommen. Also gab er auf und ertrank jämmerlich in der Schlagsahne. Obwohl der andere Frosch kein gutes Gefühl hatte und den Eindruck gewann, als würde er nichts damit erreichen, machte er weiter und hüpfte in der Schlagsahne herum. Und bald schon wurde aus der Schlagsahne Butter, die so fest war, daß der Frosch sich mit einem Sprung aus dem Eimer retten konnte. Wiederholen Sie das neue Verhalten immer und immer wieder, selbst wenn Sie sich dabei etwas merkwürdig vorkommen.

Schritt Nummer 5: Gehen Sie sofort wieder auf den richtigen Weg zurück, wenn Sie einen Rückfall haben. Wenn Sie abnehmen wollen und feststellen, daß Sie sich gerade das dritte Stück Buttercremetorte in den Mund stopfen, dann müssen Sie die Gewohnheit ändern, und zwar nicht, nachdem Sie das Stück Torte gegessen haben, nicht morgen oder übermorgen, sondern jetzt in diesem Augenblick – schlucken Sie nicht einmal mehr den Bissen herunter, den Sie schon im Mund haben. Wenn Ihnen auffällt, daß der Bissen in Ihrem Mund ist, und Sie begreifen, daß er Sie bei Ihrem Wunsch abzunehmen nicht unterstützt, dann spucken Sie diesen Bissen in Ihre

Serviette. Wenn Sie den Bissen nicht ausspucken, dann sollten Sie ihn sich wenigstens schmecken lassen, ohne ein schlechtes Gewissen zu haben, weil Sie wissen, daß es Ihre Entscheidung war. Wenn Sie mit dem Rauchen aufhören wollen und Ihnen ein paar Tage, nachdem Sie diesen Entschluß gefaßt haben, auffällt, daß Sie eine Zigarette in der Hand haben, ist der Augenblick, in dem Sie feststellen, daß Sie eine Zigarette in der Hand haben, der Augenblick, in dem Sie sich entscheiden müssen. Entweder Sie werfen die Zigarette weg, oder Sie rauchen sie – ohne schlechtes Gewissen. Egal, wie Sie sich entscheiden, Sie haben die Entscheidung getroffen. Wenn Sie wirklich Ihre Gewohnheit ändern wollen, müssen Sie bei einem Rückfall sofort wieder auf den richtigen Weg zurückgehen. Bei der Änderung einer Gewohnheit geht es nicht darum, daß Sie nie einen Rückfall haben dürfen. Es geht darum, wie lange Sie brauchen, um zu bemerken, daß Sie einen Rückfall haben, und wie lange Sie brauchen, um wieder auf den richtigen Weg zu gelangen.

Schritt Nummer 6: Verzeihen Sie sich selbst mit dem richtigen Worten. Anders ausgedrückt, wenn Sie einen Rückfall haben, sollten Sie zu sich sagen: »Das sieht mir gar nicht ähnlich. Ich habe die Verantwortung für diesen Bereich meines Lebens übernommen. Ich bin stark, ich bin mächtig, ich bin Nichtraucher.« Sagen Sie nicht: »Oh, du bist ein Versager, du wirst niemals damit aufhören können. Ich kann einfach nicht glauben, daß du immer noch rauchst, was bist du doch für ein Trottel!« Das wird Sie nur entmutigen und dazu führen, daß Sie ein größeres Verlangen nach einer Zigarette verspüren.

Ich werde Ihnen jetzt erklären, wie Sie eine Gewohnheit am schnellsten ändern und so selbstbewußt werden, wie Sie sich das nicht einmal in Ihren kühnsten Träumen vorgestellt haben. Meine nächsten Worte werden Ihr Leben für immer verändern. Wenn Sie die volle Verantwortung für Ihr Leben übernehmen und Ihr Schicksal beherrschen wollen, müssen Sie folgendes lernen:

So tun, als ob

Sie kennen mich jetzt durch dieses Buch, und vielleicht haben Sie mich ja auch schon in einer meiner vielen Fernsehshows gesehen – glauben Sie, daß ich ein selbstbewußter Mensch bin? Ich wette, Sie glauben es. Was wäre, wenn ich es gar nicht bin? Was wäre, wenn ich in jeder meiner Shows Todesangst ausstehen würde? Was wäre, wenn ich furchtbare Angst hätte und nur so tun würde, als wäre ich selbstsicher? Wenn ich so tue, als wäre ich selbstsicher, und mir genug andere Menschen sagen, daß ich selbstsicher bin, weil ich nicht unsicher bin, werde ich ihnen das glauben und schließlich selbstsicher werden. Wenn Sie eine Gewohnheit ändern wollen, müssen Sie lernen, so zu tun, als hätten Sie die Gewohnheit bereits geändert. Wenn Sie Nichtraucher werden wollen, tun Sie so, als wären Sie bereits Nichtraucher. Denken Sie das, was ein Nichtraucher denkt, tun Sie mit Ihren Händen das, was ein Nichtraucher tut, kaufen Sie, was ein Nichtraucher kauft, wenn er in einen Laden geht, und tun Sie so, als wären Sie bereits Nichtraucher. Wenn Sie selbstsicherer im Umgang mit anderen Menschen werden wollen, müssen Sie lernen, so zu tun, als wären Sie bereits selbstsicher. Wenn Sie mit diesem Konzept Schwierigkeiten haben und nicht genau wissen, wie Sie so tun, als wären Sie bereits der Mensch, der Sie werden wollen, beobachten Sie jemanden, der das ist, was Sie werden wollen. Beobachten Sie jemanden, der bereits schlank ist, der bereits Nichtraucher ist, der bereits selbstsicher ist, der bereits reich ist, und tun Sie das, was er tut. Tun Sie so, als wären Sie dieser Mensch bereits.

Kapitel 37

SO STRUKTURIEREN SIE SUPEREFFEKTIVE PROGRAMME FÜR IHR UNTERBEWUSSTSEIN

Sie wissen ja inzwischen, daß durch das, was Sie denken, festgelegt wird, was Sie tagtäglich tun. Da Ihr Bewußtsein auf eine ganz bestimmte Art arbeitet, hängt das Ausmaß Ihres Erfolges von der Strukturierung der neuen Programme für Ihr Unterbewußtsein ab. Im folgenden finden Sie die Regeln zur Strukturierung supereffektiver Programme für ihr Unterbewußtsein.

Regel Nummer 1: Verwenden Sie positive Wörter und Bilder. Anders ausgedrückt, streichen Sie alle negativen Wörter. Verwenden Sie eine positive Formulierung in der Gegenwart, um in eine positive Richtung zu gehen. Sagen Sie bei Ihrer Bestätigung nicht: »Du wirst dich nachts nicht stundenlang im Bett herum, bis du einschläfst«, was in Ihren Gedanken nur das Bild einer schlaflosen Nacht hervorrufen würde. Wählen Sie statt dessen eine positive Bestätigung, die Ihnen sehr viel nützlicher ist, wie etwa: »Ich schlafe, als würde ich auf einer weichen, wunderschönen Wolke schweben. Ich schlafe sofort und ohne Probleme ein.« Auf diese Weise schaffen Sie in Ihrem Unterbewußtsein das richtige Bild für das gewünschte Ergebnis.

Ich möchte Ihnen noch einige Beispiele hierfür geben. Ein effektives Programm wäre: »Mein Atem ist so frisch wie der eines Nichtrauchers.« Ein nutzloses Programm: »Ich habe keinen Mundgeruch.« Ein effektives Programm: »Ich bin schlank und attraktiv.« Ein nutzloses Programm wäre: »Ich bin nicht fett.« Wenn Sie sagen: »Ich bin nicht fett«, lenken Sie Ihr Bewußtsein damit in die Richtung Ihres dominierenden Gedankens, so daß Sie sich nur noch auf die Aussage oder die Bestätigung des Wortes »fett« konzentrieren werden. Wenn Sie sagen: »Ich bleibe nachts nicht wach«, konzentrieren Sie sich lediglich auf die Bestätigung, daß Sie nachts wach bleiben.

Wenn ich sagen würde, was Sie nicht tun sollen, wüßten Sie noch nicht, was ich von Ihnen will. Wenn Mutter oder Vater zu ihrem Kind sagen: »Sei nicht so frech!«, weiß das Kind noch nicht, wie das gewünschte Verhalten aussieht. Wenn Sie sich oder andere darauf programmieren, etwas nicht zu tun, führt dies sogar dazu, daß das unerwünschte Verhalten häufiger gezeigt wird, weil Sie damit ein Vakuum in Ihrem Bewußtsein schaffen. Wenn Sie Ihrem Bewußtsein sagen, daß es etwas nicht mehr tun soll, schaffen Sie damit ein Loch, in dem – wenn Sie es nicht sofort »stopfen« – das einzige noch ansatzweise vorhandene Programm verschwinden und verstärkt werden wird. Verwenden Sie also immer eine positive Formulierung, nie eine negative.

Regel Nummer 2: Verwenden Sie immer eine Formulierung in der Gegenwart. Wenn Sie eine Bestätigung strukturieren, dann strukturieren Sie diese so, als hätten Sie es bereits geschafft. »Ich bin ruhig und entspannt.« »Irgendwann« oder »bald« oder »werde sein« oder »wenn ich soweit bin« sind keine aktiven Suggestionen, anhand derer Ihr Unterbewußtsein handeln kann. Sie sind unklar und mehrdeutig. Anders ausgedrückt: Es wird damit nicht gesagt, wann es passiert.

Verwenden Sie die Gegenwart wie bei den folgenden Beispielen: »Ich schlafe nachts ohne Probleme ein« im Gegensatz zu »Ich werde bald feststellen, daß ich nachts ohne Probleme einschlafen kann.« Ein Programm in der Gegenwartsform ist zum Beispiel: »Ich werde jetzt Nichtraucher.« Oder, nachdem Sie die Entscheidung dazu getroffen haben: »Ich bin jetzt Nichtraucher.« Ein ineffektives Programm wäre: »Ich werde Nichtraucher werden«, oder »Ich werde Nichtraucher bleiben«, weil Sie damit sagen, daß Sie etwas tun werden, nicht, daß Sie es bereits tun.

Regel Nummer 3: Bestätigen Sie keine Begabung, sondern ein Verhalten. Ein effektives Programm, um ein besserer Redner vor Publikum zu werden, wäre zum Beispiel: »Ich spreche deutlicher und zielbewußter« im Gegensatz zu »Ich kann mich durchsetzen, und die Menschen verstehen, was ich sagen will.« Durchsetzungsvermögen ist eine Begabung, etwas, das Sie nicht kontrollieren können. Sie können nur Ihr Verhalten kontrollieren. Also bestätigen Sie keine Begabung, sondern ein Verhalten.

Regel Nummer 4: Konzentrieren Sie sich immer nur auf einen Bereich. Sie machen sich das Leben unnötig schwer, wenn Sie an zu vielen Gewohnheiten auf einmal arbeiten. Sie werden die große Veränderung zu dem energiegeladenen Menschen, der Sie eigentlich sind, schneller vollbringen, wenn Sie immer nur ein Ziel nach dem anderen avisieren. Konzentrieren Sie Ihr Programm immer nur auf einen Bereich. Wenn Sie sich für Ihre Programmierung einen bestimmten Bereich aussuchen, haben Sie bessere Erfolgschancen. Sobald Sie Ihr Ziel erreicht und eine neue Gewohnheit ausgebildet haben, wird dies einen einschneidenden Einfluß auf die Akzeptanz des nächsten Programms haben.

Regel Nummer 5: Setzen Sie alle verfügbaren Details ein. Beispiel: Wenn Sie die wirkungsvolle Gewohnheit ausbilden wollen, Reden in der Öffentlichkeit zu genießen – was wirklich eine sehr effektive Gewohnheit für Ihr Berufsleben ist –, könnten Sie sich auf folgende Art und Weise programmieren: »Ich genieße es, andere zu unterhalten.« »Ich genieße es, im Mittelpunkt zu stehen und zu wissen, daß die Augen aller Anwesenden auf mich gerichtet sind.« »Ich genieße es zu wissen, daß jeder Anwesende wie gebannt an meinen Lippen hängt.« »Ich genieße es, wenn sich die Scheinwerfer auf mich richten, und ich genieße es, vor einer großen Gruppe zu stehen.« »Wenn ich Applaus höre, beginnen die kreativen Ressourcen meines Bewußtseins bereitwillig damit, neue und wundervolle Formulierungen zu schaffen, die ich an mein begeistertes Publikum weitergeben kann.« »Meine Stimme ist klar und klangvoll und noch in der letzten Reihe gut zu verstehen, und meine Präsentation wird mit tosendem Beifall bedacht.«

Wenn Sie Programme verwenden, die alle Aspekte beschreiben, werden sie für Ihr Unterbewußtsein anschaulicher und anregender.

Regel Nummer 6: Setzen Sie sich erreichbare Ziele. Es ist immer am besten, großzügig zu planen. Anders ausgedrückt, achten Sie darauf, daß Sie sich nicht zuwenig vornehmen. Aber wenn Sie die Ziele oder Programme für Ihre neuen Gewohnheiten zu hoch ansetzen, wird das nur zu Frustrationen für Ihr Unterbewußtsein und für Sie selbst führen. Manchmal ist es eben nicht sinnvoll, Perfektion anzustreben.

Beispiel: »Ich teile mir meine Zeit immer genau ein« ist für eine Mutter von zehn Kindern, die alle individuelle Wünsche haben, ein unmögliches Ziel. Wenn sie versuchen würde, dies unter den gegebenen Umständen zu programmieren, würde es die Mutter, die trotz ihrer Familie mehr schaffen will, völlig frustrieren. Wenn Sie bei Ihren Bestätigungen Worte wie »immer« und »jedesmal« verwenden, sollten Sie darauf achten, daß Sie auch in der Lage sind, das zu verwirklichen. »Ich setze mich immer hin, wenn ich etwas esse.« »Ich lege mein Besteck zwischen den einzelnen Bissen immer auf den Teller.« »Jedesmal, wenn ich kaue, genieße ich alles, was dieser Bissen mir an Geschmack bieten kann.« Das sind erreichbare Ziele. Ein unerreichbares Ziel wird nur Frustration verursachen und letzten Endes dazu führen, daß die neue Gewohnheit zurückgewiesen wird.

Regel Nummer 7: Seien Sie genau. Wenn das Ergebnis, das Sie erzielen wollen, meßbar ist, wie zum Beispiel Körpergewicht, Golfhandicap oder Einkommen, legen Sie das genaue Gewicht odcr Handicap oder die genaue Summe fest. Es ist nicht effektiv, Ihrem Unterbewußtsein zu sagen, daß Sie abnehmen oder Ihr Handicap um einige Schläge verbessern wollen. Ihr Bewußtsein wird glauben, daß ein Teilerfolg ebenfalls akzeptabel ist, und schon haben Sie eine neue Gewohnheit ausgebildet. Wenn Sie Ihrem Unterbewußtsein genau sagen, was Sie erreichen wollen, programmieren Sie Ihrem Bewußtsein damit ein Ziel oder einen Plan ein, das beziehungsweise den es erreichen muß.

Regel Nummer 8: Verwenden Sie immer die erste Person Singular. Wenn Sie Ihr Programm laut vor sich hersagen, verwenden Sie dabei immer die erste Person Singular. Statt »Du bist selbstsicher« zu verwenden, müssen Sie darauf achten, daß Ihr Programm »Ich bin selbstsicher« sagt. Sie verwenden nur dann die zweite Person Singular, wenn Sie die Programme auf Kassette aufnehmen. Dann sagen Sie »Du bist selbstsicherer«, damit Sie sich das Programm anhören und entsprechend reagieren können.

Das waren die Regeln für supereffektive Programme für Ihr Unterbewußtsein. Wenn Sie entschieden haben, welche Gewohnheit Sie ändern wollen, müssen Sie sich auf ein Ergebnis konzentrieren. Sie haben eine Liste der Vorteile zusammengestellt. Sie haben festgestellt, was Sie haben werden, wenn Sie diese Gewohnheit geändert haben. Sie haben eine Liste der Hindernisse angefertigt, die sich Ihnen in der Vergangenheit in den Weg gestellt haben, das, von dem Sie wissen, daß es Sie nicht so reagieren läßt, wie Sie es sich wünschen. Sie haben aufgeschrieben, wie Sie diese Hindernisse aus dem Weg räumen können.

Und jetzt nehmen Sie sich bitte ein wenig Zeit. Entwickeln Sie anhand der Regeln, die ich Ihnen gerade erläutert habe, mindestens zehn Programme. Denken Sie daran, eine einfache Struktur zu verwenden. Wählen Sie positive, anregende, beschreibende Worte, bestätigen Sie ein Verhalten statt einer Begabung, und benutzen Sie alle verfügbaren Details. Achten Sie darauf, daß Sie sich erreichbare Ziele setzen. Konzentrieren Sie sich darauf, sich selbst zu ändern statt andere. Achten Sie darauf, daß Sie bei der Programmierung die erste Person Singular verwenden, es sei denn, Sie besprechen eine Kassette. In diesem Fall sprechen Sie in der zweiten Person.

Kapitel 38

UND DIESE WÖRTER STREICHEN SIE
AUS IHREM VOKABULAR

Es gibt einige kleine Veränderungen, mit denen Sie sofort Ergebnisse erzielen können. Ich werden jetzt einige Wörter aufzählen, die Sie für immer aus Ihrem Vokabular streichen werden, um Ihre Selbstkommunikation (Programmierung) und die Kommunikation mit anderen effektiver zu machen.

Versuchen. Das erste Wort ist *versuchen*. Versuchen impliziert versagen. Wenn Sie etwas versuchen, dann ist das nicht dasselbe, als wenn Sie sich dazu entschließen, es zu tun. In meinen Seminaren bitte ich einen der Teilnehmer immer, er soll versuchen, mir das Schaltgerät für den Diaprojektor aus der Hand zu nehmen. Wenn er sich dann vorbeugt und mir das Gerät abnimmt, sage ich: »Nein, ich sagte, versuchen Sie, es mir aus der Hand zu nehmen. Sie haben es mir aber aus der Hand genommen.« Wenn er dann noch einmal danach greift, wird er mir das Gerät in der Regel nicht aus der Hand nehmen. Es wird ihm sehr schnell klar, daß es keinen Versuchszustand gibt – entweder, er tut es, oder er tut es nicht. Versuchen ist ein Wort, mit dem sich jeder aus der Patsche hilft. Eine bessere Entschuldigung gibt es gar nicht. »Wenn ich nicht tue, was ich versprochen habe, dann habe ich es wenigstens versucht.« Wie oft haben Sie schon etwas angefangen, es nicht zu Ende gebracht und sich dann mit der Entschuldigung »Ich habe es versucht« aus der Affäre gezogen? Wenn Sie Ihrem Unterbewußtsein signalisieren, es soll etwas versuchen, dann glaubt es, das Ganze wäre nicht so furchtbar wichtig – das destruktive Wort »versuchen« wird dazu führen, daß Sie scheitern.

Dafür gibt es in dem Film *Das Imperium schlägt zurück* ein hervorragendes Beispiel. Sie erinnern sich bestimmt noch an Yoda, dieses kleine grüne Kerlchen, das Luke Skywalker beibringt, wie er mit Der Kraft umgehen muß. In einer Szene üben er und Luke im Sumpf, und Yoda sagt zu Luke: »Bring das Raumschiff dort zum Schweben.« Luke entgegnet: »Meister, ich werde es versuchen.« Yoda verlangt: »Du sollst es nicht *versuchen* … Du sollst es *tun*.« Du sollst es tun.

Seien Sie vorsichtig mit Menschen, die das Wort versuchen benutzen. Wenn jemand sagt, er wird versuchen, Sie morgen anzurufen, können Sie fast darauf wetten, daß er das nicht tun wird. Wenn jemand sagt: »Ich werde versuchen, Sie morgen anzurufen«, müssen Sie ihn dazu bringen, daß er sich festlegt. Erwidern Sie: »Ich weiß, daß Sie sehr beschäftigt sind, aber das heißt doch, daß ich morgen von Ihnen hören werde, nicht wahr?« Sobald Sie seine Zusage haben, wird es sehr viel wahrscheinlicher, daß er Sie auch tatsächlich anrufen wird. Menschen mit Macht übernehmen die Verantwortung für Ihr Verhalten. Wie oft schon haben Sie jemanden zu einer Party eingeladen, der sagte, er würde versuchen zu kommen. In der Regel sind das dann die Leute, die nicht dazu beitragen, ob die Party ein Erfolg wird oder nicht, stimmt's? Versuchen ist ein Wort, das jemand benutzt, wenn er eine Entschuldigung dafür sucht, daß er etwas nicht zu Ende gebracht oder etwas nicht geschafft hat, was er eigentlich von Anfang nicht tun wollte.

Nicht können. *Nicht können* ist eine Kombination, die Sie ebenfalls aus Ihrem Vokabular streichen müssen. Nicht können bedeutet: nicht wissen wie oder nicht wollen. Immer wenn ich mir sage, »Ich kann nicht«, stelle ich mir sofort eine Frage: »Heißt das, ich weiß nicht, wie es geht, oder heißt das, ich will mir nicht die Mühe machen, das zu tun, was notwendig ist, um das oder das zu erledigen?« Wenn ich mir wirklich nicht die Mühe machen will, das Notwendige zu tun, vergesse ich das Ganze und damit auch den Streß, das nicht zu tun, was nicht zu tun ich beschlossen habe. Streichen Sie die Wendung *nicht können*, und entscheiden Sie, ob Sie nicht wissen, wie es geht, und es lernen wollen, oder ob Sie es nicht tun und sich nicht weiter darum kümmern wollen.

Aber. *Aber* sollten Sie ebenfalls aus Ihrem Vokabular entfernen. Aber verneint alles, was davor gesagt wird. »Ich will eine Menge Geld verdienen, aber das macht eine Menge Arbeit.« »Ich will wirklich eine bessere Beziehung haben, aber manchmal ist er/sie uneinsichtig.« »Ich will ja gehen, aber ich kenne niemanden.«

Überall dort, wo Sie sonst das Wort aber verwenden, ersetzen Sie es jetzt durch das Wort *und*. »Ich will wirklich eine Menge Geld verdienen, und es macht eine Menge Arbeit.« »Ich will wirklich mehr aus meiner Beziehung machen, und manchmal sieht es so aus, als wäre er/sie uneinsichtig.« Streichen Sie *aber*, und ersetzen Sie es durch *und* – und Sie stellen fest, daß sich Ihre Kommunikation verbessern wird.

Achten Sie darauf, was andere sagen. Wenn jemand zu Ihnen sagt: »Ich würde mich wirklich gern mit Ihnen treffen, aber ich habe gerade soviel zu tun«, sollten Sie erkennen, daß er damit eigentlich sagen will, daß er sich zur Zeit nicht mit Ihnen treffen will.

Worte für Versager

Die nächsten beiden Wörter sind Wörter, die Sie in einem nicht sehr vorteilhaften Licht erscheinen lassen. Sie nehmen Ihnen Ihre Macht weg, so daß Sie unsicher wirken, wenn es um Ihre Person geht und um das, was Sie tun. Mit wem würden Sie lieber eine Beziehung haben oder ins Geschäft kommen – mit einem Menschen, der selbstsicher ist und weiß, wohin er geht, oder mit einem Menschen, der verwirrt und unsicher ist? Wir sind alle zuversichtlicher, wenn der andere zuversichtlich ist. Streichen Sie diese Worte für Versager für immer aus Ihrem Vokabular, und Sie werden in den Augen der anderen wachsen und die Macht bekommen, die Sie verdient haben. Das erste dieser Worte ist:

Hoffen. »Ich hoffe, es wird sich alles zum Guten wenden.« »Ich hoffe, ich erreiche den Zug noch.« »Ich hoffe, daß ich einen Bonus bekomme.« Hoffen ist ein Wort für Versager, weil es einen Mangel an Sicherheit und Zuversicht ausdrückt. Können Sie sich vorstellen, zu einem Arzt zu gehen, der sagt: »Ziehen Sie sich aus, und legen Sie sich auf den Operationstisch. Wir werden Sie aufschneiden, und ich hoffe, wir finden heraus, was mit Ihnen nicht stimmt.« O Mann! Der Arzt würde Ihnen einen Riesenschrecken einjagen. Sie würden denken: »Er muß doch *wissen*, daß er herausfinden wird, was mit mir nicht stimmt, bevor er anfängt, an mir herumzuschneiden!«

> **Dante Alighieri zufolge steht am Eingang der Hölle geschrieben: »Ihr, die Ihr hier eintretet, lasset alle Hoffnung fahren!« Ich frage mich, ob das auch am Eingang zum Himmel geschrieben steht.**

Menschen, die *hoffen*, daß sich ihr Leben ändern wird, sind Menschen, die nichts für sich tun. Es sind die gleichen Menschen, die glauben, Gott wird schon für sie sorgen, ohne dabei zu erkennen, daß Gott das schon getan hat, indem er ihnen die Fähigkeit gegeben hat, selbst für sich zu sorgen. Hoffen ist nicht nur ein Wort für Versager, sondern auch ein Ausdruck dafür, daß sie nicht davor zurückschrecken würden, Aladins Wunderlampe um Hilfe anzuflehen. Dieses Wort gibt Ihnen vielleicht ein gutes Gefühl, aber ihm fehlt jegliche Definition von Entschlossenheit, die das Wort »wissen« beinhaltet. Ersetzen Sie das Wort *hoffen* durch das Wort *wissen*. »Ich weiß, daß ich bekommen werde, was ich will, weil ich einfach nicht aufgeben werde, bis ich es habe!« »Ich weiß, daß dieser Mann mir zustimmen wird, weil er meine Zuversicht spüren wird.« Seien Sie ein Mensch der Macht und Tat. Lassen Sie die Hoffnung fahren, und beginnen Sie zu wissen.

Das nächste Wort für Versager ist **wenn**. Wenn ich das bekomme, was ich haben will, wenn ich im Lotto gewinne, wenn er mich mag, wenn die neue Trauben- und Grapefruit-Diät funktioniert... O je! Da Ihr Unterbewußtsein das für die Wirklichkeit hält, was Sie ihm als Wirklichkeit präsentieren, werden die Sätze »Wenn ich jemals eine Beziehung haben werde«, »Wenn ich jemals reich werde«, »Wenn ich herausfinden kann, was ich mit meinem Leben anfangen soll«, »Wenn ich nicht soviel Streß hätte« Ihrem Unterbewußtsein sagen, daß Sie nichts davon jemals erreichen werden.

Genau wie *sollte* ist *wenn* das, was nicht wirklich ist, aber Sie müssen sich schließlich mit der Wirklichkeit herumschlagen. Wenn ist ein Wort, mit dem Menschen das rationalisieren, was sie bereuen. »Wenn ich nur das oder jenes getan hätte.« »Wenn du es nur nicht getan hättest, dann wäre alles gut gewesen.«

Wenn ist ein Wort, daß dem, was Sie erreichen wollen, Bedingungen aufzwängt. Es verdammt Sie zum Warten, bis die Umstände perfekt sind. Es läßt Sie zögern, nach dem zu streben, was Sie haben wollen. Ersetzen Sie das Wort *wenn* durch das Wort *sobald*. Die Sätze »Sobald ich eine Beziehung habe«, »Sobald ich zu dem Reichtum gekommen bin, der mir rechtmäßig zusteht« und »Sobald ich weiß, wie ich mit dem Streß in meinem Alltag umgehen kann, werde ich meinem Leben eine positive Richtung geben«, stimmen Ihr Bewußtsein auf eine positive geistige Programmierung ein. Konzentrieren Sie sich auf das, was funktioniert, und streben Sie nach mehr. »Sobald« drückt die Zuversicht aus, daß etwas tatsächlich geschehen wird. Sobald sendet ein Signal an Ihr Unterbewußtsein, daß Sie bereits tun, was Sie bestätigen.

Kapitel 39

DER BESTE SEIN, DER SIE SEIN KÖNNEN

*»Es gibt immer einen Markt für das
Allerbeste auf einem Gebiet.«*

MARSHALL SYLVER

Erfolg wird einem nicht in die Wiege gelegt. Ich persönlich kenne viele Menschen, die reich geboren wurden, aber niemals gelernt haben, die Verantwortung für sich selbst oder ihre Erbschaft zu übernehmen. Die Fähigkeit, körperlich, geistig und emotional ein gesundes, ausgeglichenes Leben zu führen, ermöglicht auch leidenschaftliche, erfolgreiche und energiegeladene Beziehungen.

Erfolgsstrategien sind keine genetischen Eigenschaften, die einige Menschen haben und andere wiederum nicht. Michael Jackson wurde nicht mit der Fähigkeit zu tanzen geboren. Robin Williams wurde nicht als kreatives Genie geboren. Ray Kroc, das Gehirn der McDonald's Corporation, wurde nicht mit einem Sack voll Geld geboren. Man braucht Leidenschaft, Ehrgeiz und Engagement dazu. Sagen Sie: »Ich verpflichte mich dazu, der Allerbeste bei dem zu sein, was ich tue.« Hören Sie auf mit Entschuldigungen, und legen Sie sich endlich fest.

Einer meiner Freunde besitzt ein Fischrestaurant in Südkalifornien. Obwohl der Fisch in Aquarien gehalten wird, bis er in den Kochtopf kommt, beklagt sich mein Freund oft darüber, daß der Fisch fade schmecke. Eines Tages, während ich in seinem Restaurant saß und die Fische beobachtete, wurde mir klar, warum sie so einen faden Geschmack hatten. Obwohl sie am Leben gehalten wurden, machten sie den Eindruck, als wüßten sie, daß sie in einer Todeszelle herumschwammen. Sie waren unruhig. Als mein Freund daraufhin einen Raubfisch in das Aquarium mit den Fischen setzte, sahen sie plötzlich gar nicht mehr so teilnahmslos aus, sondern schwammen um ihr Leben. Bei uns Menschen ist es genauso. Wir gehen teilnahmslos durch unser Leben und machen nicht viel aus unseren Fähigkeiten, oder wir riskieren unser Leben und streben nach mehr. Wenn wir unser Leben riskieren, werden wir dazu gezwungen werden, unsere gemütliche Ecke zu verlassen, was für uns das Bedürfnis schafft, mehr im Leben zu erreichen.

Wenn Sie Ihre Wünsche und Träume aufs Spiel setzen und sich auf das *Sobald* in Ihrem Leben vorbereiten, werden Sie Ihre Chance nutzen können, sobald sie sich ergibt. Riskieren Sie etwas. Sagen Sie anderen, was Sie sich vorgenommen haben. Sagen Sie ihnen genau, was Sie erreichen wollen und wann Sie es erreichen wollen. Je mehr Menschen Sie davon erzählen, desto besser. Vergessen Sie nicht, daß aus denen, die eine Entschuldigung für die schlechte Wirtschaftslage in ihrer Region oder das schlechte Wetter suchen, die schlechtesten Verkäufer werden. Andere wiederum jammern über ihre Gesundheit, ohne dabei zu berücksichtigen, daß sie selbst daran schuld sind und nicht Sie. Sie sind für Ihr eigenes Leben verantwortlich, und es liegt an Ihnen, ob Sie trotz allem nach mehr streben wollen.

In dem Film *Krieg der Sterne* sagt Han Solo: »Ich will gar nicht wissen, wie meine Chancen stehen.« Übernehmen Sie die Verantwortung für Ihren Erfolg. Können Sie sich vorstellen, was für ein Spieler aus Michael Jordan geworden wäre, wenn er in den Spielpausen einfach nur herumgesessen, Kaffee getrunken und Zigaretten geraucht hätte, weil er sowieso schon am Gewinnen war? Lassen Sie sich nicht von Ihren Chancen entmutigen. Fragen Sie sich: »Kann ich?« und »Wie kann ich?« Statt zu fragen, *ob* es möglich ist, mehr zu bekommen, fragen Sie sich, *wie* es möglich ist. Was Sie sich vorstellen können, können Sie auch erreichen. Es beginnt alles damit, was Sie in einem bestimmten Moment denken und wie Sie sich dann entscheiden.

Ich fordere Sie jetzt in diesem Moment dazu auf, die Entscheidung zu treffen, sich nie mit dem zufriedenzugeben, was Sie sich vorstellen können. Ich fordere Sie dazu auf, nach dem zu streben, was Sie haben wollen. Wenn Sie von anderen gefragt werden, wie es denn so läuft, antworten Sie immer »phantastisch«, »perfekt« oder »einfach klasse«. Dadurch erreichen Sie gleich mehreres auf einmal. Erstens programmieren Sie damit Ihr Bewußtsein darauf herauszufinden, was in diesem Moment phantastisch, perfekt oder klasse ist. Zweitens zeigen Sie damit den anderen, was für ein Mensch Sie sind – daß Sie jemand sind, der die Verantwortung für sein Leben übernommen hat. Wenn Sie diese Worte verwenden, entscheiden Sie, wie Sie in einem bestimmten Moment reagieren, und daß Sie sich nicht von einem anderen beeinflussen lassen. Und dann drücken Sie mit diesen Worten noch aus, daß Ihr Leben genau nach Plan verläuft. Der andere wird neugierig werden, wenn jemand zu ihm sagt, es gehe ihm phantastisch. Er wird sich fragen, was Ihr Leben so perfekt gemacht hat. Ist Ihnen schon einmal aufgefallen, daß andere mit einer Frage reagieren, wenn Sie sagten, es gehe Ihnen phantastisch? »Warum sind Sie perfekt?« »Was hat Ihr Leben so lebenswert gemacht?«

Drittens, es läßt Sie anziehend auf Menschen wirken. Wenn jemand spürt, daß Sie selbstsicher und zielstrebig sind, wird er mit Ihnen zusammensein wollen, weil ihm das Auftrieb verleiht. Man ist lieber mit jemandem zusammen, der lustig und positiv eingestellt ist, als mit jemandem, der ständig über die Situation jammert, in der er sich gerade befindet. Wenn Sie auf eine Party gehen, unterhalten Sie sich dann nicht auch am liebsten mit den Leuten, die lustig und interessant sind? Wenn Sie bevorzugt diese Art von Wörtern verwenden, werden Sie auffallen, und man wird sich noch lange nach der Begegnung mit Ihnen an Sie erinnern.

Aus kleinen Verpflichtungen werden große Verpflichtungen. Wenn Sie einen schwierigen Tag haben und diese Worte einfach nicht über die Lippen bringen, programmieren Sie Ihr Bewußtsein wenigstens dazu, in die richtige Richtung zu gehen. Wenn Sie also einen sehr schwierigen Tag haben und jemand fragt, wie es Ihnen gehe, antworten Sie einfach: »Es wird immer besser.« Da Ihr Bewußtsein immer in die Richtung des dominierenden Gedanken marschiert, wird Ihr Unterbewußtsein dazu gezwungen, nach dem zu suchen, was immer besser wird, und bald wird es Ihnen wieder großartig gehen.

Vor einiger Zeit habe ich eine einwöchige Kreuzfahrt in der Karibik unternommen. Als ich im Fitneßcenter des Schiffes trainierte, bemerkte ich ein Schild an der Wand, auf dem stand: »Sport treiben heißt rechter Fuß, linker Fuß.« Das bedeutet, Sie stecken zuerst Ihren rechten Fuß durch das Bein Ihrer Trainingshose, und dann den linken. Wenn es Ihnen schwerfällt, im Fitneßcenter zu trainieren, zwingen Sie sich nicht dazu. Machen Sie lieber einen Schritt nach dem anderen. Gehen Sie ins Fitneßcenter, und ziehen Sie Ihre Trainingshose an. Der erste Schritt besteht darin, ins Fitneßcenter zu gehen. Wenn das Training für Sie eine unmögliche Aufgabe zu sein scheint, dann trainieren Sie eben nicht gleich mit, sondern gehen einfach hin und sehen den Leuten dort beim Trainieren zu. Und wenn Sie nun schon einmal da sind, warum spielen Sie nicht einfach ein bißchen mit den Gewichten herum oder probieren das Fahrrad dort aus? Sie brauchen ja nicht gleich ein komplettes Training zu absolvieren. Wenn Sie einen Schritt in die richtige Richtung machen, zwingen Sie sich dazu zu handeln.

Ihr Motto soll sein: »Wer viel arbeitet, darf auch viel feiern!«

Sie haben viel mehr Spaß an Ihrem Leben. Konzentrieren Sie sich darauf, wo Sie jetzt stehen. Wenn Ihre Gedanken woanders sind, können Sie auch gleich dorthingehen, denn dann profitiert niemand davon.

Um das Spiel des Lebens zu gewinnen, müssen Sie alles, was geschieht, interessant finden und sich mit dem auseinandersetzen, was sich ergibt. Sie haben eigentlich gar keine andere Wahl. Setzen Sie sich damit auseinander, und haben Sie Spaß daran. Senden Sie der Welt da draußen eine Botschaft: Egal, was passiert, Sie werden damit fertig.

Der Erfolg in Ihrem Leben hängt unmittelbar davon ab, wie Sie mit Streß umgehen können. Je mehr Streß Sie aushalten, desto mehr Erfolg wird Ihnen in Ihrem Leben zufliegen. Reichtum im Überfluß. Betrachten Sie Ihre Probleme als Herausforderung, als Puzzle, zu dem es eine Lösung gibt. Und wenn Sie diese Lösung gefunden haben, bekommen Sie den Jackpot, den Sie sich verdient haben.

Haben Sie sich schon einmal an einem Puzzle versucht und dabei gedacht: »Es ist völlig unmöglich, das hier fertig zu kriegen?« Mittendrin sind Sie plötzlich nicht mehr weitergekommen und haben gesagt: »Vergiß es. Die haben nicht alle Teile mitgeliefert. Da fehlen welche.« Sie waren fest davon überzeugt, daß Sie von den 500 Teilen Ihres Puzzles nur 475 hatten. Und während Sie auf das Puzzle starrten, kam jemand herein, warf einen Blick darauf und sagte: »Dieses Teil könnte vielleicht hierher passen«, und zwar deshalb, weil er einen anderen Blickwinkel hatte. Weil er vielleicht etwas gesehen hat, was Sie nicht gesehen haben, oder es auf eine Art und Weise gesehen hat, an die Sie noch gar nicht gedacht hatten, hat er ein Teil gefunden, das paßte. Und nachdem Sie dieses Teil eingesetzt hatten, paßten plötzlich noch andere Teile, bis das Puzzle auf einmal fertig war. Wenn alle Teile vorhanden sind, können Sie gewinnen. Egal, was passiert: Akzeptieren Sie Ihr Leben als das Spiel, das es ist, und seien Sie sich darüber im klaren, daß Sie nicht nur spielen müssen, um zu gewinnen – Sie müssen auch Spaß daran haben.

Kapitel 40

WENN SIE SICH AUF ETWAS KONZENTRIEREN, WÄCHST ES

»Ihr Bewußtsein geht in die Richtung, die ihm von seinem dominierenden Gedanken vorgegeben wird.«

MARSHALL SYLVER

Alles, was Sie tun müssen, ist Spaß haben und glücklich sein. Wenn Sie sich auf etwas konzentrieren, wird es plötzlich wachsen, und daher sollten Sie sich auf etwas konzentrieren, was richtig ist. Hören Sie mit allem auf, was Ihnen keinen Spaß macht. Konzentrieren Sie sich auf das Gute im Menschen, und Sie werden mehr Gutes finden. Konzentrieren Sie sich auf Ihre Fehler, und Sie werden viele Fehler finden. Seien Sie nett zu sich selbst, und freuen Sie sich über das, was in Ihrem Leben funktioniert. Bringen Sie sich selbst bei, wie Sie das reparieren, was nicht funktioniert. Akzeptieren Sie die Tatsache, daß manche Dinge eben so sind, und verwenden Sie Ihre Energie dafür, nach mehr zu streben, statt sich auf etwas zu konzentrieren, das es gar nicht gibt. Erkennen Sie, daß alles aus einem bestimmten Grund geschieht und Ihnen nutzen kann. Siegen wird der, der das Spiel am besten spielt, und nicht der, der gerade das richtige Spiel erwischt. Gewinner siegen bei allem, was sie tun. Perfektion ist eine Geisteshaltung und ein Lebensstil. Spielen Sie so, als gäbe es in diesem Spiel keine Auszeit. Setzen Sie alle verfügbaren Ressourcen ein. Alles zählt. Es gibt kein Training. Lernen Sie zu spielen, wenn das Spiel schwierig wird, und Sie werden das Spiel spielen können, wenn es einfach ist.

Ich habe einen persönlichen Trainer, der mir dabei hilft, körperlich fit zu bleiben. Er heißt Lee Goldsmith. Lee ist wahrscheinlich der beste Fitneßtrainer der Vereinigten Staaten. Als ich eines Tages jammerte, daß es mir gar nicht gut gehe und ich das Training verkürzen wolle, sagte er: »Marshall, wenn es einem gut geht, kann jeder trainieren. Aber es kommt darauf an, auch dann zu trainieren, wenn man keine Lust dazu hat. Dann erst wird man Fortschritte sehen.« Geben Sie das herkömmliche Konzept von Gut und Schlecht auf, und erkennen Sie, daß immer Sie die Entscheidung darüber treffen, was gut ist und was schlecht. Vergessen Sie Glück oder Pech und erkennen Sie, daß Sie es sind, der für alles verantwortlich ist.

Ich möchte Ihnen jetzt die Geschichte von dem Farmer erzählen, der mit seinem Sohn in den Hügeln von Kentucky lebte. Ihre einzige Einnahmequelle waren ihre Felder. Sie bestellten Sie mit einem Ackergaul, den sie schon viele Jahre besaßen. Eines Tages, als der Sohn das Feld pflügte, bäumte sich das Pferd auf, riß sich von dem Pflug los und verschwand in den Hügeln. Die Nachbarn sagten: »Was für ein Pech. Jetzt könnt ihr ja gar nicht mehr die Felder pflügen und die Ernte einbringen, von der ihr euch ernähren wolltet.« Der alte Farmer sagte: »Glück oder Pech, wer weiß das schon.« Fünf Tage später kam der Ackergaul, der vom vielen Pflügen groß und kräftig war, mit fünf wilden Stuten zurück. Der Farmer und sein Sohn fingen die Tiere ein und spannten sie vor den Pflug. Jetzt konnten sie ihre Felder in einem Viertel der Zeit pflügen und die Ernte viel schneller einbringen. Die Nachbarn sagten: »Was für ein Glück. Jetzt habt ihr all diese Pferde.« Der alte Farmer erwiderte: »Glück oder Pech, wer weiß das schon.« Eines Tages, als der Sohn auf dem Pflug festgeschnallt war und sich von den sechs Pferden über das Feld ziehen ließ, bäumten sich die wilden Stuten auf, gingen durch und schleiften ihn über das ganze Feld, wobei er sich Arme und Beine brach. Er wurde ins Krankenhaus gebracht. Die Nachbarn sagten zu dem Farmer: »Oh, das ist Pech.« Der alte Farmer erwiderte: »Glück oder Pech, wer weiß das schon.« Als er im Krankenhaus lag, wurde der Sohn von einer wunderschönen jungen Krankenschwester gepflegt. Sie verliebten sich und heirateten. Und wenn *Sie* schon einmal verheiratet waren... Glück oder Pech, wer weiß das schon. Die Moral von der Geschichte ist, alles ist so, wie wir es sehen, und wir entscheiden, was gut ist und was schlecht.

Lernen Sie, Ihre Tugenden mit Ihren unerwünschten Gewohnheiten zu messen. Fragen Sie sich, ob Sie das zweite Stück Kuchen wirklich noch essen oder lieber mehr Rendezvous haben wollen. Wollen Sie rauchen oder eine Superkarriere als Sänger machen? Wollen Sie sich ins Glücksspiel stürzen oder finanziell unabhängig sein? Sie müssen nichts in Ordnung bringen, um nach mehr zu streben. Sie können sofort damit anfangen. Streben Sie nach mehr, begrüßen Sie Veränderungen, kommen Sie aus Ihrer gemütlichen Ecke heraus. Machen Sie heute einmal etwas anderes, und riskieren Sie sich selbst.

Sagen Sie laut: »Wer nicht wagt, der nicht gewinnt.« Lächeln Sie, und wiederholen Sie immer wieder: »Wer nicht wagt, der nicht gewinnt.« Wagen Sie heute etwas, rufen Sie jemanden an, bei dem Sie sich schon seit langem für etwas entschuldigen wollten. Wagen Sie heute etwas, und bitten Sie andere Menschen um das, was Sie wollen. Wagen Sie es heute, und riskieren Sie sich selbst. Wagen Sie es heute, und setzen Sie ein, was Sie gelernt haben. Wagen Sie es heute, und bitten Sie andere um die Unterstützung, die Sie von ihnen haben wollen. Denken Sie daran: Wer weiß schon, was morgen ist – wenn Sie es jetzt nicht tun, werden Sie es nie tun. Es wird nur in dem Moment getan werden, in dem Sie es tun – jetzt. Es verleiht Ihnen Macht, wenn Sie sich festlegen. Es verleiht Ihnen Macht, wenn Sie der ganzen Welt erzählen: »Ich werde jetzt folgendes tun...« In dem Moment, in dem

Sie die Entscheidung treffen, sich auf den Weg nach oben zu machen, wird vermutlich die Vorsehung eingreifen. Die Welt wird zulassen, daß Sie alles erreichen, was Sie sich vorgenommen haben. Treffen Sie Ihre Entscheidung heute, und erzählen Sie möglichst vielen Leuten, was Sie sich vorgenommen haben, um das zu bekommen, was Sie wollen.

Kapitel 41

SATORI: DAS LEBEN IST EINE ANEINANDERREIHUNG DES JETZT

»Es gibt nichts Besseres als das Hier und Jetzt.«

MARSHALL SYLVER

Totale Macht ist die Fähigkeit, den größten Teil seiner Zeit in der Gegenwart zu verbringen. Ein anderes Wort für dieses Konzept ist *Satori*. Satori ist ein Begriff aus dem Zen-Buddhismus und bedeutet, im Hier und Jetzt zu sein. Fallschirmspringen ist ein ausgezeichnetes Beispiel für Satori. Ich garantiere Ihnen, sobald Sie sich beim Fallschirmspringen aus dem Flugzeug gestürzt haben, werden Sie an nichts anderes mehr denken. Vielleicht ist Ihre Miete fällig, oder Ihr Partner hat Sie verlassen, oder Sie sind wütend auf etwas, das in Ihrer Kindheit passiert ist – es spielt keine Rolle mehr. In dem Moment, in dem Sie sich in einer Flughöhe von zwei Kilometern aus dem Flugzeug stürzen und mit einer Geschwindigkeit von über 160 Kilometern pro Stunde nach unten fallen, werden Sie an nichts anderes mehr denken.

Buddhisten erzählen eine Geschichte von einem Mann, der vor einem wilden Tiger davonlief. Während er floh, stürzte er von einem Felsplateau. Genau unterhalb der Kante streckte der Mann die Hand aus und konnte sich an einer Schlingpflanze festhalten, die aus der Felswand herauswuchs. Als er so über dem tödlichen Abgrund hing, warf er einen Blick nach oben und sah über sich den Tiger. Dann warf er einen Blick nach unten und sah unter sich die zerklüfteten Felsen des tiefen, tiefen Abgrunds. In diesem Moment bemerkte er, daß auf der Schlingpflanze, an der er sich festhielt, eine große, saftige, reife Erdbeere wuchs. Weil er wußte, daß er in wenigen Augenblicken tot sein würde, streckte er die Hand aus, pflückte die Erdbeere und aß sie, während er in den Abgrund fiel.

Ein anderes Beispiel für Satori ist der Zustand, in dem Sie sich beim Sex befinden. Auf dem Höhepunkt körperlicher Ekstase denken Sie an nichts anderes mehr. Menschen, die nichts zustande bringen, halten sich den größten Teil ihrer Zeit irgendwo anders auf, nur nicht in der Gegenwart. Sie denken über die Vergangenheit nach. Was Sie hätten tun sollen oder können. (Sie vergessen dabei, daß das, was gewesen sein könnte, nicht unbedingt auch das ist, was gewesen wäre.) Sie leben in einer eingebildeten Zukunft und machen sich Sorgen darüber, was geschehen könnte. Sie arbeiten hart daran, diese Zukunft zu kontrollieren. Vergangenheit und Zukunft sind nicht die Wirklichkeit, aber Sie müssen sich mit der Wirklichkeit auseinandersetzen. Wenn man nur in der Vergangenheit lebt, bekommt man Depressionen, wenn man nur in der Zukunft lebt, bekommt man Angst. Nur in der Vergangenheit oder der Zukunft zu leben, ist ein Ausweichverhalten, mit dem man versucht, nicht in der Gegenwart leben zu müssen. Sie wissen doch noch, was Ausweichverhalten ist, nicht wahr? Wenn Sie sich nicht mit etwas auseinandersetzen wollen. Aber die einzige Zeit, in der Sie sich mit etwas auseinandersetzen können, ist die Gegenwart. Wieviel lebenswerter wäre Ihr Leben, wenn Sie jeden einzelnen Augenblick als Fest ansehen würden, und sich, egal, in welcher Situation Sie gerade sind, auf die Gegenwart konzentrieren würden?

In der Gegenwart zu leben ist das beste, was wir aus der Vergangenheit machen können, und es macht mehr aus der Zukunft.

Einer meiner Freunde ist Pfarrer. Immer wenn er seine Predigten schreibt, denkt er daran, wie gern er jetzt mit seiner Frau schlafen würde, und wünscht sich, daß er mehr Zeit dafür hätte. Immer wenn er mit seiner Frau schläft, denkt er über die Predigt nach, die er eigentlich schreiben sollte. Er kann beides nicht genießen. Wenn Sie beim Arbeiten ständig über Ihre Freizeit nachdenken, leidet die Qualität Ihrer Arbeit darunter. Wenn Sie in Ihrer Freizeit ein schlechtes Gewissen haben, weil Arbeit liegengeblieben ist, können Sie das, was Sie gerade tun, nicht genießen.

Mit jeder Sekunde, in der Sie an einen Moment aus der Vergangenheit denken, der nicht glücklich war, berauben Sie sich der Möglichkeit, die Gegenwart zu genießen. Den Moment jetzt werden Sie nie wieder haben. Sie können ihn nicht zurückbekommen. Wenn Sie in der Vergangenheit von Ihren Eltern, Ihrem Ex-Partner oder Ihren Kindern verletzt wurden, und Sie jetzt in diesem Moment länger darüber nachdenken, berauben Sie sich selbst. Leben Sie jetzt. Erleben Sie das Jetzt so, wie es ist.

Die Vergangenheit ist weder die Gegenwart noch die Zukunft. Wenn Sie Ihr Leben nicht vollkommen finden, liegt das daran, daß Sie nicht im Jetzt leben. Für mich wäre das die reinste Hölle. Wie können wir dieser Hölle entkommen? Sie müssen jetzt etwas in Ihrem Leben finden, das vollkommen ist.

Wenn ich einen harten Tag habe und es unmöglich erscheint, im Jetzt zu sein, halte ich inne und sehe mir meine Hände an. Dann wird mir bewußt, was für ein unglaublicher Mechanismus Hände sind. Diese Schöpfungen der Natur, die nach Gegenständen greifen oder eine Tastatur bedienen oder ein Porträt malen können, sind für mich ein Wunder an Perfektion. Wenn ich mir meine Hände ansehe, wird mir bewußt, daß ich meine Augen dafür benutze, und das Wunder dieser beiden Sinne macht den Tag für mich perfekt. Ich habe Glück, daß ich in diesem einen Moment leben kann.

Für eine Beziehung gilt das gleiche. Wenn Ihre Beziehung nicht richtig funktioniert und Sie nach etwas Vollkommenen suchen, garantiere ich Ihnen, daß Sie in dieser Beziehung etwas finden werden, das vollkommen ist. Manchmal ist es nur schwer zu finden. Manchmal kann Vollkommenheit schmerzhaft sein. Nehmen wir an, Sie führen eine Beziehung, in der Sie mißbraucht werden. Vielleicht ist es Vollkommenheit, wenn Sie endlich lernen zu sagen: »Jetzt reicht es. Ich werde das hier keinen Augenblick länger ertragen.« Es ist schmerzhaft, aber wenn Sie Ihre Lektion jetzt nicht gelernt hätten, wären Sie eines Tages vielleicht in eine noch schlimmere Beziehung geraten, die vielleicht mit Ihrem Tod oder bleibenden Schäden geendet hätte. Es sieht immer so aus, als wäre unser Schmerz größer als der eines anderen, doch wenn wir uns auf das konzentrieren, was vollkommen ist, finden wir ganz plötzlich einen Ausweg.

Eine andere Möglichkeit, zurück in die Gegenwart zu gelangen, besteht für mich darin, meine Sinne einzusetzen. Ich strecke die Hand aus und berühre die Oberfläche meines Schreibtisches. Ich sehe mir etwas an, das in meiner Nähe steht, und achte auf die Details. Ich lausche auf die Geräusche um mich herum und stelle fest, was jedes einzelne Geräusch ist. Der einzige Sinn, den ich nicht einsetzen kann, wenn ich Satori erreichen will, ist derjenige, den die meisten Menschen einsetzen, ohne sich darüber bewußt zu sein – der Geschmack. Viele von uns essen etwas, wenn sie sich einsam fühlen, sich langweilen oder frustriert sind, weil die Sinne beim Essen zumindest vorübergehend in das Hier und Jetzt zurückkehren. In dem Moment, in dem Sie einen Bissen in den Mund nehmen und das Essen schmecken, sind Sie sofort in Satori. Wenn Sie allerdings Übergewicht haben und abnehmen wollen, ist das eine recht unkluge Methode, um in die Gegenwart zurückzukehren.

Wenn Sie im Hier und Jetzt sind, bedeutet das, daß Sie Ihre ganze Aufmerksamkeit auf den gegenwärtigen Moment richten können. Wenn Sie bei der Arbeit sind, arbeiten Sie intensiv, damit Sie in Ihrer Freizeit viel feiern können. Das Leben im Jetzt hat außerdem den Vorteil, daß Sie Dinge bemerken werden, die andere übersehen. Es hat den Anschein, als hätten Sie mehr Zeit, weil Sie Ihre Momente mehr genießen. Sie werden einzelne Dinge viel genauer wahrnehmen und ein größeres Verständnis dafür entwickeln, was Sie tun sollen oder können. Die Vergangenheit kann man nicht ändern, und mit der Zukunft kann man sich erst auseinandersetzen, wenn sie zur Gegenwart geworden ist. Ihre erste Lektion für totale Macht besteht also darin, daß Sie lernen, im Hier und Jetzt zu sein.

Ein anderes Element des Satori besteht darin, daß Sie, auch wenn Sie im Hier und Jetzt sind, lernen müssen, nach vorn zu projizieren. Das bedeutet, Sie müssen in der Lage sein festzustellen, wo Sie stehen und nach vorn zu projizieren, um festzustellen, wo der Weg hinführt, den Sie eingeschlagen haben. Dies ist anders als in der Zukunft zu leben, weil Sie die Zukunft dabei einfach nur beobachten, als wäre sie ein Film, den Sie sich ansehen. Sie lassen nicht zu, daß die Zukunft Sie jetzt beeinflußt, es sei denn, Sie ändern die Richtung des Weges, den Sie gehen. Sie haben keine emotionale Bindung an die Zukunft, sehen dies nur als Übung an. Jeder wird im Laufe seines Lebens eine Reihe von Entscheidungen treffen müssen, mit denen er die Richtung bestimmt, in die sein Leben gehen wird.

Vor einigen Jahren war ich ein starker Raucher. Von meinen neun Geschwistern habe ich 16 Nichten und Neffen, und obwohl meine Familie so groß ist, stehen wir uns alle sehr nah. Eines Tages bat mich einer meiner Neffen um eine Zigarette. In diesem Moment wurde mir klar, daß ich, wenn ich auf diesem Weg weiterginge, auf dem ich mich gerade befand, eines Tages meinen eigenen Kindern erklären müssen, warum sie nicht rauchen sollten, obwohl ihr Daddy rauchte. Mir wurde außerdem klar, daß ich auf meinem jetzigen Weg vielleicht eines Tages dafür verantwortlich sein würde, daß viele Mitglieder meiner Familie mit dem Rauchen angefangen hatten. Und mein Neffe würde der erste von ihnen sein. Wie ist das mit Ihnen?

Was in Ihrem Leben schränkt Sie in Ihrer Leistungsfähigkeit ein und läßt Sie einen Weg gehen, den Sie nicht gehen wollen? Wird die Entscheidung, noch ein Glas Alkohol zu trinken, Sie weiter den Weg der Selbstzerstörung gehen lassen? Und wie sieht es mit Ihren Beziehungen aus? Wenn Sie sich weiter in sich selbst zurückziehen und nicht kommunizieren, glauben Sie dann, daß es Ihre aktuelle Beziehung in einem Jahr, in fünf oder zehn Jahren von jetzt an noch geben wird? Wie sieht es mit Geld aus? Können Sie jemals finanziell unabhängig werden, wenn Sie so weitermachen wie bisher?

Was Sie heute tun, legt fest, wie der morgige Tag aussehen wird.

Projektion funktioniert genausogut, wenn es um eine kürzere Zeitspanne geht. Bevor Sie das nächste Glas Wein trinken, projizieren Sie nach vorn auf den nächsten Morgen und stellen dann fest, ob Ihnen gefällt, was Sie da sehen. Bevor Sie den Mund aufmachen, um Ihrem Partner zu beweisen, daß Sie recht haben, projizieren Sie nach vorn und stellen fest, ob Sie deswegen heute nacht auf der Couch schlafen müssen oder nicht. Bevor Sie Ihr Geld am Spieltisch loswerden, drehen Sie die Zeit ein paar Stunden vorwärts, und stellen Sie fest, wie man sich fühlt, wenn man das Geld für seine Miete nicht mehr zusammenbekommt.

Das Leben wird Ihnen viele Lektionen erteilen, und diese Lektionen werden schwieriger und schwieriger, bis

Sie sie alle gelernt haben. Sie werden erkennen, daß Sie sie gelernt haben, wenn Sie am Ende anders handeln.

Wenn Sie wissen wollen, ob Sie auf dem richtigen Weg sind, ob dies der beste Weg ist, auf dem Sie sein können, müssen Sie wissen, wohin Sie gehen. Erinnern Sie sich noch an die Übung zu Beginn dieses Buches, in der Sie sich Ihren idealen Arbeitstag und Ihren idealen Freizeittag ausgemalt haben? Bringt Sie der Weg, auf dem Sie gerade sind, diesem Tag ein Stück näher, oder führt er Sie davon weg? Es kann nur das eine oder das andere sein. Wenn Sie jetzt schnell nach vorn projizieren und feststellen, wohin Sie gehen, und dann in die Gegenwart zurückkehren, um eventuelle notwendige Änderungen vorzunehmen, ist das die effektivste Methode, um herauszufinden, wo in Ihrem Leben Sie gerade stehen.

Wie schon einmal gesagt: Wenn eine Rakete zum Mond fliegt, wird sie dabei ständig überwacht. Tausende von Korrekturen werden durchgeführt, um sie an ihr Ziel zu bringen. Niemand wird wütend, wenn sie vom Kurs abkommt. Man weiß, daß sie auf jeden Fall vom Kurs abkommen wird, egal, wie perfekt ihr Flug geplant ist. Statt dessen werden die Korrekturen während des Fluges ruhig, konzentriert und distanziert durchgeführt. Tun Sie das gleiche auch für Ihr Leben. Seien Sie sich darüber im klaren, daß Sie von Zeit zu Zeit von Ihrem Weg abkommen werden, und stellen Sie sich darauf ein. Jedesmal, wenn Sie bemerken, daß der Weg in eine Richtung führt, die keinen Spaß zu machen scheint, projizieren Sie schnell nach vorn und stellen fest, ob Ihnen die Richtung gefällt, in die Sie gehen.

Kapitel 42

Die vier Schritte zur totalen Erleuchtung

Zunächst einmal wollen wir Erleuchtung definieren und feststellen, warum Sie ein erleuchtetes Leben führen sollten. Im Wörterbuch wird Erleuchtung als »Dasein im Licht« oder »Wissen um die universelle Wahrheit des Lebens« definiert. Können Sie sich vorstellen, welchen Frieden Sie empfänden, wenn Sie die universelle Wahrheit kennen würden? Sie wären in der Lage, intelligente Entscheidungen für Ihr Leben zu treffen. Sie hätten mehr Macht, um Ihr Leben genau so zu gestalten, wie Sie es gerne hätten. Stellen Sie sich vor, daß Sie immer und jederzeit wüßten, wie Sie das größtmögliche Maß an emotionalem, spirituellem, finanziellem und körperlichem Wohl erreichen könnten.

Der erste Schritt besteht darin, **den Widerstand aufzugeben und Ihr Leben für vollkommen zu halten.** Kapitulieren Sie vor sich selbst, vor anderen und vor Ihrem gegenwärtigen Platz im Leben. Kapitulieren Sie, und halten Sie Ihr Leben für vollkommen. Genießen Sie jeden einzelnen Moment, und nehmen Sie ihn als das, was er ist – eine Erfahrung. Leben Sie jeden Moment um seiner selbst willen, und übernehmen Sie die Verantwortung dafür, jeden Moment zu genießen. Lieben Sie Ihr Leben, und vertrauen Sie darauf, daß es sich genau so entwickeln wird, wie es für Sie vollkommen ist. Sie werden vielleicht nicht verstehen können, warum Ihr Leben so ist, wie es ist, aber trotzdem müssen Sie es einfach akzeptieren. Entscheiden Sie jetzt in diesem Augenblick, daß Ihr Leben in einer vollkommenen, universellen Ordnung abläuft.

Viele Menschen begegnen dieser Lektion mit einem gewissen Maß an Widerstand. Nur wenige wollen zugeben, daß ihr Leben nicht an das heranreicht, was sie sich vorgestellt haben. Sie zweifeln am Sinn des Konzeptes, jeden Moment im Leben für vollkommen zu halten. Viele fragen mich, wie ist das, wenn jemand stirbt, oder wie ist das mit den hungernden Kindern in der Welt oder den Obdachlosen? Ihr Leben für vollkommen zu halten heißt nicht, das zu ignorieren, was um Sie herum geschieht. Sie tun eigentlich genau das Gegenteil. Es ist eine Methode, mit der Ihnen bewußt wird, daß alles aus einem bestimmten Grund geschieht und dem Gesamtplan des Universums dient. Wenn Sie Ihr Leben für weniger als vollkommen halten, verschwenden Sie Ihre Zeit. Wenn jemand stirbt, heißt das nicht unbedingt, daß es für ihn das Schlimmste ist, was hätte passieren können. Sehr oft ist es vielleicht sogar das Beste für ihn. Wenn ich die hungernden Menschen in dieser Welt sehe, erinnert mich das daran, mich darum zu kümmern und zu begreifen, daß die ganze Erde verhungern wird, wenn wir jetzt nichts unternehmen.

Ich glaube, daß Menschen, die in einer Umgebung des Überflusses nichts besitzen, die Menschen sind, die nichts unternehmen. Menschen, die etwas unternehmen, finden schließlich den Pfad der Erleuchtung, geben den Widerstand auf und genießen, was immer sie auch empfangen. Energie darauf zu verwenden, sich zu wünschen, daß alles ganz anders wäre, verbraucht die Energie, die man hätte verwenden können, um etwas zu erreichen. Manchmal, wenn ich höre, daß Menschen der Welt die Schuld an ihren Lebensverhältnissen geben, frage ich mich, wie sie wohl reagieren würden, wenn sie glaubten, die Welt hätte alles genau so geplant. Statt wütend oder depressiv zu werden, weil die Welt Ihnen Unrecht getan hat, sollten Sie ihr lieber dankbar sein und die Tatsache akzeptieren, daß Sie nicht immer wissen, was das Beste für Sie ist.

Wenn Sie gelernt haben, zu kapitulieren und Ihr Leben für

vollkommen zu halten, haben Sie den ersten Schritt auf dem Weg zu einem erfüllten Leben gemacht.

Der zweite Schritt zur Erleuchtung besteht darin, **der Vergangenheit zu vergeben.** Wenn Sie lernen, anderen zu vergeben, setzen Sie dadurch die negative Energie frei, die bis jetzt verhindert hat, daß die Welt Ihnen die Wohltaten zuteil werden lassen kann, die für Sie vorgesehen sind.

Die meisten Menschen schleppen so viel emotionalen Ballast mit sich herum, daß es ein wahres Wunder ist, wenn sie noch Energie übrig haben, um die Verantwortung für ihre Gegenwart zu übernehmen. Sobald Sie diesen emotionalen Ballast losgeworden sind, an dem Sie sich so krampfhaft festklammern, wird Ihr spirituelles Bewußtsein wachsen können. Wenn Sie jemals einen Garten besessen haben, wissen Sie, daß man den Boden erst umgraben und für die Setzlinge vorbereiten muß. Sobald man sie gesetzt hat, muß man sie vor dem Unkraut schützen, daß überall wächst und versucht zu überwuchern, was man gepflanzt hat. Es ist wichtig, alles Unkraut auszureißen, damit die guten Pflanzen nicht eingehen. Emotionaler Ballast hat die gleiche Wirkung auf Ihr Bewußtsein. Wenn Sie sich an Ihren Problemen oder an Ihrem Groll festklammern, wird dieses Unkraut Ihr Denken überwuchern und schließlich alles ersticken, was die Welt Ihnen bieten kann. Wem haben Sie in Ihrem Leben nicht vergeben? Welchen emotionalen Ballast tragen Sie mit sich herum, der Sie davon abhält, die Dinge zu bekommen, die Sie von Ihrem Leben erwarten?

Vergeben ist ein befreiendes Erlebnis für den, der wirklich verzeihen will. Wählen Sie jetzt diesen Moment, um der Vergangenheit zu vergeben, lassen Sie sie los, und spüren Sie, wie die Freiheit des Lebens durch Ihren Körper und Ihren Geist fließt. Der Unterschied zwischen einer richtigen Narbe und einer emotionalen oder geistigen Narbe besteht darin, daß man nichts mehr sehen kann, wenn eine emotionale oder eine geistige Wunde geheilt wird.

Die Menschen, von denen Sie verletzt worden sind, hatten keine Ahnung, wieviel Schmerz sie Ihnen zufügen. Wenn der kleine Sam dem kleinen Bob in den Magen boxt und nicht Bob, sondern Sam den Schmerz spürt, garantiere ich Ihnen, daß Sam sehr schnell damit aufhören wird, Bob zu verdreschen. Keiner würde dem anderen mehr weh tun, wenn er den Schmerz spüren würde, den er einem anderen zufügt. Wenn jemand Sie verletzt hat, wenn Ihnen jemand das Herz gebrochen hat, wenn Ihre Eltern Narben bei Ihnen verursacht haben – vergeben Sie. Die Vergangenheit ist dazu da, daß man etwas aus ihr lernt, und nicht, daß man sich an ihr festklammert.

Denken Sie daran: Wer immer Sie auch verletzt hat, hat das für ihn unter den damaligen Umständen Mögliche getan. Wenn Sie jetzt nicht vergeben, heißt das, daß Sie ihm die Macht zugestehen, Sie immer und immer wieder zu verletzen. Er wird nicht aufhören, Sie zu verletzen, bis Sie in der Lage sind, sich von Ihren Gefühle zu befreien. Wenn Sie sich an Ihrem Groll festklammern, verlieren Sie Ihre Macht. Wenn Sie den Menschen, der Sie damals verletzt hat, wirklich nicht leiden können, dann hören Sie auf, ihm die Macht zu geben, Sie immer noch verletzen zu können. Der zweite Schritt zur totalen Erleuchtung besteht darin, alles zu vergeben, was in der Vergangenheit geschehen ist.

Der dritte Schritt zur totalen Erleuchtung besteht darin, **etwas nicht zu tolerieren, sondern es zu nutzen.** Nutzen Sie das, was sich ergibt, statt es lediglich zu tolerieren. Einige Menschen glauben, daß es ihnen deshalb so gut geht, weil sie mit allem fertig werden, was sich in ihrem Leben ergibt. Wenn Sie sich in einer bestimmten Lebenslage befinden, müssen Sie nicht nur vor ihr kapitulieren, sondern sie auch freudig annehmen und als vollkommen ansehen. Fragen Sie sich, was an Ihrer momentanen Lage Großartiges dran ist. Fragen Sie, wie Sie diese Lage nutzen können, um nach mehr zu streben. Jeder Moment Ihres Lebens ist voller Chancen und Lektionen, die Sie lernen können. Nehmen Sie alle Momente in Ihrem Leben an, und nutzen Sie sie dazu, nach mehr zu streben statt nach weniger.

Vor einigen Jahren habe ich noch als Zauberer gearbeitet. David Copperfield hatte damals bereits sieben Fernsehshows produziert und besaß fast ein Monopol auf dem Markt für TV-Zaubershows. Statt wütend zu werden, beschloß ich, meine Beobachtungsgabe und das Wissen über die menschliche Psyche, das ich als Zauberer erworben hatte, zu nutzen und zu einer Koryphäe auf dem Gebiet der Hypnose zu werden.

Ich hypnotisiere heute mehr Menschen und bringe mehr Menschen bei, sich selbst und andere zu hypnotisieren, als jeder andere auf der Welt. Wenn ich jetzt auf das zurückblicke, was damals wie eine negative Situation auf einem heiß umkämpften Zaubermarkt aussah, wird mir klar, daß das Gefühl der Freude und Befriedigung, das ich heute empfinde, nie entstanden wäre, wenn ich die Situation damals als negativ erfahren hätte. Ich begreife jetzt, daß das Beste, was mir hätte passieren können, genau das war, was mir passiert ist. Haben Sie Vertrauen zum Leben, und glauben Sie daran, daß Ihnen das Beste passiert. Vertrauen Sie darauf, daß Sie die Lektion verstehen werden, wenn Sie soweit sind, und nicht vorher. Vertrauen Sie darauf, daß alles in einer universellen Ordnung geschieht. Wenn Sie lernen, alles anzunehmen, was in Ihrem Leben geschieht, und daraus das Beste zu machen, haben Sie die wichtigste Lektion gelernt. Es gibt keine Fehler. Edison kannte über 1000 Möglichkeiten, die Glühbirne nicht zu erfinden. Kolumbus suchte den Weg nach Indien. Post-it-Notizzettel haben einmal als Klebeband angefangen, das einfach nicht kleben wollte. Es gibt keine Fehler, nur Gelegenheiten, etwas daraus zu lernen und es zu nutzen. Nutzen Sie Ihr Leben, und betrügen Sie sich nicht dadurch, daß Sie es nur tolerieren.

Der vierte Schritt zur totalen Erleuchtung besteht darin, **anderen zu dienen.** Wenn Sie die Kunst, das Leben zu nutzen, erst einmal beherrschen, werden Sie in jedem Bereich Ihres Lebens auf einen Überfluß blicken können, den Sie sich in Ihren kühnsten Träumen nicht vorgestellt haben. Der Stahlmagnat Andrew Carnegie hat die Hälfte seines Lebens damit verbracht, Millionen zu scheffeln, und die andere Hälfte damit, sie zu verschenken. Da er während seines ganzen Lebens anderen Menschen geholfen hat, war es für ihn ein leichtes, sich ihre Unterstützung und ihre Arbeitskraft für seinen Gesamtplan zu sichern. Wenn Sie einmal damit angefangen haben, voll und ganz in der Gegenwart zu leben, während Sie gleichzeitig wissen, wohin Ihr Weg Sie führt, und allen geistigen und emotionalen Ballast aus der Vergangenheit losgeworden sind, werden Sie anfangen, Leidenschaft, Engagement, Erfolg und Energie in Ihrem Leben zu schaffen. Ihr Herz wird sich sicher fühlen und sich anderen öffnen. Die Liebe zu anderen Menschen ist das größte Geschenk, das Sie der Welt machen können.

> *»Ein Mensch hat erst dann seine wahre Größe erreicht, wenn er erkannt hat, daß es vornehmer ist, nicht sich selbst zu dienen, sondern anderen.«*
>
> WOODROW WILSON

Sobald Sie gelernt haben, das zu nutzen, was sich in Ihrem Leben ereignet, wird der Himmel seine Schleusen öffnen und Sie im Überfluß mit den Reichtümern des Erfolgs überschütten. Sie werden Ihre Beziehungen so führen, daß Sie es anderen ermöglichen, so zu sein, wie sie sind, und Sie werden der Art, wie andere Menschen auf Sie reagieren, keinerlei Wert beimessen. Da Sie ohne jedes Urteil über andere sein werden, werden Sie akzeptieren, daß die Menschen um Sie herum ihr Bestes geben. Sie werden eine positive Einstellung bekommen, die es Ihnen ermöglicht, das Gute in anderen zu suchen, während das Leben Ihnen die Gelegenheit gibt, anderen zu helfen. Wenn Sie andere lieben und großzügig unterstützen, werden Menschen zu Ihnen kommen, die Ihnen in allen Bereichen Ihres Lebens helfen wollen.

Wenn die Kommunikation mit anderen Ihnen mehr Freude macht, dann werden sich Ihnen auch mehr Chancen bieten. Viele Menschen werden Ihre Nähe suchen und Ihnen noch mehr geben wollen, weil Sie wissen, daß Sie es ihnen großzügig zurückgeben. Wenn Sie sich darauf konzentrieren, anderen zu dienen, werden Sie die Menschen dadurch inspirieren, Sie auf Ihrem Weg zu unterstützen, und damit noch mehr Wohlstand schaffen.

> *»Nur ein Leben, das für andere gelebt wurde, hat sich wirklich gelohnt.«*
>
> ALBERT EINSTEIN

Wiederholen wir die vier Schritte zur totalen Erleuchtung:

Schritt eins – halten Sie Ihr Leben für vollkommen, und setzen Sie sich mit dem auseinander, was geschieht. Glauben Sie und vertrauen Sie darauf, daß sich Ihr Leben genau so entwickeln wird, wie es sich entwickeln soll, selbst wenn Sie es nicht verstehen.

Schritt zwei – vergeben Sie der Vergangenheit. Tun Sie es für sich selbst, und ernten Sie die Früchte. Vergeben Sie, und holen Sie sich damit die Macht zurück, die Sie anderen über sich gegeben haben.

Schritt drei – nutzen Sie etwas, statt es nur zu tolerieren und die Welt dafür zu verfluchen, was um Sie herum geschieht. Nutzen Sie, was die Welt für Sie tut, und seien Sie sich darüber im klaren, daß es einen Hauptplan für Ihr Leben gibt. Macht kommt daher, daß Sie alles nehmen, was Sie bekommen können, und seinen Wert erkennen. Wenn Sie die ersten drei Schritte hinter sich haben, werden Sie mehr Liebe, Geld und innere Ruhe besitzen, als Sie je verbrauchen können.

Mit diesen drei Schritten verschaffen Sie sich die Ressourcen, mit denen Sie den vierten und wichtigsten Schritt machen – anderen zu dienen. Freuen Sie sich daran, immer und überall zu spenden. Sie können der Welt kein schöneres Geschenk machen, als ihr das zurückzugeben, was sie Ihnen geschenkt hat.

Wenn Sie die Erleuchtung erreicht haben, werden Sie wissen, daß Sie wissen. Sie vertrauen der Welt und glauben, daß Sie die notwendigen Werkzeuge haben, um ein Leben in Harmonie zu führen. Erleuchtete Menschen leben im Licht, sie verstehen die Wahrheit. Allein die Tatsache, daß Sie glauben, die Antworten zu kennen, wird Ihrem Bewußtsein die universelle Bibliothek des Wissens öffnen.

Diese wird manchmal auch als »das kollektive Bewußtsein« bezeichnet. Napoleon Hill hat darüber in seinem berühmten Buch *Think and Grow Rich* geschrieben. Er nannte es »das Superhirn«. Wie würden Sie sich wohl in Ihrem Alltag vorkommen, wenn Sie absolut sicher wären, alle Antworten auf alle Herausforderungen des Lebens zu besitzen? Egal, was passiert, wenn Sie diesen Zustand in Ihrem Leben erreichen, wüßten Sie genau, was Sie tun müßten, und verfügten über das Selbstbewußtsein, es auch zu tun.

Was Sie glauben, ist die Wahrheit für Sie, und sonst nichts. Wenn Sie glauben, daß Sie langsam sind oder es Ihnen schwerfällt, etwas zu lernen, behindern Sie damit Ihren Lernprozeß. Sie befehlen Ihrem Gehirn, die Elektronenverbindung zu unterbrechen, die das Lernen vereinfacht.

In meinen Einzelseminaren habe ich Menschen, die glaubten, sie hätten eine Lernschwäche wie zum Beispiel Legasthenie, beigebracht, sich zu weigern, der Programmierung zu glauben, die ihnen von außen aufgezwungen worden war. Ich bringe ihnen bei, wie sie ihr Bewußtsein so umprogrammieren können, daß sie ihr wahres intellektuelles Potential erreichen können. Alles beginnt in Gedanken. Wie Kahlil Gibran in seinem berühmten Buch *Der Prophet* gesagt hat: »Wie ein Mensch denkt, so ist er auch.«

Was würde geschehen, wenn Sie das Gegenteil glaubten? Was wäre, wenn Sie glaubten, ein Genie zu sein? Denken Sie, daß Sie ein Genie sind, und Sie werden anfangen, wie ein Genie zu denken. Bei unserer Geburt verfügt jedes Gehirn über das gleiche Potential. Einige Menschen entscheiden aufgrund der Verhältnisse in ihrem Leben, daß sie intelligent sind und die Antworten kennen werden. Andere wiederum entscheiden, daß sie nicht intelligent sind und erfüllen dieses Programm. Alles beginnt mit einem Gedanken. Sagen Sie jetzt die Worte: »Ich bin ein Genie.« Ich weiß, daß Sie vermutlich gelächelt haben, als Sie das gesagt haben. Ich weiß außerdem, daß Sie sich Ihres Potentials berauben, wenn Sie diese Worte nicht sagen. Also sagen Sie es noch einmal ganz laut: »Ich bin ein Genie.« Dieses Mal ist es Ihnen schon leichter fallen, es auszusprechen, nicht wahr? Bei meinen Seminaren zur Umprogrammierung des Unterbewußtseins ist eine der Regeln für das Bewußtsein, daß es Ihnen jedesmal, wenn Sie auf eine bestimmte Weise reagieren, leichter fallen wird, wieder auf diese Weise zu reagieren. Lernen Sie, mit den einfachsten Dingen glücklich zu sein, dann werden die großen Dinge öfter geschehen.

Wenn Sie das nächste Mal einen schweren Tag haben und denken, Ihr Leben wäre schlimm, denken Sie einfach an den indischen Maurer, der an einem dreistöckigen Gebäude arbeitete. Eines Tages befahl ihm sein Chef, die Backsteine aus dem dritten Stock nach unten zu bringen, daher ersann er eine Art Flaschenzug mit einem Faß, um die Backsteine damit nach unten zu befördern. Er band das Seil vor dem Gebäude fest, damit er später nach unten gehen, das Seil losbinden und das Faß mit den Backsteinen herablassen konnte. Nachdem er das Faß vorsichtig mit den schweren Backsteinen gefüllt hatte, lief er runter, um das Seil loszubinden. Aber da er das Gewicht des Fasses unterschätzt hatte, stürzte das Faß in dem Moment, in dem er das Seil losmachte, vom dritten Stock herab. Weil er nicht wollte, daß Faß und Backsteine zu Bruch gingen, hielt der Maurer das Seil fest. Da das Faß mit den Backsteinen schwerer war als er, schoß er nach oben und das Faß nach unten. Das schwere Faß mit den

Backsteinen traf ihn an der Schulter und brach ihm das Schlüsselbein. Als er noch weiter emporgerissen wurde, geriet er mit den Händen in den Flaschenzug und brach sich dabei alle Finger. Inzwischen hatte er so große Schmerzen, daß er sich kaum noch am Seil festhalten konnte, und doch ließ er es nicht los. Das Faß prallte auf dem Boden auf, zerbrach in 1000 Stücke und schleuderte die Backsteine in alle Richtungen davon. Ohne die Backsteine war es plötzlich leichter als der Maurer, der sich noch immer an dem Seil festhielt und nach unten sauste, während das zersplitterte Faß nach oben schoß und ihm einige Splitter in den Hintern jagte. Mit einem heftigen Plumps landete der Maurer auf der Erde.

Inzwischen war er so erschöpft, daß er den Fehler beging, das Seil loszulassen, woraufhin die Bruchstücke des Fasses, das er nach oben gezogen hatte, herabstürzten und auf seinem Kopf landeten. Er mußte ins Krankenhaus. Wenn Sie also das nächste Mal einen schweren Tag haben, sollten Sie lieber einsehen, daß Sie damit fertigwerden können und dabei Ihre Lektionen lernen.

Kapitel 43

Die Umprogrammierung des Unterbewusstseins auf mehr Energie

»Es reicht nicht aus, etwas zu lernen,
man muß es leben.«

Marshall Sylver

Nachdem Sie nun viele leistungsfähige und effektive Strategien über Beziehungen gelernt haben, ist es an der Zeit, dieses Material so zu integrieren, daß dadurch der maximal mögliche Einfluß auf Ihr Leben erreicht wird. Dieses Kapitel – wie die beiden Kapitel über die Programmierung auf Leidenschaft und Erfolg, die ähnlich aufgebaut sind – ist eine Zusammenfassung des Materials, das in diesem Abschnitt vorgestellt wurde. Das Material ist in einer speziellen Sprachsyntax geschrieben, um den größtmöglichen Einfluß auf Ihr Unterbewußtsein zu erzielen. Es gibt zwei Methoden, um mit diesem Kapitel zu arbeiten. Sie können das Kapitel auf Kassette aufnehmen und dann abspielen, während Sie sich entspannen. Wenn Sie es aufnehmen, müssen Sie darauf achten, daß am Anfang der Kassette etwa zwei Minuten unbespielt bleiben. Diese Zeit brauchen Sie, um tief ein- und auszuatmen und sich zu entspannen. Wenn Sie dieses Kapitel auf Band aufnehmen, müssen Sie den Text in der zweiten anstelle der ersten Person lesen, in der er geschrieben ist. Also »Entspanne dich« statt »Ich entspanne mich«. »Du weißt, daß du es verdient hast...« statt »Ich weiß, daß ich es verdient habe...«. Das von Ihnen aufgenommene Band wird dadurch zu Ihrem persönlichen Umprogrammierer für Ihr Unterbewußtsein.

Die andere Methode zur Umprogrammierung besteht darin, den Text als Übung zur Bestätigung zu verwenden. Dazu lesen Sie sich einfach jeden Tag laut die Sätze zur Umprogrammierung vor, und zwar genau so, wie sie hier stehen. Diese Methode ist besonders effektiv, weil Sie dadurch gezwungen sind, sich voll und ganz auf die neuen Programme zu konzentrieren. Wenn wir zuhören, schweifen unsere Gedanken oft ab. Aber da Sie ein aktiver Teilnehmer bei dieser positiven Verstärkung sind, werden Ihnen diese Sätze dabei helfen, konzentriert zu bleiben und zu hören, was Sie sagen. Beide Methoden sind gleichermaßen gut geeignet. Wenn Sie die zuletzt genannte Methode zur Umprogrammierung verwenden wollen, lesen Sie dazu das gesamte Kapitel laut vor, und zwar genau so, wie es geschrieben wurde.

Text zur Umprogrammierung des Unterbewußtseins auf mehr ENERGIE

Ich weiß, daß Selbstbeherrschung die Fähigkeit ist, meine Gedanken, Gewohnheiten und Tugenden körperlich, geistig und mental zu kontrollieren. Ich übernehme die volle Verantwortung dafür, wo ich jetzt gerade stehe. Ich weiß, daß meine momentane Situation durch mich selbst geschaffen wurde, und ich kann mich dazu entschließen, sie in jedem Moment anders zu schaffen.

Ich weiß, daß mein finanzielles, emotionales und körperliches Wohl allein von meiner Fähigkeit zu handeln abhängt. Ich weiß, daß Macht dazu da ist, sie zu benutzen. Ich habe mich jetzt in diesem Moment dazu entschlossen, kein Lernender mehr zu sein, sondern ich habe mich dazu entschlossen, das zu sein, was ich lerne.

Ich bin ein Mensch, der Macht hat. Ich unternehme produktive und positive Schritte, um das zu bekommen, was ich haben will. Ich weiß im voraus, daß ich positive Ergebnisse erwarten kann, und ich spiele das Spiel so gut, wie ich nur kann. Ich weiß, daß alles in Gedanken beginnt, und wähle meine Gedanken mit Bedacht, weil ich weiß, daß ich mein Bewußtsein beherrsche.

Ich weiß, daß ich mein Leben zielgerichtet gestalten kann. Ich weiß, daß ich jetzt die Verantwortung für die 1500 Wörter übernehmen kann, die in jeder Minute durch mein Gehirn wandern. Ich beherrsche mein Bewußtsein, und mein Bewußtsein kümmert sich um mein Schicksal. So wie ich denke, bin ich, und das Schicksal wird für mich sorgen, sobald ich beschlossen habe, welche Richtung mein Leben nehmen soll.

Ich bin ein wertvoller Mensch. Die Menschen lieben mich. Ich bin ein Magnet für Geld und Menschen. An jedem einzelnen Tag suche ich Ereignisse, die mich unterstützen, und das, was ich suche, finde ich auch. Das, worauf ich mich konzentriere, wird größer.

Ich weiß, daß ich das Spiel gewinnen kann, und um das Spiel zu gewinnen, muß ich spielen, und ich spiele bereitwillig das Spiel meines Lebens. Mit jedem Tag, der vergeht, werde ich noch gesünder. Ich werde die ganze Zeit über immer gesünder. Ich beherrsche mein Bewußtsein und meine persönliche Programmierung.

Ich achte darauf, welche Worte ich verwende, wenn ich Sätze mit »Ich« oder »Ich bin« sage. Ich weiß, wenn ich die Worte »Ich« oder »Ich bin« benutze, programmieren sie mich sofort für die Worte, die danach folgen, und ich werde immer so mit mir sprechen, daß es für mich konstruktiv und lehrreich ist, indem ich Sätze sage wie: »Ich bin nicht aufzuhalten. Alles, was ich berühre, wird zu Gold. Ich bin ein dynamischer, kreativer, beeindruckender Mensch.«

Ich weiß, daß die Wirklichkeit durch Bestätigung geschaffen wird, und ich suche Bestätigung für die Dinge, die ich haben will, und Dinge, die mich nicht unterstützen, übersehe ich ganz einfach. Ich weiß, wie andere Menschen mich programmieren können. Wenn also andere etwas zu mir sagen, was nicht dem entspricht, was ich will, denke ich mir, daß es sich dabei um ihre Meinung handelt und nicht um das, was wahr ist.

Ich weiß, daß mir alle Werkzeuge zur Verfügung stehen, um all das zu erreichen, was ich finanziell, in meinen Beziehungen und in meinem Leben haben will und in meinem physischen und meinem emotionalen Körper. Ich weiß, daß ich gut im Planen werden muß, und ich plane jeden einzelnen Tag im voraus und lege die Prioritäten fest, um das zu erreichen, was ich will.

Ich bin diszipliniert, und ich weiß, daß es in meinem Leben entweder Disziplin oder Reue geben wird. Ich weiß, daß Disziplin eigentlich nur eine geistige Gewohnheit ist, und ich entschließe mich dazu, geistige Gewohnheiten zu bilden, die mir nützen und mir dienen und mich dabei unterstützen, das zu bekommen, was ich haben will. Mein Bewußtsein bewegt sich in die Richtung, die ihm von seinem dominierenden Gedanken vorgegeben wird. Das, worauf ich mich konzentriere, wächst, und nichts hat Macht über mich, es sei denn, ich gestehe ihm diese Macht zu. Ich entschließe mich dazu, den Situationen, Menschen und Ereignissen Macht zu geben, die mich dabei unterstützen, das zu bekommen, was ich haben will.

Ich weiß, daß es 21 Tage dauert, bis man eine neue Gewohnheit angenommen hat, und daß eine Gewohnheit etwas ist, was man immer wieder und daher ohne Mühe tut. Ich weiß, je engagierter und leidenschaftlicher ich mich dafür einsetze, die Änderungen durchzuführen, die ich für mein Leben geplant habe, desto leichter wird es sein, sie zu vollziehen. Mit jedem Tag, der vergeht, werden meine neuen positiven und produktiven Gewohnheiten leichter für mich werden.

Ich weiß, daß ich in meinem Leben in jedem einzelnen Moment beschließe, wie ich reagieren will. Ich stelle mir Was-Fragen statt Warum-Fragen. Statt mich zu fragen: »Warum passiert das mit mir?«, frage ich mich: »Was kann ich jetzt Positives und Produktives tun, das mich dem näher bringt, was ich am meisten haben will?«

Ich weiß, daß ich manchmal nicht weiß, daß ich überhaupt Fortschritte mache, obwohl ich in Wirklichkeit doch Fortschritte mache, und daher gebe ich nicht auf. Ich gebe nicht auf, danach zu streben, was ich haben will. Ich weiß, daß »richtig« für mich manchmal wie »falsch« aussieht, wenn ich etwas falsch mache. Ich entschließe mich dazu, mit meinem Leben zu experimentieren, neue Wege zu riskieren, neue Möglichkeiten auszuprobieren, neue Formen des Daseins und Denkens und Tuns auszuprobieren, um neue Ergebnisse in meinem Leben zu erreichen.

Ich ändere sofort den Kurs, wenn ich bemerke, daß ich vom richtigen Weg abgekommen bin, und ich vergebe mir schnell selbst, indem ich Sätze sage wie: »Das sieht mir gar nicht ähnlich, ich bin ein positiver Mensch.« »Das sieht mir gar nicht ähnlich, ich nehme leicht und schnell ab.« »Das sieht mir gar nicht ähnlich, ich konzentriere mich in meinen Beziehungen immer darauf, nach mehr zu streben und mehr Liebe und Überfluß um mich herum zu schaffen.«

Ich kenne jetzt eine neue, wirkungsvolle Methode, um meine Gewohnheiten zu ändern. Ich habe jetzt gelernt, so zu tun, als ob ich bereits das wäre, was ich sein will. Ich weiß, wenn ich »so tue, als ob«, bin ich selbstsicher. Ich gebe meinem Unterbewußtsein das Signal, die Elemente des Selbstbewußtseins zu finden, die dort vorhanden sind, und während ich so tue, als wäre ich selbstsicher, reflektiert meine Umgebung das auf mich zurück, was ich auf sie projiziere. Mit jedem Tag, der vergeht, beschließe ich, so zu tun, als ob das, was ich will, in diesem Moment wahr würde. Ich tue so, als ob meine größten Wünsche in Erfüllung gingen, und ich finde in meiner Umgebung die Beweise dafür, daß dies wirklich geschieht.

Ich weiß, daß Selbstbeherrschung die Fähigkeit ist, leidenschaftlich zu sein, und jeden Tag beschließe ich, leidenschaftlich in bezug auf meine Beziehungen zu sein, in bezug auf meine Inspiration, in bezug auf die Bildung meines Reichtums. Ich besitze eine emotionale Intensität, die magnetisch und charismatisch ist und auf alle Menschen anziehend wirkt. Ich handle zielgerichtet. Ich bin so begeistert von dem, was in meinem Leben geschieht, daß ich es mit anderen teilen will, und weil ich es mit ihnen auf eine Art und Weise teile, die für sie inspirierend wirkt, wollen sie mich unterstützen.

Ich verstehe, daß nichts Macht über mich hat, es sei denn, ich gestehe ihm diese Macht zu, und daß es einen Weg für mich gibt, das zu bekommen, was ich haben will, der anders ist als der, den ich bis jetzt gegangen bin. Ich lebe nach der Strategie des endgültigen Spielstandes. Ich weiß, daß ich entweder gewinne oder verliere, und ich entscheide mich dafür zu gewinnen. Ich weiß, daß ich meinem Partner in einer Beziehung entweder näher komme oder mich von ihm entferne, und ich beschließe, mir die Frage zu stellen: »Wie kann ich uns einander noch näher bringen?«

Ich weiß, entweder habe ich es geschafft, oder ich habe es nicht geschafft. Ich beschließe, den grauen Bereich aus meinem Leben zu streichen und ehrlich zu mir zu sein. Ich weiß, daß ich bereit sein muß, alles zu tun, was notwendig ist, mehr als nur bereit, alles zu tun, und ich bin bereit, alles zu tun, was immer für die Aufgabe, vor der ich jetzt stehe, erforderlich ist. Ich weiß, daß es effektiv ist, mich selbst zu riskieren, und ich beschließe, mich der Welt, mir selbst und allen Menschen, denen ich begegne, zu verpflichten, indem ich mich festlege und ihnen genau sage, was ich jetzt tun werde und was ich in der Zukunft tun werde.

Ich frage mich ständig: »Was ist positiv und produktiv und bringt mich dem näher, was ich am meisten haben will?« Ich weiß, daß alles, was ich tue, mich entweder von meinem Erfolg ablenkt oder mich dabei unterstützt. Ich weiß, der einzige Weg, wirklich etwas Nutzloses zu tun, besteht darin, gar nichts zu tun, daher beschließe ich in jedem Augenblick, etwas zu tun. Weil ich meine Entscheidungen schnell treffe, weil ich sofort handle, weiß ich, daß ich dem, was ich haben will, entweder einen Schritt näher komme oder einen Weg kennenlerne, der nicht funktioniert, was mich dann trotzdem einen Schritt weiterbringt.

Ich habe gelernt, nach oben zu fallen, und ich sehe Mißerfolg nie als Mißerfolg an, sondern nur als weiteren Weg, der nicht funktioniert, und als einen Schritt auf den Weg zu, der funktioniert. Ich weiß, daß ich handeln und nicht denken muß, um das zu bekommen, was ich will. Ich handle sofort und ohne Mühe. Ich weiß, um zu gewinnen, muß ich bereit sein zu verlieren. Ich weiß, daß es unmöglich ist, ein Spiel zu gewinnen, das ich nicht spiele. Ich riskiere viel und oft. Ich riskiere bereitwillig, und ich riskiere viel, weil ich weiß, daß niemand weiß, was morgen ist, und daß ich allein für meinen Erfolg verantwortlich bin.

Alles, was ich jetzt nicht tue, wird nie getan werden. Ich weiß, daß es keinen besseren Zeitpunkt als die Gegenwart gibt. Die Qualität meines Lebens hängt von der Qualität meiner Kommunikation ab, mit mir selbst und mit anderen. Ich habe das Wort *versuchen* aus meinem Leben verbannt, weil ich weiß, versuchen impliziert versagen. Entweder ich schaffe es, oder ich schaffe es nicht.

Ich habe außerdem die Wendung *nicht können* aus meinem Vokabular gestrichen, weil ich weiß, daß ich es entweder nicht weiß oder nicht tun will. Wenn ich es nicht tun will, beschließe ich, das, was mir Streß bereitet, loszulassen und damit auch die Spannung wegzunehmen. Wenn ich es nicht weiß, beschließe ich heute, es zu lernen und einen Schritt weiter auf das zuzugehen, was ich haben will, indem ich mir das notwendige Wissen aneigne.

Ich weiß, daß Erfolg eine Gewohnheit und eine Tugend ist, und ich streiche das Wort *aber* aus meinem Vokabular, weil ich weiß, daß damit alles verneint wird, was danach kommt.

Ich achte auf das, was ich hoffe, und statt zu hoffen, beginne ich zu wissen, daß mir der Erfolg sicher ist.

Ich weiß, daß es einen Unterschied macht zu sagen, »wenn etwas passiert« oder »sobald etwas passiert«, und wenn ich sage, »sobald etwas passiert«, drücke ich damit eine positive Erwartung aus, die Wirklichkeit wird. Erfolg hinterläßt seine Spuren, und obwohl ich weiß, daß es ganz einfach ist, weiß ich, daß es nicht leicht ist. Wenn ich das tue, was reiche Menschen tun, werde ich Reichtum schaffen.

Ich mache diesen Tag zum Spiel, ich spiele, um zu gewinne, und ich genieße das Spiel genauso wie den Sieg. Ich weiß, daß aller Erfolg im Leben davon abhängt, wie gut ich mich für das Spiel vorbereite. Ich weiß außerdem, daß es nicht reicht, nur zu gewinnen. Ich muß mich ständig auf das Spiel vorbereiten oder das Spiel spielen. Derjenige hat Erfolg auf allen Gebieten, der erkennt, daß es für alles eine Zeit gibt. Ich weiß, daß andere, die vielleicht in glücklichere Umstände hineingeboren wurden, mir nichts voraushaben, daß ich alles habe, was sie haben.

Ich beschließe zu erkennen, daß ich alles bekommen kann, was ich will, egal, wie meine Lebenssituation zur Zeit aussieht, und daß ich dazu nur Leidenschaft, Ehrgeiz und Engagement brauche. Ich verpflichte mich, der Allerbeste bei dem zu sein, was ich tue. Ich weiß, daß jemand der Beste sein muß, und dieser Beste werde ich sein, daher verpflichte ich mich, der Beste zu sein und jeden Tag nach herausragenden Leistungen zu streben.

Ich verbanne Entschuldigungen und Alibis aus meinem Leben und lege mich fest. Ich weiß, daß andere Menschen

Entschuldigungen vorbringen, ich nicht. Andere Menschen jammern über die Situation, in der sie sich gerade befinden, ich nicht. Ich nutze solche Situationen. Ich will nicht wissen, wie meine Chancen stehen, und ich übernehme die volle Verantwortung für meinen Erfolg.

Wenn jemand mich fragt, wie es mir geht, antworte ich immer mit »phantastisch« oder »perfekt« oder »klasse«. Ich weiß, wenn ich sage, daß es mir phantastisch oder perfekt oder klasse geht, programmiere ich in mein Bewußtsein den Gedanken, daß es mir wirklich so geht, und mein Unterbewußtsein macht sich sofort an die Arbeit, um die Elemente zu finden, die mich dabei unterstützen. Ich weiß, daß ich sagen kann, »Es wird immer besser«, wenn ich einen schwierigen Tag habe. Wenn ich das zu mir sage, sucht mein Bewußtsein nach den Beweisen dafür, daß es wirklich immer besser wird, und dann wird es tatsächlich besser. Ich weiß, daß aus kleinen Verpflichtungen große Verpflichtungen werden, daß etwas besser ist als gar nichts, und daß ich besser zu spät komme als gar nicht.

Ich weiß, daß es nicht besser werden kann als so, wie es jetzt ist, daß das Hier und Jetzt der beste Ort auf Erden ist. Ich weiß, daß Menschen, die nichts zustande bringen, den größten Teil ihrer Zeit irgendwo anders verbringen, nur nicht in der Gegenwart. Ich nicht. Ich verbringe mein Leben im Hier und Jetzt und genieße jede Sekunde davon. Weil ich mein Leben im Hier und Jetzt genieße, ist es erfüllt und reich, und ich habe dadurch die Möglichkeit, noch mehr zu bekommen. Mein Motto soll sein »Wer viel arbeitet, darf auch viel feiern«, damit ich mein Leben in allen Bereichen noch mehr genießen kann. Ich konzentriere mich voll und ganz darauf, wo ich jetzt gerade bin. Ich weiß, wenn meine Gedanken irgendwo anders hinwandern, kann ich genausogut selbst dort hingehen. Statt dessen konzentriere ich mich voll und ganz auf das Hier und das Jetzt. All diese nützlichen Ideen und Konzepte machen einen tiefen Eindruck auf mein Unterbewußtsein und können nicht mehr gelöscht werden. Ich werde mich in dem Moment an sie erinnern, in dem ich das Wort »Energie« denke oder sage. *(Holen Sie jetzt tief Luft, ballen Sie Ihre Hand zur Faust, und sagen Sie laut »Energie«. Holen Sie jetzt noch einmal tief Luft und sagen Sie beim Ausatmen laut »Energie«.)*

Ich weiß, daß das, was hätte sein können, nicht unbedingt auch das ist, was hätte sein sollen, und was sein soll, nicht das, was ist. Um das Spiel des Lebens zu gewinnen, muß ich mich mit dem auseinandersetzen, was ist, und mit dem, was sein wird. Ich weiß, daß ich eigentlich gar keine andere Wahl habe, als mich mit dem auseinanderzusetzen, was geschieht, und ich tue das bereitwillig und mit Freude. Ich sehe meine Probleme als Herausforderungen. Ich begrüße Streß und weiß, daß ich um so mehr Erfolg in meinem Leben haben werde, je mehr Streß ich aushalte. Ich weiß, daß es in meinem Leben viele Puzzles und viele Herausforderungen gibt, und doch gibt es für alles eine Lösung, und ich kann das Spiel gewinnen.

Ich weiß, daß ich genausoviel Spaß beim Spielen wie beim Gewinnen haben muß, um das Spiel zu genießen, und ich koste die Sehnsucht nach etwas immer genauso aus wie den Besitz. Ich weiß, daß ich nur Spaß zu haben und glücklich zu sein brauche. Da das, worauf ich mich konzentriere, größer wird, konzentriere ich mich auf das, was funktioniert. Ich gebe alles auf, was keinen Spaß macht. Ich konzentriere mich auf das Gute im anderen, und ich werde mehr Gutes finden.

Ich konzentriere mich auf das Gute in mir selbst, und auch das wird größer. Ich akzeptiere die Tatsache, daß die Dinge so sind, wie sie sind, und verwende meine Energie, um nach mehr zu streben. Ich weiß, daß es für alles einen bestimmten Grund gibt und daß es mir nützt.

Ich weiß, daß jeder gewinnen kann, wenn das Spiel leicht ist. Erst wenn ich ein Spiel gewinne, das eine Herausforderung war, werde ich zum wahren Sieger. Ich weiß, daß alles zählt. Es gibt keine Auszeiten. Ich führe ein perfektes Leben. Ich spiele, um zu gewinnen, und genieße das Spiel. Ich habe das herkömmliche Konzept von Gut und Schlecht aufgegeben, und ich denke nicht mehr an Glück oder Pech, weil ich weiß, daß immer ich derjenige bin, der entscheidet.

Ich weiß, daß ich nichts in Ordnung bringen muß, um nach mehr zu streben. Ich kann jetzt sofort damit anfangen, nach mehr zu streben. Ich weiß, damit sich etwas ändert, muß ich mich ändern. Ich weiß, daß die Welt sich nie ändern wird, sie wird immer so bleiben, wie sie ist. Jetzt, in diesem Augenblick, übernehme ich die Verantwortung für mein Schicksal, und ich ändere mich und strebe nach mehr. Ich begrüße Veränderung. Ich verlasse meine bequeme Ecke und mache jetzt, in diesem Moment, etwas ganz anderes. Ich denke in Gedanken die Worte: »Wer nicht wagt, der nicht gewinnt.« Tagsüber lächle ich und sage oft: »Wer nicht wagt, der nicht gewinnt.« Ich wage es heute.

Ich bitte andere um das, was ich haben will. Ich riskiere etwas und gebe mir selbst eine Chance. Ich riskiere heute etwas und bitte andere um ihre Unterstützung. Wenn ich es nicht jetzt tue, werde ich es nie tun. Ich weiß, daß ich nur dann etwas tun kann, wenn ich es sofort tue. Ich weiß außerdem, daß, wenn das, was ich mir vorgenommen habe, so einfach wäre, es alle schon getan hätten und es dann keine Befriedigung mehr für mich wäre. Aufgrund der Tatsache, daß sich mir auf meinem Weg Herausforderungen entgegenstellen, weiß ich, daß ich einen Schritt in die Richtung eines großen Erfolges und eines großen Sieges mache.

Ich weiß, daß in dem Moment, in dem ich die Reise ebenso genieße wie das Ziel, mein Leben erfüllend, schön und der Siegesfeier wert sein wird. Ich weiß, daß Macht die Fähigkeit ist, jetzt zu handeln. Es ist die Fähigkeit, den größten Teil meines Lebens in Satori zu leben, in der Gegenwart.

Ich sehe mich nur als Beobachter, wenn ich nach vorn projiziere, und tue das nur, um feststellen, was dort ist, und um zu wissen, ob ich auf dem richtigen Weg bin oder nicht. Ich kapituliere schnell und halte mein Leben für vollkommen, egal, was um mich herum geschieht, weil ich weiß, daß es eine Verschwendung meiner Zeit ist, wenn ich es für weniger als vollkommen halte. Ich bin kein Dummkopf. Ich beschließe, mein Leben für vollkommen zu halten, und akzeptiere die Tatsache, daß es sich so entwickelt, wie es sein soll, und ich bin damit zufrieden.

Ich vergebe anderen schnell und bereitwillig, und ich vergebe meiner Vergangenheit, weil ich weiß, daß die Vergangenheit nicht die Gegenwart ist, und auch nicht die Zukunft. Ich beschließe in der Gegenwart, mein Leben zu genießen und jeden Moment so zu leben, als wäre er mein letzter. Von diesem Tag an beschließe ich, mir die Herausforderungen zunutze zu machen, die sich mir stellen, sie nicht einfach zu tolerieren, sondern zu begrüßen und sie zu nutzen, um nach mehr zu streben.

Ich weiß, wenn ich mir alles zunutze mache, werde ich dadurch Überfluß in meinen Beziehungen, meinem Reichtum und meinem emotionalen und körperlichen Wohl schaffen. Ich beschließe, diesen Überfluß jetzt in diesem Moment zu schaffen, indem ich das, was geschieht, als vollkommen ansehe und nach mehr strebe. Ich weiß, daß die beste Möglichkeit, mehr aus meinem Leben zu machen, darin besteht, anderen zu dienen, und wenn ich anderen diene, inspiriere ich sie dadurch, mir mehr zurückzugeben, und so vollende ich den endlosen Kreis von Überfluß und Freude in meinem Leben.

Ich weiß, daß ich ein starker, produktiver, intelligenter Mensch bin, der es wert ist, all die wundervollen Dinge zu bekommen, die das Leben ihm zu geben hat. Ich vertraue jetzt auf mich selbst und bleibe in der Gegenwart. Ich brauche lediglich glücklich zu sein, und ich bin am glücklichsten mit dem, was am einfachsten ist, und wie durch ein Wunder wird sich dann Großes ereignen. Macht ist dazu da, um benutzt zu werden. Macht bedeutet, jetzt zu handeln. Jetzt aktiv zu werden. All diese nützlichen Ideen und Konzepte machen einen tiefen Eindruck auf mein Unterbewußtsein und können nicht mehr gelöscht werden. Ich werde mich in dem Moment an sie erinnern, in dem ich das Wort »Energie« sage. *(Holen Sie jetzt tief Luft, atmen Sie aus, und sagen Sie laut »Energie«. Holen Sie noch einmal tief Luft, und sagen Sie beim Ausatmen noch einmal laut »Energie«.)*

ANHANG

So nehmen Sie Ihre persönlichen Kassetten zur Umprogrammierung Ihres Unterbewußtseins auf

> *»Wenn Sie die Kassetten in Gedanken abspielen lassen, können Sie sie auch gleich aufnehmen.«*
>
> MARSHALL SYLVER

Nachdem Sie dieses Buch gelesen haben, wissen Sie, was man braucht, um seine eigenen nützlichen Kassetten zur Umprogrammierung des Unterbewußtseins aufzunehmen.

Wenn wir mit Audiokassetten arbeiten, nennen wir das *Projizierte Umprogrammierung des Unterbewußtseins*. Obwohl es Ihre eigene Stimme ist, besprechen Sie die Kassetten in der zweiten Person Singular. Sie sagen also: »Du nimmst mühelos und ohne Probleme ab« und nicht »Ich nehme mühelos und ohne Probleme ab«. Auf diese Weise werden Sie später den Eindruck haben, als würde jemand anderes mit Ihnen sprechen. Jetzt sage ich Ihnen, wie Sie Ihre Kassette aufnehmen müssen.

1. Schritt: Schreiben Sie das Programm auf, an dem Sie arbeiten. Ob es nun darum geht, abzunehmen oder mit dem Rauchen aufzuhören oder Wohlstand zu schaffen oder deutlich und selbstsicher zu sprechen – wenn Sie Ihr Programm aufschreiben, sollte es etwa acht bis zehn Minuten lang sein. Wenn Sie es auf ein normales Blatt Papier schreiben, sind das etwa drei Seiten.

2. Schritt: Lassen Sie am Anfang der Kassette zwei Minu-

ten frei, damit Sie Zeit haben, um tief zu atmen und sich zu entspannen. Das gilt auch für das Vorspannband, damit Sie ausreichend Zeit haben, sich entsprechend vorzubereiten, wenn Sie die Kassette anhören.

3. Schritt: Stellen Sie die richtige Lautstärke ein. Machen Sie eine Probeaufnahme. Nehmen Sie einige Sätze auf, und spielen Sie die Kassette zurück. Wenn die Lautstärke in Ordnung ist, machen Sie weiter.

4. Schritt: Nehmen Sie das Programm auf, das Sie geschrieben haben – das acht bis zehn Minuten lange Programm, das Sie bei Schritt 1 geschrieben haben, und an dem Sie gerade arbeiten.

5. Schritt: Zählen Sie wie nachstehend angegeben bis fünf, um wieder zu vollem Bewußtsein zu kommen. »Bei der Zahl eins fühlst du dich entspannt und wohl. Bei der Zahl zwei wird eine natürliche Energie durch deinen Körper fließen. Bei der Zahl drei fühlst du dich, als hättest du in einem kristallklaren Bach gebadet. Du fühlst dich großartig. Bei der Zahl vier baden deine Augen und dein Bewußtsein in diesem Bach, und du siehst und denkst jetzt viel klarer. Bei der Zahl fünf öffnest du die Augen und bist hellwach.«

Sie sollten einiges berücksichtigen, wenn Sie Ihre eigenen Kassetten zur Umprogrammierung Ihres Unterbewußtseins besprechen. Erstens, erschrecken Sie nicht, wenn Sie Ihre Stimme hören. Das erste Mal, als ich meine Stimme hörte, klang sie überhaupt nicht nach mir, und wenn Sie sich das erste Mal auf einer Kassette hören, kann das eine ziemliche Überraschung für Sie sein. Aber glauben Sie mir, Sie hören sich großartig an.

Zweitens: Sie besprechen diese Kassette, weil Sie Ihr Bewußtsein dahingehend trainieren wollen, auf einem bestimmten Gebiet mehr Erfolg zu haben. Außer dem Text, der in diesem Buch abgedruckt ist, gibt es noch andere Elemente für eine solche Kassette, die Sie ebenfalls aufnehmen können, um sie noch effektiver zu machen. Dazu gehört ein Plan von dem, was Sie erreichen und wie Sie es erreichen wollen. Drücken Sie sich präzise aus. Dazu gehört außerdem ein Teil, in dem Sie sich vorstellen, wo Sie jetzt eigentlich sein wollen. Projizieren Sie sich in die Zukunft, und erleben Sie sie so, als wäre sie schon Wirklichkeit geworden. Das wird Ihre Phantasie anregen und es ihnen leichter machen, »so zu tun, als ob«. Zur Unterstützung und Verstärkung sollten Sie sich die Kassette etwa 21 Tage lang anhören. Wie Sie inzwischen wissen, dauert es so lange, bis Sie eine neue Gewohnheit ausgebildet und in Ihrem Unterbewußtsein verankert haben.

Wenn Sie Fortschritte machen, müssen Sie Ihre Kassette noch einmal aufnehmen, um mit diesen wundervollen Zielen und Plänen Schritt zu halten, die Sie erreichen wollen.

Da ich Ihnen außerdem die Regeln für die Arbeitsweise Ihres Bewußtseins gegeben und Ihnen erklärt habe, wie Sie supereffektive Suggestionen für Ihr Unterbewußtsein strukturieren, wissen Sie jetzt, wie Sie Ihre persönlichen Kassetten zur Umprogrammierung Ihres Unterbewußtsein für jedes beliebige Gebiet entwickeln können, um all das zu bekommen, was Sie wollen.

Streben Sie nach mehr: fortgeschrittene Integration

Was wäre, wenn Sie Ihr Leben als Seminar betrachten würden?

Wie geht es weiter? Sie wissen, wie Sie leidenschaftliche Beziehungen schaffen, Sie verstehen die Strategien der Superreichen, Sie können jetzt in der Gegenwart leben. Ich habe Ihnen nur die Spitze des Eisbergs gezeigt, und es gibt noch viel mehr, mit dem Sie Ihr Leben verbessern können. Wenn Sie Ihre eigenen Kassetten zur Umprogrammierung Ihres Unterbewußtseins besprechen, wird das entscheidenden Einfluß darauf haben, wie sehr die Informationen in diesem Buch Ihr Leben verändern. Es ist eigentlich kein Buch, es ist eine Lebensweise. Ich denke oft darüber nach, wieviel mehr Freude wir in unser aller Leben hätten, wenn wir es als Seminar ansehen würden. Bei meinen Seminaren mache ich mit den Teilnehmern viele Übungen, die ihnen dabei helfen sollen, die Lektionen zu lernen, mit denen sie ihre Lebensqualität verbessern können. Bei einigen lachen die Teilnehmer, bei vielen fangen sie an zu weinen. Aber dieser Prozeß läßt sie wenigstens darüber nachdenken, wie sie auf andere Art reagieren und sein können. Da sie sich in einem sicheren Seminarraum befinden, spielt es keine Rolle, wie herausfordernd es für sie ist, ihren Ängsten zu begegnen, denn sie wissen ja die ganze Zeit über, daß ihnen nichts passieren kann. Am Ende des Seminars schlucken sie Feuer, gehen über Glasscherben oder glühende Kohlen, zertrümmern ein Brett, erreichen ihren Durchbruch und marschieren als Sieger davon.

Ich halte den Musiker und Lyriker Kenny Loggins für einen der spirituellsten Menschen auf dieser Erde. Seine Musik hat nicht nur viel Freude in mein Leben gebracht, sondern mir auch viele spirituelle Einsichten vermittelt, für die ich ihm auf ewig dankbar sein werde. »Leap of Faith« ist eine der erleuchtendsten Platten, die er je geschaffen hat. Der Titel stimmt haargenau, denn immer, wenn wir besonders große Fortschritte machen, ist diesen ein »Sprung des Glaubens« vorangegangen, ein Sprung in das Unbekannte. Bei den Sprüngen, die ich gemacht habe, ist mir aufgefallen, daß es einfacher ist, sich Gedanken darüber zu machen, wo man landen wird, wenn man bereits in der Luft ist, und nicht vorher, wenn man noch am Boden klebt. (Sie werden sich mit Sicherheit entscheiden, wenn Sie unter dem Zwang stehen, sich zu entscheiden.) Bei einem Seminar wissen Sie, daß es eine Lösung für die Übungen gibt, die dort gemacht werden. Sie wissen, daß Sie eine Lektion lernen können, die Ihnen dabei helfen wird, den tiefen, tiefen Wald zu durchqueren und das Schloß zu erreichen. Manche Spiele oder Übungen haben auf bestimmte Menschen mehr Einfluß als auf andere.

Das ist in Ordnung – Sie nehmen, was Sie kriegen können, und das, was Sie nicht kriegen können, nehmen Sie nicht.

> *»Träum nicht davon, lebe es.«*
>
> The Rocky Horror Picture Show

Der gefährlichste Moment ist dann gekommen, wenn der Teilnehmer das Seminar verläßt, zu dem Seminar zurückgeht, das man Leben nennt, und dann nicht erkennt, daß es ein und dasselbe ist. Im Leben kann es ziemlich einfach sein, so zu tun, als wäre man nicht mehr derselbe (obwohl Sie das in Wirklichkeit sind), und daß es keine Lösung für das Spiel oder die Übungen gibt, die einem begegnen (obwohl es in Wirklichkeit immer eine Lösung gibt). Sie verfügen über einige Möglichkeiten, das Leben im Licht noch mehr zu genießen.

> *»Tanzt und feiert einfach weiter. Das ist mein Motto! Es spielt keine Rolle, ob es einen Tanz zu tanzen und ein Fest zu feiern gibt!«*
>
> MARK TWAIN

Der erste Schritt besteht darin, **das Material zur fortgeschrittenen Integration einzusetzen.** Da es funktioniert, wird es mit jedem Sieg einfacher werden – jeder Erfolg wird den letzten noch verstärken. Achten Sie darauf, daß Sie die mündliche oder aufgenommene Umprogrammierung des Unterbewußtseins mindestens eine Woche lang jeden Tag durchführen. Sie brauchen nur zehn Minuten dafür, und die Ergebnisse werden enorm sein.

Der zweite Schritt besteht darin, **die Informationen auch anderen mitzuteilen.** Dadurch, daß Sie es benutzen, wird das Material verstärkt, außerdem hilft es Ihnen dabei, sich mit Menschen zu umgeben, die so denken wie Sie und Sie bei dem unterstützen, was Sie erreichen wollen. Sie werden diesen Menschen einen Dienst erweisen und sich außerdem konsequent verhalten können.

Der dritte Schritt besteht darin, **nach mehr zu streben.**
Lernen Sie mehr. Besuchen Sie ein Seminar, lesen Sie ein
Buch, kommen Sie in Ihrem Leben voran, damit das, was
Sie am Anfang gelernt haben, einfacher wird. Wenn das,
was Sie sich vorgenommen haben, einfach wäre, hätten es
alle anderen auch schon getan, und dann gäbe es für Sie
keine Befriedigung oder Belohnung.

> *»Mögen deine größten Wünsche allesamt*
> *sofort in Erfüllung gehen.«*
>
> Persischer Fluch

> *»Ich wünsche dir ein interessantes Leben.«*
>
> Chinesischer Fluch

Die Tatsache, daß sich Ihnen auf Ihrem Weg Herausforderungen entgegenstellen, bedeutet, daß Sie bereits die ersten
Schritte gemacht haben, um etwas Herausragendes zu erreichen. Wenn alle Ihre Wünsche in dem Moment in Erfüllung
gehen würden, in dem Sie Ihnen einfallen, wäre Ihr Leben
langweilig.

Machen Sie aus Ihrer Reise ein Abenteuer. Große An-
strengungen werden mit einem großen Sieg belohnt. Ich
weiß, daß das Leben eine Herausforderung ist, und genau
deshalb ist es so interessant. Ich weiß außerdem, daß Sie,
wenn Sie sich 70 Prozent der Zeit auf dem richtigen Weg befinden, 40 Prozent Vorsprung haben. Bleiben Sie auf dem
Weg, jeder Schritt in die richtige Richtung ist ein Gewinn.
Finden Sie Gefallen daran, Ihr Bestes zu geben. Die Chancen
stehen gut für Sie. Sie beherrschen die Ressourcen. Jetzt liegt
es an Ihnen zu entscheiden, wohin Sie wollen. Wird daraus
eine Siegesfeier oder eine Entschuldigung, wie sie von weniger effektiven Menschen vorgebracht wird. Ich weiß, Sie
haben alles, was Sie brauchen, und ich bin stolz darauf, daß
ich Ihnen Gesellschaft leisten durfte. Leben Sie jeden Tag so,
als wäre es Ihr letzter. Schätzen Sie das, was Sie haben. Küm-

mern Sie sich um andere, damit diese die Energie haben, Sie zu unterstützen.

Ich danke Ihnen dafür, daß ich ein Teil Ihres Lebens sein durfte. Schreiben Sie mir einen Brief, und erzählen Sie mir von Ihren Erfolgen. Noch besser, nehmen Sie sich vor, mich bei einem meiner Seminare persönlich kennenzulernen. Sie sind ein liebevoller, attraktiver, unglaublicher Menschen, der all den Überfluß wert ist, den dieses Leben zu bieten hat. Bevor ich Sie verlasse, möchte ich Ihnen noch einen Gedanken mit auf den Weg geben – vergessen Sie nicht, **das Leben zu feiern!**

Mit größtem Respekt

MARSHALL SYLVER

Sylver Enterprises Inc. und Mind Power Inc.

Die Unternehmen von Marshall Sylver sehen ihre Aufgabe in **Unterhaltung, Motivation, Ausbildung und Erleuchtung**. Durch Hunderte von öffentlichen und privaten Seminaren, die Jahr für Jahr durchgeführt werden, werden Hunderttausende von Menschen dazu motiviert, den entscheidenden Schritt für ihre persönliche Weiterentwicklung zu machen. Die Vertriebs- und Motivationsseminare von Sylver Enterprises vermitteln die neuesten Kenntnisse auf dem Gebiet der unterbewußten Überzeugung und der Motivationstechnologie. Die Fernsehproduktionen der Mind Power Inc. werden in der ganzen Welt gesendet und sind in den USA täglich im Programm. Marshall Sylvers Hypnoseshow ist häufig in Las Vegas, Nevada, zu sehen, darüber hinaus auch weltweit bei öffentlichen Auftritten und Firmenveranstaltungen. Informationen zu Seminaren und Shows erhalten Sie von:

> Sylver Enterprises Inc.
> 4545 West Reno, Suite B-2
> Las Vegas, NV 89118 USA
> Tel.: 001-702-227-6937

Anthony Robbins

Mit dem
POWER PRINZIP
zum persönlichen
Erfolg

**Grenzenlose Energie –
Das Power Prinzip**
*Wie Sie Ihre persönlichen
Schwächen in positive Energie
verwandeln
Das NLP-Handbuch für jeder-
mann*
08/9626

Das Robbins Power Prinzip
*Wie Sie Ihre wahren inneren
Kräfte sofort einsetzen*
08/9672

**Erfolgsschritte nach dem
Power Prinzip**
*Ein kleiner Schritt an jedem Tag
bringt Sie in einem Jahr zu Ihrem
Erfolgsziel*
08/9686

08/9686

Heyne-Taschenbücher

HEYNE BUSINESS

Marketing - der Schlüssel zum Erfolg

22/1021

Heyne-Taschenbücher